DROEMER ✪

NOAH MARTIN

FLORENTIA
IM GLANZ DER MEDICI

ROMAN

Besuchen Sie uns im Internet:
www.droemer.de

Aus Verantwortung für die Umwelt hat sich die Verlagsgruppe Droemer Knaur zu einer nachhaltigen Buchproduktion verpflichtet. Der bewusste Umgang mit unseren Ressourcen, der Schutz unseres Klimas und der Natur gehören zu unseren obersten Unternehmenszielen. Gemeinsam mit unseren Partnern und Lieferanten setzen wir uns für eine klimaneutrale Buchproduktion ein, die den Erwerb von Klimazertifikaten zur Kompensation des CO_2-Ausstoßes einschließt.
Weitere Informationen finden Sie unter: www.klimaneutralerverlag.de

Originalausgabe März 2023
Droemer HC
© 2023 Droemer Verlag
Ein Imprint der Verlagsgruppe
Droemer Knaur GmbH & Co. KG, München
Alle Rechte vorbehalten. Das Werk darf – auch teilweise – nur mit Genehmigung des Verlags wiedergegeben werden.
Dieses Werk wurde vermittelt durch die
Literarische Agentur Thomas Schlück GmbH, 30161 Hannover
Redaktion: Katharina Naumann
Covergestaltung: Carola Bambach
Coverabbildung: akg-images / Mondadori Portfolio / Antonio Quattrone
Abbildungen im Innenteil: S. 5 Peter Palm; alle weiteren Abbildungen von Shutterstock.com: Channarong Pherngjanda, OlgaChernyak, Save nature and wildlife, Marina Zakharova
Satz: Adobe InDesign im Verlag
Druck und Bindung: CPI books GmbH, Leck
ISBN 978-3-426-28396-7

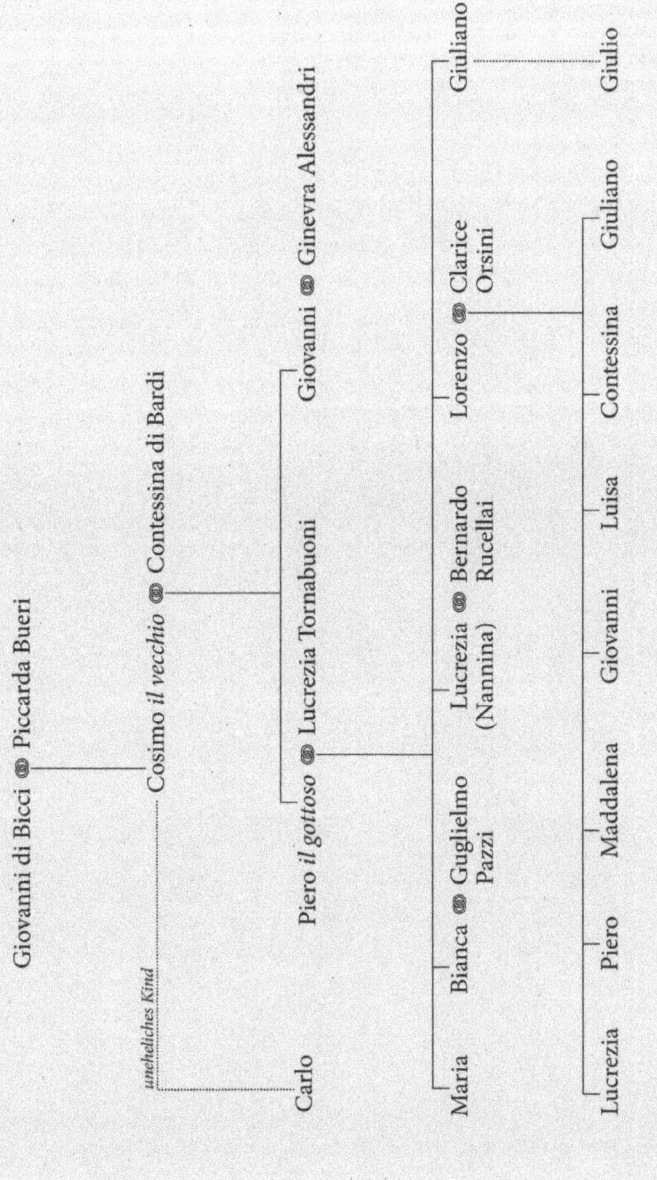

DRAMATIS PERSONAE

DIE FAMILIE MEDICI

Piero de' Medici, ein Bankier
Lucrezia Tornabuoni, Pieros Frau, eine Dichterin
Lorenzo und Giuliano, Söhne von Lucrezia und Piero, Regenten von Florenz
Lucrezia (genannt Nannina) und Bianca, Schwestern von Lorenzo und Giuliano
Carlo, Halbruder von Piero, ein Priester
Luca Tornabuoni, Lucrezias Neffe

IM HAUSHALT DER MEDICI

Antonio Gorini, Leibarzt von Piero de' Medici
Fioretta Gorini, seine Tochter, eine Malerin
Gentile de' Becci, Lehrer von Lorenzo, Giuliano und Fioretta
Angelo Poliziano, Hauslehrer der Kinder von Lorenzo und Clarice
Tommaso Soderini, Vertrauter der Medici
Tariq Giuberti, Hauptmann der Wache
Moses ben Josef, ein Medicus

DIE FAMILIE PAZZI

Jacopo de' Pazzi, ein Florentiner Bankier
Albiera de' Pazzi, seine Schwester, eine Geschäftsfrau
Vittoria, Albieras Tochter
Francesco, Neffe von Albiera und Jacopo, im Familiengeschäft in Rom und Florenz

Giovanni, Neffe von Albiera und Jacopo, im Familiengeschäft in Neapel

Guglielmo, Neffe von Albiera und Jacopo, Ehemann von Bianca de' Medici

VERROCCHIOS WERKSTATT

Andrea del Verrocchio, Meister der größten Künstlerwerkstatt in Florenz.

Seine Schüler:

Leonardo di ser Piero (genannt da Vinci), Alessandro di Mariano Filipepi (genannt Sandro Botticelli), Filippino Lippi, Domenico Ghirlandaio

IN ROM

Papst Sixtus IV. (Francesco della Rovere)

Kardinal Girolamo Riario, Kardinal Pietro Riario und Kardinal Raffaele Riario, Neffen des Papstes

Jimena, eine Kurtisane

Conte Giacomo Orsini, Graf der Campagna

Clarice Orsini, seine Tochter, Ehefrau von Lorenzo de' Medici

Rinaldo Orsini, Bruder von Clarice, ein Kirchenmann

IN FLORENZ

Marco Vespucci, ein Händler

Simonetta Vespucci, Marcos Ehefrau. Muse Sandro Botticellis

Luisa di Filipepi, Schwägerin von Sandro Botticelli

Giovanni Borromei, ein vermögender Geschäftsmann, Mitglied der *Signoria*

Beatrice Borromei, seine einzige Tochter, Ehefrau von Giovanni de' Pazzi
Filippo Sacramoro, Botschafter Mailands in Florenz
Bernardo Rucellai, Ehemann von Nannina de' Medici, Mitglied der *Signoria*

IN PISA

Piero Vaglienti, ein Reeder
Francesco Salviati, Erzbischof von Pisa
Salvatore Lomi, ein Maler
Elena Lomi, Salvatores Tochter

HERRSCHER OBERITALIENS

Galeazzo Maria Sforza, Herzog von Mailand
Bernardo Corbinelli, Capitano von Volterra
Roberto Malatesta, Herr von Rimini
Federico de Montefeltro, Herzog von Urbino und bedeutender Söldnerführer (Condottiere)
Christoforo Moro, Doge von Venedig

Bei manchen Menschen lösen bestimmte Themen ungewollte Reaktionen aus. Deshalb finden Sie am Ende des Buches auf Seite 533 eine Liste mit sensiblen Inhalten.

PROLOG

Montunghi.
Ein Landgut bei Florenz

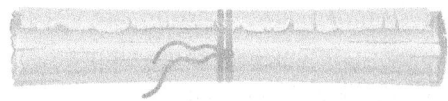

Die einzige Möglichkeit, Florenz zu retten, besteht darin, Lorenzo de' Medici zu töten!« Albiera richtete sich zu voller Größe auf und schlug mit der flachen Hand auf den Tisch.

Nun war es ausgesprochen, und es gab kein Zurück mehr. Sie konnte nur hoffen, dass sie nicht zu weit gegangen war, aber in den Gesichtern der drei Männer, die ihr an dem schweren Holztisch gegenübersaßen, sah sie nichts als Zustimmung und grimmige Entschlossenheit. Sie musste sich darauf verlassen, dass ihr Vertrauen in jeden von ihnen gerechtfertigt war. *Ist es das nicht, bedeutet das mein Ende.*

Sie zog den Pelzkragen ihres Mantels fester um ihren Hals. Es war kalt in Montunghi, und das kümmerliche Feuer im Kamin konnte den hohen Raum kaum heizen. Aus Angst vor einer Entdeckung hatten sie alles darangesetzt, dass das Landhaus verlassen wirkte.

Jedes Wort, das sie ab jetzt sagten, war Hochverrat. Zumindest, solange Lorenzo noch lebte, der Tyrann, der sich von aller Welt wie ein gnädiger Fürst verehren ließ.

»Der Heilige Vater unterstützt Eure Pläne voll und ganz, die Stadt aus den Klauen der Medici zu reißen und in Eure fähigen Hände zu legen«, erklärte Erzbischof Salviati langsam, der eigens für ihr Treffen aus Pisa angereist war. »Allerdings besteht er darauf, dass kein Blut fließt, und dass wir uns der Medici auf andere Art entledigen.«

»Was?«, fuhr Jacopo auf. »Hat er auch gesagt, wie er sich das vorstellt? Lorenzo wird uns wohl kaum die Schlüssel zur Stadt übergeben und auf seinem Pferd davonreiten, wenn wir ihn höflich darum bitten!«

»Ich sehe keinen Sinn in diesem Treffen, wenn dies die Bedingung des Heiligen Vaters ist«, sagte Albiera so höflich, wie sie konnte, obwohl sie innerlich vor Zorn kochte. »Aber Seiner Heiligkeit muss doch bewusst sein, dass er das Unmögliche fordert?«

Salviati senkte die Stimme. »Natürlich kann er einen Mord nicht öffentlich gutheißen; aber er hat mir insgeheim versichert, dass ein Mann, der keinen anderen Ausweg sieht, als einen gottlosen Despoten zu erschlagen, von der Mutter Kirche auf Milde hoffen kann.«

Albiera atmete erleichtert auf. Wenn der Papst lediglich sein Gesicht wahren wollte, dann konnten sie von ihr aus alle so tun, als sei es nie ihre Absicht gewesen, den Medici auch nur ein Haar zu krümmen.

»Sollte nun auf die eine oder andere Art und Weise Lorenzo nicht länger in der Lage sein, die Geschicke von Florenz zu lenken, was geschieht dann?«, fragte Jacopo.

»Sobald Lorenzo tot ist, wird der Heilige Vater die verbliebenen Medici exkommunizieren und Eure Familie als die neuen Herren von Florenz anerkennen«, erwiderte Salviati.

Albieras Neffe Francesco schüttelte den Kopf. »Das reicht nicht«, gab er entschieden zurück. »Wir können Lorenzo nicht erschlagen und seinen Bruder am Leben lassen. Dann könnt ihr genauso gut gleich auch Lorenzo verschonen. Giuliano wird ihn beerben, und zumindest so lange Lorenzos Platz einnehmen, bis dessen Söhne alt genug sind, um in die Fußstapfen ihres Vaters zu treten. Wenn auch nur ein Medici überlebt, wird es früher oder später einen Bürgerkrieg geben.«

Albiera blickte Francesco prüfend an. *Da war er wieder, dieser ungezügelte Hass auf Giuliano.*

Der Erzbischof hob aufgebracht die Stimme. »Aber wir können Lorenzos Kinder nicht anrühren. Der Heilige Vater würde das niemals gutheißen.«

»Derselbe Heilige Vater, der Imola, Senigallia und Ferrara eingenommen hat, nur damit seine Neffen fette Pfründe bekommen?«, fragte Albiera, die berechtigte Zweifel daran hatte, ob es überhaupt etwas gab, das Sixtus IV. Gewissensbisse verursachen konnte. In den letzten Jahren hatte sich der Papst als ebenso geschäftstüchtig wie aggressiv erwiesen und dabei wahrlich nur wenig Skrupel gezeigt.

»Es ist etwas anderes, zum Wohl der Mutter Kirche gefährliche Sünder ihrer gerechten Strafe zuzuführen, als sich an Kindern zu vergreifen«, gab der Erzbischof scharf zurück.

»Keine Sorge, Exzellenz, weder Ihr noch der Heilige Vater müsst Eure Hände mit dieser Sünde beflecken«, erwiderte Jacopo ruhig. »Ihr wisst so gut wie ich, dass keines dieser Kinder erwachsen wird, wenn Lorenzo erst einmal nicht mehr ist.«

Das waren vielleicht zu deutliche Worte, dachte Albiera, die sah, dass der Adamsapfel des Erzbischofs auf und ab hüpfte, weil er nervös schluckte.

Ein lautes Knirschen, das von der Tür des Speisezimmers her ertönte, riss sie alle aus der Anspannung des Augenblicks.

»Was war das?«, fragte Jacopo aufgeschreckt. Er zog langsam seine Klinge, deutete mit ihr auf die Tür und winkte Francesco, ihm zu folgen.

Albiera merkte, dass sie unwillkürlich den Atem anhielt, als die beiden Männer leise aus dem Raum gingen. Sie blickte den Erzbischof an, dessen Haar ihm trotz der Kälte im Landhaus an der Stirn klebte. In seinem Bart hingen Schweißperlen.

Draußen hörte man zuerst schnelle Schritte, dann einen lauten Schrei. *Aber kein Waffenklirren,* schoss es Albiera durch den Kopf.

Nur einen Augenblick später kamen Francesco und Jacopo zurück, einen Mann mit rötlichem Bart und Haar zwischen sich.

»Er trieb sich auf dem Gang herum, um zu lauschen«, sagte Jacopo grimmig und zwang den Unglücklichen, der wie ein Bauer gekleidet war, sich auf den Boden zu knien.

»Bist du ein Spion der Medici?«, herrschte ihn Francesco an.

Der Mann sah ihn mit wildem Blick an. »Nein, nein, Herr ... ich schwöre ...«

Jacopos Faust traf ihn mitten ins Gesicht.

»Was hast du gehört, Bursche?«, fragte Albiera, die hoffte, dass Jacopos massige Gestalt und sein finsterer Gesichtsausdruck ausreichen würden, um den Knienden zum Reden zu bringen. *Wir können keine Gefangenen machen.*

»Nichts ... nichts ... Ich habe nichts gehört«, nuschelte der Mann flehentlich. Seine Lippen waren aufgeplatzt und bluteten.

Es knackte hörbar, als ihn ein weiterer Schlag auf die Nase traf. »Was hast du auf dem Gang gemacht?«

Der Mann heulte auf und schüttelte den Kopf. Tränen liefen über seine Wangen.

Ein dritter Schlag traf seinen Hinterkopf und ließ ihn bewusstlos zusammensacken.

Francesco durchsuchte hastig die Kleidung des Mannes. »Er hat nichts bei sich«, erklärte er dann.

»Und er gehört weder auf den Hof, noch ist er mit uns gekommen, also muss er uns wohl gefolgt sein. Was soll er hier gewollt haben, außer uns auszuspionieren?«, fragte der Erzbischof.

»Er könnte einer der Stallburschen aus dem Dorf sein, die hier ab und zu nach dem Rechten sehen«, überlegte Albiera.

»Was sollen wir mit ihm machen?«, fragte Jacopo. Die drei Männer sahen erst einander und dann Albiera fragend an.

Natürlich. Am Ende wollen sie doch immer, dass ein anderer die Verantwortung für ihre Sünden trägt. Dabei wissen sie ebenso gut wie ich, was wir tun müssen.

Sie schüttelte kaum merklich den Kopf. Sie verspürte Mitleid mit dem Mann, der ebenso gut ein Bauer sein konnte wie ein Spion, aber das Risiko, ihn am Leben zu lassen, war einfach zu groß.

Jacopo verstand sie. Er zog den Kopf des Bewusstlosen an den Haaren nach oben und fuhr mit der Klinge seines Messers schnell über den Hals des Mannes. Eine dünne rote Linie erschien auf dem weißen Fleisch der Kehle. Blut sprudelte hervor, erst einige Tropfen, dann immer mehr, mit jedem letzten verzweifelten Pumpen des Herzens ein weiterer Schwall.

Der Erzbischof taumelte zurück und schlug sich eine Hand vor den Mund. Jacopo hielt den Kopf des Mannes eisern fest, bis noch die letzten, gurgelnden Laute verklungen waren. Erst dann ließ er den Toten zu Boden gleiten. Der Kirchenmann murmelte etwas, das ein Gebet oder ein Fluch sein konnte. Dann drehte er sich einmal um die eigene Achse und übergab sich geräuschvoll.

»Dieses Blut besiegelt unseren Pakt«, sagte Albiera, die sich zwang, nicht von dem Toten zurückzuweichen. »Nun gibt es für keinen von uns mehr einen Weg zurück.«

Sie ließ ihren Blick von einem zum anderen schweifen – zu ihrem Bruder, der ihr schon immer in allem gefolgt war, und auch jetzt mit grimmigem Blick nickte, zu ihrem ehrgeizigen Neffen, der eben sein Schwert an den Kleidern des Toten abwischte, und zu dem Erzbischof, der zwar sichtlich um Fassung rang, schließlich aber doch nickte.

»Dann ist es beschlossene Sache«, erklärte sie. »Spätestens am Tag der Auferstehung unseres Herrn feiern wir die Befreiung Florentias aus den Händen der Medici.«

TEIL I

KAPITEL 1

Florenz, Februar 1469
Acht Jahre zuvor

GIULIANO

»Duck dich!« Die Stimme von Lorenzo de' Medici hallte über den Hof. Giuliano hörte seinen Bruder gerade noch rechtzeitig und senkte den Kopf. Die Faust seines ersten Gegners schoss dicht an seinem Ohr vorbei. Beinahe hätte er das Gleichgewicht verloren, aber er fing sich im letzten Moment wieder und versuchte sofort, seinem zweiten Sparringspartner einen Tritt zu verpassen. Er streifte das Bein des Mannes nur.

Dann hörte er Fioretta Gorini rufen: »Von links«. Der Augenblick, den er brauchte, um auszuweichen, war zu lang, und er steckte einen Treffer ein. Es tat weh, holte ihn aber nicht von den Beinen.

Gegen zwei Gegner gleichzeitig zu kämpfen, war natürlich nicht gerecht, aber bei dieser Übung ging es nicht darum, zu siegen, sondern möglichst lange durchzuhalten. *Bislang*, schoss es Giuliano durch den Kopf, *schlage ich mich doch ganz gut.*

Sein eigener Vorteil bestand darin, dass die Zuschauer ihm Ratschläge zurufen durften, um ihn zu unterstützen, während seine Gegner – beides Männer in Diensten der Medici – ihn angreifen mussten, ohne sich abzusprechen.

Er wich einem weiteren Schlag aus, und es gelang ihm, einen seiner Gegner mit der Schulter zu rammen. Der Mann, obwohl ein gutes Stück schwerer als Giuliano selbst, schnaufte und ging zu Boden. Er drehte sich um – *vielleicht kann ich doch noch gewinnen?*, aber diesmal war er zu langsam. Ein Schlag seines Gegenübers traf ihn ins Gesicht. Schmerz explodierte hinter seinem getroffenen Auge und ließ ihn taumeln.

»Was bei allen Heiligen treibt ihr hier?« ertönte plötzlich die Stimme seines Vaters. Giuliano hob unwillkürlich den Blick, und das genügte seinem Gegner. Ein Tritt des Mannes gegen sein Knie brachte ihn unsanft zu Fall.

Er landete auf dem Steinboden des Innenhofs und schüttelte benommen den Kopf. Sein Vater trat, schwer auf einen Stock gestützt, zwischen den Säulen hervor auf den Hof und blieb vor ihm stehen.

»Komm auf die Füße, Junge. Du hast schon einen Narren aus dir gemacht, sei nicht auch noch ein Schwächling«, sagte Piero de' Medici bitter.

Schönen Dank, Pàpa, dachte Giuliano. Der Zorn seines Vaters würde ihn in den Augen der Umstehenden kaum besser aussehen lassen. Aber er sagte nichts, sondern nickte nur und richtete sich auf.

Piero baute sich vor ihm auf und hob den Stock mit der eisernen Spitze, mit dem er über seinen Kopf hinweg anklagend in die Runde zeigte.

Die beiden Wachen, gegen die Giuliano gekämpft hatte, ließen die Köpfe hängen und sahen zerknirscht zu Boden. Obwohl der Herr des Hauses in seiner schlichten schwarzen *Tabarro* und mit den kurz geschnittenen grauen Haaren eher wie ein Mönch wirkte als wie der reichste Mann von Florenz, ging eine Autorität von ihm aus, der sich die beiden Männer sofort unterwarfen.

»Ich frage noch einmal: Was geht hier vor sich?«, verlangte Piero zu wissen.

»Nichts. Wir haben nur einen Übungskampf veranstaltet«, murmelte Giuliano.

»Ich habe diese beiden gefragt, nicht dich«, entgegnete sein Vater kalt.

Mittlerweile war auch Lorenzo die Stufen von der Empore hinuntergekommen. »Wir dachten, es könne nur lehrreich sein, sich einmal einer Übermacht von Gegnern zu stellen, Vater«, antwortete er glatt. »Im Krieg können wir auch nicht darauf vertrauen, immer nur von einem Feind und von vorne angegriffen zu werden, nicht wahr?«

Piero de' Medici wandte sich zu seinem älteren Sohn um. Als er sein Gewicht verlagerte, verzog er das Gesicht vor Schmerz. Er hatte schon immer unter der Gicht gelitten, doch in den letzten beiden Jahren war es so schlimm geworden, dass er das Haus kaum noch verlassen konnte. Die andauernden Schmerzen hatten ihn zu einem verbitterten, jähzornigen Mann werden lassen, vor dem Giuliano meist auf der Hut war.

Sonst heiterte Piero der Anblick seines Ältesten zumeist auf, doch heute schien nicht einmal das zu wirken. »In einem Krieg, den Gott verhindern möge, würde sich wohl keiner meiner Söhne mit zwei Fußsoldaten auf dem Boden prügeln«, sagte er zornig. »Eure Aufgabe wäre es, Soldaten zu führen, um Schlachten zu gewinnen. Deshalb solltet ihr in eurem Studierzimmer sein und lernen, wie Gefechte geführt werden, statt euch hier im Dreck zu wälzen. Daraus lernt ihr gar nichts!«

Er wandte sich wieder an die beiden Wachen, junge Männer, die kaum älter als Lorenzo und Giuliano selbst waren. »Verschwindet, sofort. Sucht euch eine Beschäftigung, bei der ihr mir nicht mehr unter die Augen kommt. Sehe ich euch noch einmal in der Nähe meiner Söhne, verbanne ich euch aus Florenz.«

»Vater«, begann Lorenzo vorsichtig. »Sie können nichts dafür. Es war meine Idee.«

Giuliano konnte an Lorenzos vibrierender, gepresster Stimme erkennen, dass er aufgeregt war. Normalerweise bemühte sich sein Bruder darum, in einer tiefen Tonlage und sehr deutlich zu sprechen, denn wenn er das nicht tat, nuschelte er und war nicht leicht zu verstehen – was er hasste.

»Dieser Unsinn?«, fuhr Piero auf. »Deine Idee? Es ehrt dich zwar, dass du deinen Bruder decken willst, aber ich bitte dich, ehrlich zu sein.«

Giuliano verzog das Gesicht. *Natürlich*, dachte er. *Selbst wenn Lorenzo zugibt, etwas Falsches getan zu haben, bin ich schuld.*

Er wusste, dass sein Vater keine Ruhe geben würde, bis er hörte, was er hören wollte. *Und womöglich wird er einen weiteren Gichtanfall bekommen, den ich mir dann auch noch zuzuschreiben habe.* »Lass nur, Lorenzo«, sagte er deswegen. »Ich habe die beiden dazu aufgefordert.«

Piero nickte und warf ihm einen Blick zu, der so kühl war, dass Giuliano zusammenzuckte. Dann wandte sich sein Vater an Lorenzo. »Von Giuliano erwarte ich nicht viel, wenn es um Geistesgaben geht, aber dir hätte ich mehr Verstand zugetraut. Das nächste Mal hältst du deinen Bruder auf, wenn er sich den Hals brechen lassen will. Du wirst ihn noch brauchen, so unwahrscheinlich dir das jetzt auch scheinen mag.«

Lorenzo ließ den Kopf hängen. Seine langen schwarzen Haare verdeckten sein Gesicht; Giuliano konnte unmöglich erraten, was er dachte.

Piero stieß die eiserne Spitze seines Stocks auf den Boden und wandte sich ab. Er wollte in Richtung der Treppe gehen, doch plötzlich knickte sein rechtes Bein ein, drehte sich zur Seite, und er stürzte schwer. »*Porca miseria*«, rief er, während er versuchte, wieder auf die Füße zu kommen. »Gott verflucht mich.«

»Lass mich dir helfen«, murmelte Lorenzo und kniete sich neben seinen Vater. Widerwillig ließ sich Piero von seinem Sohn auf die Füße ziehen und stützte sich schwer auf ihn, als er den Hof verließ.

Giuliano wusste, dass Piero nichts mehr verabscheute als seine eigene Gebrechlichkeit. Lorenzo zeigte sich stets verständnisvoll, denn ihn plagten bereits gelegentlich Anflüge derselben Krankheit, und er fürchtete, das Schicksal ihres Vaters eines Tages zu teilen, auch wenn er seinem Bruder im Reiten, Fechten oder bei der Jagd bisher noch in nichts nachstand.

Fioretta trat zu Giuliano, inzwischen die letzte Zuschauerin des Spektakels. Sie hatte sich während der ganzen Szene still verhalten. Piero hatte sie vermutlich nicht einmal bemerkt.

»Du hast Nasenbluten«, stellte sie fest. Giuliano wischte sich mit der Hand über das Gesicht und sah an den roten Schlieren auf seinen Fingern, dass sie recht hatte. *Großartig.*

Er ließ sich auf eine der Bänke fallen, die die Seiten des Hofes säumten, und legte den Kopf in den Nacken.

Fioretta setzte sich zu ihm. Sie war ebenso alt wie er selbst und hochgewachsen, weshalb er kaum vier Fingerbreit größer war als sie. Sie hatte sandfarbenes Haar, das sie am Hinterkopf zu einem Zopf gebunden, zusammengedreht und hochgesteckt hatte, und dunkle Augen, deren Blick er oft nicht richtig deuten konnte. Verspottete sie ihn, lachten sie gemeinsam, oder hatte sie Mitleid?

»Soll ich meinen Vater holen?«, fragte Fioretta. Er hatte ihre Stimme schon immer gemocht, einen dunklen, weichen Alt. Ihre Stimme, und so viel mehr an ihr, seitdem sie in den Palazzo Medici gekommen war.

Ihr Vater, Dottore Antonio Gorini, stand seit einiger Zeit als Pieros Leibarzt in Diensten der Medici, nachdem er sich einen Ruf in der Behandlung von Knochenkrankheiten erworben hatte. Er war in seiner Jugend weit gereist und hatte wohl sogar Konstantinopel besucht, um dort die Heilkunst zu erlernen.

»Bloß nicht«, nuschelte Giuliano. »Ich glaube, ich hatte genug Aufmerksamkeit für einen Tag.«

»Dann beuge wenigstens den Kopf nach vorne«, sagte Fioretta. »Sonst läuft dir das Blut in die Kehle.«

Gehorsam legte Giuliano den Kopf zwischen die Knie und ließ das Blut aus seiner Nase herauslaufen.

»Ist sonst alles in Ordnung?«, wollte sie wissen.

»Außer meinem Stolz ist nichts verletzt, vielen Dank.«

Die beiden Männer, gegen die er gekämpft hatte, hatten nicht sehr hart zugeschlagen. Wenn er ehrlich war, wusste er das. Er war der Sohn ihres Herrn, und sie würden sich hüten, ihn ernsthaft zu verwunden.

»Wieso hast du gesagt, dass es deine Idee war?«, wollte Fioretta wissen. Sie hatte gemeinsam mit Lorenzo und ihm vor dem Kampf die Regeln aufgestellt. Sie wusste also, dass er gelogen hatte.

»Weil Vater ohnehin nicht geglaubt hätte, dass es anders war. Dumme Ideen schreibt er immer mir zu.«

Piero zeigte seinen Ärger über seinen jüngsten Sohn allerdings nur selten so deutlich und vor Zeugen; normalerweise war es ihm viel zu wichtig, die Fassade der Familie nach außen aufrechtzuerhalten.

»Warum?«, fragte Fioretta.

Warum? Das war eine gute Frage, die Giuliano sich schon häufig gestellt hatte. Sein Vater vergötterte Lorenzo, aber für ihn hatte er nur Verachtung übrig.

»Ich wünschte, ich wüsste es. Denn dann könnte ich es ändern.«

Er hob den Kopf und wischte sich noch einmal über die Nase. Die Blutung hatte nachgelassen. Er sah Fioretta fragend an. »Ich glaube, es geht wieder«, sagte sie. »Aber dein Auge schwillt zu.«

»Verdammt«, sagte er, betastete das Auge und seufzte. »Heute Abend ist das Haus schon voller Gäste, die für das Turnier zu Lorenzos Geburtstag anreisen. Ich bin sicher, dass ich hundert Mal eine erfundene Geschichte werde erzählen müssen, wie ich mir das zugezogen habe.«

Das Turnier, das Piero zu Ehren seines Sohnes ausrichten ließ, sollte natürlich vor allem das Ansehen der Familie erhöhen. Die Gesandten der Verbündeten aus Mailand und Ferrara waren bereits eingetroffen, Letztere mit einem Gespann Pferde als Geschenk für Lorenzo, das bereits für einiges Aufsehen in Florenz gesorgt hatte.

»Du könntest deinen Bruder fragen, er ist ziemlich gut darin, sich Geschichten auszudenken«, gab sie zurück.

Noch etwas, in dem er besser ist als ich, dachte er mit einem Anflug von Neid, aber dann schob er den Gedanken beiseite. Wenn er begann, Lorenzo so zu sehen, würde nur ihr Vater recht behalten.

»Vielleicht mache ich das. Mit etwas Glück stehe ich dann auch weniger schlecht da als jetzt.«

»Du stehst nicht schlecht da«, sagte sie. »Zumindest standest du nicht schlecht da, bis dein Vater dazukam.«

»Danke«, erwiderte er, obwohl dies wieder einer der Momente war, in denen er sich nicht sicher war, ob sie ihre Worte ernst meinte.

»Es stimmt.« Sie wirkte plötzlich verlegen.

Dann tippte sie ihm federleicht mit einem Finger gegen die Stirn. »Ich würde das Auge gerne zeichnen. Es nimmt bestimmt jeden Tag eine andere Farbe und Form an.«

Er musste grinsen. Fioretta war nur selten ohne ihre Skizzenblätter und Stifte anzutreffen, mit denen sie oft alltägliche Dinge um sich herum, vor allem aber Gesichter auf Papier bannte.

»Es hat mir gerade noch gefehlt, dass meine Schmach für die Nachwelt festgehalten wird«, entgegnete er. »Wenn du mich zeichnest, dann lieber mit dem Lorbeerkranz auf dem Haupt, nachdem ich das Turnier gewonnen habe!«

KAPITEL 2

Florenz, Februar 1469

ALBIERA

»Weiter nach links«, rief Jacopo de' Pazzi und wedelte mit den Händen, um die zwei Handwerker, die das schwere steinerne Wappen trugen, in die richtige Richtung zu dirigieren.

Die Männer schwankten unter der Last, aber sie folgten Jacopos Befehl augenblicklich. *So, wie es richtig ist,* dachte Albiera und nickte ihrem Bruder zu. Sie war wenige Jahre jünger als er, fragte sich aber oft, ob sie der Zeit ebenso gut standhielt.

Obwohl Jacopos Haar und Bart in seinen Vierzigern nun allmählich ergrauten, war er noch immer so kräftig gebaut wie ein kampferprobter Soldat, und sein Gesicht war, anders als das vieler anderer Männer in der *Signoria,* noch nicht von tiefen Falten gezeichnet.

Seine schiere Größe schüchterte andere Menschen oft ein, aber Albiera gegenüber hatte er sich zeit ihres Lebens so verhalten, als sei sie die Ältere, und er der jüngere Bruder.

Oft schien er ihr zu launisch, zu unentschlossen, um die Autorität auszuüben, die er eigentlich haben sollte. Aber nicht heute. »Dort soll das Wappen hängen, ihr könnt die Stifte anbringen«, sagte er mit gebieterischer Stimme.

Albiera freute sich. »Was für ein Anblick!«, rief sie. Mehr als zehn Jahre hatte es gedauert, das neue Palazzo der Familie an der Via del Proconsolo erbauen zu lassen, ein Haus, das dem der Medici in nichts nachstehen sollte. Und nun war es endlich vollendet – oder doch so weit, dass das Wappen mit den beiden stilisierten Delfinen und den Kreuzen, das Maestro Verrocchio angefertigt hatte, seinen Platz im Innenhof einnehmen konnte.

Bald schon würden hier zahlreiche Gäste und Gesandte empfangen werden, und sie alle sollten natürlich sofort die Macht und den Reichtum der Familie Pazzi vor Augen geführt bekommen.

Es wird höchste Zeit, dass wir den Platz in Florenz einnehmen, der uns zusteht, dachte Albiera. *Zu lange haben wir uns vor den Medici kleingemacht und waren mit dem zufrieden, was sie uns übrig ließen. Aber das ist nun nicht mehr genug, bei Weitem nicht.*

Sie waren ihrem Ziel näher als jemals zuvor: Solange Cosimo der Alte über Florenz geherrscht hatte, waren die Medici nahezu unantastbar gewesen. Cosimo hatte höchstes Ansehen bei den Bürgern und im Rat genossen, und seine Entscheidungen hatten sich stets als segensreich für die Stadt erwiesen.

Gleichzeitig war er mit harter Hand gegen alle vorgegangen, die es gewagt hatten, sich gegen ihn zu stellen, und er hatte weder vor der Verbannung noch der Exekution seiner Gegner zurückgeschreckt. Selbst Feinde, die zu mächtig waren, um sie öffentlich anzugreifen, hatte er aus den Schatten heraus besiegt.

In den langen Jahren von Cosimos Herrschaft hatten die Pazzi den Kopf gesenkt und so getan, als wären sie treue Anhänger der Medici. Albieras Vater war gestorben, ohne den Kopf jemals wieder erhoben zu haben, ein Schicksal, das Albiera auf keinen Fall teilen wollte.

Ihre Ehe mit einem de' Bardi, einem florentinischen Adeligen, dessen Verwandtschaft bis zum Heiligen Vater reichte, hatte die guten Beziehungen der Pazzi zum Stuhl Petri gesichert – eine Verbindung, die auch jetzt noch anhielt, obwohl Albiera seit einigen Jahren Witwe war.

Möge er in Frieden ruhen, dachte sie. Ihr Mann war zwar der ganzen Welt gegenüber ein skrupelloser Bastard gewesen, ihr selbst aber ein guter Ehemann.

Cosimos Sohn, Piero, der erst seit wenigen Jahren an der Spitze der Stadt stand, war weitaus weniger beliebt als sein Vater. Wankelmütiger und weit weniger umsichtig als der alte Medici, hatte er Florenz schon mehr als einmal beinahe in einen Krieg gezwungen.

Seine beiden Söhne besaßen zwar die Liebe der Florentiner, aber sie waren noch jung – so jung, dass ihnen kaum jemand die Regierungsgeschäfte zutrauen würde, wenn Piero frühzeitig starb. *Wenn, wenn, wenn, … dachte Albiera. Alles hing davon ab, dass der Gichtige sich nicht zu lange an sein elendes Leben klammerte. Am besten wäre er schon begraben, wenn wir hier das große Fest zum Einzug feiern.*

Noch wurden allerdings überall am Palazzo letzte Arbeiten ausgeführt. Die Handwerker hatten im Innenhof Böcke aufgebaut und sägten Holzplatten für die Verkleidung des Speisezimmers zu. Farben wurden angerührt und Wände gestrichen, und Möbelschreiner und Stoffhändler waren beinahe jeden Tag hier, um neue Waren zu bringen.

Ein Arbeiter brachte Markierungen auf der Wand an, um zu kennzeichnen, wo die Stifte eingeschlagen werden mussten, die das Wappen halten sollten. Dann trugen die Handwerker das achteckige Schild zu der markierten Stelle. Obwohl sie vorsichtig waren und auf jeden Schritt achteten, strauchelte einer von ihnen und wäre beinahe gestürzt. Das schwere Emblem glitt aus seinen Händen und krachte mit einem lauten Krachen auf den Boden.

»Verflucht noch mal!« Jacopo sprang auf den Arbeiter zu, in seinem Blick funkelte der Zorn. »Kannst du nicht aufpassen?« Er hob die Faust und schlug den Mann gegen die Brust, der nicht einmal die Hände hob, um sich zu verteidigen. Ein zweiter Schlag traf seinen Kiefer.

»Es … es tut mir leid, Messere«, stammelte der Geschlagene, hielt sich das Gesicht und wich vor Jacopo zurück. Der sah aus, als ob er noch einen Hieb austeilen wollte, senkte dann aber die Faust.

Albiera kniete sich neben das Wappen. Die unterste Ecke war abgebrochen, ein Schaden, der kaum zu sehen sein würde, wenn es erst einmal an der Wand hing. *Aber ich werde wissen, dass es einen Makel hat.* Ihre Freude war so schnell verflogen, wie sie gekommen war.

Albiera und ihre Geschwister waren sich einig gewesen, dass sie an nichts sparen wollten – das Haus würde ihr Aushängeschild sein, das sichtbare Zeichen, dass die Pazzi nicht länger damit zufrieden sein würden, die zweite Familie der Stadt zu sein. *Und nun hat der Glanz bereits einen ersten Riss.*

»Tante Albiera!« Ihr Neffe Francesco betrat den Hof, ein junger Mann mit schlaksigen Gliedmaßen, der seine mangelnde Körpergröße auszugleichen versuchte, indem er sich stets übermäßig gerade hielt. »Ich habe den Lärm gehört, was ist denn hier los?«

»Es ist nichts«, antwortete Jacopo, der nun wieder ruhig war. Er strich sich die graubraunen Haare aus dem Gesicht. »Nur ein kleiner Unfall. Ich bin sicher, die Werkstatt von Verrocchio wird für den Schaden aufkommen.«

Er deutete mit der Rechten zur Tür. »Ihr könnt gehen«, sagte er zu den Handwerkern, die sich so schnell entfernten, wie es die Höflichkeit gerade noch zuließ.

»Wir müssen uns für das Bankett in der Via Larga fertig machen«, sagte Albiera und stand auf. »Wir sollten pünktlich sein, sonst wird Piero noch salbungsvolle Worte über die Höflichkeit der Könige verlieren, und das ertrage ich heute nicht.«

Jacopo schüttelte seine Faust aus; vielleicht schmerzte sie nach den Schlägen, die er dem ungeschickten Handwerker verpasst hatte. »Heute will ich erst einmal Pieros Gesicht sehen, wenn er mir den Ehrenplatz des *Gonfaloniere* zuweisen muss«, sagte er mit einem zufriedenen Grinsen.

»Ob Piero endlich Lorenzos Heirat öffentlich macht?«, wollte Francesco wissen.

»Er wird schon wissen, warum er bislang nichts darüber hat verlauten lassen. Ausgerechnet eine Römerin! Als ob die Florentinerinnen nicht gut genug für seine Söhne wären«, antwortete Albiera.

»Natürlich«, gab Francesco aufgebracht zurück. »Das wird den Medici vermutlich noch mehr zu Kopf steigen. Dabei laufen sie doch ohnehin schon durch Florenz, als müsste man schon froh sein, wenn man ihnen die Stiefel lecken darf!«

Francesco hatte es ebenso wie sie selbst immer gehasst, im

Schatten der Medici zu stehen. Als Junge hatte er Lorenzo und Giuliano beneidet, die von ihrer Familie wie kleine Prinzen herumgezeigt wurden, aber später war der Neid in Zorn umgeschlagen, Zorn darüber, vom Schicksal ungerecht behandelt zu werden. Er war damit aufgewachsen, dass sein Bruder Guglielmo und er selbst immer nach den Medici kommen mussten, bei jedem Spiel, jedem Umzug, jedem Fest. Dabei waren Guglielmo und er, so glaubte er, den verzogenen Medicisöhnen eigentlich überlegen! Aber sein Bruder teilte seine Meinung nicht nur nicht, sondern hatte sogar eine Medici zur Frau genommen, ein Verrat, den Francesco persönlich nahm.

»Wir sollten es die Stadt nicht vergessen lassen, wie die Medici über sie denken«, sagte Albiera nachdenklich. »Lorenzos Wahl wird viele in Florenz verärgern, das kann uns noch nützlich werden.«

»Ich kann es kaum abwarten, ihn beim Turnier vom Pferd zu holen und Staub fressen zu sehen.«

Albiera sah ihren Neffen zweifelnd an. Francesco war ein passabler Reiter, aber er neigte auch zur Selbstüberschätzung.

»Was dieses Turnier angeht, muss ich ohnehin noch mit dir reden«, sagte Jacopo mit düsterem Gesichtsausdruck zu Francesco. »Es gibt eine Neuigkeit, die dir ganz und gar nicht schmecken wird.«

KAPITEL 3

Florenz, Februar 1469

GIULIANO

Es war bereits vollständig dunkel, als Giuliano zusammen mit seiner Familie das große Speisezimmer betrat. Alle anderen Gäste saßen bereits an ihren Plätzen und erhoben sich nun, um den Gastgebern die Ehre zu erweisen. Der Tisch der Medici stand an der Stirnseite des Raumes und war außer der Familie nur den wichtigsten Gästen vorbehalten.

Giuliano nahm seinen Platz neben Lorenzo ein. Neben ihnen saßen ihr Vater und ihre Mutter. Lucrezia de' Medici wirkte so würdevoll wie immer, und Giuliano war sich sicher, dass sie mit ihrer weißen Haube und der blau-grünen *Gamurra* auf viele der anwesenden Gäste einschüchternd wirkte. Neben Lucrezia saß der Mailänder Botschafter Sacramoro, der schon einige Monate in der Stadt war. Es folgten die Ehrengäste des Turniers, die Gesandten aus Pisa und Ferrara. Mit Giulianos älterer Schwester Bianca und ihrem Ehemann Guglielmo de' Pazzi war der Tisch komplett. Nannina, die Älteste unter den Geschwistern, weilte gerade mit ihrem Ehemann Bernardo Rucellai und ihren Kindern in Padua.

Im Saal waren noch neun weitere Tische aufgestellt, an denen die Stadträte saßen: acht Priori und der neue *Gonfaloniere di Giustizia* mit ihren Familien. Jacopo Pazzi hatte das Amt des Bannerträgers der Justiz zum ersten Mal inne, was überraschend war. Die Ämter in der *Signoria* wechselten schnell, aber die Namen und Gesichter derjenigen, die sie besetzen, blieben üblicherweise immer gleich.

Piero de' Medici blieb einen Moment vor seinem Stuhl stehen, begrüßte die Gäste und wünschte ihnen einen angenehmen Abend in seinem Heim. Dann setzte er sich, und auf ein Handzeichen von Lucrezia hin kamen Diener in den Saal, die Wein, Brot, Fischpastete mit Orangensauce und gefüllte Weinblätter hereinbrachten.

Die Auswahl des Essens war typisch für seinen Vater. Alles war von ausgesuchter Qualität, wirkte aber niemals protzig oder überladen. Piero war stets darum bemüht, den märchenhaften Reichtum der Familie nicht allzu offenkundig zur Schau zu stellen.

Der Mailänder Gesandte, ein drahtiger Mann, dessen linkes Auge von einer ledernen Klappe verborgen wurde, hob seinen Becher. »Auf Messere Medici, Madonna Lucrezia und das Turnier!«

Giuliano prostete ihm zu.

Piero hob ebenfalls seinen Becher, deutete in Richtung der versammelten Gäste und ergänzte: »Und auf unsere geliebte Stadt und ihre *Signoria,* die all dies möglich gemacht hat.«

Natürlich ist es ihm wichtig, zu betonen, dass Florenz das Turnier ausgerichtet hat und nicht etwa die Medici, dachte Giuliano. Obwohl es natürlich so war.

Der junge Gesandte aus Ferrara prostete Giulianos Bruder zu. »Und auf Euer Wohl, Lorenzo! Mein Herr schickt nicht nur seine besten Wünsche, sondern auch die Hoffnung, dass Euch die Pferde, verbunden mit Eurem Können, zu einem großen Sieg tragen werden.«

»Mein Dank geht an Herzog Borso, der mich mit so edlen Pferden versorgt hat, dass es eine Schande wäre, mit ihnen zu verlieren; ich werde also mein Bestes geben«, versetzte Lorenzo lächelnd.

Anders als am Nachmittag war Lorenzos Stimme nun wieder ganz gefasst, wie man es von ihm gewohnt war, und er wählte seine Worte so geschickt wie immer.

Der Wein floss ebenso dahin wie die Unterhaltung, und Giuliano begann sich zu entspannen; wenn ihre Gäste sein halb zugeschwollenes Auge bemerkten, waren sie jedenfalls zu höflich, um es zu erwähnen.

Als der vierte Gang – süßer Wein, Gebäck und kandierte Früchte – serviert worden war, erhob sich Piero erneut und blickte in die

Runde. Sobald alle Gäste begriffen hatten, dass ihr Gastgeber eine Rede halten wollte, verstummten die Gespräche im Saal.

»Mit dem Turnier, das übermorgen beginnt, werden wir nicht nur den Geburtstag meines Sohnes Lorenzo begehen«, begann Piero und machte eine kleine Pause, wie um die Spannung zu steigern. »Sondern wir werden auch seine junge Ehe feiern. Es ist mir eine große Ehre zu verkünden, dass Lorenzo schon bald nach dem Turnier Clarice Orsini, die Tochter von Fürst Giacomo Orsini, als seine Frau nach Florenz heimholen wird.«

Er warf einen Seitenblick zu seinem ältesten Sohn, der leicht verlegen aussah, wie Giuliano feststellte. *Überrascht es ihn wirklich, was Vater sagt? Oder spielt er bloß mit?*

Die Ehe zwischen Lorenzo und Clarice war ein Gegenstand zäher Verhandlungen gewesen, bevor sie zum Ende des alten Jahres in Rom geschlossen worden war – allerdings ohne Lorenzo, den ein Verwandter vor dem Altar vertreten hatte.

Einen Augenblick lang wurde es still. Dann brach der Saal in Beifall und Hochrufe aus, doch Giuliano bemerkte, dass viele der Gäste nicht mit dem Herzen bei der Sache zu sein schienen – kein Wunder, denn die vornehmsten Familien der Toskana hatten sich alle Hoffnungen darauf gemacht, dass eine ihrer Töchter den Haupterben der Medici heiraten würde – und diese Hoffnung war jetzt zerstört.

Sacramoro erhob sich als Erster. »Meinen allerherzlichsten Glückwunsch, Messere Medici! Möge Eure Ehe mit zahlreichen Nachkommen gesegnet werden! Und eine adelige Römerin? Wie außergewöhnlich.«

Lorenzo neigte lächelnd den Kopf, flüsterte Giuliano aber aus dem Mundwinkel ins Ohr: »Mit außergewöhnlich meint er wohl eher inakzeptabel.«

Mailand hatte eine Weile mit den Medici wegen einer Hochzeit verhandelt, aber auch dieser Bund war nicht zustande gekommen.

Außergewöhnlich war die Wahl ihrer Eltern in der Tat, hatten die Medici doch seit Generationen innerhalb der Stadt geheiratet.

»In der Tat, Lorenzo, gab es kein florentinisches Mädchen für dich? Oder waren sie dir nicht schön genug?«, rief Tommaso Soderini.

»Oder zu verheiratet?«, fügte Guglielmo de' Pazzi halblaut hinzu.

Damit spielte Giulianos Schwager auf Lucrezia Donati an, mit der sein Bruder eine stürmische Affäre unterhielt. Da ihr Mann seit Monaten auf einer Handelsreise war, waren die beiden nicht allzu vorsichtig gewesen.

Piero, der sich die Glückwünsche eine Weile still angehört hatte, setzte sich wieder, als er die Bemerkung seines Schwiegersohnes hörte. »Was hättest du denn lieber gesehen? Ein Pazzi in der Familie ist jedenfalls mehr als genug«, zischte er. Guglielmo verstummte sofort, und Giulianos Schwester Bianca sah aus, als hätte sie in eine Zitrone gebissen. Bianca stand weder ihm noch Lorenzo sonderlich nah. Sie war bereits seit zehn Jahren verheiratet und führte einen eigenen Haushalt. Ihre Ehe mit Guglielmo hatte ein strategisches Bündnis der Familie mit dem zweitreichsten Handelshaus in Florenz geschaffen. Doch auch, wenn sich Bianca und Guglielmo offenbar gut verstanden, änderte das nichts daran, dass ihre beiden Familien Konkurrenten waren.

Lorenzo ließ den Blick von einem zum anderen wandern, dann stand er auf und hob seinen eigenen Becher. »Die Töchter Florenz' sind einfach zu schön, Tommaso Soderini«, rief er in Richtung des Sprechers. »Ich konnte mich für keine entscheiden. Hätte ich es getan, hätte es mir das Herz gebrochen. So heirate ich ein tugendhaftes Mädchen aus Rom, und mir bleibt die Qual der Wahl erspart.«

»Wir werden gerne bei den Töchtern Florenz' für dich einspringen, Bruder«, fügte Giuliano hinzu, gerade laut genug, um von den meisten Anwesenden verstanden zu werden.

Die Gäste lachten, als Lorenzo sich wieder setzte; sie hatten die Stimmung im Saal herumgerissen. Lorenzo zwinkerte Giuliano gut gelaunt zu.

Ihr Vater sah zu ihnen herüber, aber Giuliano konnte seinen

Blick nicht deuten. Piero hatte mehr getrunken, als es seine Gewohnheit war. Normalerweise hielt er sich bei dieser Art von Anlass zurück und trank höchstens einen Becher Wein, um stets Herr seiner Sinne zu sein.

»Außerhalb der Familie gibt es kein Fest, das bloß ein Fest ist«, hatte er seinen Söhnen stets eingebläut. »Ihr seid Medici, und jeder, der bei euch zu Gast ist, will entweder Geld oder einen Gefallen von euch. Oder ihr wollt eines von beidem von ihm.«

Jacopo de' Pazzi erhob sich. Seine Schwester Albiera, eine überschlanke Frau mit schwarzem Haar, das sie glatt nach hinten gebunden hatte, folgte seinem Beispiel. »Auf Euch und Eure Römerin, Lorenzo!«, rief er. »Hoffen wir, dass sie mit Eurer Hilfe den Weg nach Florenz findet.«

Lorenzos Gesicht erstarrte, aber Lucrezia beugte sich zu ihren Söhnen hinüber. »Geh nicht darauf ein«, bat sie Lorenzo. »Clarice wird sie schon für sich einnehmen.«

»Keine Sorge, *Mama*.« Lorenzo legte seiner Mutter eine Hand auf den Arm. »Ich denke, Giuliano und ich kommen mit ein paar gebrochenen Herzen und verärgerten Vätern zurecht.«

Lucrezia lachte, dann wandte sie sich mit geübter Liebenswürdigkeit wieder ihrem Tischnachbarn zu.

Unterdessen waren Musikanten eingetroffen, die mit Lauten, Flöten und einer Trommel für Unterhaltung sorgten.

»Warum hast du mir nicht gesagt, dass du bereits entschieden hast, wann ich nach Rom reisen soll?«, fragte Lorenzo seinen Vater im Plauderton, aber seine Stimme zitterte.

Piero blickte zu den Musikern hinüber, als wollte er abschätzen, ob seine Worte über ihr Lied hinweg zu hören wären. »Es schien mir ein guter Zeitpunkt zu sein«, sagte er dann leise. »Du gewinnst das Turnier, dann holst du deine Braut her, die ein Mädchen aus einer der besten Familien Roms ist. Deiner glänzenden Zukunft steht nichts mehr im Wege.«

»He«, warf Giuliano ein. »Noch hat er das Turnier nicht gewonnen.« Wenn sie gegeneinander antraten, kam es meist auf die

Sportart an, wer von ihnen beiden die besseren Aussichten auf einen Sieg hatte. Auf einem Pferd und mit einer Lanze rechnete sich Giuliano zumindest gute Chancen gegen seinen Bruder aus.

Nun wandte sich ihm Piero doch zu. »Wag ja nicht, darüber auch nur nachzudenken!«, zischte er. »Lorenzo gewinnt das Turnier, damit sein Platz in der Stadt unangefochten ist. Du wirst gegen ihn verlieren, so wie jeder andere auch.«

»Was?«, entfuhr es Giuliano, der sich fragte, ob er richtig gehört hatte. Lorenzo biss sich auf die Lippe, und Giuliano erkannte, dass sein Bruder von diesem Plan bis eben auch nichts gewusst hatte.

»Wie jeder andere auch?«, fragte Lorenzo. »Wie kannst du dir dessen so sicher sein, Vater?«

Piero sah ihn an und schüttelte kaum merklich den Kopf. »Das weißt du nicht?«, fragte er mit mildem Spott in der Stimme. »Dabei bist du doch mein kluger Sohn.«

»Du hast mir den Sieg gekauft?«, presste Lorenzo hervor. »Sag mir, dass das nicht wahr ist.«

»Es ist wahr, und ich hätte niemals vermutet, dass du so dumm bist, dies nicht zu wissen.«

Giuliano stand auf. Der Wein war ihm bereits zu Kopf gestiegen. Hätte sein Vater ihn gefragt, ob er zurückstecken und verlieren könnte, hätte er sich vielleicht sogar einverstanden erklärt. Aber die Selbstverständlichkeit, mit der er von ihm erwartete, stets in Lorenzos Schatten zu stehen, war heute Abend einfach zu viel für ihn.

»Entschuldigt mich«, murmelte er. Er lief aus dem Saal und gab vor, seine Mutter, die seinen Namen rief, nicht zu hören. Er rannte die Treppe hinauf, an dem endlosen Strom von Dienern vorbei, die mehr Wein, mehr Gebäck, mehr von allem brachten. Erst als er an der Küche vorbei war, blieb er auf dem obersten Treppenabsatz stehen und betrat dann den Dachboden, von wo aus eine Luke auf das Dach führte. Er zwängte sich hindurch und atmete tief die kühle Nachtluft ein.

Dieser Ort war früher oft der einzige in dem immer vollen Haus gewesen, an dem Lorenzo, Fioretta und er für kurze Zeit für sich sein konnten, versteckt vor den erwartungsvollen Blicken ihrer Eltern und der Welt.

Hinter ihm erklangen Schritte. Lorenzo war ihm gefolgt und ließ sich neben ihm auf das schmale Vordach fallen.

»Vater hat heute schlimme Schmerzen«, sagte er, als erklärte das alles.

»Diesen Entschluss hat er aber nicht heute gefasst«, entgegnete Giuliano. »Vermutlich hat es Wochen gedauert, alle Turnierteilnehmer zu bestechen, damit du deinen großen Triumph bekommst.«

Lorenzo sah ihn mit einem schwer zu deutenden Gesichtsausdruck an, das dunkle Haar hinter die Ohren geklemmt.

»Glaubst du, mir macht es Spaß, dass Vater mir den Sieg kauft?«, fragte er. »Jeder auf der Piazza Santa Croce wird wissen, dass ich nicht gewinne, weil ich der Beste bin, sondern weil er der Reichste ist.«

»Aber trotzdem wirst du gewinnen«, gab Giuliano bitter zurück. »Du wirst der Held von Florenz sein, während ich dir aus dem Staub gratulieren soll.«

Sein Bruder legte die Stirn in Falten und sah Giuliano an. »Du nimmst dieses Turnier zu wichtig«, sagte er dann. »Es ist nur ein Wettkampf. Es macht noch keinen Helden aus mir und keinen Verlierer aus dir.«

»Du hast leicht reden. Du bist ja nicht der, der verlieren muss.«

»Mir würde es nichts ausmachen, wenn du den Siegerkranz bekämst, das weißt du doch«, gab Lorenzo zurück. »Und ich hoffe bloß, dass Lucrezia Donati nichts von alldem mitbekommt. Sie muss mich für erbärmlich halten, wenn sie es herausfindet.«

Giuliano merkte, wie der Ärger sein Gesicht heiß werden ließ. Ihm stand Fiorettas Bild vor Augen, die schließlich auch dabei zusehen würde, wie er sich um Lorenzos willen lächerlich machte. »Aber mich können sie ruhig für armselig halten? Unsere Familie und die halbe Stadt?« Seine Stimme wurde laut.

»Und was soll ich deiner Meinung nach deswegen tun?«, rief Lorenzo, nun ebenfalls aufgebracht.

»Ich will nicht einfach so aufgeben. Kannst du nicht für einen ehrlichen Wettstreit sorgen?«

»Giuliano, sei vernünftig! Wie soll das denn jetzt noch möglich sein? Soll ich jede einzelne wichtige Familie in Florenz aufsuchen und darum bitten, Vaters Absprachen zu umgehen? Wie stünden wir denn da? Das ist unmöglich, das muss dir doch klar sein. Wir haben zu spät davon erfahren – jetzt muss ich das Turnier eben gewinnen.«

Er legte Giuliano die Hand auf die Schulter, aber Giuliano wollte die Geste nicht annehmen und stieß Lorenzo von sich. »Soll ich dich jetzt auch noch dafür bedauern?«

Lorenzo sprang auf und sah vom Rand des Daches herunter auf die Stadt. »Verdammt noch mal, Giuliano, du bist nun einmal der Jüngere von uns beiden! Kannst du dich nicht einfach einmal auf meine Seite stellen?«

Giuliano stand ebenfalls auf und baute sich neben seinem Bruder auf. *Wie konnte Lorenzo das nur fragen? Als ob ich je vergessen könnte, wer von uns beiden der Ältere ist. Der Hoffnungsträger. Der zukünftige Herr von Florenz.* »Du hast mich einmal fast hier heruntergeworfen, weißt du das noch?«, fragte er mit einem Blick in die Dunkelheit unter ihnen.

Sie waren noch fast Kinder gewesen, und es war das letzte Mal, dass sie sich geprügelt hatten.

»Ja«, gab Lorenzo zu. »Damals wolltest du mich auch nicht gewinnen lassen. Obwohl ich größer und stärker war als du.«

Giuliano fuhr sich mit der Hand durch die Haare und strich über die Narbe am Hinterkopf, die er sich zugezogen hatte, als er nach einem Schlag von Lorenzo mit dem Kopf auf den Rand des Daches aufgeschlagen war. Er wäre abgerutscht, wenn Lorenzo ihn nicht am Kragen gepackt und wieder nach oben gezogen hätte.

»Du hast mein ganzes Hemd vollgeblutet, aber du hast unseren Eltern nichts verraten, obwohl Mutter am liebsten die Inquisition losgelassen hätte«, murmelte Lorenzo. Aller Ärger war aus seiner Stimme gewichen.

Giuliano nickte. »Ich stehe immer an deiner verdammten Seite, weißt du das nicht?«

Lorenzo antwortete ihm nicht sofort. Schließlich schüttelte er den Kopf. »Es tut mir leid. Wirklich«, sagte er leise. »Ich will so auch nicht gewinnen. Aber bitte denk daran: Wir werden noch viele Turniere abhalten. Und da können wir es machen, wie wir wollen. Ich verspreche dir, dass du nach diesem Wettkampf nie wieder meinetwegen verlieren musst.«

Giuliano seufzte. *Wenn Vater nicht mehr ist.* Das war der unausgesprochene Satz seines Bruders, der so schwer zwischen ihnen hing wie der toskanische Nebel an einem Oktobermorgen auf den Feldern.

Er sah seinen Bruder an, und sein Zorn verrauchte. *Auf ihn wütend zu sein, bringt dir gar nichts.*

»Was soll's«, murmelte er. »Vielleicht hättest du mich ja auch einfach so besiegt?«

Lorenzo lachte freudlos. »Bei einem Kampf mit der Lanze? Nicht sehr wahrscheinlich.«

»Nein, nicht sehr.« Sie mussten beide lachen, als sich die Anspannung zwischen ihnen löste.

»Giuliano, du musst noch etwas für mich tun«, meinte Lorenzo dann. Er flüsterte beinahe.

»Und was?«

»Kannst du Clarice Orsini aus Rom abholen?«

Giuliano sah ihn überrascht an. »Ich soll deine Verlobte abholen? Aber ist das nicht genau die Aufgabe, die Vater eben dir übertragen hat?«

Lorenzo verzog kaum merklich das Gesicht. Giuliano wusste, dass Lorenzo seine künftige Ehefrau, die seine Mutter bei einem Besuch in Rom ausgesucht hatte, kaum kannte, und folglich auch nicht eben darauf brannte, sie wiederzusehen.

»Ich kann jetzt nicht weg«, erklärte sein Bruder. »Egal, was Vater sagt. Du siehst ja, dass er mit jedem Tag unberechenbarer wird. Ich habe Angst, dass wir wichtige Unterstützer verlieren, wenn ich jetzt wochenlang nicht in Florenz bin. Du weißt, wie angespannt das Verhältnis zu Venedig ist – was, wenn Vater nun auch noch die Mailänder vor den Kopf stößt? Herzog Sforza könnte sich sofort dazu entschließen, die Seiten zu wechseln und sich gegen uns zu stellen.«

Giuliano war es nur allzu bewusst, dass diese Sorge nicht unbegründet war. *Wer weiß, wer das nächste Ziel von Pieros Jähzorn wird? Und wenn ich das Turnier tatsächlich absichtlich verlieren muss, möchte ich danach ohnehin nicht in Florenz sein.*

»Aber wird ihre Familie nicht enttäuscht sein, wenn nur der künftige Schwager auftaucht und nicht der Bräutigam selbst?«, überlegte er laut.

»Gib den Orsini ein paar protzige Geschenke und das Versprechen auf einen neuen Kredit, das wird sie trösten«, gab Lorenzo zurück. »Nach dem, was Mutter erzählt, haben sie zwar diesen uralten Namen, aber kaum noch genug Florin, um sich über Wasser zu halten.«

Giuliano musste wider Willen grinsen. Natürlich hatten die vornehmen Orsini nur eingewilligt, unter ihrer Würde und nach Florenz zu heiraten, weil die Medici ihnen etwas bieten konnten, das sie selbst schon lange nicht mehr hatten – Geld.

»Vielleicht wäre es sogar ganz gut, Vater eine Weile lang nicht unter die Augen zu kommen«, überlegte er laut. »Gut, ich mache es. Aber ich kann nichts dafür, wenn deine Braut sich auf dem Weg in mich verliebt, nur dass das klar ist.«

Lorenzo lachte. »Du hast zu viele antike Sagen gelesen, Giuliano«, gab er zurück. Aber dann streckte er die Arme aus und drückte seinen Bruder an sich. »Danke«, sagte er. »Ich schulde dir etwas. Für alles.«

KAPITEL 4

Florenz, Mai 1469

FIORETTA

Das Pferd des Reiters bäumte sich auf und hätte ihn beinahe abgeworfen. Seine Hände griffen in die Mähne, krallten sich fest. Sein Gegner, ebenfalls zu Pferd, hielt eine Lanze auf ihn gerichtet, bereit, ihn mit einem Stoß aus dem Sattel zu heben.

Die hübschen Züge des jungen Reiters waren verzerrt, jedoch nicht vor Angst, sondern vor Zorn.

Fioretta fand, dass sie den Gesichtsausdruck gut getroffen hatte, aber das Pferd in dieser Bewegung darzustellen, erwies sich als ausgesprochen schwierig. Vorsichtig rieb sie mit dem Zeigefinger über den schraffierten Körper. Die silberhellen Linien, mit denen sie das Fell gezeichnet hatte, würden mit der Zeit nachdunkeln und einen Braunton annehmen.

Als sie das Papier anhob und die Zeichnung aus einiger Entfernung betrachtete, stellte sie fest, dass ihr die Drehung des vorderen Pferdekörpers nicht gelungen war, weshalb das Tier nun beinahe wie ein Fabelwesen aussah, zusammengesetzt aus zwei unterschiedlichen Hälften.

Sie seufzte. Sie hasste es, wenn ein Bild auf dem Pergament anders aussah als in ihrer Vorstellung. Mit diesem Ergebnis konnte sie sich nicht zufriedengeben. Sie würde einen Teil der Zeichnung abschaben und den Untergrund neu mit Kreide und Leimwasser grundieren, um es noch einmal zu versuchen.

»Fioretta!« Die Stimme ihres Vaters ließ sie hochschrecken, und sie bedeckte das Papier unwillkürlich mit der Hand.

Antonio Gorini betrat ihre Kammer und stellte sich neben sie.

Ihr Vater war ein großer Mann mit hängenden Schultern und dunklem Haar, das allmählich schütter zu werden begann.

»Störe ich dich?«, fragte er mit sanfter Stimme, wie es seine Gewohnheit war. Antonio blieb fast immer ruhig und höflich und ertrug sogar die Launen von Piero de' Medici mit stoischer Ruhe. Neben seiner Kunstfertigkeit als Arzt hatte sicher auch diese Gelassenheit dafür gesorgt, dass er im Haus in so hohem Ansehen stand.

Ihr Vater schob Fiorettas Finger zur Seite und nahm das Papier. »Das ist gut«, stellte er fest, nachdem er es einen Moment betrachtet hatte. »Du wirst immer besser.«

»Danke, *Papà*«, gab sie zurück. »Aber es ist nicht so gut, wie es sein sollte. Das Pferd ist missglückt, und ich weiß nicht, wie ich es besser machen kann. Ich brauche einen Lehrer.«

Ihr Vater lächelte nachsichtig. »Ich weiß. Und ich denke, ich habe gute Nachrichten für dich, Antonietta«, sagte er.

Nur Antonio nannte sie manchmal noch so, mit dem Namen, auf den sie getauft worden war. Alle anderen hatten längst den Kosenamen übernommen, den ihre Mutter ihr gegeben hatte, als sie ein kleines Mädchen gewesen war. *Fioretta. Kleine Blume.*

Außer dem Namen war ihr nicht viel von ihrer Mutter geblieben, die schon seit vielen Jahren in einem bescheidenen Grab in Muontespertoli lag.

Fioretta sah ihren Vater auffordernd an. Sie hatte ihn schon oft darum gebeten, sie unterrichten zu lassen. Am liebsten wäre sie in eine Werkstatt eingetreten, aber Antonio hatte bislang immer gezögert, auch nur zu versuchen, sie dort unterzubringen. Kaum ein Künstler in Florenz hatte weibliche Schüler, und wenn, dann waren es meist ihre eigenen Töchter.

»Maestro del Verrocchio kommt heute mit seinen Gehilfen her. Madonna Lucrezia hat ihn eingeladen, um über Lorenzos Hochzeit zu sprechen. Sie will natürlich nur das Beste für ihren Sohn und ihre neue Schwiegertochter und wünscht sich von der Werkstatt einige Aufbauten für die Feier. Wenn du möchtest, wird sie dich ihm vorstellen. Sie glaubt ja ebenfalls daran, dass du Talent hast, und vielleicht kannst du den Meister davon überzeugen, dir Unterricht zu geben.«

Ihr Herz schien einen Schlag auszusetzen. Maestro Verrocchio! Sie kannte so viele seiner Büsten und Gemälde, die den Palazzo Medici schmückten, hatte seine Werke voller Bewunderung studiert.

Etwas Besseres könnte mir nicht passieren!

»Pack ein paar deiner Zeichnungen zusammen, bevor du zu ihr hinuntergehst«, sagte Antonio. »Es kann sicher nicht schaden, dem Maestro zu zeigen, was du schon kannst.«

Fioretta sprang auf und öffnete die Truhe, die am Fußende ihres Bettes stand. Unschlüssig blickte sie auf den Stapel an Zeichnungen und nahm schließlich alle heraus.

Als sie das erste Stockwerk erreichte, hörte sie aus dem Raum neben dem Treppenabsatz ein tiefes, gutturales Geräusch, so als gurgelte jemand mit einem Glas Wasser. Die Laute drangen aus Lorenzos Zimmer, dessen Tür halb offen stand.

Fioretta wusste, dass sie einfach weitergehen sollte, aber ihre Neugier siegte über ihren Verstand. Sie ging zwei Schritte zurück und spähte durch die halb offene Tür. Lorenzo stand vor einem Spiegel, ohne *Camicia* und nur mit seinen Hosen bekleidet. Er hatte eine Hand an den Hals gelegt und sprach sehr tief und überdeutlich lang gezogene Vokale aus. Die schwarzen Haare umrahmten ein Gesicht, in dem zwar die Ähnlichkeit zu Giuliano deutlich war, aber anders als dieser hatte Lorenzo die flache Nase und das vorspringende Kinn seines Vaters geerbt, die ihn weniger anziehend erscheinen ließen. Was ihm an Schönheit fehlte, machte er jedoch leicht mit seinen Worten wett, wenn er es wollte.

Was immer Lorenzo da tut, geht mich nichts an, dachte Fioretta. *Ich sollte so schnell wie möglich zu Madonna Lucrezia gehen.* Doch noch bevor sie sich zurückziehen konnte, fing Lorenzo im Spiegel ihren Blick auf und fuhr zu ihr herum. Er fasste sich schnell.

»Gentile de' Becci hat mir diese Übungen gezeigt. Sie helfen mir, ein besserer Redner zu werden«, sagte er ganz ruhig und so, als beantwortete er eine Frage, die sie ihm gestellt hatte.

»Ich ... bitte entschuldige«, sagte sie hastig. »Ich war eigentlich auf dem Weg zu deiner Mutter und Maestro Verrocchio, als ich dich gehört habe. Ich hätte nicht lauschen sollen.«

»Meine Stimmübungen sind kein Geheimnis«, gab er zurück. Er machte einen Schritt auf sie zu. »Sind das deine Zeichnungen?«, fragte er und deutete auf das Papier in Fiorettas Händen. Sie nickte und schaute verlegen zur Seite. Warum machte es ihm nichts aus, halb nackt vor ihr zu stehen, während sie versuchte, ihn nicht anzustarren?

Er nahm die Zeichnungen aus ihren Händen und sah sich das oberste Bild an. »Du hast das Turnier gemalt, nicht wahr?«, fragte er.

Sie nickte.

Er zeigte auf den dunkelhaarigen Reiter mit dem zornigen Blick. »Ist das Giuliano?«

Fioretta nickte. »Er war so wütend, weil er verlieren musste.«

Offiziell war Giuliano im letzten Kampf von seinem Pferd abgeworfen worden, aber Fioretta wusste, dass er sich absichtlich hatte fallen lassen, bevor er von seinem Bruder besiegt werden konnte. Es musste jedem klar sein, dass Lorenzo nicht von allein gewonnen hatte. Aber Florenz hatte dem Erben der Medici dennoch zugejubelt, gekaufter Sieg oder nicht.

Piero hatte nach dem Turnier tagelang nicht mit seinem jüngsten Sohn gesprochen, und die beiden schienen sich noch nicht wieder versöhnt zu haben, als Giuliano schließlich nach Rom aufgebrochen war, um Clarice Orsini abzuholen.

»Du hast ihn sehr lebensecht eingefangen«, sagte Lorenzo mit sanfter Stimme, die nicht erkennen ließ, ob ihn der Umstand störte, wie er das Turnier gewonnen hatte. »Du magst ihn sehr, nicht wahr?«, hakte er nach.

Fioretta merkte, wie ihr das Blut in die Wangen schoss. Das war keine Unterhaltung, die sie mit Lorenzo führen wollte.

»Jeder mag Giuliano«, gab sie ausweichend zurück.

»Das stimmt«, antwortete Lorenzo. »Jeder mag meinen Bruder. Und besonders die Frauen mögen ihn. Normalerweise geht mich das weniger als nichts an, aber bei dir ist das etwas anderes. Ich möchte nicht, dass du dich unglücklich machst«, erklärte er. »Du weißt, dass Giuliano jemanden heiraten wird, der seinem Stand entspricht, nicht wahr? Jemanden, der dem Haus Medici etwas zu geben hat?«

Seine Worte schmerzten sie mehr, als sie es wahrhaben wollte.

Sie sog tief den Atem ein und hob den Blick, sah ihm direkt in die dunklen Augen. »Keine Sorge, Lorenzo«, sagte sie. »Das ist nicht, was ich über Giuliano denke.«

Eine kleine Stimme in ihr wisperte, dass sie log, aber sie wollte Lorenzo so rasch wie möglich überzeugen und gehen.

»Umso besser, Fioretta.« Er trat einen Schritt zurück und griff nach seinem Hemd, das er über einen Stuhl gelegt hatte. »Ich hoffe, Maestro Verrocchio wird dich unterrichten. Deine Zeichnungen verdienen es.«

Als Fioretta das Scrittoio im ersten Stock betrat, war sie noch immer von der Begegnung mit Lorenzo so durcheinander, dass sie Lucrezias freundliche Begrüßung nur abwesend erwiderte. Die Mutter von Lorenzo und Giuliano saß hinter ihrem Schreibtisch, in ihrer gewohnt kerzengeraden Haltung. Es hieß, dass sie einen guten Kopf für Zahlen besäße, und sowohl ihr Schwiegervater als auch ihr Mann waren mehr als bereit gewesen, dieses Talent zugunsten der Medici zu nutzen. Sie hatte deshalb in der Bank eine wichtige Stellung inne. Allerdings arbeitete sie nicht im Erdgeschoss, wo die Schreiber und Angestellten ein und aus gingen, sondern in ihren eigenen Räumen.

Fioretta hätte sie allein für das bewundert, was sie für die Familie bewirkte, aber Madonna de' Medici war außerdem vom ersten Tag an freundlich zu ihr gewesen, damals, als Fioretta sich noch mit staunenden Augen im Palazzo Medici verlaufen hatte.

»Dein Vater sagt mir, dass du von Maestro del Verrocchio unterrichtet werden möchtest?«, fragte Lucrezia direkt, als sie vor ihr stand.

Fioretta neigte den Kopf. »Ja, Madonna. Ich übe das Zeichnen jeden Tag, aber es gibt so vieles, was ich noch nicht beherrsche.«

Lucrezia nickte. »Dann wollen wir gemeinsam versuchen, den Meister davon zu überzeugen, dass er dich als Schülerin annimmt. Verrocchio ist sicher einer der Besten in Florenz. Aber ich muss dich warnen. Er kann ziemlich stur sein und ist nicht sehr umgänglich.«

»Das macht mir nichts aus, Madonna! Ich weiß nicht, wie ich Euch danken kann«, gab Fioretta zurück.

Lucrezia lächelte, und ein Kranz von Falten erschien um ihre Augen. »Das sollte nicht allzu schwer werden. Diese Hochzeit bringt mich noch um den Verstand, und ich werde deine Hilfe bei den Vorbereitungen in der *Bottega* sicher noch gut gebrauchen können. Außerdem hast du nicht nur in deinem Vater, sondern auch in meinen Söhnen Fürsprecher, die sich für dich einsetzen – wie sollte ich mich da weigern?«

Giuliano und Lorenzo haben sich für mich eingesetzt? Doch noch bevor sie den Gedanken weiterverfolgen konnte, führte ein Diener einige Gäste in den Raum.

Andrea del Verrocchio war ein Mann Ende dreißig. Er trug eine Kappe auf dem Kopf, unter der dunkelblonde, jetzt schweißfeuchte Haare hervorschauten, und er hatte einen fein gezupften, schmalen Schnurrbart. Er hatte zwei jüngere Männer bei sich, seine Gesellen. Einer war vermutlich so alt wie Fioretta selbst oder ein wenig älter. Er hatte rotbraunes, lockiges Haar, das ihm bis zu den Schultern reichte, und er trug eine dunkle Tunika. Er war sehr schlank, eine anmutige Erscheinung, aber sobald er sich vor Lucrezia verneigt hatte, schien er nicht mehr stillstehen zu können. Er verlagerte sein Gewicht ständig von einem Bein aufs andere und ließ den Blick durch den Raum schweifen.

Der zweite Gehilfe, ein fülliger junger Mann Mitte zwanzig mit sandfarbenen Haaren und vollen Lippen, blieb hingegen ruhig stehen und wischte sich mit einem Ärmel den Schweiß von der Stirn.

»Gottlob haben wir es noch hierhergeschafft!«, begann er. »Messere Verrocchio hatte Geschäfte im *Oltrarno,* und wir sind von Santo Spirito herübergekommen. Himmel, wo nur immer all die Leute herkommen! Die Ponta Santa Trinita war kaum zu betreten, und ...«

»Aber wir sind ja jetzt hier, und es ist kein Schaden entstanden«, sagte Andrea del Verrocchio mit Nachdruck, wohl auch, um die Erzählung seines Schülers abzukürzen. »Madonne, das sind Leonardo di ser Piero und Alessandro di Vanni Filipepi.«

Von Alessandro hatte Fioretta bereits gehört. Giuliano hatte ihr erzählt, dass Lorenzo und er gelegentlich mit ihm durch die Tavernen der Stadt zogen, und Lorenzo ihm dabei den Spitznamen *Botticelli* gegeben hatte, kleines Fass, wohl nicht nur wegen seiner Statur, sondern auch wegen seiner Trinkfestigkeit.

Lucrezia de' Medici begrüßte den Meister und seine Begleiter mit großer Höflichkeit und schickte nach Getränken, sobald alle Anwesenden einen Platz gefunden hatten.

»Das ist Fioretta Gorini«, sagte sie dann. »Wir kommen im Lauf des Gesprächs noch zu dem Grund ihrer Anwesenheit, aber lasst uns erst einmal über den Auftrag sprechen, den ich Euch und Eurer Werkstatt anvertrauen will, Signori.« Sie sah von einem zum anderen, bevor sie fortfuhr: »Ich brauche Eure Werkstatt für die Vorbereitungen der Hochzeit. Die Feier soll die größte und schönste werden, die Florenz je gesehen hat. Wir werden den Orsini keine Gelegenheit bieten, ihre Wahl zu bereuen, oder irgendeiner anderen römischen Familie, sie deshalb zu verspotten.«

Lucrezia räusperte sich, bevor sie fortfuhr: »Und falls in Florenz über die Wahl meines Sohnes getuschelt wird, soll dieses Fest alle Neider zum Schweigen bringen.«

Andrea del Verrocchio nickte langsam. »Was habt Ihr Euch vorgestellt, Madonna?«, fragte er.

»Wir werden Hunderte von Gästen zu bewirten haben und eigentlich mehr Raum brauchen, als wir haben. Deshalb möchte ich die Loggien, die auf den Garten hinausgehen, als zusätzliche Speisezimmer nutzen. Dafür brauche ich Euch, Maestro – die Umgestaltung wird einige Arbeit erfordern. Die Wände sind zu kahl, wir sollten sie mit bemalten Tüchern oder Holzplatten abdecken. Und wir brauchen auch farbige Zwischenwände aus Holz, denn es können ja nicht alle Gäste gemeinsam speisen, wenn wir keinen Aufruhr auslösen wollen.«

Fioretta konnte sehen, wie es im Gesicht des Meisters arbeitete. Die Loggien waren eine gute Wahl, um Gäste zu bewirten, großzügige Bogengänge mit einem Blick auf den Garten, der im Juni, wenn die Hochzeit gefeiert werden sollte, gewiss in den schönsten Farben leuchten würde.

»Und nach dem Essen soll es im Garten Unterhaltung geben, Musik und Theater. Dafür muss eine Bühne gebaut werden, und verschiedene Kulissen.«

Verrocchio nickte langsam. »Das sind große Aufgaben, Madonna«, begann er vorsichtig. »Vor allem, wenn man die Kürze der Zeit bedenkt, in der sie erledigt werden sollen. Dafür werde ich vermutlich alle meine Schüler benötigen, nicht nur diese beiden hier.«

»Gewiss«, bestätigte Lucrezia. »Ihr sollt alle Unterstützung haben, die Ihr braucht, lasst es mich nur wissen. Ich komme für ihren Unterhalt auf, solange sie daran arbeiten.«

Der Maestro nickte und warf einen Blick zu seinen beiden Schülern.

»Können wir einen Plan des Gartens anfertigen?«, fragte der Jüngere der beiden Gehilfen, den Verrocchio als Leonardo vorgestellt hatte. »Dann können wir am besten sehen, wo die Bühne überhaupt Platz hätte.«

»Und ich kann ausrechnen, wie viel Holz und Farben wir brauchen werden«, ergänzte Sandro Botticelli.

Lucrezia strich sich eine graue Haarsträhne, die sich aus ihrer

Kappe gelöst hatte, hinters Ohr. »Nur zu. Fioretta hier wird Euch in meinem Auftrag zur Seite stehen, und Ihr könnt ihr stets Eure Wünsche mitteilen, die sie an mich weiterleiten wird.«

Fioretta nickte. Sie hatte zwar bislang nichts von diesem Plan Madonna Lucrezias gewusst, war darüber aber dennoch erfreut, denn das bedeutete, dass sie die Maler auf jeden Fall bei der Arbeit würde beobachten können. Sie lächelte Maestro Verrocchio an, der sie nun zum ersten Mal wirklich zu sehen schien. »Wie Ihr wünscht«, gab er glatt zurück.

»Sie hat allerdings im Gegenzug eine kleine Bitte«, fügte Lucrezia lächelnd hinzu und sah Fioretta auffordernd an.

Fioretta räusperte sich. Sie wusste nicht, wie sie ihr Anliegen am klügsten formulieren sollte, um den Meister für sich zu gewinnen, also entschied sie sich, einfach direkt zu sein.

»Ich wollte Euch bitten, mir Unterricht in der Malerei zu geben, Maestro. Einiges habe ich mir schon selbst beigebracht, und Madonna Lucrezia hier war so freundlich, mein Talent zu loben, aber ich komme nicht mehr weiter. Um besser zu werden, brauche ich einen Lehrer. Und es gibt keinen besseren als Euch, das sagt man in ganz Florenz.«

Andrea del Verrocchio sah sie überrascht an. »Sagt man das, ja?«, fragte er mit mildem Spott in der Stimme. Dann wurde er jedoch sofort wieder ernst. »Bist du dir sicher, dass du Unterricht bei mir nehmen willst?«, fragte er.

Die Frage verunsicherte sie. Was konnte sie sagen? Sie nickte. »Ja, Maestro. Sehr sicher sogar.«

Sandro Botticelli stand neben ihr. »Sind das deine Zeichnungen?«, fragte er, auf die Mappe in ihrem Schoß deutend.

Fioretta nickte. In all ihrer Aufregung hatte sie die Zeichnungen beinahe vergessen. Sie hielt sie dem Maestro hin, der sie entgegennahm und darin zu blättern begann.

»Die Zeichnungen sind wirklich hübsch. Sind sie alle von dir?«

Die Art und Weise, wie er »hübsch« sagte, zeigte ihr, dass er vor allem höflich sein wollte. Fioretta nickte trotzdem.

»Du hast ein gutes Auge für die Perspektive«, sagte Leonardo, der seinem Meister über die Schulter schaute.

»Danke.«

»Und du wünschst dir, besser zeichnen zu lernen? Studien von Pflanzen und Vögeln anzufertigen, vielleicht?«, wollte Verrocchio wissen.

»Eigentlich hatte ich gehofft, dass Ihr mich in der Malerei unterrichtet, so wie Eure anderen Lehrlinge auch. Ich möchte Porträts malen lernen, und Fresken aufzutragen.«

»Du willst dich in der Malerei versuchen?« Der Maestro sah einigermaßen verblüfft aus. »Ich weiß nicht, ob du dir die richtige Vorstellung von einer *Bottega* machst. Das ist harte, schmutzige Arbeit – und eine Frau wie du sollte eher der Gegenstand solcher Kunst sein, statt sie selbst auszuüben.«

Zu ihrem Erstaunen sah sie, dass Sandro hinter dem Rücken des Maestros die Augen verdrehte. Trotz ihrer Anspannung musste Fioretta lächeln.

»Vielleicht können wir einen Kompromiss finden, Maestro?«, schlug Sandro vor. »Fioretta kann von uns lernen, solange wir mit den Vorbereitungen für die Hochzeit beschäftigt sind, und im Gegenzug dafür steht sie uns danach als heilige Anna Modell. Wenn Ihr an dem Altarbild weiterarbeiten wollt, Maestro.«

Verrocchio warf Sandro einen düsteren Blick zu. Dann musterte er Fioretta, und sie richtete sich auf, um seinem Blick zu begegnen. *Wie stellt er sich wohl die heilige Anna vor?*, fragte sie sich. *Eine ehrwürdige Großmutter?* Sie streckte das Kinn vor und versuchte, so erhaben wie möglich auszusehen.

Verrocchio wirkte noch nicht überzeugt, aber als Lucrezia ihn auffordernd anblickte, die Lippen zusammengepresst, sagte er schließlich: »Nun gut, so können wir es halten. Aber ich warne dich«, fügte er hinzu, und blickte dann erst zu Sandro und Leonardo, bevor er wieder sie ansah: »Wir arbeiten nach strengen Regeln, und was ich sage, wird getan. Unser Auftrag hat oberste Priorität, und ich dulde weder Ungehorsam noch schlampige Arbeit.«

Trotz der mahnenden Worte des Meisters wäre Fioretta am liebsten vor Freude in die Luft gesprungen. Aber sie lächelte nur bescheiden und sagte: »Natürlich, Maestro. Ich danke Euch. Ihr werdet es nicht bereuen.«

»Das will ich hoffen«, murmelte Verrocchio.

»Eine Lösung, die für alle gut ist«, sagte Lucrezia zufrieden. Dann räusperte sie sich. »Aber nun zurück zu der Hochzeit. Ich hoffe, Ihr versteht, Maestro, wie wichtig diese Aufgabe ist, die ich Euch übertrage. Ich möchte, dass Ihr persönlich dafür einsteht, dass uns alle Fürstentümer Italiens um die Hochzeitsfeier meines Sohnes beneiden.«

»Es wird eine Feier werden, die der Medici würdig ist«, beeilte sich Verrocchio zu versprechen.

»Dann sollten wir noch darüber reden, wie viel Florin mich Eure Arbeit kosten wird«, sagte Madonna Lucrezia. »Fioretta, begleite unsere beiden anderen Gäste doch schon einmal nach unten.« Fioretta nickte und stand auf.

Sie war nicht überrascht. Madonna Lucrezia verwaltete das Geld des Haushaltes mit großer Umsicht, und sie achtete stets sehr genau darauf, dies mit größtmöglicher Verschwiegenheit zu tun.

»Ich wette, er verspricht ihr das Blaue vom Himmel, und wer hat die ganze Arbeit damit?«, bemerkte Sandro, als sie die Eingangshalle erreichten. »Genau. Wir.«

Fioretta hätte fast laut aufgelacht, schlug sich aber im letzten Moment noch die Hand vor den Mund. »Die Arbeit schreckt mich nicht«, sagte sie. »Ich kann noch gar nicht fassen, dass er wirklich zugestimmt hat.«

»Ich hoffe, das siehst du in ein paar Wochen noch genauso«, entgegnete Sandro. »Ich denke nämlich wirklich, dass der Maestro uns den Großteil der Arbeit überlassen wird, wie alles, was viel Geld und wenig Ruhm und Ehre bringt.«

Leonardo schüttelte lächelnd den Kopf. »Verdirb ihr nicht die Freude«, sagte er. »Du klingst ja, als wäre es eher eine Leibeigenschaft, in der Werkstatt zu arbeiten.«

»Für dich ist es das vielleicht nicht«, gab Sandro düster zurück. »Aber für mich, als seinem ältesten Lehrling, der wirklich alles machen muss? Du weißt, dass das stimmt! Er könnte ohne uns kaum die Hälfte seiner Aufträge erledigen, aber die Bewunderung unserer Auftraggeber erhält immer nur er.«

Bevor Leonardo antworten konnte, erschien Verrocchio am oberen Absatz der Treppe. Leonardo hob warnend einen Finger an die Lippen.

Der Meister hatte einen zufriedenen Gesichtsausdruck, offenbar war er sich mit Madonna Lucrezia schnell handelseinig geworden.

»Fioretta, wir werden dir morgen eine Liste mit Materialien und Farben schicken, die wir für die Bühne und für die Loggien brauchen. Ich verlasse mich darauf, dass du sie besorgen kannst.«

Fioretta nickte. »Wann beginnt der Unterricht?«, fragte sie.

»Komm zu uns in die Werkstatt, wenn du alles in Auftrag gegeben hast. Wenn du das ordentlich erledigst, kann Sandro dir die ersten Entwürfe für die heilige Anna zeigen, und wir schauen, ob du als Modell geeignet bist. Und vielleicht lehrt er dich auch, ein paar Striche besser zu setzen.«

Maestro del Verrocchio war anzusehen, dass ihm dieser Teil des Arrangements noch immer nicht recht gefiel, aber Fioretta wollte sich für den Moment keine Gedanken darum machen.

Sie würde morgen die beste *Bottega* in Florenz besuchen. Sie würde von den besten Malern lernen können. Ihr lang gehegter Wunsch schien zum Greifen nahe zu sein.

Plötzlich fielen ihr Lorenzos Worte wieder ein.

Ich habe weder einen Titel noch Reichtümer. Aber vielleicht werde ich den Medici dennoch beweisen, dass ich ihnen etwas zu geben habe.

KAPITEL 5

Rom, Mai 1469

GIULIANO

Helles Licht blendete Giuliano. Er tastete nach der Decke, um sie sich über den Kopf zu ziehen, konnte sie aber nicht finden. Stattdessen berührte er einen Arm, der nicht seiner war.

Er schlug die Augen auf und drehte sich um. Durch die Bewegung begann es, dumpf hinter seiner Stirn zu pochen. Neben ihm lag eine junge Frau. Dunkle Locken fielen ihr offen über die hellen Schultern und bis auf den Ansatz ihrer nackten Brüste. Sie schlief. Selbst in seinem Zustand erschien sie ihm äußerst verführerisch.

Die junge Frau regte sich und schlug die Augen auf. Sie fing seinen Blick auf. »Du bist schon auf, Florentiner?« Sie lächelte und küsste ihn dann plötzlich auf die Lippen.

Jimena. Das ist ihr Name.

Sein ganzer Körper reagierte auf Jimenas Kuss, und Giuliano war sofort hellwach. Er strich mit den Daumen über ihre Wange und über die Grube an ihrem Hals. Dann küsste er die salzige Stelle zwischen ihren Brüsten. Die junge Frau stöhnte, und er ließ seine Zunge weiter zu ihren Nippeln wandern.

Sie lachte leise, was ihn noch mehr erregte, und schlang ihre Beine um seinen Körper. Alles, was er wollte, war, sich in ihre Umarmung fallen zu lassen, und das verdammte Rom und alles, was damit verbunden war, zu vergessen.

Rom. Schlagartig fiel ihm wieder ein, wo er war, und warum. *Mach den Medici keine Schande.* Das hatte Gentile de' Becci gestern Abend noch gesagt.

Er riss sich von Jimena los. »Was ist denn?«, fragte sie erstaunt.

»Verdammt!«, entfuhr es Giuliano, als ihm klar wurde, dass er zum Frühstück im Palazzo Orsini erwartet wurde, um die Braut seines Bruders in Empfang zu nehmen, und dann die Heimreise anzutreten.

Er wandte sich ihr zu. »Habe ich gestern wirklich gesagt, dass wir früh am Morgen nach Florenz aufbrechen?«

Jimena tastete nach einem Wasserkrug, der am Kopfende des Bettes stand. Sie trank einen Schluck und sah ihn über den Rand hinweg an. Ihre dunklen Augen zeigten noch Reste der schwarzen Schminke der gestrigen Nacht, und ihr Blick weckte den nicht sehr klugen Wunsch in ihm, Conte Orsini einfach für einige Stunden zu ignorieren.

»Das hast du gesagt, fürchte ich«, erwiderte sie. »Du solltest dich lieber auf den Weg machen. Der Conte wartet nicht gern.«

Er stand auf und sah sich suchend nach seinen Sachen um, die er achtlos auf den Boden hatte fallen lassen. Dann schlüpfte er in Hemd, Hose und *Farsetto*. Als er sich bückte, um seine Schuhe zu binden, stieg ihm etwas Saures in den Hals, und hinter seiner Stirn begann es erneut zu pochen. *Wo ist mein Gürtel?*

Er sah sich suchend um, konnte ihn aber nicht entdecken. »Hast du meinen Gürtel gesehen?«, fragte er Jimena. Sie schüttelte mit einem belustigten Grinsen den Kopf.

»Ich glaube, er könnte im Korridor liegen?«

Er hatte keine Zeit, die Villa danach abzusuchen, er musste aufbrechen. *Himmel, hilf.* Er wandte sich Jimena zu, die ihn vom Bett aus beobachtete. *Wie soll ich mich bloß verabschieden?*

Er setzte sich zu ihr. »Es tut mir leid«, begann er. »Ich würde …«

Aber sie war geistesgegenwärtiger als er, beugte sich vor und küsste ihn noch einmal lang und ausgiebig.

Giuliano sah an sich herunter. »Ich halte mir beim Hinausgehen wohl besser die Jacke vor den Leib«, sagte er mit Bedauern in der Stimme.

Jimena lachte. »Das solltest du wohl besser«, sagte sie. »Ciao, Giuliano de' Medici. Hab eine sichere Reise.«

Auf dem Weg zurück versuchte er, seine Erinnerungen an den gestrigen Abend zu ordnen. Gentile de' Becci und er waren bei Kardinal Orsini zu Gast gewesen, einem Verwandten von Lorenzos Braut, der sie zu einem Abschiedsessen eingeladen hatte. Die Feier im Palazzo des Kardinals war allerdings etwas ganz anderes gewesen, als er erwartet hatte. Er hatte mit politischer Taktiererei gerechnet, oder damit, wie eine Zitrone über die Situation der Medici ausgepresst zu werden, aber stattdessen hatte ihn das ausgelassenste Fest erwartet, das er je besucht hatte.

Außer den Florentiner Gästen waren der Vater der Braut und einige weitere römische Kirchenmänner gekommen – und Frauen in farbenfrohen und nicht eben züchtigen Kleidern.

»Kurtisanen«, hatte Gentile ihm zugeflüstert, als man ihnen die Damen vorstellte.

Als ob ich das nicht gewusst hätte. Manchmal sah sein alter Lehrer in ihm offenbar immer noch den Knaben, der absolut nichts von der Welt verstand.

»Das ist Jimena«, hatte Kardinal Orsini gesagt, und auf eine schwarzlockige junge Frau mit ausgeprägten Gesichtszügen gedeutet. »Eure Tischdame.«

Der Abend war schnell von einer förmlichen Tafel zu einer Runde geworden, bei der die Gäste auf Kissen auf dem Boden lagen oder saßen und sich von Musik und Tanzdarbietungen unterhalten ließen. Der Wein floss in Strömen, und nachdem sich der Vater der Braut, Gentile und einige andere der älteren Gäste verabschiedet hatten, waren auch die Sitten lockerer geworden.

»Mach dem Haus der Medici keine Schande«, hatte Gentile zum Abschied gesagt. Leichter gesagt als getan. Giuliano war noch niemals auf einer Feier wie dieser gewesen; er hatte keine Ahnung, was er tun oder lieber lassen sollte, um einen Gesichtsverlust zu vermeiden.

Also hatte er sich mit Jimena und dem jungen Priester Giambattista Orsini unterhalten, einem Neffen des Kardinals, und ebenso viel getrunken wie die beiden auch – was mehr als reichlich gewesen war. Jimena war eine begnadete Unterhalterin, und Giuliano erinnerte sich daran, Tränen gelacht zu haben, als sie mit Giambattista einen Wettstreit ausfocht, wer die besseren zweideutigen Lieder singen konnte.

Das Ende des Abends war allerdings in Nebel gehüllt. Irgendwann war Giambattista nicht mehr bei ihnen gewesen, und Jimena und er hatten sich geküsst. Er wusste noch, dass er mit ihr durch einen Gang gestolpert war und sie ihn davon abgehalten hatte, ein Lied zu singen, das ihm in den Sinn gekommen war. Dann hatten sie dieses Zimmer erreicht, sich unbeholfen aus ihren Kleidern befreit, und alles Weitere verschwand in einer Erinnerung aus Lust und Wein.

Giacomo Orsini, *Conte di Campagna,* war ein hochgewachsener Mann mit weißem Haar und einer Adlernase, der sich so aufrecht hielt, als würde er von einem unsichtbaren Seil nach oben gezogen. Er hatte bemerkenswert wenig Zeit mit seinem Gast verbracht, seitdem Giuliano in Rom angekommen war, gerade so viel, dass es nicht grob unhöflich wirkte.

Jetzt musterte er Giuliano mit einem abschätzenden Blick, als er zu ihm in den Garten des Palazzo Orsini geführt wurde.

Die Villa war auf den Ruinen eines römischen Tempels erbaut worden und schien Giuliano wie so vieles in Rom ganz darauf ausgerichtet, die Vergangenheit zu bewahren, statt die Gegenwart willkommen zu heißen. Ihm war das Haus von Beginn an nur wenig einladend erschienen, ein Eindruck, der sich jetzt noch einmal verstärkte, als er den Blick seines Gastgebers auffing.

Vor dem Conte stand ein hölzerner Pflock, auf dem ein Wanderfalke mit einer Haube auf dem Kopf saß.

»Was für ein schönes Tier«, sagte Giuliano bewundernd, nachdem er sich für seine Verspätung entschuldigt hatte.

»Ihr jagt selbst mit Falken, Medici?«, fragte der Conte. Giuliano nickte. Er bewunderte die anmutigen und geschickten Vögel, und liebte es, ihren Flug zu beobachten.

»Lorenzo und ich haben einen *Smeriglio*, mit dem wir auf unserem Gut in Careggi jagen«, antwortete er.

»Einen Merlin? Nun, es freut mich zu sehen, dass Ihr zumindest etwas Kultur besitzt.«

Giuliano hörte die Beleidigung in den Worten, reagierte aber nicht. Dafür war er sich seiner hastig angezogenen Kleidung und nachlässigen Erscheinung nur allzu bewusst. *Den Medici keine Schande machen.*

»Seid Ihr bereit, die Reise anzutreten? Clarice sollte schon fertig sein, wir haben uns bereits heute nach der Messe verabschiedet«, sagte der Conte.

»Gewiss, wir können jederzeit aufbrechen«, versicherte Giuliano ihm.

Zwei Bewaffnete in den Farben des Hauses betraten den Garten. Zwischen ihnen führten sie einen jungen Mann, in dem Giuliano überrascht einen der Bediensteten erkannte, die Lorenzo ihnen mit auf die Reise gegeben hatte. Sein Name war Andrea. *Was hat das zu bedeuten?*, schoss es Giuliano durch den Kopf.

Orsinis Leute warteten respektvoll, bis der Conte sie zu sich winkte.

»Herr, wir haben den Dieb gefasst«, sagte der ältere der beiden Männer, ein Mann mit dem vernarbten Gesicht eines Soldaten.

»Gestern Nacht hat jemand auf der Feier des Kardinals die Gäste bestohlen«, erklärte Orsini, an Giuliano gewandt. »Aber wie es scheint, ist er nicht allzu weit mit seiner Beute gekommen.«

»Herr, ich habe nichts gestohlen!«, schrie der Gefangene. »Ihr irrt Euch, Herr!«

Der jüngere Soldat versetzte dem Mann einen Stoß, der ihn zum Schweigen brachte.

»Der Narr hat nicht einmal Eure Unterkunft verlassen, Messere Medici. Wir haben die gestohlenen Sachen dort gefunden«, erklärte der Soldat.

Orsini nickte bedächtig. »Nun, Medici, ich frage mich, was für Verbrecher Ihr in mein Haus gebracht habt? Ich denke, ich sollte den Dieb vor dem Palazzo aufhängen lassen«, fuhr er fort. »Seine Leiche soll anderen als Warnung dienen.«

»Nein, bitte ... Messere Medici, ich schwöre, dass ich nichts gestohlen habe!« Andreas ganzes Gesicht drückte pures Entsetzen aus.

Giuliano wurde mit einem Schlag vollständig nüchtern. Ihm wurde klar, dass dies hier ein Schauspiel war, das der Conte für ihn vorbereitet hatte. Der sonnige Morgen und der elegante Falke waren nur die Kulissen für diese Darbietung.

Was soll ich um Himmels willen machen?

»Conte ...«, begann er. »Ich denke, da Andrea zu meinen Männern gehört, ist es an mir, ihn zu bestrafen.«

Er konnte sich kaum vorstellen, dass Andrea wirklich so dumm gewesen war, den Conte zu bestehlen und die Beute in ihrer Unterkunft zu verstecken, aber das würde kaum zu beweisen sein.

Orsini sah Giuliano an. »Hängen ist die gerechte Strafe für ein solches Verbrechen«, erklärte er ungerührt, als hörte er das Flehen des Gefangenen gar nicht. »Stimmt Ihr mir nicht zu, Medici? Oder habt Ihr ein Übermaß an Verständnis für einen Mann, der sich unrechtmäßig das Geld eines anderen aneignet?«

Noch eine Provokation. Was will er nur erreichen? Giuliano versuchte, seinem Blick standzuhalten. Er konnte unmöglich hinnehmen, dass ein Mann der Medici hier als Dieb aufgeknüpft wurde. »Ich nehme Andrea als Gefangenen mit nach Florenz«, erklärte er. »Dort wird er vielleicht eine Hand verlieren. Aber nicht sein Leben.«

Der Gefangene gab ein unterdrücktes Schluchzen von sich.

»Und ich soll es einfach so dulden, dass die Familie Orsini in ihrem eigenen Heim bestohlen wird?«

»Wir werden für den Schaden aufkommen, Conte«, erklärte Giuliano. »Die Bank wird Euch einen großzügigen Wechsel ausstellen.« *Und Lorenzo wird mich hoffentlich nicht umbringen.*

Orsini wandte sich wieder seinem Falken zu. Einen langen Moment herrschte Schweigen auf dem Hof. »Nun gut«, sagte er dann.

»Ihr seid jung, Medici. So jung, dass Ihr Euch auf einer Feierlichkeit so gehen lasst, wie Ihr es gestern getan habt. So sehr, dass Ihr es nicht einmal merkt, wenn Eure Männer Eure Gastgeber ungeniert bestehlen.«

Mach den Medici keine Schande. Gentiles Worte klangen nun wie Hohn in seinen Ohren. Der ganze Abend war eine Falle gewesen, und er war mitten hineingelaufen.

»Dabei hörte ich, dass im Haus Eures Vaters immer sehr auf Mäßigung und Bescheidenheit geachtet wird?«, fragte Orsini.

»Mein Vater hält nichts davon, seinen Besitz zur Schau zu stellen, und Völlerei und Prunksucht sind ihm zuwider, ja«, erwiderte Giuliano.

»Ihr müsst ja auch immer den Anschein wahren, als wäre Eure Familie nur eine unter vielen, und als gälten in Eurer Republik andere Gesetze und Regeln als einzig die der Medici. Die *Signoria*, die Bürger, der Rat der Einhundert ... alle wollen glauben, dass eigentlich sie die Macht haben.«

»Wir erwecken diesen Anschein nicht, es ist so«, widersprach Giuliano, obwohl ihm klar war, dass das nur zum Teil der Wahrheit entsprach. »Die *Signoria* und der Rat der Hundert haben die Macht, nicht nur unsere Familie oder eine andere.«

Der Conte lächelte spöttisch. »Nun gut«, sagte er. »Aber hier in Rom ist es anders. Hier ist jedem Bürger klar, dass nur das Gesetz der Kirche und das des Adels gilt. Ich bin ein Orsini und vertrete daher beide. Deshalb könnte ich Euren Mann vor meinem Haus aufhängen lassen, und niemand würde sich daran stören.«

»Wir Florentiner achten die Gesetze anderer«, gab Giuliano zurück. »Aber wir erwarten, dass Ihr das ebenfalls tut. Der Mann gehört zu den Medici.«

»Durch die Verbindung mit Eurem Haus wird ein Teil von uns zu Florenz, und ein Teil von Euch wird zu Rom«, fuhr Orsini fort. »Gemeinsam können wir Großes leisten – mit Eurem Gold und unserer Macht. Aber vergesst nie, dass Rom und Florenz nicht dasselbe sind und Ihr mit uns nicht umspringen könnt wie mit den

Wollwebern am Arno, die Euren Namen für ein paar jämmerliche Kredite preisen.«

Ganz sicher nicht, dachte Giuliano. »Ich verstehe, Conte«, sagte er langsam. »Ich werde meinem Bruder Eure Grüße ausrichten.«

Dann wandte er sich an die Soldaten. »Bringt den Gefangenen zu unseren Pferden«, erwiderte er und bemühte sich, seine Stimme fest klingen zu lassen. »Es wird Zeit, dass wir uns auf den Weg machen.«

Giuliano drehte sich um und ließ den Conte mit seinem Falken zurück.

Gentile de' Becci wartete bereits mit Clarice Orsini in der mit Marmor ausgekleideten Halle, in die nur spärliches Licht fiel. Die junge Frau hielt sich sehr aufrecht, aber ihr Blick war zu Boden gerichtet.

»Sind die Pferde bereit?«, fragte Giuliano seinen alten Lehrer. »Wir sollten so schnell wie möglich aufbrechen.«

Gentile sah ihn an, als wollte er eine Frage stellen, nickte dann aber nur. »Ich werde nachschauen«, sagte er.

Als Gentile gegangen war, sah Clarice zu Giuliano auf. »Du wirkst sehr aufgeregt. Hast du dich mit meinem Vater gestritten?«

Was soll ich sagen?, dachte er. »Ich habe … etwas von ihm gelernt. Er ist ein bemerkenswerter Mann«, erklärte er schließlich.

»Er ist ein Mann, vor dem fast jeder Angst hat«, gab sie zurück. »Das ist nicht dasselbe.«

Giuliano blickte Clarice überrascht an. So aufrichtige Worte hatte er nicht erwartet. *Vielleicht ist sie froh, von hier fortzukommen*, dachte er. Aus der Reichweite eines Vaters, der seine Familie sicher ebenso zu seinen Besitztümern rechnete wie seine Pferde und seine Falken.

»Es fällt mir nicht schwer, mir das vorzustellen«, gab er zurück. »Und ich will ihn nicht verärgern, schließlich bin ich im Auftrag meines Bruders hier.«

Clarice schwieg einen Moment. »Was für ein Mann ist Lorenzo?«, fragte sie schließlich leise.

Ihr Gesichtsausdruck war schwer zu deuten, aber Giuliano glaubte, Angst darin erkennen zu können. *Angst, er könne so sein wie der Vater, den sie verlässt.*

»Er ist ein guter Mensch, Clarice«, versicherte er ihr, obwohl er selbst nicht sicher war, ob dies die richtige Bezeichnung für Lorenzo war. »Ich denke, dass dir Florenz gefallen wird.«

KAPITEL 6

Florenz, Mai 1469

LEONARDO

Leonardo hatte seine Finger auf das Mauerwerk gelegt. Er rührte sich nicht. Nur wenige Handspannen entfernt saß eine große Eidechse, die ihn misstrauisch musterte. Wenn sie sich nicht bewegte, war sie nur schwer zu erkennen; ihre Farbe schien mit der der Steine zu verschmelzen.

Es kam ihm wie eine Ewigkeit vor, in der sich weder Mensch noch Tier bewegten, aber schließlich siegte wohl die Neugier der Eidechse über die Angst vor der Gefahr, und sie lief erst vorsichtig auf seine Hand zu und dann über die ausgestreckten Finger. Zwanzig krallenbewehrte Zehen kratzten über seine Haut. Die Berührung kitzelte, und Leonardo krümmte die Hand unwillkürlich ein wenig zusammen.

Die kleine Bewegung reichte aus, um das Tier zu erschrecken, und die Echse huschte davon.

Nicht zum ersten Mal fragte Leonardo sich, wie es dem Tier gelingen konnte, scheinbar mühelos die Mauern zu erklimmen, während es Menschen oft schon so schwerfiel, auch nur eine kleine Steigung wie die Hügel auf der anderen Seite des Arno zu bewältigen.

»Fällt die Mauer um, wenn du sie nicht länger stützt?«, fragte Sandros spöttische Stimme hinter ihm.

Leonardo drehte sich zu dem älteren Lehrling herum.

»Verzeih, falls ich dich gestört habe«, begann Sandro sanft, bevor er die Stimme hob, »aber der Maestro möchte gerne wissen, wo zum Teufel du steckst.«

»Ich habe versucht, eine Eidechse zu fangen, und darüber die Zeit vergessen, fürchte ich«, erwiderte Leonardo ehrlich.

Er hätte selbst nicht genau sagen können, warum er sich von dem Tier hatte ablenken lassen, sobald er den Garten betreten hatte. Augenblicke zuvor war ihm noch klar gewesen, dass er die Farbpigmente, die er in Verrocchios Auftrag an der Ponte Vecchio gekauft hatte, so schnell wie möglich in die Werkstatt bringen sollte. Aber so ging es ihm oft; er ließ sich nur allzu leicht von etwas ablenken, das ihm reizvoller oder interessanter erschien als die Aufgabe, die direkt vor ihm lag.

Sandro schaute ihn kopfschüttelnd an. »Lass uns gehen«, sagte er. »Verrocchio hat eine scheußliche Laune. Der Auftrag der Medici füllt uns zwar die Kasse, aber er musste einige Arbeiten am Palazzo Pazzi verschieben, und Madonna Albiera hat ihren Ärger darüber ziemlich deutlich gemacht. Wundere dich also nicht, wenn er dir die Farben an den Kopf wirft.«

Leonardo nickte betreten. Verrocchios Launen waren bei all seinen Lehrlingen gefürchtet.

Noch bevor Leonardo etwas erwidern konnte, fuhr Sandro fort: »Allzu lange mache ich das nicht mehr mit. Ich meine, Loggien mit Blumengirlanden bemalen? Braucht man dafür wirklich Maler? Das kann auch jeder andere mit einer halbwegs ruhigen Hand übernehmen. Ich brenne darauf, endlich mein eigener Herr zu sein, dann kann ich mir meine Aufträge wenigstens aussuchen.«

Das war eine Klage, die Leonardo schon öfter gehört hatte. Sandro war mit Mitte zwanzig der älteste Lehrling in Verrocchios Werkstatt, während Leonardo selbst der zweitjüngste war. Er war erst in diesem Jahr in die *Bottega* eingetreten.

»Glaubst du wirklich, dass du dir mit einer eigenen Werkstatt aussuchen könntest, was du tun willst? Denn deine Auftraggeber wären doch die Gleichen, die Soderini, die Pazzi oder die Medici … und sie feiern alle Feste und brauchen Blumengirlanden. Hier kannst du zumindest auch noch andere Aufträge erledigen und mit Marmor arbeiten oder Metall gießen.«

Leonardo war nie ganz klar, wie ernst es Sandro damit war, die Werkstatt zu verlassen, denn Verrocchios Lehrlinge waren bei vielen Florentiner Familien begehrter als mancher, der sich bereits selbst *Maestro* nennen durfte.

»Aber das Malen«, fuhr Sandro fort, »ist das Einzige, was ich tun will. Und darin muss ich dann eben unübertroffen gut werden! Mal ehrlich, mit Bronze oder dem Meißel bin ich doch ohnehin ein hoffnungsloser Fall.«

»Hoffnungslos nicht«, entgegnete Leonardo freundlich. »Es scheint bloß nicht gerade die natürliche Bestimmung deines Geistes zu sein.«

»Oh Gott!« Sandro seufzte theatralisch. »Versuchst du gerade, mir Platon an den Kopf zu werfen?«

Leonardo lachte. »Vielleicht«, gab er zurück. Eine tiefergehende Diskussion um das Werk des Philosophen hätte ihn selbst schnell ins Schwimmen gebracht, aber er wusste, dass es um Sandros akademische Bildung noch schlechter als um seine bestellt war.

»Du hast auf jeden Fall leicht reden«, bemerkte Sandro. »Du scheinst immer gleich alles zu können, was der Maestro von uns fordert. Und dabei bist du gerade erst ein paar Monate hier. Ich habe schon in der Lehre bei Filippo Lippi keine einzige Skulptur geschaffen, die der Erwähnung wert gewesen wäre, und alles deutet darauf hin, dass sich das nicht mehr ändern wird.«

Leonardo antwortete nicht darauf. Er wusste, dass Sandro schon in einer anderen Werkstatt gewesen war, bevor er zu Maestro Verrocchio gekommen war, und in gewisser Weise beneidete er ihn um seine gründliche Ausbildung.

Er selbst hatte viel daransetzen müssen, um seinen Vater, einen Notar aus Vinci, davon zu überzeugen, ihn in die *Bottega* eintreten zu lassen, aber jetzt, da er wirklich Lehrling war, war er oft unsicher, ob die Entscheidung richtig gewesen war.

Gerade die anderen Gehilfen Verrocchios verwirrten ihn oft. Manches, was sie sofort verstanden, begriff er erst viel später, aber vieles, womit sie sich abmühten, schien ihm so logisch und einfach zu sein, dass er kaum nachvollziehen konnte, wie sie es nicht beherrschen konnten.

Sie erreichten das Ende des Gartens an der Via dell'Agnolo und gelangten zum Innenhof der Werkstatt, von dem aus schon aus einiger Entfernung Hammer- und Meißelschläge zu ihnen herüberklangen.

Auf dem Hof standen verschiedene Marmorblöcke, an denen zwei der Lehrlinge der Werkstatt arbeiteten, Pietro Perugino und Domenico Ghirlandaio. Noch waren die Umrisse zu grob, um erkennen zu können, was aus den Steinblöcken einmal werden würde. Die Arbeit der beiden Gesellen diente hauptsächlich der Vorbereitung, die feinere Ausführung würde der Meister sicher selbst übernehmen.

Die *Bottega* Verrocchios bestand aus zwei angrenzenden, schmucklosen Häusern an einer Straßenecke, die einen großen Hof umschlossen. In einem Haus war der Arbeitsbereich untergebracht, in dem Marmor behauen, Bronze gegossen und Bilder gemalt wurden. Die oberen Stockwerke des zweiten Hauses dienten dem Meister als Wohnung. Im Erdgeschoss waren die meisten der Lehrlinge untergebracht, darunter auch Leonardo. Sie schliefen gemeinsam in einem großen Raum, in dem auch die reichliche Verwendung von Kräutersträußen nicht immer gegen das Ungeziefer ankam.

Linker Hand unter einem Vordach lag die Gießerei. Er konnte einige Gipsfiguren erkennen, die die Vorlage für die Formen bilden würden, die sie später zum Bronzeguss brauchten. In der Gießerei befanden sich auch die ersten Entwürfe für die Kugel und das goldene Kreuz, die bald die Kuppel von Santa Maria del Fiore schmücken sollten. Die ganze Werkstatt war stolz darauf, diesen Auftrag erhalten zu haben, auch wenn er sie vor große Schwierigkeiten stellte. Denn schon allein etwas so Schweres wie die Kugel auf den Dom zu befördern, war ein Problem, das sie noch lösen mussten. Leonardo hatte bereits einige Überlegungen dazu angestellt, weil es ihn immer reizte, etwas noch nie Getanes zu erreichen. *Aber die Arbeit daran wird vermutlich erst einmal ruhen, bis Lorenzos Hochzeit vorbei ist,* dachte er.

»Leonardo!« Meister Verrocchio trat aus dem Eingang des Wohnhauses und kam auf sie zu. »Wo steckst du denn bloß? Die verdammte Gerberbrücke ist nur einen Steinwurf entfernt und du bist schon über eine Stunde unterwegs, während die halbe Werkstatt untätig auf ihren Händen sitzen muss, weil sie nicht arbeiten kann!«

Offenbar hatte Sandro mit seiner Warnung bezüglich der Laune ihres Meisters nur allzu recht gehabt.

Leonardo verkniff sich die Bemerkung, dass das nicht stimmen konnte, da die Lehrlinge um sie herum allesamt emsig arbeiteten. Es war sicher klüger, in dieser Situation auf Widerworte zu verzichten. »Er musste auf den Gerber warten«, log Sandro glatt, und Leonardo warf ihm einen dankbaren Blick zu.

Verrocchio sah misstrauisch von einem zum anderen, sagte aber nichts weiter, und Leonardo übergab seinem Meister die Tasche mit dem Aquamarin, dem gelben Ocker, dem Bleiweiß und dem Wechselgeld. Verrocchio holte einen Tontopf mit Bleiweiß hervor und zog den Korken heraus.

»Der Geruch ist noch nicht ganz verflogen«, merkte Leonardo vorsichtig an, als der Meister das Gesicht verzog. »Der Gerber hat es frisch abgekratzt.« Das zumindest stimmte. Da die weißen Farbpigmente aus Bleiplatten gewonnen wurden, die man mit Essig und Mist bedeckte, waren die Gerber an der Ponte Vecchio auf ihre Herstellung spezialisiert. Sie arbeiteten ohnehin mit ätzenden Stoffen. Der Gestank, der auf ihrer Seite der Brücke herrschte, war an einem sonnigen Tag wie diesem kaum auszuhalten gewesen. Die Dünste aus den Becken voll Pferdeurin mischten sich mit dem scharfen Geruch des frisch gegerbten Leders und dem fauligen der noch nicht abgeschabten Häute.

Verrocchio musterte das Bleiweiß im Topf noch einmal prüfend, dann nickte er. »Na gut, dann geht wieder an die Arbeit. Ich möchte Madonna de' Medici mindestens drei Entwürfe für die Bühne vorlegen, also beeilt euch! Ach, und Sandro, Leonardo: Das Mündel von Madonna Medici kommt ja heute her – wie hieß sie noch gleich? Fiora? Könnt ihr euch um sie kümmern? Ich komme sicher nicht dazu.«

»Natürlich, Meister«, sagten die beiden wie aus einem Mund.

»Vielleicht kann sie gleich ein paar Blumenranken malen, dafür wird es hoffentlich reichen. Und vergesst nicht: Ich möchte von Madonna Medici keine Klagen hören. Egal, als wie unbegabt sich das Mädchen erweist.«

Offenbar war ihr Meister fest davon überzeugt, dass die neue Schülerin kein Gewinn für die Werkstatt sein konnte. *Vermutlich hat Sandro recht, und er wird sich überhaupt nicht mit ihr beschäftigen,* dachte Leonardo.

Er ging in den Werkraum, der sich direkt an den Hof anschloss. Dort war das Licht am besten. Er zog einen Schemel an den Tisch, an dem er für gewöhnlich arbeitete, und begann, den Plan zu studieren, den er gestern vom Garten der Medici gezeichnet hatte. Es gab nur wenige Stellen, an denen eine Bühne überhaupt stehen konnte, ohne den Zugang zum Innenhof oder zum Haus zu versperren. Sehr herausfordernd war die Aufgabe wirklich nicht, aber Leonardo gab sich dennoch Mühe, die drei Zeichnungen, die der Meister von ihm gefordert hatte, so gut wie möglich anzufertigen.

Nach kurzer Zeit trat auch Sandro ins Innere der Werkstatt, begleitet von der jungen Frau, die sie gestern im Hause der Medici kennengelernt hatten und die so viel Wert darauf gelegt hatte, von Maestro del Verrocchio unterrichtet zu werden. Ihr sandfarbenes Haar war einfach frisiert, und sie trug ein schlichteres Kleid als bei dem Besuch an der Via Larga. Leonardo überlegte kurz, ob sie sich wohl absichtlich so unauffällig wie möglich gekleidet hatte.

Während Sandro munter auf sie einredete, ließ das Mädchen ihren Blick durch den Raum schweifen und schien alles sehr genau in sich aufzunehmen.

Leonardo deutete eine Verbeugung in ihre Richtung an, und sie lächelte, als sie ihn sah. »Fioretta, ich grüße dich«, sagte er höflich.

»Was willst du dir heute als Erstes ansehen? Wie wäre es mit diesen prachtvollen Blumenmustern, die Madonna Lucrezia so reichlich bei uns in Auftrag gegeben hat?«, fragte Sandro mit sanftem Spott in der Stimme.

»Bewegungen«, entgegnete Fioretta, ohne zu zögern. »Ich würde gerne lernen, wie ich bewegte Körper zeichne.«

Sandro sah sie überrascht an. »Ich fürchte, die Blumen stehen momentan nicht zur Verhandlung«, sagte er vorsichtig.

»Nein?«, gab Fioretta zurück, die eben ein Holzmodell in Augenschein nahm, das Leonardo von der Kuppel des Doms angefertigt hatte, um zu sehen, welche Proportion Kreuz und Kugel darauf haben mussten. »Was ist das?«, fragte sie neugierig.

»Maestro Verrocchio hat den Auftrag erhalten, die Kuppel des Doms zum höheren Lob des Herrn mit einem Kreuz auf einer Kugel aus Gold auszustatten, und ich habe ein paar erste Überlegungen dazu angestellt, wie groß beides sein müsste, wie wir es befestigen, und vor allem, wie wir es nach oben schaffen können.«

»Wie aufregend!«

»Oh ja«, sagte Sandro. »Leonardo hier kommt immer auf die größten Ideen. Er träumt auch vom Fliegen.«

»Nicht, indem ich es selbst lerne, sondern mit einem Fluggerät natürlich«, beeilte sich Leonardo hinzuzufügen. Tatsächlich faszinierte ihn der Flug der Vögel schon seit er ein Kind gewesen war, aber so wie Sandro es sagte, klang es selbst in seinen Ohren überspannt.

Fioretta sah zweifelnd von einem zum anderen, als ob sie nicht sicher sei, was sie von ihnen zu halten habe. Dann nahm sie die Holzkugel in die Hand und rollte sie hin und her. »Werdet ihr dafür nicht eine enorme Menge Goldes brauchen?«

»Ich plane, mit Kupferblech zu arbeiten, das ich ...«, begann Leonardo.

»Um Himmels willen, Fioretta, gebiete Leonardo Einhalt! Sonst wird er dir gleich seine Hohlspiegel zeigen, mit denen er das Ganze verlöten will, und die Arbeit an den Blumen für Madonna Lucrezia bleibt ganz allein an mir hängen!«

Leonardo stieß die Luft aus. Tatsächlich war die Idee, Lötspiegel zu verwenden, von ihm gekommen, und er brannte darauf, mit den konkaven Spiegeln zu experimentieren, aber er hatte nicht vorgehabt, der jungen Frau gleich seine Zeichnungen unter die Nase zu halten.

»Ich würde diese Spiegel sehr gerne sehen«, sagte Fioretta, und Leonardo fragte sich, ob sie das ernst meinte oder lediglich Sandro zur Verzweiflung bringen wollte.

»Hilf uns dabei, die Blumen zu vollenden, und im Anschluss machen wir die interessanteren Dinge«, schlug er vor. »Bewegte Körper. Und Hohlspiegel, wenn du wirklich willst.«

»Gott sei Dank, ein Wort der Einsicht«, murmelte Sandro, führte Fioretta zu einer Staffelei und begann, ihr halblaut etwas zu erklären.

Leonardo senkte den Kopf, versuchte, die Stimmen der beiden auszublenden und sich wieder auf seine Bühne zu konzentrieren.

Einige Zeit später hörte Leonardo vom Hof her, wie Fiorettas Name gerufen wurde. »Ja, *Pàpa*«, antwortete sie und sah erst Sandro und dann Leonardo an. »Ich muss gehen«, sagte sie. »Leider ist heute keine Zeit mehr für die interessanten Dinge.«

»Beim nächsten Mal«, sagte Sandro freundlich. Leonardo begleitete Fioretta bis zur Tür.

Im Hof malte die tief stehende Sonne Adern aus zartem Rosa auf den Marmor. Die Lehrlinge hatten ihre Arbeit für heute anscheinend beendet und ihre Werkzeuge und die Lederschürzen ordentlich auf einem Holzgestell neben den Steinblöcken abgelegt. Neben dem Gerüst wartete ein Mann in mittleren Jahren auf Fioretta.

»Da bist du ja!«, sagte er, als er seine Tochter entdeckte. Er hatte einen der schweren Meißel von dem Gerüst genommen und wog das Werkzeug in seiner Hand.

»Es wäre mir lieber, wenn du deine nächsten Unterrichtsstunden in der Via Larga erhieltest«, sagte er langsam.

»*Pàpa*, ich bin mir sicher, dass Maestro Verrocchio keine Zeit hat, extra den Weg auf sich zu nehmen, um mich zu unterrichten.

Schon gar nicht während all der Vorbereitungen für Lorenzos Hochzeit. Hier kann ich nicht nur etwas lernen, sondern mich auch gleich in Madonna Lucrezias Auftrag nützlich machen!«

Gorini sah seine Tochter skeptisch an. »Ich weiß nicht, Fioretta. Es ist einfach … ungewöhnlich für eine junge Frau, hier zu sein«, sagte er.

Leonardo, der in der Tür stehen geblieben war, trat zu ihnen. Er wollte nicht stören, aber Fiorettas Begeisterung für die Werkstatt war so offenkundig, und er wusste, wie schwer es sein konnte, die eigene Familie davon zu überzeugen, etwas tun zu dürfen, das nicht in ihre Pläne passte.

»Eure Tochter hat recht, Messere Gorini«, sagte er darum höflich und verbeugte sich respektvoll. »Sie hat uns heute bereits bei der Arbeit unterstützt und kennt den Palazzo so gut, das ist Maestro Verrocchio eine große Hilfe.« Dass Maestro Verrocchio streng genommen kein Wort mit Fioretta gewechselt hatte und es ihm und Sandro überlassen hatte, eine Beschäftigung für sie zu finden, verschwieg er lieber.

»Und Ihr seid?«, fragte Fiorettas Vater.

»Leonardo da Vinci, zu Euren Diensten.«

Gorini sah nicht gänzlich überzeugt aus. »Ich hoffe, du setzt dich keinen Gefahren aus«, sagte er zu seiner Tochter und legte den Meißel zurück. »Erst vor ein paar Wochen musste ich einen von Verrocchios Gehilfen mit zehn Stichen nähen. Er hatte sich den Meißel fast eine Handbreit ins Bein getrieben.«

»Domenico, nicht wahr?«, entgegnete Leonardo. »Er hat sich gut erholt, und jetzt weiß ich, wem wir dafür zu danken haben! Und seit ich hier bin, war das der einzige Fall, in dem wir einen Arzt brauchten.«

Gorini nickte. »Hoffen wir, dass das noch lange so bleibt.«

Doch bevor Leonardo antworten konnte, fuhr der Dottore fort: »Es ist wirklich spät geworden, und ich muss noch nach Messere Piero sehen, wenn wir zurückkommen. Lass uns gehen.«

»Kommst du morgen wieder?«, fragte Leonardo Fioretta.

Fioretta warf ihrem Vater einen Blick zu, bevor sie rasch antwortete: »Sicher, wie vereinbart.«

Die beiden Gorinis verabschiedeten sich und verließen den Hof.

»Und, was hältst du von unserem neuen Lehrling?«, fragte Sandro, der sich zu Leonardo gesellte.

»Sie hat mehr Talent als manch anderer«, gab Leonardo zurück. »Und auf jeden Fall bringt sie mehr Begeisterung mit als die meisten.«

Sandro nickte. »Und wir erweisen Madonna Lucrezia einen Gefallen«, sagte er versonnen.

»Nach den ganzen Blumenranken könnte ich einen guten Schluck vertragen«, fuhr er dann fort. »Ich gehe in die Stadt und suche mir eine passende Taverne für einen anständigen Rausch. Willst du mitkommen?«

Leonardo schüttelte den Kopf. Ein wenig Wein half ihm manchmal, den wilden Fluss seiner Gedanken zu beruhigen, aber er hasste den Kontrollverlust, den übermäßiger Weinkonsum mit sich brachte. Und wenn Sandro und die anderen durch die Tavernen zogen, war dieser Punkt oft nur allzu schnell erreicht.

»Gut, dann bleib in jeder Hinsicht tugendhaft, mein Freund! Ich sehe dich morgen.« Und Sandro ging.

KAPITEL 7

Florenz, Mai 1469

ALBIERA

Albiera blickte auf die Briefe, die vor ihr auf dem Sekretär lagen, und versuchte zu entscheiden, welchen sie zuerst beantworten sollte.

»Himmel, wie hältst du es nur aus, mit der halben Toskana zu korrespondieren?«, fragte Jacopo, der eben ihre Räume betrat und ihren Blick anscheinend bemerkt hatte. »Mir reicht es schon völlig, die Berichte der Vertretungen unserer Bank lesen zu müssen.«

Das glaube ich dir sofort, dachte Albiera. Ihr Bruder war ein Mann der Tat, jemand, der aus seinen Instinkten heraus handelte und dem langes Planen und komplizierte Höflichkeit zuwider waren. Aber für sie war das Briefeschreiben etwas anderes als für ihn. Es bildete das Fundament eines Netzwerks, das für sie von unschätzbarem Wert war.

Ein Cousin, der die Bankgeschäfte in Venedig leitete, schrieb ihr, dass im Dogenrat über Rimini gestritten wurde. In der Küstenstadt hatte sich mit Roberto Malatesta ein unehelicher Sprössling des vorherigen Herrschers mit Waffengewalt an die Spitze gestellt, dessen politische Absichten unklar waren. Der hochbetagte Doge Christoforo Moro schien jedoch unfähig, eine Entscheidung zu treffen, und die Ratstreffen wurden inzwischen immer kürzer gehalten, da stets die Gefahr bestand, dass sich der Doge einnässte oder einschlief, wenn sie länger andauerten.

Von einem Vertrauten, der für die *Ufficiali di notte* arbeitete, erhielt sie die Nachricht, welche sittlichen Vergehen die Florentiner in den anonymen Nachtbriefkästen angezeigt hatten, und der Verwalter ihres Landgutes bei Montunghi bat Albiera, für eine gute

Ernte zu beten, da es im Frühjahr zu viel geregnet hatte. Der Brief einer alten Freundin aus Rom enthielt vielleicht die interessanteste Information, denn sie schrieb, dass sich Giuliano de' Medici schon bald mit der Tochter von Conte Orsini auf den Rückweg nach Florenz machen würde.

Fang mit Lucia in Rom an. Danach würde sie nach Venedig schreiben, was sicher länger dauern würde, denn ihr Cousin erwartete, so viel wie möglich über das Leben in Florenz zu hören.

Das Gebet für die Felder kann sicher bis Sonntag warten.

»Was gibt es denn?«, fragte sie ihren Bruder, der immer noch geduldig im Türrahmen stand.

»Marco Vespucci ist mit seiner Verlobten hier, und ich dachte, du möchtest sie bestimmt treffen.«

»Vespucci und das Mädchen aus Genua? Das könnte interessant werden.« Albiera stand auf, um mit ihrem Bruder zu den Gästen zu gehen.

Die Kaufmannsfamilie der Vespucci war den Pazzi eng verbunden, und es war nur höflich, dass Marco seine junge Verlobte seinen Gönnern so schnell wie möglich vorstellte.

Ihre Gäste warteten im Esszimmer auf sie, das noch spartanisch möbliert war. Lediglich ein großer Tisch und einige Stühle standen darin, und noch hing kein Schmuck an den Wänden. Albiera wusste, dass Jacopo darauf hoffte, dass Andrea del Verrocchio sein Porträt malen würde, das dann hier einen Ehrenplatz erhalten sollte, aber momentan war der Maestro noch ganz mit den Medici und den Vorbereitungen für die Hochzeitsfeier von Lorenzo beschäftigt.

Marco Vespucci war um die dreißig, trug einen sorgfältig gestutzten, dunklen Bart und hatte lockiges, schwarzes Haar. Er war auffallend teuer gekleidet und hatte kostbare Ringe an den Händen, die im Licht funkelten, als er sich verbeugte und dann auf die junge Frau an seiner Seite deutete: »Meine künftige Gemahlin, Simonetta Cattaneo.«

Er sah gut aus, und Albiera vermutete, dass manche Tochter eines

Florentiner Händlers sich gewünscht hatte, dass ihre Eltern ihn für sie ausgesucht hätten. Neben der Erscheinung seiner jungen Frau verblasste Marco jedoch. Simonetta konnte kaum mehr als sechzehn oder siebzehn Jahre alt sein. Sie war groß gewachsen und grazil, mit makelloser Haut und ungewöhnlich hellen, bernsteinfarbenen Augen. Sie trug ein helles Kleid, das mit goldfarbenen Schnüren abgesetzt war und ihre Haut förmlich zum Leuchten brachte. Das Auffallendste an ihr aber war ihr Haar, eine Fülle von rot-goldenen Locken, die ihr kunstvoll frisiert bis weit über den Rücken reichten.

Sie besaß eine Art von Schönheit, die nicht übersehen werden konnte. Albiera war sich sicher, dass das Mädchen in jeder noch so großen Menschenmenge auffiel. Offenbar verfehlte sie ihre Wirkung auch auf Jacopo nicht – als Albiera ihm einen Blick zuwarf, stellte sie fest, dass ihr Bruder Simonetta schüchtern wie ein Schuljunge anlächelte und verlegen zu Boden blickte, als sie das Lächeln erwiderte.

Die junge Frau knickste ehrerbietig, als sie Albieras Blick auffing. »Madonna Pazzi, es ist eine große Ehre, dass Ihr uns empfangt!«, sagte sie mit einer angenehmen, hellen Stimme.

»Ihr beide seid gerade erst aus Genua hier eingetroffen, nicht wahr?«, fragte Albiera.

»Ja, Euer Gnaden. Meine Eltern hatten sich zunächst große Sorgen gemacht, mich nach Florenz zu verheiraten, aber nun haben sie mich doch mit Marco gehen lassen.«

Sie warf ihrem Verlobten ein hinreißendes Lächeln zu.

Heilige Muttergottes, dachte Albiera. Egal, ob der Blick der Zuneigung gespielt oder echt war, das Mädchen besaß auf jeden Fall die Gabe, Menschen für sich einzunehmen.

»Und was für ein Gewinn Ihr für Florenz sein werdet«, sagte Jacopo eifrig. »Kommt, setzt Euch, und lasst Euch gekühlten Wein reichen.«

Er hielt der jungen Frau die Hand hin, die ihrem Verlobten noch einen Blick zuwarf, bevor sie ihre Fingerspitzen auf Jacopos ausgestreckte Rechte legte.

»Wurdet Ihr schon bei den Medici empfangen?«, fragte Albiera, als sie sich niedergelassen und ihre Becher gefüllt hatten. Sie merkte selbst, dass ein lauernder Unterton in ihren Worten mitschwang, und hoffte, dass Vespucci nicht merkte, wie wichtig ihr diese Frage war.

»Ja, Madonna, wir hatten bereits die Ehre«, gab Marco zurück. Albiera nickte zufrieden.

»Wir haben Madonna Lucrezia unsere Aufwartung gemacht. Und Lorenzo de' Medici getroffen«, warf Simonetta ein.

»Lorenzo höchstselbst, ja?«, antwortete Jacopo, dessen Miene sich bei diesen Worten spöttisch verzog.

Marco strich sich über den eleganten Schnurrbart. »Anscheinend war Lorenzo sehr von Simonetta angetan«, sagte er. »Er hat sogar vorgeschlagen, dass wir im Haus der Medici in Careggi heiraten können! Und ich glaube kaum, dass er das vorgeschlagen hat, weil er mir einen Gefallen tun wollte.«

»Und was sagt Ihr dazu, Simonetta?«, wollte Jacopo wissen. »Und zu Lorenzo?«

Das Mädchen lächelte wieder. »Ich wäre natürlich geehrt, wenn wir unter dem Dach der Medici heiraten. Und Lorenzo ist ein so kluger Kopf! Allerdings fürchte ich, dass Madonna Lucrezia mich nicht sonderlich mochte – obwohl sie natürlich die Höflichkeit selbst war.«

Albiera sah Simonetta erstaunt an. Die Wortwahl der jungen Frau verriet, dass sie recht gut in der Lage war, hinter die stets höfliche Fassade der bedeutendsten Florentiner Familie zu schauen.

Sie beschloss, Simonetta zu testen. »Stand Genua während der Schlacht von Molinella nicht an der Seite der Venezianer? Waren Eure Eltern deshalb zunächst gegen die Heirat mit einem Florentiner?«

Der Konflikt mit Venedig, bei dem sich Piero de' Medici treu an die Seite des alten Verbündeten Mailand gestellt hatte, hatte ihn beinahe die Macht in Florenz gekostet – aber die gewonnene

Schlacht gegen die Venezianer hatte das Blatt zu seinen Gunsten gewendet.

»Oh nein, Madonna, das hatte damit nichts zu tun«, beeilte sich Simonetta zu versichern. »Meine Eltern wissen sehr wohl zwischen den Geschäften und der Politik zu unterscheiden.«

Und natürlich ist eine Hochzeit mit einem bedeutenden Handelshaus in Florenz auch ein Geschäft, dachte Albiera.

Dennoch war sie überrascht, dies in solcher Deutlichkeit aus dem Mund der jungen Frau zu hören.

»Unser guter Name und der Name Eurer Familie hatten die nötige Überzeugungskraft«, warf Marco mit einem trägen Lächeln ein.

»Was haltet Ihr denn von Lorenzo?«, fragte Simonetta, an Jacopo gewandt.

»Lorenzo ist ein Junge«, erwiderte er. »Ein kluger Junge vielleicht, aber dennoch kaum mehr als ein Kind. Schade, dass sein Vater so krank ist und Lorenzo wohl viel zu früh so große Verantwortung übernehmen muss.«

»Das wäre wohl nicht das Beste für unsere Stadt?«, fragte Marco.

»In der Tat«, sagte Albiera und lächelte liebenswürdig. »Und gerade jetzt, in einer Zeit, in der niemand sagen kann, was der Herzog von Mailand als Nächstes tun wird«, fügte sie bedeutungsschwer hinzu.

Viele Florentiner zweifelten daran, ob es richtig war, Galeazzo Maria Sforza, dem Herrscher von Mailand, die Treue zu halten, seit sich die Gerüchte über seine Grausamkeiten und seine Liederlichkeit immer weiter verstärkten.

»Ich habe gehört, dass er einen Adeligen, der ihm seine Frau nicht überlassen wollte, auf einen Sarg hat nageln und lebendig begraben lassen«, sagte Marco leise und in verschwörerischem Ton.

Simonetta sah ihn erschrocken an.

»Das ist vielleicht ein zu düsteres Gespräch für einen so schönen Nachmittag«, bemerkte Jacopo mit einem Lächeln und griff nach dem Weinkrug. »Kann ich Euch nachschenken, Vespucci?«

Auch, wenn die Gerüchte um den Herzog von Mailand übertrieben sein mochten – die Stadt als Verbündeter war für Florenz von äußerster Wichtigkeit. *Aber ob auch Lorenzo das Vertrauen des Herzogs genießt?*, fragte sich Albiera.

Für ihre Pläne war es von entscheidender Wichtigkeit, die Entscheidungen der Medici besser kennenzulernen. Doch der kranke und misstrauische Piero ließ sich nicht in die Karten schauen, weder von seinem Pazzi-Schwiegersohn noch von anderen Verbündeten ihrer Familie. Aber vielleicht bot sich mit dieser schönen jungen Frau genau die Gelegenheit, auf die sie so lange gewartet hatten.

Denn das charmante Mädchen konnte möglicherweise das erreichen, was ihnen bislang verwehrt geblieben war – Zugang zum inneren Kreis der Medici. Wer würde ihr schon misstrauen? *Nun gilt es nur noch, ihren Ehemann von dem Versuch zu überzeugen.*

»Simonetta«, begann sie. »Ich würde Euch nur zu gern meine Tochter Vittoria vorstellen. Ich bin sicher, dass Ihr euch gut verstehen werdet; auch sie steht kurz vor ihrer Hochzeit. Lasst sie mich holen.«

»Natürlich, Madonna, ich wäre geehrt.«

Albiera schickte nach Vittoria, die kurze Zeit später in der Tür erschien. Auch die Liebe einer Mutter konnte über den Unterschied zwischen den beiden jungen Frauen nicht hinwegsehen. Vittoria hatte dunkles, stumpfes Haar und eine leicht vorstehende Oberlippe, eine große Schönheit würde sie nie werden. Aber sie war Albiera eine gehorsame Tochter, die bald einen Acciaioli heiraten würde. Zeit ihres Lebens hatte sie sich ihr nie widersetzt. *Gott segne das Kind.*

»Vittoria, Simonetta ist neu in Florenz. Würdest du mit ihr in den Garten gehen und ihr den ganzen Klatsch der Stadt erzählen?«

»Natürlich, Mama«, versicherte Vittoria, und Marco nickte.

»Wir sprechen noch über Geschäfte«, fügte Jacopo hinzu, als Simonetta aufstand und Vittoria aus dem Zimmer folgte.

Als ob er ihr das erklären müsste, dachte Albiera.

Sobald Simonetta sich verabschiedet hatte, ließ sich Jacopo schwer auf seinen Stuhl zurückfallen und schnaubte. »Natürlich glauben die Medici, dass nur sie eine solche Hochzeit ausrichten können. Alle anderen Häuser in Florenz sind ja praktisch Schweineställe, zumindest aus Pieros Sicht.«

Albiera lachte. »Trotzdem bietet sich uns hier vielleicht eine Möglichkeit, an sie heranzukommen«, entgegnete sie. »Wenn Lorenzo wirklich so eingenommen von Simonetta war, wie Ihr sagt«, fuhr sie an Marco gewandt fort.

»Es stimmt, Messere«, beeilte sich Marco zu sagen. »Ihm sind beinahe seine vorstehenden Augen aus dem Kopf gefallen, so lüstern hat er Simonetta angesehen.«

»Hm.« Jacopo schien zu überlegen. »Er würde sich sicher leichter von einer solchen Schönheit einfangen lassen als sein Vater, dem durch die Gicht vermutlich schon die Männlichkeit abgestorben ist.«

Marco lachte laut.

Albiera warf ihrem Bruder einen warnenden Blick zu, sagte aber nichts. Jacopo neigte wie ihrer beider Vater zu einer gewissen Vulgarität, zeigte diese Seite von sich aber sonst nur seiner Familie.

»Was Lorenzo angeht, hast du sicher recht«, gab sie zurück. »Aber wir sollten Vorsicht walten lassen – du hast sicher bemerkt, was Simonetta über Madonna Lucrezia gesagt hat. Sie ist nicht zu unterschätzen.«

»Aber hoffentlich auch nicht ständig in Lorenzos Nähe«, sagte Jacopo.

»Was ist eigentlich mit Lorenzos Bruder, Giuliano?«, wollte Marco wissen. »Ich habe gehört, dass er Florenz verlassen musste?«

»Er holt die Frau seines Bruders aus Rom ab«, erklärte Albiera. »Leider wurde er nicht ins Exil geschickt.«

»Lorenzo scheint ihm zu vertrauen«, fügte Jacopo hinzu. »Aber ich glaube nicht, dass Giuliano eine große Gefahr für uns sein wird, selbst, wenn er wieder da ist. Er ist noch ein halbes Kind und wird von Piero noch mehr gegängelt als sein Bruder. Wenn der Alte nicht vorher stirbt, wird er ihn vielleicht als Botschafter nach Mailand oder nach Venedig schicken, und er wäre uns in beiden Fällen nicht im Weg.«

»Um Giuliano mag es bestellt sein, wie es will«, sagte Albiera. »Unser Ziel muss Lorenzo sein, der die Bankgeschäfte übernehmen wird, wenn Piero stirbt. Und wenn es uns an etwas fehlt, dann sind es verlässliche Informationen aus der Via Larga. Wie geht es Piero wirklich? Wie steht es mit Mailand? Wie laufen die Geschäfte der Bank? Das alles sind Dinge, die wir kaum in Erfahrung bringen können – aber Eure bezaubernde junge Frau könnte es vielleicht, Marco.«

»Vielleicht könnte sie das«, stimmte Marco zu und strich sich wieder über den Bart. »Allerdings müsste sie dafür die Freundschaft der Medici gewinnen, und ich bin mir nicht sicher, ob sich das für meine Frau ziemen würde.«

»Dafür werdet Ihr hoffentlich den neuen Strom an Florin angemessen finden, den Ihr mit Euren Geschäften machen werdet, wenn Ihr den Pazzi diesen Gefallen tut.«

Die Erwähnung des Gewinns ließ ein Funkeln in Marcos Augen treten, das Albiera nicht entging.

»Wenn Ihr es so sagt…«, begann Vespucci. »Aber wie sollen wir das anstellen? Ich kann ja schlecht zu Lorenzo gehen und einfach sagen, ›Hier, Messere, Ihr solltet meine Frau besser kennenlernen‹.«

»Das müsst Ihr auch gar nicht. Nehmt das Angebot, in Careggi zu heiraten, dankbar an, und überlasst es Simonetta, in der Via Larga die Vorbereitungen zu treffen. So wird sie ganz von allein häufig auf Lorenzo treffen. Ermutigt sie, seine Freundschaft zu suchen, ihm ihr Ohr zu leihen. Mit Pieros Krankheit und der unsicheren Situation in Mailand muss er doch mehr als genug Sorgen haben und sollte froh sein, diese teilen zu können. Insbesondere, solange seine junge Frau noch nicht hier eingetroffen ist. Alles, was Simonetta von ihm erfahren kann, wird für uns wertvoll sein.«

»Soll ich sie in unsere Pläne einweihen?«, wollte Marco wissen und zupfte am Ende seines Bartes herum.

»Lasst sie ruhig unschuldig an die Sache herangehen, sie wird noch genug Gelegenheit haben, Intrigen zu spinnen«, antwortete Jacopo.

Unschuldig? Wie soll sie uns unschuldig nützlich sein?, fragte sich Albiera, aber auch sie war unsicher, wie viel die junge Frau wirklich wissen sollte.

»Verratet Ihr so viel wie nötig, aber nicht mehr als das. Vielleicht muss sie sich erst einmal an die Rolle gewöhnen, die wir ihr hier zudenken«, entgegnete sie.

Albiera wusste schon lange, dass Vespucci dem weiblichen Geschlecht wenig abgewinnen konnte. Marco machte auch kaum einen Hehl daraus, was ihren Plan deutlich einfacher machte.

»Und sollte Eure Ehre gekränkt werden, so spielt ruhig den Eifersüchtigen!«, fuhr sie fort. »Beraubt sie des Umgangs miteinander, sobald sie sich erst etwas besser kennen. Wenn Lorenzo angebissen hat und ihm die Beute dann aber scheinbar genommen wird, wird sein Jagdtrieb umso stärker sein.«

»Madonna, Euch möchte ich nicht zum Feind haben«, sagte Vespucci mit einem Gesichtsausdruck, der zwischen Furcht und Bewunderung schwankte. Er hob grüßend seinen Weinbecher und trank noch einen Schluck.

Albiera lächelte gezwungen, aber Jacopo lachte. »Das habt Ihr gut erkannt, Vespucci«, sagte er gut gelaunt. »Ich kann Euch wirklich nur empfehlen, meiner Schwester nie in die Quere zu kommen.«

KAPITEL 8

Florenz, Juni 1469

FIORETTA

Der Tag war so strahlend schön, als wollte selbst der Himmel dazu beitragen, dass Andrea del Verrocchio das Versprechen einlösen konnte, das er Lucrezia de' Medici gegeben hatte: die Hochzeitsfeier von Lorenzo und Clarice zum größten Fest werden zu lassen, das Florenz je gesehen hatte.

Wie fast der komplette Haushalt der Medici war auch Fioretta bei Sonnenaufgang aufgestanden, um sich an den Vorbereitungen zu beteiligen. Nun war sie damit beschäftigt, gemeinsam mit den Lehrlingen von Meister Verrocchio die Bretterwände in den Loggien aufzustellen, damit hier gegen Mittag die ersten Gäste bewirtet werden konnten.

»Um Himmels willen, so wird die Wand kippen!« Sandro, der die Arbeit in den Loggien beaufsichtigte, schrie beinahe und lief wie ein aufgeregter Jagdhund um die Lehrlinge herum. »Richtet sie noch mal auf. So ist es gut. Und jetzt bitte ganz gerade gegen die Wand stellen. Gut.«

»Sie wäre auch mit einem kleinen Neigungswinkel nicht umgefallen«, sagte Leonardo schnaufend, als er die Hände von der Bretterwand löste. Fioretta legte warnend einen Finger an die Lippen, um ihn zum Schweigen zu bringen; Sandro stand so sehr unter Druck, dass er vermutlich früher oder später explodieren würde.

Leonardo nickte. »Aber so steht die Wand natürlich viel besser«, beeilte er sich hinzuzufügen.

Fioretta betrachtete die Blumen und Pflanzen, mit denen sie die Stellwände bemalt hatten. Meister Verrocchio war erst zögerlich gewesen, sie an der Arbeit zu beteiligen, aber je näher die Hochzeit rückte, desto mehr wurde deutlich, dass sie jedes Paar helfende Hände gebrauchen konnten. Und so hatte sie gemeinsam mit Leonardo und Sandro viele Stunden damit verbracht, heimische und exotische Blätter und Blumen zu malen. Viele davon stammten aus Leonardos Notizbüchern, die eine wahre Fundgrube waren. Der junge Maler ging an seinen freien Tagen oft in den umliegenden Hügeln wandern und zeichnete dabei alles, was sein Interesse weckte.

Und Sandro hat mir tatsächlich schon so viel beigebracht!, dachte Fioretta und schaute auf die Mohnblumen, mit denen sie eine der Tafeln verziert hatte. Sie hatte auch das Turnier auf der Pizza Santa Croce noch einmal ganz neu gezeichnet, so wie Sandro es ihr erklärt hatte, und dadurch war die ganze Szene so lebendig geworden, wie sie es vorher nicht für möglich gehalten hatte.

Fioretta hoffte inständig, dass Maestro Verrocchio ihr auch weiterhin die Möglichkeit geben würde, von seinen Schülern zu lernen, für sie war jeder Tag, den sie in der Werkstatt verbringen konnte, eine Offenbarung. *Die heilige Anna, für die ich Modell sitzen soll, steht ja noch aus, und vorher wird er mich hoffentlich nicht aus der* Bottega *werfen.*

Domenico Ghirlandaio, einer der Lehrlinge, trat einen Schritt zurück, um das Werk noch einmal anzusehen. Er strich sich über das stoppelkurze Haar, das er kürzlich wegen eines Läusebefalls hatte scheren müssen. »Es passt!«, stellte er begeistert fest.

»Was steht ihr alle hier herum und haltet Maulaffen feil?«, herrschte sie der Maestro plötzlich von der Tür aus an. »Seht zu, dass ihr in den Hof kommt, es gibt ein Problem mit der Aufhängung der Tücher auf der Bühne. Den Handwerkern ist eben die Hölle auf den Kopf gefallen.«

Fioretta lachte. »Das ist dann wohl kein gutes Vorzeichen«, sagte sie. Viele der Lehrlinge hatten in den letzten Tagen bei den Färbern Tücher eingefärbt, die als Hintergrund für Himmel und Hölle bei der Theateraufführung dienen sollten. »Wir kommen sofort.«

Mit drei Paar Händen mehr gelang es den Handwerkern rasch,

die Stange so zu verkanten, dass die Tücher aufgezogen werden konnten. *Die Hölle ist gerettet,* dachte Fioretta.

»Braucht ihr mich noch?«, fragte sie dann, an Leonardo und Domenico gewandt. Leonardo schüttelte den Kopf. »Nein, ich glaube, wir werden allein mit Sandro fertig.«

»Seid nett zu ihm, er will nur, dass alles den besten Eindruck macht. Maestro Verrocchio hat ihm nun einmal die Verantwortung übertragen.«

»Für zehn Leintücher und zwei Dutzend Holzstellwände. Das ist nicht gerade, als müsste er Santa Maria del Fiore neu ausmalen«, gab Domenico zurück.

»Wir beruhigen seine Nerven«, versicherte Leonardo ihr. »Geh ruhig.«

Die Sonne stand schon hoch am Himmel, als Fioretta ins Haus zurückkehrte, um sich auf den großen Tag vorzubereiten. Sie wusch sich, zog ihr bestes Leinenunterhemd und eine geschnürte, grüne *Gamurra* mit dunklen Ärmeln an. Sie legte eine goldene Kette um und einen breiten Gürtel, an dem sie ihre Schlüssel und ihre Ledertasche mit dem Besteck befestigte.

Dann flocht sie ihre Haare und drehte sie auf, und am Schluss tupfte sie noch etwas Parfüm auf.

Fioretta betrachtete sich im Spiegel. Sie war zufrieden, auch wenn sie wusste, dass ihr Aufzug im Vergleich zu dem der Töchter der Mitglieder der *Signoria* vermutlich eher schlicht wirkte.

Sie atmete tief durch. Heute würde sie Giuliano wiedersehen. Bislang war der Tag derart mit Aufgaben angefüllt gewesen, dass sie kaum darüber nachgedacht hatte, aber plötzlich schob sich die Vorstellung vor alle anderen Gedanken. Sie hatte weder ihn noch Lorenzos Braut zu sehen bekommen, seit sie in Florenz angekommen waren. Beide wohnten bei den Alessandri, einer befreundeten Familie, von wo aus Clarice heute mit einem feierlichen Zug ins Haus der Medici gebracht werden würde.

Fioretta zupfte an ihren Haarsträhnen. Sonnenstrahlen fielen durch das Fenster und auf ihre Füße. Der heutige Tag war so verheißungsvoll! Sie war stolz auf die Arbeit der *Bottega*, zu der sie ein wenig hatte beitragen dürfen, und sie freute sich auf die Feier, die Lieder und Darbietungen und vor allem auf das Wiedersehen mit Giuliano.

Durch das geöffnete Fenster drangen aus der Ferne Hochrufe zu ihr hinein. Der Brautzug musste sich allmählich der Via Larga nähern. Die Straßen von Florenz waren schon seit den frühen Morgenstunden von Schaulustigen gesäumt, die neugierig auf die Römerin waren, die den Haupterben der Medici heiratete.

Einen Augenblick lang wandte sie ihr Gesicht zur Sonne und schloss die Augen, genoss die Wärme auf ihrer Haut, bevor sie sich selbst zur Eile antrieb. *Auf jetzt, sonst kommen Giuliano und Clarice an, bevor du da bist!*

Sie schlüpfte in ihre Schuhe und lief los.

Das gesamte Haus war auf den Beinen. Hinzu kamen all die Menschen, die die Medici extra für heute in Dienst genommen hatten – insgesamt waren es sicher dreimal so viele Mägde, Knechte und Küchengehilfen wie an anderen Tagen.

Fiorettas Vater war bei Piero de' Medici und verabreichte ihm Medikamente gegen die Schmerzen. Heute von allen Tagen würde der Patriarch am wenigsten wollen, dass man ihm seine Verfassung anmerkte, und Antonio würde dafür Sorge tragen müssen, dass Piero die Hochzeitsfeier so gut wie möglich überstand.

Vor dem Haus hatte sich schon eine Gruppe junger Frauen versammelt, die Clarice' Zug entgegengehen würden, um sie willkommen zu heißen. Wie Fioretta auch, waren sie alle in ihre besten Kleider gehüllt. Die Medici hatten klargemacht, dass eine Einladung zur Hochzeitsfeier mit Bedingungen verbunden war – da sie die Schatullen der Bank und des Hauses leerten, um die Feier auszurichten, erwarteten sie von ihren Gästen, sich alle Mühe zu geben, dem Anlass entsprechend würdig aufzutreten. Für die meisten Florentiner galt es als die höchste Ehre, eingeladen zu werden, aber für einige war es wegen der damit verbundenen Kosten auch ein Fluch.

Schon seit Tagen war ein endloser Strom aus Gratulanten zum Palazzo gezogen. Aus Arezzo und Pisa, Mailand und Siena waren sie gekommen. Sie brachten Geschenke aller Art – Schmuck und Stoffe, lebende Kapaune und Kälber, aber auch Wein und kandierte Früchte und vielerlei anderer Köstlichkeiten, die bei dem Bankett, zu dem tausend Bürger eingeladen worden waren, auf den Tisch kommen sollten.

»Fioretta«, rief Ginevra de' Benci, eine Patentochter von Lucrezia, als sie auf die Straße trat. »Hier herüber!«

Fioretta nahm ihren Platz unter den jungen Frauen ein und wurde aufgeregt begrüßt. Scherze flogen hin und her, und Lachen hallte durch die Via Larga. Offenkundig hatte nicht nur sie an diesem Tag strahlende Laune.

Als ihre Gruppe auf vielleicht dreißig Frauen angewachsen war, setzte sie sich in Bewegung. Ein Mädchen neben Fioretta stimmte ein Lied an, und bald fielen alle ein. Singend zogen sie Clarice Orsini entgegen und blieben erst stehen, als der Zug der Braut vor ihnen auftauchte.

Clarice ritt auf einem prachtvoll geschmückten Pferd an der Spitze. Sie trug ein weißes Kleid, das mit Goldbrokat durchwirkt war, und der Schmuck, der in ihr braunes Haar geflochten worden war, funkelte im Sonnenlicht. *Sie muss aufgeregt sein,* dachte Fioretta, aber die junge Frau ließ sich nichts anmerken. Sie saß aufrecht und elegant im Sattel und nahm den Jubel anscheinend gelassen entgegen.

Lorenzo und Giuliano kamen mit einem weiteren Zug, begleitet von einer Vielzahl junger Männer aus den vornehmsten Familien der Stadt. Die beiden Gruppen trafen an der Kreuzung aufeinander. Fioretta merkte, wie ihr Herz schneller schlug, als sie die Medicisöhne sah. Beide waren in kostbare, scharlachrote Wämser gekleidet und sahen so nobel aus, als wären sie nicht die Erben einer Bank, sondern die Prinzen von Florenz.

Lorenzo stieg von seinem Pferd ab und ging auf Clarice zu. Er begrüßte sie mit einer vollendeten Verbeugung, half ihr aus dem

Sattel und reichte ihr dann die Hand, um sie unter den Hochrufen der Menge ins Haus zu führen.

Giuliano und seine Begleiter stiegen nun ebenfalls ab und übergaben die Zügel ihrer Pferde an bereitstehende Knechte. Fioretta löste sich aus ihrer Gruppe, die dem Hochzeitspaar folgte und ins Haus drängte, und strebte in die andere Richtung. Endlich gelang es ihr, sich zu Giuliano durchzuschieben.

»Fioretta!« Er strahlte, als er sie sah. »Wie geht es dir, *mia bellezza*?«

Sie lächelte. »Das ganze Haus ist seit Tagen in Aufruhr, wie du dir denken kannst«, gab sie zurück. »Aber wie war deine Reise? Und wie ist Clarice?«

»Mein Bruder hat eine gute Wahl getroffen. Ich glaube, dass du sie mögen wirst. Und wir sind wohlbehalten angekommen, wie du siehst.« Für einen Moment legte sich ein Schatten über seine Züge, und er sah aus, als ob er noch etwas hinzufügen wollte, aber dann warf er einen Blick über die Schulter zur wogenden Menge von Schaulustigen. »Heilige Mutter Gottes, ist ganz Florenz auf den Beinen, nur um zu sehen, wie Lorenzo in die Ehe eintritt?«, wollte er wissen.

»Was hast du erwartet? Eure Mutter hat Maestro Verrocchio sehr deutlich klargemacht, dass das Fegefeuer im Vergleich zu ihrem Zorn wie ein lauwarmes Bad sein würde, wenn heute auch nur eine Kleinigkeit misslingt, und ich bin mir sicher, auch allen anderen, die für die Feier verantwortlich sind.«

Er lachte sein warmes, einnehmendes Lachen und wischte sich den Schweiß von der Stirn, der sein schwarzes Haar verklebte.

»Das klingt ganz nach ihr«, antwortete er. »Aber was ist mit dir? Ich habe gehört, dass du nun Unterricht in der *Bottega* von Maestro del Verrocchio erhältst? Ich freue mich für dich!«

Bei diesen Worten legte er für einen Moment eine Hand auf ihren Arm, und sie konnte die Wärme seiner Finger durch den Stoff spüren.

Aber noch bevor sie etwas antworten konnte, redete er schon

weiter. »Ich glaube, ich muss ins Haus«, sagte er. »Die Familie hält einen Empfang im oberen Speisesaal, bevor sie alle anderen Gäste begrüßen.«

Sie nickte. »Natürlich. Wir sehen uns später.«

»Das hoffe ich doch!«, sagte er.

Er streckte noch einmal die Hand nach ihr aus und nahm ihre Finger in seine, drückte sie ganz leicht.

Verheißungsvoll.

Das Festmahl begann wie geplant am Mittag und dauerte den ganzen Tag, begleitet von Musikanten, Gauklern und Jongleuren.

Fioretta saß mit den Mädchen zusammen, die auch den Zug begleitet hatten. Sie lachte und scherzte mit ihnen und versuchte, nicht ungeduldig zu werden, denn sie wartete auf Giuliano.

Aber es war bereits Abend geworden, als sich die Medici den übrigen Gästen zeigten. Die Bankette in den verschiedenen Räumen waren vorbei, und die Lustbarkeiten im hell erleuchteten Garten begannen, während die Reste des Festmahls an die weniger begünstigten Bürger Florenz' verteilt wurden.

Fioretta entdeckte Leonardo und Sandro vor der Bühne, die sie gebaut hatten, und gesellte sich zu ihnen.

»Habt ihr im Garten gegessen?«, fragte sie.

Leonardo nickte. »Ja. Ich muss wirklich sagen, ein solches Festmahl habe ich noch nicht erlebt. Ich habe viel zu viel gegessen.«

»Dabei gab es nur einen Bratengang«, bemerkte Sandro und strich sich andächtig über den fülligen Leib. »Aber der war so vorzüglich, dass ich mich furchtbar fühle, das auch nur zu erwähnen.« Er sah Leonardo an. »Aber du isst ja ohnehin kein Fleisch.«

Leonardo schüttelte leicht den Kopf; Fioretta erinnerte sich, dass er einmal gesagt hatte, dass er es nicht über sich bringen könne, eine Kreatur zu essen, die so offenkundig auch Schmerz und Freude empfinde.

»Ich hoffe, du bist dennoch satt geworden?«, fragte Fioretta Sandro.

»Aber ja. Und ich habe sogar noch Platz für eine dieser köstlichen süßen Pasteten.«

»Und, haben sie drinnen unsere Blumen bewundert?«, wollte Leonardo wissen.

»Sie haben nicht einmal hingesehen«, gab Fioretta mit einem schiefen Lächeln zurück. »Hast du etwas anderes erwartet?«

Leonardo erwiderte das Lächeln. »Ich glaube nicht.«

»Ärgert euch nicht«, sagte Sandro. »Dafür wird jeder unsere Aufzüge für die Bühne sehen.«

Die Hochzeitsfeier sollte sich über drei Tage erstrecken, und die Theateraufführung war für den nächsten Tag geplant.

»Wenn niemandem vorher die Hölle auf den Kopf fällt«, bemerkte Fioretta im Scherz.

»Mal den Teufel nicht an die ...« Sandro ließ den letzten Satz unvollendet, als eine Fanfare anzeigte, dass die Medici den Garten betreten hatten. Die Familie schritt durch die Menge hindurch zur Schmalseite des Grüns, wo eigens für sie Sitzplätze aufgestellt worden waren.

Fioretta stellte erleichtert fest, dass Madonna Lucrezia zufrieden aussah. Als die Herrin des Hauses ihren Blick auffing, nickte sie ihr zu und lächelte.

Lorenzo und seine junge Frau wurden inmitten der Familie platziert, um die Glückwünsche der Anwesenden entgegenzunehmen. Sofort bildete sich eine Schlange vor ihnen.

»Wir sollten uns besser anschließen«, sagte Sandro, und Fioretta und Leonardo folgten ihm.

Es dauerte eine Weile, bis sie an der Reihe waren und Fioretta vortreten konnte.

»Messere Lorenzo, Madonna Clarice, meine Glückwünsche«, sagte sie, ein wenig verlegen, weil Lorenzo ihr heute so ganz anders erschien, als sie ihn kannte. *Der künftige Herr von Florenz.*

»Möge die Ehe Euch Glück und Ansehen bringen«, fügte sie rasch hinzu.

»Hab Dank.« Clarice Orsini lächelte höflich. Die junge Frau hielt sich noch immer sehr gerade, aber Fioretta konnte sehen, dass es sie zunehmend anstrengte, im Zentrum eines solchen Spektakels zu stehen. Ihre Haut war blass und zeigte rote Flecken unter dem Puder, und Fioretta sah, dass sie die Nägel einer Hand bis fast auf das Bett abgekaut hatte. Sie spürte einen Anflug von Mitgefühl für sie – immerhin hatte Clarice ihren Ehemann erst heute getroffen und war vermutlich vom gesamten Ausmaß der Feier überrascht worden.

»Ihr habt eure Arbeit gut gemacht«, sagte Lucrezia in ihre Richtung, und Sandro und Leonardo verbeugten sich. »Hoffentlich erwähnt sie das auch Verrocchio gegenüber«, flüsterte Sandro Fioretta zu.

Selbst Piero schien gelöster als sonst zu sein. Er lächelte und wechselte höfliche Worte mit den Kaufleuten und Adeligen, die vortraten, um seinem Sohn zu gratulieren, aber er hielt seinen Weinbecher so fest umklammert, dass die Knöchel weiß hervortraten. *Vermutlich musste er bereits wieder seine Gelenkschmerzen überspielen.* Fiorettas Vater stand bei einem befreundeten Arzt und unterhielt sich angeregt mit ihm, aber er warf immer wieder Blicke zu seinem Herrn hinüber. *Er weiß, wie es um ihn steht,* dachte Fioretta.

Sie trat von den Gratulanten zurück und stellte sich wieder zu Sandro, ließ ihren Blick jedoch über die Gäste schweifen. Giuliano stand nur wenige Schritte entfernt in einer Gruppe junger Männer. Als Fioretta seinen Blick auffing, kam er zu ihnen hinüber.

»Gott sei Dank ist das Bankett vorüber«, sagte er. »Du kannst dir nicht vorstellen, wie langweilig die Hochzeitsreden waren. Und ich habe mich bei meiner zweimal versprochen. Unser alter Rhetorik-Lehrer hätte den Stock herausgeholt. Ich hoffe, ihr hattet bessere Unterhaltung?«

»Im Garten wurde hauptsächlich gegessen«, sagte Sandro und verneigte sich leicht. »Wir können Eurer Familie nicht genug für diese Einladung danken.«

»Ich kann nicht klagen«, sagte Fioretta. »Bei uns gab es Musik und Gedichte.« Sie sah Giuliano fragend an. »Ist der offizielle Teil nun abgeschlossen, oder musst du auch noch jonglieren oder Feuer spucken?«

»Wer weiß?« Er sah sie mit gespielter Leidensmiene an und begann eine Erwiderung, doch dann fesselte etwas hinter ihr seine Aufmerksamkeit. Als sie seinem Blick folgte, bemerkte sie, dass er zu einem jungen Paar hinübersah, das sich in die Schlange der Gratulanten eingereiht hatte.

»Wer ist das?«, fragte er leise.

»Das ist Marco Vespucci mit seiner frisch angetrauten Frau, Simonetta«, raunte ihm Sandro zu. »Sie ist nach Florenz gekommen, während Ihr in Rom wart, und hat hier Marco Vespucci geheiratet.« Er lächelte, als er den bewundernden Ausdruck auf Giulianos Gesicht sah. »Sie ist eine Augenweide, nicht wahr?«

Fioretta hatte bereits gesehen, was Simonettas Schönheit bewirken konnte. Sandro wurde in ihrer Gegenwart ganz still, während er in ihrer Abwesenheit von kaum etwas anderem sprach, als sie malen zu dürfen. Selbst Andrea del Verrocchio war ihr verfallen und legte ihr gegenüber Manieren an den Tag, die sonst nur Madonna Lucrezia vorbehalten waren.

Auch heute Abend war Simonetta wieder der strahlende Mittelpunkt des Festes.

Ihr Haar war locker zu Zöpfen gedreht, in die Perlenschnüre eingeflochten waren. Einzelne Strähnen hatten sich daraus gelöst und ließen es aussehen, als sei all die Pracht gar keine Mühe gewesen. Das Gold auf ihrem Haupt glänzte im Licht der Lampen und Kerzen, und ihre bernsteinfarbenen Augen glitzerten, als sie vor Lorenzo einen Knicks vollführte und ihre Glückwünsche übermittelte.

»Zumindest scheint mein Bruder seine Augen kaum von ihr abwenden zu können«, sagte Giuliano und verzog die Lippen, als er sah, mit welchem Eifer Lorenzo sich bedankte. »Auf seiner Hochzeit wäre vielleicht etwas weniger … Enthusiasmus angebracht?«

Simonetta trat zur Seite, um ihrem Ehemann Platz zu machen,

blickte sich um und ging dann direkt auf Fiorettas kleine Gruppe zu.

Giuliano verneigte sich vor ihr und nannte seinen Namen. »Zu Euren Diensten, Madonna Vespucci.«

Simonetta schenkte ihm ein strahlendes Lächeln. »Messere Medici, ich habe schon viel von Euch gehört!«, sagte sie.

»Ach ja?«, gab Giuliano zurück. »Ich hoffe, nur die guten Dinge?«

»Oh ja! Ihr habt Madonna Clarice auf ihrem Weg von Rom hierher tapfer beschützt, und Ihr sollt der beste Reiter und Fechter in Florenz sein.«

Giuliano strahlte. »Oh, das ist zu viel der Ehre«, sagte er, obwohl es ihm ganz eindeutig nicht zu viel war. Fioretta schluckte. Der Wein schmeckte plötzlich sauer. *Wie kann er sich nur von einer so schlichten Schmeichelei so sehr einfangen lassen?*, fragte sie sich.

Sie warf einen Blick zu Marco Vespucci hinüber. *Was denkt er wohl darüber?* Doch der Kaufmann, der noch immer mit Lorenzo sprach, würdigte weder sie noch seine Frau eines Blickes. Artig verabschiedete er sich von Lorenzo und ging dann in die andere Richtung. Nach ihm kamen zunächst keine weiteren Gratulanten, weil Diener in den Garten strömten, die weitere Erfrischungen und süßes Gebäck brachten.

Nun erhob sich auch Lorenzo und gesellte sich überraschend zu ihnen. »Ich hoffe, ihr alle genießt das Fest?«, fragte er. »Werdet Ihr gut versorgt, Simonetta?«, wollte er dann wissen. *Simonetta*, dachte Fioretta. *Er scheint schon gut vertraut mit ihr zu sein.*

»Niemals besser!«, gab sie zurück. »Aber ich fürchte, ich habe eine Schwäche für diese Feigenküchlein, wollen wir nicht noch etwas davon holen?«

Beide Medici nickten. Anscheinend war alles andere um sie herum vergessen. Simonetta reichte ihnen beiden die Hand und zog sie lachend den Süßigkeiten entgegen.

»Ich glaube, uns ist beiden die Begleitung abhandengekommen«, sagte eine Stimme neben Fioretta. Als sie aufblickte, sah sie

Clarice Orsini, Lorenzos Frau, die einen vielsagenden Blick zu ihrem frisch angetrauten Ehemann hinüberwarf.

»Madonna … Giuliano ist nicht …« Fioretta war verlegen. »Er ist nicht meine Begleitung«, sagte sie schließlich schlicht.

»Das ist gut für Euch, denn es heißt, dass Ihr ihn nicht wieder einfangen müsst, anders als ich meinen Gatten.« Sie lächelte, aber obwohl ihr Tonfall leichtherzig war, hörte Fioretta die Spitze heraus.

»Ich bin sicher, dass Lorenzo gleich zurück ist«, sagte sie aufmunternd. »Und so kann ich Euch zumindest sagen, wie sehr ich Euch bewundere! Der Tag muss für Euch endlos gewesen sein.«

»Was würde ich darum geben, in mein Bett fallen zu dürfen«, gab Clarice unumwunden zu. »Aber ich fürchte, ich habe keine Möglichkeit, unauffällig zu verschwinden.«

Fioretta musste lachen. »Wohl nicht. Aber sagt, wie gefällt Euch Florenz? Im Vergleich zu Rom?«

»Noch habe ich fast nichts von der Stadt gesehen. Die letzten Tage waren so angefüllt damit, alles für heute vorzubereiten, dass sie wie in einem Wirbel vorbeigerauscht sind.«

»Natürlich. Ihr könnt mich jederzeit fragen, falls Ihr etwas über die Stadt oder das Haus wissen wollt«, bot Fioretta an.

»Und Lorenzo hat keine Gelegenheit, es mir zu erklären?«, fragte Clarice.

»Verzeiht, ich wollte nicht …«

»Schon gut«, versicherte ihr Clarice und lächelte, als Giuliano plötzlich mit einem Teller voll süßem Gebäck zurückkehrte und es Clarice mit formvollendeter Höflichkeit hinhielt. »Für dich, Schwägerin«, sagte er. »Ich sehe, du hast unsere Fioretta kennengelernt?«

Clarice neigte den Kopf. »Sie war so freundlich, mir Gesellschaft zu leisten.« Sie griff nach einem Gebäckstück, biss vorsichtig ab und legte es dann neben sich auf einen Tisch.

»Lorenzo wird sofort wieder hier sein«, erklärte Giuliano. »Er wird nur dauernd von den anderen Gästen umlagert.«

Etwas in seiner Stimme sagte Fioretta, dass er log, aber sie erkannte die gute Absicht. Er wollte Clarice eine Kränkung ersparen.

»Vielen Dank«, erwiderte Clarice höflich. »Aber ich glaube, ich sollte vielleicht nach meiner Schwiegermutter sehen.« Dann drehte sie sich um und lief zu dem freien Platz neben Lucrezia. Fioretta sah ihr nach.

Mittlerweile war es vollständig dunkel geworden, und der Garten wurde von Fackeln und Laternen erhellt. Die Musikanten wurden lauter, und eine Gruppe junger Leute hatte sich zu einem Tanz aufgestellt.

»Vielleicht sollten wir auch tanzen?«, fragte Giuliano und blickte Fioretta auffordernd an.

Sie wusste zuerst nicht, was sie sagen sollte, aber das Fest, der Wein und die Musik machten sie übermütig. Sie ergriff seine ausgestreckte Hand, als plötzlich Piero de' Medici zu ihnen herüberkam. Auch, wenn er sich bemühte, sein Humpeln zu verbergen, war sein Gesicht vor Anstrengung verzerrt.

»Hat mich der Herr noch nicht genug mit der Gicht gestraft, Giuliano, dass ich in meinem Haus durch mein eigen Fleisch und Blut bloßgestellt werden muss?«, fragte Piero leise, aber mit so viel Eis in der Stimme, dass Fioretta erschauderte. »Ich werde das nicht länger dulden! Du wirst dich heute nicht auch noch hier an das Gesinde heranmachen, nachdem du ja offenbar in Rom schon kaum deine Hosen anbehalten konntest. Du bist ein Medici, verdammt noch mal, also verhalte dich wie einer! Und du ...«, er wandte sich Fioretta zu.

Sie spürte, wie ihr das Blut ins Gesicht schoss.

Was soll das heißen, dass Giuliano in Rom die Hosen nicht anbehalten konnte? Ach, bei allen Heiligen, du weißt, was das heißt. Enttäuschung über Giuliano und Ärger über sich selbst stiegen in ihr auf und vermischten sich mit der Demütigung durch Pieros Worte. Sie fühlte sich, als wäre sie vor aller Welt geohrfeigt worden.

»Vater!«, Giulianos Stimme unterbrach Piero, laut und zornig. »Lass Fioretta in Frieden. Sie hat lediglich Clarice Gesellschaft geleistet, während Lorenzo ganz offensichtlich Madonna Vespucci nachsteigt.«

»Halt den Mund!« Pieros Lippen verzerrten sich vor Zorn. Er hob die Hand, und für einen furchtbaren Moment fürchtete Fioretta, dass Piero seinen Sohn in aller Öffentlichkeit schlagen würde, aber dann senkte er sie wieder.

»Geh und such Lorenzo, und bring ihn verdammt noch mal zu seiner Frau zurück«, befahl Piero. Giuliano zögerte einen Moment. »Fioretta, bitte, ...«, begann er. Er sah sie fast flehentlich an, aber sie wandte den Blick ab. *Vielleicht findest du unterwegs ja auch noch eine Römerin zum Tanzen,* dachte sie verletzt.

Schließlich drehte er sich um und verschwand dann in einer Gruppe, in der sich auch Simonetta und Lorenzo befanden.

»Gibt es nichts, mit dem du dich hier nützlich machen kannst?«, herrschte Piero Fioretta an, die Giuliano nachsah.

»Doch, Messere Medici«, entgegnete sie so leise, dass er sie vermutlich nicht hörte, bevor er auf dem Absatz kehrtmachte und zurück zu den Tischen ging.

Fioretta sah sich um. Sandro hatte sich unbemerkt davongemacht, vielleicht zu eingeschüchtert von der Präsenz der Gastgeber. Leonardo konnte sie nirgends entdecken. Sie war allein zurückgeblieben. *Allein mit hundert anderen Gästen und einem vergessenen Gebäckstück, über das sich schon die ersten Fliegen hermachten.*

KAPITEL 9

Florenz. Einen Tag später.

LEONARDO

Schau nur! Venus persönlich ist dem Meer entstiegen, um diesen Tag mit ihrem Licht zu beglänzen«, wisperte Sandro, als er Simonetta entdeckte, die leise über etwas zu lachen schien, das der Mailänder Botschafter Sacramoro eben zu ihr gesagt hatte.

»›Venus ist dem Meer entstiegen‹?«, fragte Leonardo und sah seinen Freund stirnrunzelnd an. »Hat dich nicht eher Amors Pfeil getroffen, und nun sind deine Sinne verwirrt?«

»Ich verstehe nicht, wie du beim Anblick solcher Schönheit so ruhig bleiben kannst«, sagte Sandro anklagend. »Fließt denn kein Blut durch deine Adern?«

»Oh doch, denn diese Schönheit verschlägt mir wirklich den Atem.« Er deutete auf die bronzene Statue des David, die inmitten des Hofes stand. Die Bronze war eine Meisterleistung von Maestro Donatello. Der nackte Jüngling, der auf dem Kopf des besiegten Goliath stand, hatte eine leichtfüßige, fast herausfordernde Haltung eingenommen, bei der sein ganzes Gewicht auf dem rechten Bein zu ruhen schien. *Er muss sich vor den antiken Statuen wirklich nicht verstecken,* dachte Leonardo.

Um die Statue herum waren extra für die Feier vier Kupferschalen aufgestellt worden, aus denen sich die Gäste an gekühltem Wein und Wasser bedienen konnten. Die meisten Geladenen hatten allerdings nur Augen für die Getränke und nicht für die Anmut in ihrer Mitte.

Sandro lachte. »Du bist wirklich unmöglich«, sagte er.

»Ich glaube, dass dein Blut gerade zur sehr in Wallung geraten ist. Alles mit dem rechten Maß, das ist der Weg zur Zufriedenheit.

Das lehrte schon Aristoteles. Glaube ich zumindest«, versetzte Leonardo.

»Und das predigt der Mann, der nicht eher mit unseren Blumenbildern zufrieden war, ehe sie perfekt waren. Obwohl sie lediglich ein Haufen Ignoranten zu Gesicht bekommen, die ihnen nicht mal die kleinste Aufmerksamkeit schenken.«

Leonardo musste nun ebenfalls lachen. Wo Sandro recht hatte, hatte er recht. Er sah wieder zu Simonetta Vespucci hinüber, die im Innenhof der Villa unter den beeindruckenden Zeugnissen der römischen Geschichte stand und von Verehrern umringt war. Jedes Mal, wenn sie einem von ihnen ihre Aufmerksamkeit schenkte, schien dieser ein kleines Stück zu wachsen.

Ja, Simonetta war außergewöhnlich schön, und er konnte gut verstehen, dass Sandro sie sich als Modell wünschte. Aber den Verlust jedweden Verstandes in ihrer Gegenwart konnte er nicht nachvollziehen. Diese Besessenheit von ihr war etwas anderes, als einen Haufen Blumen so perfekt wie möglich malen zu wollen.

»Du bist halb Mensch, halb Marmorblock!«, klagte Sandro.

»Ehrlich gesagt, mich fasziniert nur ihr Gesicht«, sagte Leonardo. »Es ist wirklich außergewöhnlich gut proportioniert.«

»Du denkst an nichts anderes, wenn du sie ansiehst?«

Leonardo schüttelte den Kopf. Er fand die Veränderungen, die der menschliche Körper im Lauf eines Lebens durchlief, endlos faszinierend, und besuchte gerne das *Ospedale* an der Ponte Santa Trinita, um zu zeichnen, was Alter, Krankheit und Tod noch aus der größten Schönheit machten. Aber sein Interesse an Frauenkörpern war ein gänzlich anderes als das von Sandro.

Während sein Freund die Vorzüge Simonettas lobte, hörte Leonardo den Worten kaum noch zu. Die Menschenmenge, die sie umgab, der Strom von Geräuschen, Gerüchen und Bildern überwältigten ihn fast. Es gab einen Grund, warum er große Bankette und öffentliche Feiern wie den Karneval mied; er fühlte sich dort meist fremd und fehl am Platz und verstand nicht, wie andere mit all den Sinneseindrücken umgingen, die hier auf sie einprasselten.

Er entdeckte Fioretta, die in einer Ecke des Hofes stand und mit Verrocchio sprach. »Maestro Verrocchio ist dort drüben, ich werde schauen, ob er mit allem zufrieden ist«, sagte er, an Sandro gewandt.

Er wischte sich mit dem Ärmel seines Hemdes über die Stirn. Anders als am Vortag war die Luft heute schwül und schwer, und die Hitze lastete auf den Gästen.

Ob es heute noch ein Gewitter geben wird?

Er schaute zum Himmel. Noch waren die Wolken hell, aber an den Rändern wurden sie bereits dunkel. Die Wolkenformation war ungewöhnlich und sah beinahe wie eine Faust aus, die sich in den Himmel schob.

Aus einer ovalen Nische blickte die Marmorbüste von Piero de' Medici zwischen den antiken Artefakten mit der üblichen Strenge auf die Gäste herunter. *Meister Mino da Fiesole hat den Patriarchen der Familie wirklich lebensecht eingefangen,* dachte Leonardo. Das kurze Haar, die schmucklose Kleidung, der scharfe, prüfende Blick – all das hatte Messere Piero wohl auch schon vor einem Jahrzehnt ausgezeichnet. Nur die Linien, die ständige Schmerzen in sein Gesicht gegraben hatten, fehlten dem steinernen Abbild noch.

»Zieht Ihr die Büste dem echten Herrn des Hauses vor?«, fragte eine Stimme hinter ihm. Leonardo drehte sich hastig um und stieß fast mit dem jungen Mann zusammen, der ihn angesprochen hatte.

»Verzeihung, ich war in Gedanken«, beeilte er sich zu sagen, und musterte sein Gegenüber. »Du hast Wein über dich geschüttet.«

Tatsächlich war ein Fleck auf dem hellen Hemd des anderen zu sehen, aber dieser schüttelte den Kopf. »Es war nur Wasser«, sagte er. »Es ist nichts geschehen, keine Sorge.«

Er hatte ein freundliches Lächeln und helles, lockiges Haar, das er zu einem Pferdeschwanz gebunden hatte. Eine kreisförmige Narbe von der Größe eines Florins auf der linken Wange unterstrich die sonstige Ebenmäßigkeit seines Gesichts noch. *Wie wahr-*

scheinlich ist es, heute Abend neben Simonetta ein zweites so schönes Antlitz zu sehen?, dachte Leonardo, aber laut sagte er: »Du trinkst keinen Wein? Fürchtest du nicht, den Gastgeber zu beleidigen?« Er deutete auf Pieros Abbild. »Der Herr des Hauses sieht uns streng an.«

Der Blonde lachte. »Mir scheint es von Vorteil, mich zurückzuhalten«, sagte er und warf einen vielsagenden Blick zu einer Gruppe von Gästen hinüber, die bereits viel zu laut sprachen. »Ich möchte meinen hochwohlgeborenen Onkel noch um einen Gefallen bitten, und dafür wird es wohl am besten sein, wenn ich Herr meiner Sinne bin.«

»Du bist mit den Medici verwandt?«, fragte Leonardo und überlegte gleichzeitig, ob seine Bemerkung über die Statue unangemessen gewesen war.

»Luca Tornabuoni, zu Diensten. Madonna Lucrezia ist meine Tante. Und du bist ...?«

»Leonardo.«

»Gehörst du zu Pieros Haushalt?«

»Leider nein. Ich gehöre zu Maestro Verrocchios Werkstatt und hatte lediglich die Ehre, die Blumenranken für die Tafeln in den Loggien zu malen, was mir diese Einladung eingebracht hat«, sagte er. Er zeigte auf die Stellwände.

»Nein!«, rief Luca mit gespielter Bewunderung. »Ich bin mir sicher, dass noch Generationen von Florentinern von diesen Blumen sprechen werden.«

»Das will ich doch hoffen! Maestro Verrocchio legte größten Wert darauf, dass die Arbeiten so sauber ausgeführt werden, als würden sie morgen im Palazzo della Signoria ausgestellt. Dabei enden sie übermorgen als Feuerholz.«

»Ein bitteres Schicksal für deine Arbeit.«

»Ein sehr bitteres.«

Beide Männer lachten.

»Woher kommst du, Leonardo?«, wollte Luca wissen.

»Aus Anchiano. Und du? Lebst du in Florenz?«

»Ich war bis vor Kurzem auf dem Monte Santo.«

»In der Certosa? Wolltest du Mönch werden?«

»Ich war zum Studium dort. Meine Verwandten hätten es gerne gesehen, wenn ich mich für eine Laufbahn in der Kirche entschieden hätte, aber ich habe dort eine andere Berufung gefunden.«

Luca fuhr sich mit der Hand durch die Haare, als machte es ihn verlegen, darüber zu sprechen, und Leonardo wusste nicht, ob er weiter fragen sollte oder besser nicht.

»Hat der Gefallen, um den du Messere Piero bitten willst, damit zu tun?«, erkundigte er sich vorsichtig.

Luca nickte. »Ich hoffe, an der Universität von Pisa Medizin studieren zu können.«

»Dann interessierst du dich mehr für den menschlichen Körper als für die Seele?«

»Die Mönche auf dem Monte Santo haben mich gelehrt, dass man die eine nicht ohne den anderen betrachten kann, und ich kann von ihrem Wissen nur mit Ehrfurcht sprechen. Und ich denke, dass ich ein viel besserer Arzt als Seelsorger wäre, aber ich fürchte, der Familie wäre ein Abt oder Bischof nützlicher. Obwohl die Medizin so wichtig ist, schätzt mein Onkel sie nicht sehr hoch.«

»Das geht erstaunlich vielen Menschen so«, gab Leonardo zurück. »Wir alle sind aus denselben Stoffen gemacht, und dennoch können nur die wenigsten das Wissen darum ertragen, was sich unter unserer Haut befindet.«

Luca sah ihn mit einem erstaunten Blick an. »Ganz genau«, sagte er. »Du bist also nicht nur ein Maler, sondern auch ein Gelehrter?«

Leonardo schüttelte den Kopf. »Nur jemand, der immerzu neugierig auf das eigentliche Wesen der Dinge ist.«

So faszinierend Leonardo es selbst fand, herauszufinden, was sich im Inneren von Menschen und Tieren abspielte, so schnell hatte er begriffen, dass diese Neugier auf Ablehnung stieß, da die meisten Menschen sich davor fürchteten und regelrechte Abscheu schon allein bei dem Gedanken hegten.

»Der Leibarzt des Hausherrn hat früher selbst Studenten in der Medizin unterrichtet, vielleicht kann er dir weiterhelfen?«, überlegte er laut. »Von ihm scheint Messere Piero eine recht hohe Meinung zu haben.«

Ihm fiel plötzlich wieder ein, dass er eigentlich nach Fioretta und Verrocchio hatte sehen wollen. »Er ist mit seiner Tochter auf dem Fest, willst du ihn kennenlernen?«

»Es wäre mir eine Ehre.«

Über ihnen ertönte ein lautes Grollen. Viele der Gäste hoben erschrocken die Köpfe und blickten zum Himmel. »Wird es Regen geben?«, fragte Luca.

»Ich glaube schon, und es kann nicht mehr lange dauern. Ich denke nicht, dass wir heute noch ein Schauspiel sehen werden. Wenn du Dottore Gorini treffen willst, sollten wir ihn gleich suchen.«

»Soll ich uns vorher vielleicht doch noch etwas Wein holen?«, fragte Luca. »Vielleicht finde ich dann auch genügend Mut, um mit meinem Onkel zu sprechen.«

Leonardo nickte. Eigentlich hatte er bereits genug getrunken, aber er wollte noch einen Moment länger in der Gesellschaft von Luca Tornabuoni bleiben.

Er schlenderte zu dem Teil des Bogengangs, wo weniger Gäste standen und eine Unterhaltung einfacher sein würde. Luca nahm ihre beiden Becher und ging in Richtung des Davids.

»… ein gutes Zeichen, dass Herzog Sforza nicht hergekommen ist«, hörte Leonardo plötzlich jemanden hinter einer Säule sagen, vor der er sich unterstellte.

»Ich habe gehört, der Herzog ließ Piero ausrichten, dass er gesundheitlich angeschlagen sei und nicht reisen könne – eine ziemlich durchsichtige Lüge. Er soll gesund wie ein Ackergaul sein.«

Ein Schnauben ertönte. »Ich bin sicher, dass Lorenzo keine Ahnung hat, was in Mailand wirklich vor sich geht. Der Alte hat ihn nicht eingeweiht.«

Leonardo war sich plötzlich sicher, dass diese Unterhaltung

nicht für ein weiteres Paar Ohren bestimmt war, aber sie machte ihn auch neugierig.

»Wenn er es nicht weiß, umso besser. *Il Gottoso* wird nicht ewig leben, und dies könnte Lorenzos erster großer Fehler werden, noch bevor er Zeit hat, etwas richtig zu machen.« Die zweite Stimme hinter der Säule gehörte offenbar einer Frau, die andere einem jüngeren Mann.

»Glaubst du wirklich, dass Mailand sich von Florenz abwendet?«

»Nach allem, was ich höre, bleibt Herzog Sforza völlig unberechenbar. Und Piero selbst ist auch schon lange kein Diplomat mehr. Wenn der Gichtige noch eine Weile lebt, werden sie einander noch an die Gurgel gehen.«

Wer spricht da?, fragte sich Leonardo, der sich auf seinem Lauschposten nun doch unbehaglich fühlte. Er verstand nicht alles, was gesagt wurde, aber dennoch erschienen ihm die Worte höchst unpassend für Lorenzo de' Medicis Hochzeitsfeier.

Er trat einen Schritt zur Seite, er wollte nicht weiter zuhören.

Doch das Geräusch seiner Stiefel schien die Sprecher gestört zu haben. Plötzlich schoss ein Kopf hinter der Säule hervor, und Leonardo entdeckte Albiera de' Pazzi und Francesco, ihren Neffen.

»Lauschst du etwa?«, fuhr Francesco Leonardo an. Die beiden Pazzi bildeten einen seltsamen Gegensatz: Albiera war eine Frau von beeindruckender Größe, mit schwarzen Haaren, die von silbernen Strähnen durchzogen waren, während Francesco ein gutes Stück kleiner als seine Tante war. Sein dünnes, blondes Haar umschloss seinen Kopf wie ein Helm.

»Was, ich? Nein, ich warte nur ...«

Albiera warf ihm einen eisigen Blick zu, bevor sie sich umdrehte und in der Menge verschwand.

Leonardo schaute ihr noch nach, als Luca neben ihn trat und ihm einen Becher reichte. »Wer waren die beiden?«, wollte er wissen.

»Angehörige der Pazzis, die über Mailand sprachen. Und sie scheinen nicht allzu viel von unserem Bräutigam zu halten, obwohl das nun wirklich keine Überraschung ist.«

»Nein, wohl kaum«, sagte Luca nachdenklich und nippte an seinem Wein. »Sogar in der Abgeschiedenheit der Certosa hörten wir von der Rivalität der beiden Familien.«

Leonardo trank ebenfalls einen Schluck. Der Wein war köstlich, viel besser, als er ihn in Erinnerung hatte.

Er atmete tief ein, als ein Windstoß durch den Hof fuhr. Die Luft, die den ganzen Nachmittag über schwer und drückend gewesen war, frischte endlich auf; die Schwüle des Tages begann sich zu heben. Dann zuckte ein Blitz über den Himmel.

»Es beginnt«, sagte Leonardo und deutete nach oben.

Wie um seine Worte zu bestätigen, fielen plötzlich dicke Tropfen hinab. Leonardo warf einen Blick zu Luca hinüber, der lächelte. »Du hattest recht.«

Das Grollen wurde stärker, die Blitze zuckten nun in rascher Folge. Den ersten Tropfen folgten mehr, und eine starke Windböe fegte Becher und Krüge von einem Tisch. Nun fiel es auch anderen Gästen auf, dass das Wetter umgeschlagen war. Die Leute schauten besorgt zum Himmel oder standen von ihren Plätzen auf.

Auch Lorenzo hatte seinen Blick nach oben gerichtet. Er hob die Stimme. »Werte Gäste«, begann er, doch bevor er fortfahren konnte, zuckte ein weiterer Blitz über den Himmel, dem fast augenblicklich ein Donnerschlag folgte.

Dann war es, als öffneten sich die Schleusen des Himmels selbst. Der Regen prasselte auf Teller und in Becher, durchnässte Roben und Schuhe. Blitz und Donner folgten kaum einen Atemzug lang aufeinander. Die Gäste, die noch saßen, sprangen auf, die anderen suchten Schutz unter dem Bogengang oder in den Loggien.

Was immer Lorenzo hatte sagen wollen, ging in dem Unwetter völlig unter.

Er ergriff stattdessen die Hand seiner Braut und lief mit ihr ins Innere des Hauses.

Leonardo sah Luca an. Immer mehr Menschen strömten in ihre Richtung. Luca blickte zweifelnd zurück, doch dann nickte er. Sie liefen über den Hof und in den Garten, wo nun vollständiges

Durcheinander herrschte. Tische fielen um, die Leinwand vor der Bühne wehte halb abgerissen im Wind. Ein Teil der Gäste flüchtete ins Haus, während andere mit ihnen auf die Straße strömten.

Der Regen durchnässte Leonardo bis auf die Knochen, dennoch blieb er stehen und wandte sein Gesicht nach oben in den Wolkenbruch, der die Schwere des Tages endlich mit sich nahm. Ein weiterer Blitz fuhr über den Himmel, und er fragte sich, nicht zum ersten Mal, welche Energie ihr Leuchten antrieb.

»Stört dich der Regen nicht?«, fragte Luca, der neben ihm stehen blieb. Leonardo schüttelte den Kopf. »Ich fühle mich, als könnte ich endlich wieder atmen.«

Luca lachte. »Und das Gewitter? Macht dir die Natur denn keine Angst?«

»Niemals. Die Menschen – sehr oft. Aber die Natur will ergründet und nicht gefürchtet werden.«

Luca strich sich das nasse Haar aus der Stirn. »Mich bringen Leute auch oft zur Verzweiflung«, sagte er. »Aber nicht genug, dass ich dieses Wetter ihrer Gesellschaft vorziehen würde.«

»Ich verstehe«, sagte Leonardo. »Ich gehe zur Werkstatt – kommst du mit?«, fügte er dann hinzu. Die Via dell'Agnolo war nur eine Viertelstunde entfernt, und nass war er nun ohnehin.

Aber Luca schüttelte den Kopf. »Ich werde mich zum Torre Tornabuoni aufmachen. Auf Wiedersehen, Leonardo – vielleicht in günstigeren Umständen?«

»Auf bald.« Er drehte sich um und lief gemächlich durch den Regen, während halb Florenz vor dem Wetter flüchtete.

KAPITEL 10

Florenz, Dezember 1469

GIULIANO

Giuliano, wach auf!«

Die Stimme riss ihn aus dem Schlaf, und er blinzelte gegen das Licht der Kerze an, die seine Mutter in der Hand hielt. »Was ist denn?«, fragte er schlaftrunken.

Lucrezia streckte die Hand aus und berührte ihn sacht an der Schulter. »Es ist so weit«, sagte sie. »Es geht mit deinem Vater zu Ende.«

Bei diesen Worten wurde Giuliano sofort hellwach. »Heilige Mutter Gottes.« Er richtete sich auf und schlug das Kreuzzeichen. »Gib mir einen Augenblick, ja?«

Er zog sich hastig an und dachte dabei an seinen Vater, dem es in der letzten Zeit immer schlechter gegangen war. Piero hatte schon seit einigen Tagen das Bett nicht mehr verlassen. Selbst das Sprechen war ihm schwergefallen.

Dottore Gorini war die meiste Zeit bei ihm gewesen, und Lucrezia hatte für die Gesundheit ihres Mannes gebetet und sich gleichzeitig um die zahlreichen Gäste in der Via Larga gekümmert.

Die Nachricht von Pieros schlechtem Zustand hatte sich schnell verbreitet. Viele einflussreiche Bürger hatten ihn noch einmal sehen, einen letzten Gefallen erbitten oder sich seiner Familie in Erinnerung bringen wollen.

Pieros Schlafgemach war praktisch zu einem Audienzzimmer geworden.

Als Giuliano mit seiner Mutter auf den Flur trat, sah er, dass im Haus noch Betriebsamkeit herrschte, obwohl es schon beinahe

Mitternacht sein musste. Die Diener liefen mit gesenktem Kopf umher und sprachen in leisem Tonfall.

Lucrezia begleitete ihn die Treppe hinunter in den ersten Stock. Sie ging jedoch nicht in das Schlafzimmer seines Vaters, sondern führte ihn daran vorbei in die Hauskapelle.

Der kleine, reich geschmückte Raum war bereits mit einem Dutzend Menschen gefüllt, die Gebete und Rosenkränze murmelten.

Ihm schlug warme Luft entgegen, als er eintrat. Zahlreiche Kerzen warfen ihr Licht auf die Fresken an den Wänden, die den Zug der Heiligen Drei Könige darstellten. Das Bild von Maestro Benozzo Gozzoli zeigte Piero und seine Kinder als Teil der Prozession und war ein Kunstwerk, das Giuliano nur zu gut kannte. Er hatte in diesem Raum die Kommunion empfangen, oft die Beichte abgelegt und in den vergangenen Jahren gesehen, wie er und Lorenzo sich immer weiter von den kleinen Jungen entfernt hatten, als die sie auf dem Fresko dargestellt waren.

Giuliano entdeckte Tariq Giuberti, den Hauptmann der Medici-Wachen, seinen alten Lehrer Gentile de' Becci und Fioretta unter den Anwesenden. Lorenzo stand in dem Alkoven, der gegenüber der Tür lag. Sein Bruder hielt die Hände andächtig gefaltet, während Clarice neben ihm kniete, einen Schleier vor das Gesicht gezogen.

Lorenzo hatte gerade erst verkündet, dass Clarice ihr erstes Kind erwartete, und Giuliano musste unwillkürlich daran denken, dass dies vielleicht die letzte gute Nachricht war, die ihr Vater je bekommen würde.

Sein Bruder fing seinen Blick auf, drängte sich zu ihnen hindurch. Er umarmte zuerst ihre Mutter und dann ihn. Für einen Moment fragte Giuliano sich, wo ihre Schwestern waren.

»Wisst ihr, wie es steht?«, flüsterte Lorenzo.

»Carlo ist bei ihm, um ihm die Absolution zu erteilen«, erwiderte Lucrezia ebenso leise. »Er lässt uns holen, wenn euer Vater seinen Frieden mit Gott gemacht hat.«

Seinen Frieden mit Gott gemacht hat. Plötzlich trafen Giuliano diese Worte wie ein Hammerschlag, als er ihre Bedeutung ganz erfasste. *Er stirbt.*

Giuliano hatte gewusst, dass es so kommen würde; die Krankheit seines Vaters hatte schon lange an ihm gezehrt. Aber dennoch konnte er nicht begreifen, dass es tatsächlich geschah. Das Atmen fiel ihm plötzlich schwer. Seine Hände begannen zu zittern, und er verschränkte sie hastig hinter dem Rücken.

Clarice trat zu ihnen und küsste Lucrezia auf die Wange. »Wir alle beten für Piero«, murmelte sie. »Ist er denn in der Lage, die Beichte abzulegen?«

»Der Herr wird schon einen Weg finden, ihn zu hören«, gab Lorenzo zurück.

Sein Bruder sah nervös aus; er hatte rote Flecken auf den Wangen und räusperte sich mehrmals. »Wir sollten lieber schon einmal zu ihm gehen«, sagte er.

»Fürchtest du, dass wir nicht mehr rechtzeitig kommen?«, wollte Giuliano wissen.

Lorenzo schüttelte den Kopf. »Ich habe vielmehr Angst, dass sich noch irgendein Bittsteller bei ihm einschleicht und ihm noch in seinen letzten Momenten Versprechungen abringt – jetzt, wo er sich nicht mehr wehren kann.«

Lorenzos Nervosität war ansteckend, und Giuliano warf einen unsicheren Blick zum Eingang der Kapelle. Lucrezia öffnete gerade den Mund, um etwas zu sagen, als Schritte vom Gang her ertönten. Dottore Gorini erschien in der Tür und winkte die Familie zu sich. Sie traten gemeinsam vor die Tür und bildeten einen kleinen Kreis um den Arzt, der mit leiser Stimme sagte: »Monsignore Carlo hat das Sakrament gespendet. Ich denke, es ist Zeit, sich von Messere Piero zu verabschieden.«

»Einen Augenblick noch.« Lucrezia hob die Hand, um ihre Familie aufzuhalten. *Sie wirkt so gefasst,* dachte Giuliano. *Unbeugsam wie immer.* Er selbst wusste nicht, was er fühlen oder denken sollte, in seinem Kopf und in seinem Herzen herrschte nichts als Chaos.

»Dottore, wie sicher seid Ihr, dass mein Gemahl die Nacht nicht übersteht?«, fragte Lucrezia mit erstaunlich fester Stimme.

Gorini legte abwägend den Kopf zur Seite. »Es geht ganz sicher zu Ende«, erwiderte er schließlich mit Bedauern in der Stimme. »Die genaue Stunde kennt nur Gott allein, aber ich glaube nicht, dass er den kommenden Morgen noch erlebt.«

Lucrezia nickte, dann sah sie Lorenzo, Clarice und Giuliano an. »Ihr müsst euch noch heute Nacht von unseren Parteigängern die Treue schwören lassen«, erklärte sie. »Die Pitti und ihre Verbündeten warten nur darauf, dass Piero stirbt, damit sie aus der Verbannung zurückkehren und zu Ende bringen können, was ihnen zuvor nicht gelungen ist. Gewiss hat auch schon Ferrara Agenten nach Florenz geschickt, die dem Herzog sofort von Pieros Ableben berichten sollen. Und die Anhänger der Pazzi werden alles tun, damit ihr in der *Signoria* kein Gehör mehr findet.«

Es war erst drei Jahre her, dass die Familie Pitti mit Unterstützung aus Ferrara versucht hatte, Florenz in einem Staatsstreich zu übernehmen. Auch wenn sie gescheitert waren, wusste Giuliano, dass die Sorgen seiner Mutter wohlbegründet waren.

»Und Mailand muss sich ebenfalls schnell erklären«, sagte Lorenzo. »Ich werde dem Herzog so schnell es geht schreiben. Bevor es jemand anderes tut.«

Der Schwindel, der Giuliano erfasst hatte, nahm jetzt noch zu. »Wenn wir noch heute Nacht unsere Verbündeten treffen wollen, müssen wir dann nicht jetzt nach ihnen schicken?«, fragte er.

Lucrezia nickte.

»Wir können sie aber nicht hierherholen«, warf Lorenzo ein. »Das wäre unangemessen, wenn Vater wirklich heute Nacht...« Er ließ den Satz unvollendet.

»Das Kloster von San Marco«, sagte Lucrezia bestimmt. »Wir lassen nach den wichtigsten Familien und nach den Oberhäuptern der großen Gilden schicken. Sie sollen in San Marco auf euch warten.«

Giulianos Gedanken rasten. Das Kloster war eine gute Wahl; die

Medici waren den Dominikanern von San Marco eng verbunden. Giulianos Großvater Cosimo hatte die Restaurierung des Klosters finanziert, und auch der jetzige Abt war ihnen treu ergeben.

Fioretta streckte den Kopf aus der Tür der Kapelle und stellte sich dann neben ihren Vater, der einen Arm um sie legte.

Lorenzo wirkte noch immer nervös und blickte unschlüssig den Gang entlang. »Clarice, würdest du mit Dottore Gorini schon einmal zu Vater gehen?«, fragte er. »Ich möchte nicht, dass so lange niemand von uns bei ihm ist.« Er legte ihr eine Hand auf die Schulter.

»Natürlich«, sagte Clarice. »Ich sage ihm, dass du auf dem Weg bist?«

Lorenzo nickte, und Antonio Gorini küsste seine Tochter auf den Scheitel und verschwand mit Clarice um die Ecke des Korridors.

»Wer soll unsere Verbündeten zusammenrufen?«, wollte Lorenzo wissen.

»Tommaso Soderini wartet in Pieros Räumen«, sagte Lucrezia. »Er könnte nach San Marco gehen und dem Abt Bescheid geben.«

»Aber er kann kaum allein so schnell alle erreichen, denen wir Bescheid geben müssen«, warf Giuliano ein. »Schon, um alle *Arti Maggiori* zu erreichen, führt der Weg durch die halbe Stadt. Und da haben wir die *Priori,* die uns nahestehen, noch nicht bedacht.«

»Ihr könnt nach Guglielmo schicken, falls ihr seine Unterstützung braucht«, erklärte Lucrezia. »Heute Nacht kann er beweisen, dass er wirklich zur Partei der Medici gehört und nicht nur meine Tochter geheiratet hat.«

Das erklärt auf jeden Fall, wo Bianca ist. Sie wird sicherstellen, dass auf ihren Mann Verlass ist.

Die Familie war den Medici das Wichtigste; sich auf keinen anderen in gleichem Maß verlassen zu können, war eine Lektion, die auch er und Lorenzo immer wieder eingebläut bekommen hatten.

»Er könnte Tommaso helfen, die Priori zusammenzurufen«, sagte Lorenzo.

»Dann blieben noch die Gilden«, sagte Giuliano.

»Wenn wir einen Diener schicken, hat das zu wenig Gewicht, fürchte ich«, entgegnete Lorenzo. »Es sollte jemand gehen, der uns nahesteht.«

»Ich kann zu Maestro Verrocchio gehen«, sagte Fioretta plötzlich, die bislang geschwiegen hatte. »Und er kann wiederum den anderen Gildenoberhäuptern Nachrichten schicken.«

Ihre dunkle Stimme klang leise, aber entschlossen. Lorenzo sah sie überrascht an. Aber noch bevor er etwas erwidern konnte, sagte Giuliano: »Das ist keine schlechte Idee. Maestro Verrocchio und seine Gehilfen kennen Fioretta, und sie werden sofort wissen, dass wir sie geschickt haben.«

»Nun gut«, meinte Lorenzo langsam, der einen Blick mit seiner Mutter wechselte. »Du sprichst mit Verrocchio, aber nimm mindestens zwei unserer Leute als Begleitung mit. Und natürlich nur, wenn dein Vater es erlaubt.«

»Natürlich«, entgegnete Fioretta.

»Dann ist es beschlossen«, meinte Lucrezia. »Wir gehen zu eurem Vater und besprechen uns mit Tommaso. Dann könnt ihr den Hauptmann aus der Kapelle holen, und du kannst mit ihm aufbrechen«, fügte sie hinzu, an Fioretta gewandt.

»Ich bin dir sehr dankbar, dass du das tust«, murmelte Giuliano leise, als er mit Fioretta zum Schlafzimmer seines Vaters lief. Es tat gut, sie an seiner Seite zu wissen. »Ich würde selbst gehen, aber das würde Mutter niemals zulassen.«

»Du würdest das Totenbett deines Vaters verlassen?«, fragte Fioretta. Sie klang erschrocken. »Willst du dich denn nicht von ihm verabschieden?«

»Ich weiß ehrlich nicht, ob er mich überhaupt noch einmal sehen will«, murmelte er. »Die letzten Worte, die wir gewechselt haben, waren nicht gerade freundlich.«

Je mehr die Krankheit an seinem Vater gezehrt hatte, desto mehr Verantwortung hatte er Lorenzo übertragen. Gleichzeitig hatte er immer weniger Hehl daraus gemacht, welche Enttäuschung sein zweiter Sohn für ihn war.

Unwillkürlich ballte Giuliano die Fäuste, als er an den Moment auf der Hochzeitsfeier dachte, der ihn in Fiorettas Augen zu einem kompletten Narren gemacht haben musste. Zu dem Versager, der er für seinen Vater ohnehin war.

»Er wird dir sicher seinen Segen geben wollen«, sagte sie. »Es tut mir so leid für euch«, fügte sie dann hinzu.

Ihre Worte klangen aufrichtig, und er sah die Anteilnahme in ihrem Gesicht. In diesem Moment vertraute er Fioretta auf eine Art, die er selbst bei Lorenzo nicht empfand. »Ich fühle mich einfach nur ... leer«, flüsterte er. »Sooft ich mit ihm auch aneinandergeraten bin, ich kann mir das Leben ohne ihn kaum vorstellen.«

Sie nahm seine Hand in ihre, einen Moment lang, und drückte sie.

Als sie den Vorraum zu Pieros Schlafzimmer erreichten, sah Giuliano, dass sich dort bereits wieder einige Diener und letzte Besucher versammelt hatten.

Durch die offene Tür fiel sein Blick auf Piero de' Medici. Der ungekrönte Herr von Florenz lag in einem großen, massiven Bett aus dunklem Holz, das von grünen Behängen eingerahmt wurde. Vom Kopfende des Bettes blickte eine Darstellung des heiligen Johannes mit starrem, mitleidslosem Blick auf den sterbenskranken Mann, der unter einem schweren Überwurf lag.

Piero wirkte plötzlich überhaupt nicht mehr so Furcht einflößend, wie Giuliano ihn kannte. Seine knochenbleichen Hände waren in der Decke verkrampft und wirkten beinahe wie Krallen. Die dunklen Augen waren weit geöffnet, und es schien, als suchte sein Blick den Raum ab. Piero zählte noch keine fünfzig Jahre, aber die schwere Krankheit hatte ihn vor seiner Zeit altern lassen, und die eingefallenen Wangen verliehen ihm ein beinahe greisenhaftes Aussehen.

Giuliano fühlte Mitleid mit seinem Vater, aber in ihm stieg auch ein altvertrauter Zorn auf. *Warum, Pàpa? Warum war ich nie gut genug?* Er schämte sich für den Gedanken, aber ganz verdrängen konnte er ihn nicht.

Clarice stand neben Pieros Bett, ebenso wie Dottore Gorini und Giulianos Onkel, Monsignore Carlo, Pieros Halbbruder, der eine Hand auf die Brust des Kranken gelegt hatte. Aus einer Schale stieg würziger Rauch auf, der den Geruch nach Siechtum und Nachttopf nicht überdecken konnte.

»Ich werde rasch mit Tommaso sprechen«, sagte Lucrezia, »und dann zu meinem Mann gehen.«

Fioretta warf einen unschlüssigen Blick in den angrenzenden Raum. »Kannst du meinem Vater Bescheid sagen?«, bat sie Giuliano.

»Solltest du ihn nicht um Erlaubnis fragen?«

»Ich bin mir sicher, dass er einverstanden sein wird, wenn es euch nutzt«, gab sie zurück. »Und ich will deinen Vater nicht stören.«

Er nickte. »Gut. Ich sehe dich … später.« Das Wort hallte in seinem Kopf nach. *Später, wenn es mit Vater zu Ende gegangen ist.*

Er musste seinen ganzen Mut zusammennehmen, um über die Schwelle zu treten und den Platz neben seinem Bruder einzunehmen. Lorenzo liefen mittlerweile die Tränen über die Wangen, aber Giuliano konnte nicht weinen.

Piero versuchte, Worte zu formen, aber es kam kein Laut über seine Lippen. Er sah erst Lorenzo an, der seine Hand hielt, dann ließ er seinen Blick zu Giuliano wandern, doch er konnte nicht darin lesen, ob sein Vater ihn in seinen letzten Momenten verfluchte oder ihm vergab.

KAPITEL 11

Florenz, in derselben Nacht.

FIORETTA

Fiorettas Atem stieg in kleinen, weißen Wolken auf, als sie mit ihren beiden Begleitern die Werkstatt in der Via dell'Agnolo erreichte. Niemand hatte sich ihnen in den nächtlichen Straßen in den Weg gestellt, aber die menschenleere Stadt, die späte Stunde und die Umstände ihres Hierseins sorgten dafür, dass ihr Herz so schnell schlug, als wäre sie auf der Flucht vor etwas.

Was, wenn Maestro Verrocchio gar nicht da ist? Oder wenn er den Medici nicht helfen will?, fragte sie sich, als sie nervös an die Tür des Wohnhauses klopfte.

Es erschien ihr wie eine Ewigkeit, aber schließlich wurde die Tür einen Spalt weit geöffnet, und Domenico Ghirlandaio schaute vorsichtig heraus. »Fioretta?«, fragte er ungläubig, als er sie sah. »Was tust du um diese Zeit hier?«

»Ich bin im Auftrag von Lucrezia de' Medici hier«, sagte Fioretta leise. »Du musst den Maestro holen«, fügte sie dann lauter hinzu, als der Geselle keine Anstalten machte, sich zu bewegen. »Sofort.«

Der junge Mann warf einen Blick auf Fiorettas bewaffnete Begleiter, die die Farben der Medici trugen, und öffnete dann schließlich die Tür. »Komm herein, ich sage ihm Bescheid, dass du hier bist.«

Als sie den Hof betrat, sah sie, dass in den beiden Häusern, die zur *Bottega* gehörten, Dunkelheit herrschte. Nur ein einzelnes Licht schien aus der Werkstatt zu ihr herüber. *Leonardo,* dachte sie. Sie wusste, dass er oft nachts arbeitete, endlich ungestört, wie er sagte.

»Fioretta. Was im Namen aller Heiligen machst du um diese Zeit hier?«, fragte Verrocchio hinter ihr. Der Meister hatte wie ein guter Christ bereits im Bett gelegen und nestelte nun an seiner wollenen *Vesta* herum, die er vermutlich hastig übergeworfen hatte.

»Piero de' Medici liegt im Sterben, Maestro. Madonna Lucrezia hat mich hergeschickt, weil Ihr das Oberhaupt der *Compagnia di San Luca* seid und sie alle Oberhäupter der großen Gilden bittet, noch heute Nacht ins Kloster von San Marco zu kommen, um dort Lorenzo und Giuliano zu treffen.« Fioretta wollte ruhig und bestimmt klingen, aber sie hörte selbst, dass ihre Stimme zitterte.

Verrocchio nickte langsam. »Ich verstehe«, sagte er. »Gott stehe Madonna Lucrezia und den Jungen bei. Was geschieht in der Via Larga?«

»Es sind viele Menschen dort, Maestro«, gab Fioretta zurück. »Als ich aufbrach, versammelte sich die Familie an Pieros Totenbett.«

»Dieser Tod wird ganz Florenz verändern«, murmelte der Meister, wohl mehr zu sich selbst als an sie gewandt.

Hoffentlich vertraut Madonna Lucrezia ihm zu Recht, dachte Fioretta.

Sie nahm all ihren Mut zusammen und fragte: »Werdet Ihr Madonna Lucrezias Bitte Folge leisten?«

»Natürlich. Warte einen Moment. Ich mache mich gleich auf den Weg. Willst du so lange ins Haus gehen und dich aufwärmen?«

Die Frage war für Verrocchios Verhältnisse ungewohnt sanft und freundlich formuliert, aber sie warf einen Blick zu Tariq Giuberti, schüttelte den Kopf und hüllte sich fester in ihren Mantel. »Wir warten hier.«

Der Meister wollte sich schon abwenden, als Fioretta einfiel, dass ihre Botschaft ja noch einen weiteren Teil enthielt. »Maestro? Madonna Lucrezia bittet Euch darum, auch die anderen sechs Gilden zu informieren.«

»Ich tue, was ich kann«, erwiderte Verrocchio.

Während sie wartete, erwachte das Gebäude zum Leben. Kerzen und Lampen wurden angezündet, Rufe ertönten, und einige Lehrlinge, von denen die meisten noch ganz verschlafen wirkten, kamen in den Innenhof. Das einzelne Licht in der Werkstatt verlosch, und Leonardo trat zu ihnen nach draußen. Er blickte sie so erstaunt an, als sähe er sie alle zum ersten Mal.

»Fioretta?« Sandro stieß einen Pfiff aus, als er sich zu ihr stellte. »Was machst du denn hier? Ist etwas passiert? Der Maestro lässt die ganze Werkstatt aufwecken.«

»Messere Piero liegt im Sterben«, entgegnete Fioretta.

»Und Lucrezia hat dich hergeschickt?«, fragte Sandro, der sein widerspenstiges Haar zu einem Zopf zusammenband. »Wie nehmen es die Medici auf?«

»Ich konnte kaum mit Lorenzo und Giuliano sprechen«, erwiderte sie ausweichend. »Madonna Lucrezia schien vor allem daran zu denken, was Messere Pieros Tod für die Familie bedeutet.«

»Das ist klug von ihr«, erwiderte Sandro. »Es wird viele geben, die nicht glauben, dass Lorenzo schon so weit ist, die Familiengeschäfte zu übernehmen. Wie alt ist er eigentlich, neunzehn?«

»Zwanzig«, sagte Fioretta. »Und er ist nicht allein. Giuliano ist ja auch noch da.«

»Der noch jünger ist«, bemerkte Domenico, der selbst gerade erst so alt wie Lorenzo war. »Den großen Familien wird das nicht gefallen.«

Fioretta wusste, dass sich schon Cosimo, Giulianos und Lorenzos Großvater, darum bemüht hatte, seine Enkel wie junge Fürsten aufwachsen zu lassen, damit kein Zweifel aufkommen konnte, wer die Geschicke der Stadt auch in Zukunft lenken würde. Aber es war etwas anderes, Lorenzo als jugendlichem Helden bei einem Turnier zuzujubeln, oder ihm anzuvertrauen, über Wohl und Wehe der Stadt zu entscheiden.

Schließlich kam Verrocchio zurück. Er trug nun einen Mantel und eine Mütze aus dunklem Samt und sah um einiges würdevoller aus als noch vor wenigen Minuten.

»Wir werden bald aufbrechen«, verkündete er.

»Wollt Ihr all Eure Gehilfen mitnehmen?«, fragte Fioretta.

»Nicht alle. Einige werde ich zu den anderen Gildenoberhäuptern schicken, und andere bleiben besser hier. Aber ein Großteil sollte auf jeden Fall mitkommen.«

»Gehen wir zum Palazzo Medici?«, wollte Sandro wissen.

»Nein«, erwiderte der Maestro. »Wir treffen die Medici beim Kloster der Dominikaner.«

»Was ist mit dir?«, fragte Leonardo und sah Fioretta an. »Gehst du zurück in die Via Larga? Soll ich dich begleiten?«

Fioretta schüttelte den Kopf. »Ich gehe mit zum Kloster.« Sie war sich bewusst, dass sicher nur wenige Frauen bei der Versammlung anwesend sein würden, aber sie war weder müde, noch hatte sie Angst. Sie wollte bei Lorenzo und Giuliano sein, egal, was heute Nacht noch geschehen würde.

Verrocchio nickte zwei Schülern zu, die die anderen Gildenoberhäupter informieren sollten. Er bat Fioretta, ihre Nachricht zu wiederholen, und sie sagte ihnen genau das, was sie auch schon dem Meister gesagt hatte.

Dann erhob Verrocchio die Stimme. »Viele von euch haben inzwischen gehört, was gerade im Palazzo Medici geschieht«, sagte er laut. »Lasst uns den Herrn bitten, Messere Piero in sein Reich aufzunehmen. Ich werde jetzt zum Kloster San Marco gehen, und ihr solltet euch überlegen, ob ihr mich begleiten wollt. Lorenzo und Giuliano de' Medici werden dorthin kommen, sobald sie es können. Viele von euch haben schon für die Medici gearbeitet. Andere stammen aus Familien, die ihnen verbunden sind. Und sie brauchen uns jetzt.«

Er blickte in die Gesichter seiner Schüler.

»Wer heute Nacht hingegen in der Werkstatt bleiben will, soll das tun«, fuhr Verrocchio fort. »Es wird eine lange Nacht werden, und ich zwinge niemanden, den Medici Gefolgschaft zu schwören. Ich weiß, dass nicht alle von euch ihre Parteigänger sind.«

Fioretta sah von einem Gehilfen zum anderen. Die meisten Schüler nickten, nur einige wenige zogen sich zurück.

Was werden sie tun, wenn wir fort sind?, fragte sie sich. *Kehren sie in ihre Betten zurück, oder treffen sie sich später mit all denen, die verhindern wollen, dass Lorenzo und Giuliano das Erbe ihres Vaters antreten?*

»Nehmt eure Mäntel mit«, ermahnte Verrocchio seine Schüler. »Und wer mitkommen will, beeile sich.«

Fioretta wusste nicht genau, wie viel Zeit vergangen war, als sie sich schließlich wieder auf den Weg machten, diesmal ein Zug von mehr als einem Dutzend.

KAPITEL 12

Florenz, in derselben Nacht

GIULIANO

Seit sie sich auf den Weg gemacht hatten, war kein Wort zwischen seinem Bruder und ihm gefallen. Nur ihre Schritte hallten hohl auf den Pflastersteinen wider.

»Ihr müsst gehen«, hatte ihre Mutter gesagt, kaum dass Piero die Augen geschlossen hatte und Onkel Carlo zu beten begann. »Piero hätte nicht gewollt, dass ihr hier steht und trauert, während andere seinen Söhnen die Stadt stehlen.«

Schließlich hatte Lorenzo genickt und sich die Tränen abgewischt. Giuliano hatte noch immer das Gefühl, als passierte das einem anderen, als sähe er sich gleichsam selbst, wie er die schmale Hand seines Vaters küsste und dann seinem Bruder aus dem Raum folgte.

Es war nur ein kurzer Weg zum Kloster San Marco. Auf ihr Klopfen hin wurde die schwere Tür sofort geöffnet, und Giuliano sah, dass der Abt selbst in dem kleinen Raum hinter der Pforte auf sie gewartet hatte – offenbar war Tommaso Soderini mit seiner Nachricht bereits vor ihnen angekommen. Als sie eintraten, schlug der Abt das Kreuzzeichen über ihnen. »Messeres Medici. Mein Beileid zum Verlust Eures Vaters«, sagte er.

Dann führte er sie erst durch den mit Fackeln erleuchteten Kreuzgang und schließlich eine Treppe hinauf in den Bereich des Klosters, in dem die Zellen lagen.

»Ihr könnt hier warten, bis alle Abgesandten eingetroffen sind«, sagte der Abt. Er öffnete eine Tür am Ende eines langen Korridors, um Lorenzo und Giuliano eintreten zu lassen.

Die schlichte Kammer, offenbar eine Mönchszelle, bestand aus einem kleinen Vorraum, der über wenige Stufen mit einem weiteren, ebenso kleinen Raum verbunden war. Durch ein Fenster in der Decke fiel blasses Mondlicht. Die weiß getünchte Zelle war bis auf eine Gebetsbank und eine nackte Pritsche leer, und nur eine einzelne Kerzenflamme spendete etwas Helligkeit.

»Ich werde Euch holen, sobald die Versammlung vollständig ist«, erklärte der Abt und schloss die Tür hinter ihnen.

Giuliano stieß den Atem aus. Er war so angespannt wie sonst nur im allerletzten Moment vor dem Beginn eines Wettkampfs.

»Das ist Großvaters alte Zelle«, flüsterte Lorenzo. »Ich habe ihn manchmal mit Vater hier besucht, wenn er sich zum Nachdenken zurückgezogen hatte.«

Und ich kannte diese Zelle gar nicht, dachte Giuliano. *Weil Vater nie auf den Gedanken gekommen wäre, mich mitzunehmen.*

»Was tun wir jetzt?«, fragte er seinen Bruder.

»Ich habe Angst«, gab Lorenzo unumwunden zu. »Was, wenn wir es heute Nacht nicht schaffen, die *Priori* und alle anderen zu überzeugen? Wenn wir jetzt all das zerstören, was Großvater und Vater aufgebaut haben?«

In Lorenzos Gesicht sah Giuliano seine eigenen Ängste gespiegelt. Sie waren beide jung; nicht wenige der Männer, zu denen sie heute Nacht sprechen würden, waren doppelt so alt wie sie und standen seit langen Jahren im Dienst der Stadt.

Aber das ist nicht der Augenblick, um meine Sorgen mit Lorenzo zu teilen. Was er jetzt braucht, ist Selbstvertrauen, begriff Giuliano.

»Wir werden nicht scheitern«, sagte er deshalb. »Du wirst das nicht zulassen. Du bist der klügste Mann in Florenz, du wirst alle für dich einnehmen.«

Lorenzo sah ihn an. »Ich kann das nicht allein«, sagte er beschwörend. »Du musst mir versprechen, dass du bei mir bleibst, dass du mir treu bleibst. Auf wen könnte ich mich sonst verlassen? Versprich es mir, Giuliano. Heute Nacht und bei allem, was noch kommt.«

Die eindringliche Stimme seines Bruders, die Trauer und die Ereignisse der Nacht überwältigten Giuliano. Er ließ sich auf ein Knie nieder. »Du bist mein Bruder, Lorenzo. Und du bist der wichtigste Mann in Florenz. Ich werde immer an deiner Seite sein«, schwor er feierlich.

Lorenzo zog ihn auf die Füße und umarmte ihn. »Danke«, flüsterte er. »Und ich werde immer für dich da sein.«

Von außen klopfte es an die Zelle. »Sie sind versammelt«, sagte die Stimme von Tommaso Soderini.

KAPITEL 13

Florenz, in derselben Nacht

FIORETTA

Fioretta lief gemeinsam mit Leonardo und Sandro inmitten der kleinen Prozession, die sich auf den Weg nach San Marco gemacht hatte.

Sie erreichten das Kloster nach kurzer Zeit. Die Fackeln an seinen Mauern zeigten, dass die Mönche auf ihr Kommen vorbereitet waren. Die Tür zur Basilika stand offen. Im Inneren der Kirche war es kaum wärmer als in der Dezembernacht draußen, daran konnten auch die Lampen, die eben von den Mönchen entzündet wurden, nichts ändern. Fioretta rieb sich die Hände, um die Finger zu wärmen.

Sie hatten noch nicht lange gewartet, als eine Gruppe von Männern die Basilika betrat. Bernardo Rucellai führte sie an, aber Fioretta konnte seine Frau, Nannina de' Medici, nirgendwo entdecken.

Sie hatten die Neuankömmlinge kaum begrüßt, als weitere Fraktionen eintrafen. Einige der Farben und Wappen erkannte Fioretta – die der Tornabuoni, Acciaoli, Soderini und Rucellai –, aber andere hatte sie noch nie zuvor gesehen.

Die Gilden gesellten sich zu den Familien, und nach vielleicht einer Stunde waren annähernd hundert Menschen in der Basilika versammelt. Einige wenige Frauen waren unter ihnen, darunter Bianca de' Medici mit ihrem Mann Guglielmo de' Pazzi, aber auch Lucrezia Donati, von der es hieß, dass sie Lorenzos Geliebte sei. Sie trug einen dichten schwarzen Schleier über dem schwarzen Haar und ging an der Seite ihres Ehemanns. Fioretta fiel auf, dass außer Biancas Mann keine sonstigen Pazzi gekommen waren. Sie dachte an die Lehrlinge, die in der Werkstatt zurückgeblieben waren, und fragte sich erneut, ob es wohl irgendwo eine Versammlung gab, deren Ziel es war zu verhindern, dass Lorenzo und Giuliano ihr Recht einforderten.

Einige standen in kleinen Gruppen zusammen und sprachen mit gedämpften Stimmen miteinander, andere hatten sich hingekniet und beteten. *Ich sollte auch ein Ave-Maria für Messere Piero beten,* dachte Fioretta. Sie stand gemeinsam mit den Lehrlingen der Werkstatt etwas abseits des Altarraums. Sie sprachen wenig miteinander, und sie glaubte in den Gesichtern von Sandro, Leonardo und Domenico die gleiche Anspannung zu erkennen, die sie selbst fühlte.

Die Mönche schlossen die Türen, und Lorenzo und Giuliano betraten durch ein Seitenportal die Kirche, begleitet von Tommaso Soderini.

Beide Medici waren nun in Schwarz gekleidet. Fioretta konnte selbst auf die Entfernung erkennen, dass Lorenzos Augen rot gerändert waren. Giuliano hingegen war blass wie frischer Kalkputz, ein starker Kontrast zu seinen dunklen Locken. Sie blickten starr geradeaus, als sie mit Tommaso zum Altar schritten, wo sie der Abt bereits erwartete.

Tommaso Soderini hob die Hände, als wollte er zu einer Gemeinde sprechen. *In gewisser Weise tut er das ja auch,* dachte Fioretta. »Piero de' Medici ist in die große See eingegangen«, begann er mit einer alten Florentiner Redensart. Seufzen erklang aus der Menge, und viele der Anwesenden bekreuzigten sich. »Er war Florenz stets der größte Beschützer und Freund, so wie auch schon sein Vater Cosimo vor ihm.«

Beifälliges Gemurmel antwortete ihm.

»Ihr alle wisst, welchen Bedrohungen unsere geliebte Stadt in der Vergangenheit ausgesetzt war, und noch immer ist«, fuhr Tommaso fort. »Verschwörer drohen uns zu unterwandern, Venedig will unseren Handel untergraben, Feinde sitzen sowohl im Norden als auch im Süden. In diesen Zeiten bedarf es ruhiger, starker Hände, die die Geschicke der Stadt lenken. Hände wie die der Medici, die uns schon in der Vergangenheit sicher durch jeden Sturm geführt haben. Die Hände Lorenzos und Giulianos, die, daran habe ich keinen Zweifel, am besten werden fortsetzen können, was ihr Vater und ihr Großvater für uns geleistet haben!«

»Medici!«, riefen laute Stimmen in der Menge. »*Palle, palle!*«, einige andere, eine Anspielung auf die Kugeln, die das Familienwappen zierten.

Fioretta sah gebannt zum Altar, als Lorenzo vortrat. »Mein Vater ist tot«, begann er. Seine Stimme zitterte kaum, und Fioretta konnte nicht anders, als ihn dafür zu bewundern. »Er hat seinen Frieden bei unserem Herrn gefunden«, fuhr er fort. »*Ängstigt euch nicht vor dem Tod, denn seine Bitterkeit liegt in der Furcht vor ihm.*« Für einen Augenblick versagte seine Stimme, und er räusperte sich, bevor er weitersprach.

»Wir werden ihn morgen in San Lorenzo aufbahren, bevor wir ihn zu Grabe tragen. Aber heute Nacht haben wir Euch hierhergerufen, damit Ihr ihm die Ehre bezeigen könnt.«

»Das ist klug von ihm«, flüsterte Sandro, und Fioretta gab ihm schweigend recht. *Lorenzo sagt nicht, dass er ihre Unterstützung haben will und braucht, sondern er bittet die Anwesenden lediglich darum, seinem toten Vater Respekt zu zollen.*

Bernardo Rucellai sprach als Nächster. »Unsere Stadt braucht eine neue Führung, Messeres. Und so können wir Euch, Lorenzo, und Euch, Giuliano, nur demütig bitten, Pieros Stelle einzunehmen und künftig an seiner statt die Geschicke unserer geliebten Republik zu lenken.«

Seine Worte klangen eine Spur zu einstudiert, aber sie verfehlten ihre Wirkung auf die Anwesenden nicht.

Giuliano stellte sich neben seinen Bruder. Fioretta hatte das Gefühl, als würde ihr Herz schwerer. Mit der heutigen Nacht mussten er und Lorenzo eine so große Bürde übernehmen.

»Ich danke Euch für Eure Worte, Tommaso Soderini und Bernardo Rucellai, wahre Freunde der Medici«, sagte Giuliano. »Alle, die Ihr heute hier seid, habt so viel für Florenz getan. Und so viel ist noch zu tun! Wollt Ihr auch weiterhin dem Haus Medici die Treue halten, damit wir es gemeinsam erreichen können?«

Gut gemacht, dachte Fioretta. *Schlicht und klar. Wer würde ihnen nicht folgen wollen?*

Weitere »Medici, Medici«-Rufe ertönten, ebenso wie »Lorenzo!« und »Giuliano!«.

»Wenn Ihr uns vertraut, werden wir alles daransetzen, das Andenken unseres Vaters und unseres Großvaters zu ehren und uns ihrer würdig zu erweisen.« Er blickte zu Lorenzo, der kaum merklich nickte und den Faden aufnahm.

»Cosimo und Piero standen für Frieden, Sicherheit und Wohlstand in unserem geliebten Florenz. Gemeinsam können wir ihren Traum von einer Republik wahr werden lassen, die weder Rom noch Venedig oder Siena fürchten muss, und in der ein neuer, freier Geist unsere Stadt mit seinem Licht erhellt!«

Jetzt war die Menge endgültig in Bann geschlagen, Hochrufe erklangen von allen Seiten.

»Ruhm den Medici«, rief einer der Anwesenden, und viele stimmten in den Ruf ein. »Ruhm und Größe!«

Verrocchio zog seinen Mantel fester um sich und trat aus der Menge nach vorne: »Es wäre uns allen eine Ehre und unser größter Wunsch, dass Ihr die Position übernehmt, die vormals Euer Vater innehatte.«

Lorenzo und Giuliano wechselten einen Blick, dann neigte Lorenzo bescheiden das Haupt. »Wenn man uns diese Aufgabe anvertrauen will, dann nehmen wir sie dankbar an.«

Fioretta merkte, dass sie unwillkürlich den Atem angehalten hatte. Damit war es entschieden. Er war der Ältere, der Erstgeborene, sein Wort galt. »Die neuen Herren von Florenz«, wisperte Leonardo, bevor er, wie alle anderen, in den aufbrandenden Jubel einstimmte.

Und doch ist es so, dass weder Lorenzo noch Giuliano einen Titel tragen werden, dachte Fioretta. Auch Piero hatte weder ein offizielles Amt bekleidet, noch war er jemals in einen Stand erhoben worden. Und dennoch neigten alle Versammelten das Haupt vor seinen Söhnen, nur durch die Kraft eines Namens.

»Medici! Medici!«, tönte es in der Basilika, ein Ruf, der von den Wänden und der Decke zurückgeworfen wurde.

»Was ist mit den Verschwörern?«, rief eine Stimme aus der Menge. »Die Anhänger der Pitti und der Pazzi?«

»Wollt Ihr sie nicht gleich verhaften lassen?«, stimmte ein anderer ein. Fioretta blickte rasch zu Bianca und Guglielmo, die erschreckt nach dem Sprecher Ausschau hielten.

Jacopo de' Pazzi führt das zweitgrößte Bankhaus der Stadt, dachte Fioretta. *Und Bianca ist mit einem Pazzi verheiratet. Fordern diese Männer einen Bürgerkrieg?*

Lorenzo hob beschwichtigend die Hände.

»Euer Vertrauen und Eure Zuneigung ehren uns mehr, als ich sagen kann«, begann er. »Und auch für Eure Fürsorge um die Sicherheit unserer Familie danke ich Euch sehr. Aber was heute Nacht seinen Anfang nimmt, soll eine neue Zeit für ganz Florenz werden. Und diese kann nicht damit beginnen, dass wir Familien ausschließen, deren Söhne und Töchter uns eng verbunden sind und auch weiterhin sein können. Stattdessen will ich ihnen die Hand reichen, auch den Verschwörern von einst. Was ihre Väter taten, soll vergessen sein, wenn sie uns heute die Treue schwören.«

Neue Hochrufe erklangen. Dass Lorenzo Großmut zeigte, würde zwar nicht allen Anwesenden gefallen, aber es war ein Signal, das sich herumsprechen würde.

»Guglielmo de' Pazzi sieht ziemlich erleichtert aus«, wisperte Sandro in Fiorettas Ohr. »Und ein paar andere auch.«

»Und Giuliano? Glaubst du, er ist es zufrieden, immer hinter seinem Bruder zu stehen?«, fragte Leonardo.

Sie warf den Medici einen langen Blick zu.

»Ich weiß es nicht«, gab sie zurück. »Aber die beiden stehen sich wirklich nahe.«

»Hm.«

Allmählich verklangen die Hochrufe, und die Versammelten wickelten ihre Mäntel um sich und machten sich daran, die Kirche zu verlassen.

»Es muss bald schon wieder hell werden«, sagte Domenico.

»Noch ein paar Stunden«, gab Leonardo zurück. Er wirkte nicht besonders müde, anders als die anderen Lehrlinge. Auch Fioretta spürte plötzlich, wie lang die Nacht gewesen war, nun, da die Aufregung nachließ. Sie verabschiedete sich von den Lehrlingen und von Meister Verrocchio und schloss sich dem Zug an, der zur Via Larga gehen würde.

Als Giuliano sie sah, blieb er zurück und wartete auf sie.

»Danke«, sagte er schlicht. »Dass du mitgekommen bist.«

»Ihr habt alle dort überzeugt«, erwiderte sie. »Euer Vater wäre sicher sehr stolz gewesen. Die Florentiner lieben euch, ihr habt ihre volle Unterstützung.«

»Diese Florentiner. Vergiss nicht, dass heute Nacht hauptsächlich unsere Freunde und Verwandten in San Marco waren.«

»Trotzdem. Mit ihrer Hilfe wird es euch gelingen, die Stadt zu führen.«

Er senkte den Kopf und sah plötzlich wie ein Junge aus, der eben seinen Vater verloren hat. »Ich fühle mich wie ein Betrüger«, sagte er. »Lorenzo ist für diese Aufgabe so viel besser geeignet als ich.«

Sie streckte die Hand aus, strich ihm über das Gesicht. »Ich denke, du bringst vieles mit, über das er nicht verfügt. Lorenzo ist zu Recht stolz, aber das macht ihn auch unnahbar. Du besitzt Mitgefühl und Verständnis, die er nicht hat.«

»Glaubst du?«, fragte er unsicher. Sie sah, dass ihm nun doch Tränen in den Augen standen.

Sie lächelte. »Ja, ich bin mir ganz sicher. Gemeinsam könnt ihr viel Größeres leisten als euer Vater. Ab heute beginnt wirklich eine neue Zeit für Florenz.«

TEIL II

KAPITEL 14

Florenz, März 1471

ALBIERA

»Gott verdamme König Ferrante, alle Neapolitaner und ihre Mütter noch dazu!« Der Mailänder Botschafter Sacramoro ballte die Fäuste vor der Brust. Sein Gesicht war vor Zorn rot angelaufen, was die weißen Narben um seine Augenklappe herum noch stärker hervortreten ließ.

Lorenzo hob beschwichtigend die Hände. »Signor Sacramoro, noch wissen wir nicht, ob diese höchst unerfreuliche Nachricht wirklich den Tatsachen entspricht. Wir haben lediglich diesen einen Bericht von einem Treffen zwischen König Ferrante und den Venezianern, und der Mann, der ihn verfasst hat, könnte gekauft worden sein, um einen Keil in unser Bündnis zu treiben.«

Fast, dachte Albiera und senkte den Kopf, um ihr Lächeln zu verbergen. *Lorenzo hat sich als scharfsichtiger erwiesen, als ich zunächst glaubte, aber nicht als scharfsichtig genug, um die ganze Wahrheit zu sehen.*

Sie stand in einem schmucklosen Nebenraum des Ratssaals der *Priori,* den Lorenzo de' Medici als privates Arbeitszimmer nutzte, obwohl er natürlich kein Amt bekleidete, das ihn berechtigt hätte, Räumlichkeiten im Palazzo della Signoria zu beanspruchen.

Jacopo hatte auf ihr Drängen hin das Treffen zwischen den Medici, Tommaso Soderini, dem Mailänder Gesandten und ihnen arrangiert, damit Albiera zunächst in dieser kleinen Runde den Bericht ihres Spions vortragen konnte. Seit Wochen hatte sich in den Verhandlungen zwischen Neapel, Mailand und Florenz niemand auch nur eine Elle weit bewegt – deshalb sah es Albiera nun als ihre Aufgabe an, die Sache im Sinne der Pazzi in Bewegung zu bringen.

Das Treffen zwischen dem neapolitanischen König Ferrante und den Abgesandten Venedigs hatte tatsächlich stattgefunden, in aller Heimlichkeit, denn es war in diesen Zeiten höchst brisant. In der Küstenstadt Rimini schwelte schon länger ein Streit um die Herrschaft, seitdem der dortige Stadtherr Sigismondo Malatesta verstorben war, ohne einen Erben zu hinterlassen. Venedig hatte großes Interesse daran gezeigt, Rimini zu übernehmen, doch nun hatte einer der zahlreichen Bastarde Sigismondos die Stadt erobert und sich als Roberto Malatesta zum neuen Herrscher ausgerufen.

Rom und Venedig auf der einen Seite drohten nun, Rimini mit Gewalt einzunehmen; Mailand auf der anderen Seite war ein traditioneller Verbündeter der Familie Malatesta, und der mailändische Herzog Sforza setzte auf die Unterstützung durch seine Bündnispartner Neapel und Florenz. Ein militärischer Konflikt schien mittlerweile unausweichlich – und nun verhandelte Neapel heimlich mit dem Feind.

Schon, als Piero noch gelebt hatte, war das langjährige Dreierbündnis aus Mailand, Neapel und Florenz gelegentlich ins Wanken geraten, aber nun, kaum, dass Lorenzo die Macht innehatte, schien es endgültig zu zerbersten – was den Pazzi nur recht sein konnte. Verloren Lorenzo und Giuliano noch im ersten Jahr ihrer Regentschaft die wichtigste Allianz der Republik, konnte das ihre Position nur schwächen, und jedem Bürger musste klar sein, dass die beiden verzogenen Medici-Sprösslinge nicht in der Lage waren, über Florenz zu herrschen.

Also hatte Albiera gemeinsam mit Jacopo dafür gesorgt, dass die Zweifel an der Befähigung der neuen Regenten auch die Höfe von Neapel und Mailand erreichten, und bei König Ferrante waren die geflüsterten Worte auf offene Ohren gestoßen. »Vielleicht ist es besser, wenn Neapel einen eigenen Frieden mit Venedig sucht, sollten die Medici nur noch die Lakaien Sforzas sein wollen, statt eine gerechte Sache zu unterstützen«, hatte die Botschaft gelautet, und sie war offenbar gehört worden.

Die Unterredung, die König Ferrante daraufhin mit den Venezianern geführt hatte, war Albiera von ihrem Spion am neapolitanischen Hof genauestens wiedergegeben worden. Als treue Dienerin der *Signoria* und der Medici hatte sie diesen Bericht nun hier bei ihrer Zusammenkunft vorgetragen.

»Ihr glaubt doch selbst nicht, dass der Bericht gefälscht ist, Messere Medici«, sagte Sacramoro eben. »Der neapolitanische Hund hat doch seit Jahren auf eine solche Gelegenheit gewartet, um uns einen Dolch in den Rücken zu stoßen.«

Wie Sacramoro es überhaupt zum Gesandten hatte bringen können, war Albiera ein Rätsel. Der Mann war aus grobem Stein gehauen, unfähig, seine Gedanken und Gefühle zu verbergen, und damit am Florentiner Hof ein leichtes Opfer. *Aber er ist seinem Herrn treu ergeben.*

Dem Mailänder Herzog eilte der Ruf voraus, dass ihn die Syphilis in den letzten Monaten noch grausamer und unberechenbarer hatte werden lassen, als er es schon zuvor gewesen war – ein Umstand, den Albiera sich in Zukunft noch weiter zunutze zu machen gedachte.

»Ich verstehe Eure Zweifel, Euer Gnaden«, sagte sie mit gespielter Demut zu Lorenzo. »Aber der Mann in Diensten unseres Hauses, der Zeuge dieses Verrats geworden ist, muss als absolut vertrauenswürdig gelten.«

»Es ist ja auch wirklich nichts, was Ferrante nicht zuzutrauen wäre«, sagte Giuliano, und Lorenzo warf ihm einen Blick zu und schüttelte kaum merklich den Kopf, offenkundig, um ihn zum Schweigen zu bringen.

Ich hätte kaum mehr erhoffen können, frohlockte Albiera. *Giuliano ist wie üblich noch unbedarfter als sein Bruder.*

»Ich glaube Euch, Madonna Pazzi«, sagte Lorenzo mit sanfter Stimme, »und ich hege keinen Zweifel an Euren Worten. Es ist lediglich eine Frage der Interpretation, was Euer Mann genau gesehen hat – oder was man ihn hat sehen lassen.«

»Wenn er sagt, er hat gesehen, wie Ferrante unser Bündnis verrät, dann war das so.« Jacopo erhob sich zu voller Größe und strich sich den Bart glatt. »Ich weiß nicht, was Eure Zweifel bringen, Lorenzo. Lasst uns lieber darüber sprechen, wie wir darauf reagieren wollen.«

»Wie gesagt, ich zweifele nicht an seinen Worten. Wir sollten allerdings nicht vergessen, was hier auf dem Spiel steht, bevor wir übereilt handeln.«

»Wir sollten aber auch nicht vergessen, dass es das gute Recht König Ferrantes ist, mit den Venezianern zu verhandeln. Ist das denn wirklich ein Verrat? Rimini ist in den Händen eines Usurpators! Wir sollten alle noch einmal überdenken, ob es nicht eine edle Aufgabe wäre, unsere Soldaten auszuschicken, um den Bastard aus der Stadt zu vertreiben.«

Tommaso Soderini sprach ganz ruhig, aber seine Worte hatten ebenso viel Wucht, als wenn er geschrien hätte. Sacramoro sah fassungslos aus, während Giuliano Soderini ansah, als wolle er ihn schlagen. *Honig auf der Zunge, aber stets eine Klinge am Gürtel,* hieß es in der Stadt nicht umsonst über den einflussreichen Berater der jungen Medici.

»Tommaso, das ist kaum der richtige Moment, um unser Bündnis mit Mailand auf diese Art infrage zu stellen«, sagte Lorenzo ungewohnt scharf. »Viel eher sollten wir ...«

Doch noch bevor er den Satz beenden konnte, wurde er von Sacramoro unterbrochen, der aufgesprungen war. »Ich muss dem Herzog Bericht erstatten. Ihr entschuldigt mich?« Ohne eine Antwort abzuwarten, stürmte der einäugige Mann aus dem Zimmer.

»Bei allen Heiligen, das war wirklich unnötig!«, fuhr Lorenzo Tommaso Soderini an. »Was wolltest du denn damit erreichen?«

»Erreichen? Ich will, dass ihr beide euch noch mal überlegt, ob ihr wirklich so dringend das Bündnis mit Sforza braucht, dass ihr Neapel dafür aufgeben wollt! Könnt ihr darüber hinwegsehen, dass jetzt ein illegitimer Spross der Familie Malatesta die Herrschaft über Rimini innehat? Man wird euch für feige halten, wenn ihr so weitermacht.«

»Die Alternative ist doch, dass Rimini an Venedig fällt – das kann uns auch nicht recht sein«, murmelte Giuliano.

»Wenn wir uns mit Venedig und Neapel auf ein neues Bündnis einlassen, bedeutet das Krieg«, sagte Lorenzo. »Vergesst das nicht, bevor ihr leichtfertig die lange Freundschaft zu Mailand aufkündigen wollt.«

»Zu Mailand vielleicht nicht. Aber dem elenden Sforza hätten wir schon längst zeigen sollen, wo seine Grenzen liegen«, sagte Jacopo verächtlich.

Schweig, Bruder, forderte Albiera Jacopo im Stillen auf. *Du musst nicht verraten, wo du in dieser Sache stehst – gerade entwickelt sich doch alles genau in unserem Sinne.*

Aber Jacopo fehlte das politische Talent, um das zu erkennen, das wusste sie. *Also sollten wir das hier lieber schnell beenden, bevor er das Erreichte gefährdet.*

»Wenn Ihr gestattet – ich würde mich nun gerne zurückziehen, und für die Stärke der Republik und Eure, Messeres Medici, beten«, sagte Albiera laut und hoffte, dass ihre Stimme entsprechend sorgenvoll klang.

»Natürlich! Habt Dank für Eure Dienste, Madonna Albiera – und Ihr natürlich ebenfalls, Jacopo«, sagte Lorenzo.

Albiera schritt nach ihrem Bruder aus der Tür. Kaum, dass diese hinter ihnen zugefallen war, blieb sie stehen, bedeutete Jacopo aber, weiterzugehen. Er nickte und lief mit lauten Schritten den Gang entlang, während sie lauschte, ob aus dem Raum noch etwas zu hören war.

»Sforza wird blind vor Wut sein, wenn er die Nachrichten hört«, sagte Lorenzo mit einem Seufzen.

»Wir sollten dem Herzog lieber selbst schreiben, und ihm unsere Sicht der Dinge erklären«, gab Giuliano zurück.

»Unbedingt«, erklärte Lorenzo. »Am besten sofort, und am besten erreicht ihn unser Brief, noch bevor es der von Sacramoro tut.«

Albiera hatte genug gehört. So leise wie möglich setzte sie einen Fuß vor den anderen und folgte ihrem Bruder.

»Der heutige Tag muss unser Glückstag sein«, sagte Albiera zu Jacopo, als sie im Palazzo an der Via Proconsolo angekommen waren und sie ihren Mantel auszog. »Sacramoro hätte nicht besser reagieren können, und dass Soderini Lorenzo in den Rücken fällt, war ein Geschenk des Himmels.«

Jacopo lachte laut. »Ja, der kleine Medici ist vor Schreck beinahe in Ohnmacht gefallen«, sagte er. »Dabei ist Soderini offenbar der Einzige der Sippe, der die *Palle* nicht nur auf dem Wappen trägt. Gott, ich hasse die Venezianer – aber je schneller wir eine Söldnerarmee aufstellen, um Rimini zurückzuerobern, desto besser.«

Das lag nicht notwendig in Albieras Absicht. Ein schneller Krieg an der Seite von Neapel und Venedig konnte verloren oder gewonnen werden – was aus Lorenzo und Giuliano im schlimmsten Fall Helden machen würde. Nein, die bloße Drohung eines Krieges, monatelange Unsicherheit, Streit und ein zerbrochenes Bündnis wäre den Pazzi viel nützlicher als ein hastiger Feldzug. Aber das behielt sie lieber für sich. Jacopo war schon immer ein Mann der Waffen gewesen, und auch wenn er in vielen Belangen auf sie hörte, glaubte sie nicht, dass sie ihn von der Ansicht würde überzeugen können, dass es für sie das Beste war, die Florentiner Republik weiter zu schwächen – bevor sie dann unter Herrschaft der Pazzi zu neuer Blüte gelangen konnte.

»Aber alles, was wir heute erreicht haben, könnte zunichtegemacht werden, wenn Lorenzo Herzog Sforza beschwichtigende Briefe schreibt«, gab Jacopo zu bedenken.

Albiera nickte. Das war auch ihre Sorge. »Dann müssen wir eben den Boten abfangen«, meinte sie schließlich. »Kommt er nicht oder zu spät in Mailand an, wird der Herzog bereits aus Sacramoros Bericht den richtigen Eindruck bekommen haben. Mit etwas Glück fordert er umgehend die öffentliche Unterstützung von Florenz für Rimini, gegen Venedig und Neapel. Und dann ist Lorenzo in der Situation, gegenüber einer Partei auf jeden Fall eidbrüchig werden zu müssen, und entweder mit Neapel in den Krieg zu ziehen, wie Soderini es will, oder aber den Krieg zu vermeiden und schwach zu wirken.«

»Du hast recht«, erwiderte Jacopo. Er grinste breit. »Aber dann müssen wir sofort handeln. Da der Bote es eilig haben dürfte, muss er erst einmal die Via Cassia nehmen, bevor er die Straße nach Mailand erreicht. Und an der Cassia können ihm gut einige Männer auflauern. Ich werde sofort Bogenschützen aussenden.«

Albiera schenkte ihrem Bruder ein Lächeln. »Das ist ein guter Plan«, sagte sie anerkennend, so als wäre Jacopo ganz von allein auf die Idee gekommen. »Aber schick nur so viel Männer, wie es unbedingt braucht, und nur welche, die absolut vertrauenswürdig sind. Nichts daran darf auf uns hindeuten! Aber das weißt du ja selbst.«

»Mach dir keine Sorgen. Die Männer wissen, dass sie im Arno landen, wenn sie den Mund aufmachen. Niemand wird reden. Ich werde die Schützen persönlich aussuchen, unter den spanischen Söldnern, die vor der Stadt lagern. Und der Leichnam des Boten wird nie mehr auftauchen.«

Die Pazzi hatten bereits ein kleines Kontingent von Soldaten aufgestellt. Es war gut, vorbereitet zu sein, wenn tatsächlich ein Krieg gegen Rimini drohte; aber auch, weil Albiera sich sicherer fühlte, wenn die Familie schnellen Zugriff auf einige Bewaffnete hatte. *Wer weiß, was in den nächsten Wochen in Florenz passiert. Vielleicht müssen wir schneller handeln, als wir glauben – oder die Medici wenden sich gegen uns, wenn doch etwas von unseren Plänen ans Licht kommt.* Die Söldner waren teuer, aber die Geschäfte liefen gut, und es war ihnen in letzter Zeit gelungen, einige neue Geschäftspartner in der Kurie in Rom zu gewinnen, was den Ruf ihrer Bank noch einmal enorm gesteigert hatte. Sie konnten sich die Söldner, von denen vielleicht das Überleben der Familie abhing, im Augenblick gut leisten.

Jacopo wandte sich zum Gehen, und auch Albiera griff wieder nach ihrem Mantel. »Ich begleite dich ein Stück«, sagte sie.

»Wohin gehst du?«

»Zum Haus der Vespucci. Simonetta hat in den letzten Wochen

viel Zeit am Hof der Medici verbracht, und es könnte nützlich sein, wenn sie das in den nächsten Wochen fortsetzt. Von ihr wusste ich, dass Sforza noch launischer geworden ist, und dass Lorenzo und Giuliano ihre liebe Mühe damit haben, den Herzog im Zaum zu halten. Und ich frage mich, ob sie nicht vielleicht schon etwas davon gehört hat, wie in der Via Larga über die Situation mit Rimini gesprochen wird.«

»Sie ist das Geld, das wir Marco Vespucci geben, wirklich wert, hm?«, fragte Jacopo.

Albiera schnürte ihre *Cioppa* mit einem Gürtel zu. »Eine bessere Geldanlage hätten wir uns nicht wünschen können«, sagte sie.

KAPITEL 15

Florenz, April 1471

LEONARDO

»Glaubst du, dass es Krieg geben wird?«, fragte Sandro, an Fioretta gewandt. Sein Blick verriet Leonardo noch mehr als seine Worte, dass ihm der Gedanke Angst machte.

»Ich weiß nicht«, antwortete Fioretta. »Aber der Gesandte von Herzog Sforza hat Florenz bereits verlassen, und die Neapolitaner bereiten wohl ihren Aufbruch vor.«

Sie saßen zusammen in der geräumigen Küche von Verrocchios Werkstatt vor dem Feuer und teilten sich einen Krug mit verdünntem Wein. Das Herdfeuer brannte den ganzen Tag über. Um all die Lehrlinge zu versorgen, die in der Werkstatt arbeiteten, musste nahezu unablässig gekocht werden.

Fioretta hatte gerade einen Brief aus der Via Larga hergebracht; erst einmal würden alle Aufträge ruhen, die die Medici Verrocchios *Bottega* anvertraut hatten. Vermutlich rechnete Lucrezia de' Medici damit, dass schon bald jeder Florin, den die Familie übrig hatte, an Söldner aus Deutschland, England oder Spanien gehen würde.

»Tommaso Soderini will unbedingt, dass Florenz Neapel unterstützt und sich einem Feldzug gegen Rimini anschließt. Die Medici sind in heller Aufregung«, fügte die junge Frau ihren letzten Worten hinzu.

Krieg. In der Werkstatt ging das Wort in den letzten Tagen immer wieder um, aber Leonardo hatte den Gerüchten bislang nicht viel Beachtung geschenkt. Aber nun erschien ihm die Aussicht viel greifbarer. Nachdenklich hob er seinen Becher an die Lippen. *Was wird das für uns bedeuten?*

»Was hast du bloß mit deinen Händen gemacht?«, fragte Fioretta plötzlich. Er warf einen Blick auf seine Finger. Sie waren von Ruß geschwärzt, der fest in jeder Pore und unter seinen Fingernägeln saß.

»Oh, das? Das liegt an den Feuerspiegeln«, gab er zurück. »Ich habe endlich mit den Versuchen begonnen, Kupferblech zu verlöten.« Ihn kümmerte der Dreck nicht; lediglich die Tatsache, dass er mit den Spiegeln noch nicht genügend Hitze erreichte, raubte ihm den Schlaf.

»Was wird Herzog Sforza denn tun, wenn Florenz ihm die Treue aufkündigt?«, fragte er, um wieder zu ihrer eigentlichen Unterhaltung zurückzukehren.

»Das ist genau die Frage, die ich mir auch stelle«, gab Sandro zurück. »Ob die Medici eine Armee nach Rimini schicken, kann uns egal sein. Aber dass Mailand seine Armee zu uns schickt, davor habe ich Angst.«

Leonardo nickte, obwohl er nicht wusste, was er davon halten sollte. Würde der Herzog, ein langjähriger Freund der Medici, wirklich Florenz angreifen, nur weil seine Ehre verletzt worden war? *Aber wer konnte schon vorhersehen, wie die Mächtigen auf eine Kränkung reagierten?* Irgendeine Partei, so schien es ihm, lag immer mit einer anderen im Streit, und Söldnerhaufen waren nirgendwo in Oberitalien ein seltener Anblick.

»Anfang Mai soll es ein Treffen mit ausgewählten Mitgliedern des Rates der Einhundert geben, dann wird die Entscheidung fallen«, erklärte Fioretta. »Lorenzo wird sich auf dieser Versammlung erklären müssen, und das kann eigentlich nur bedeuten, eine Seite vor den Kopf zu stoßen.«

Der Rat der Einhundert, in den Vertreter aller wichtigen Familien und Gilden hineingewählt wurden, war neben den acht Stadträten das wichtigste Gremium in Florenz. Die Einhundert konnten neue Gesetze vorschlagen und alte ändern, und waren in Krisenzeiten die wichtigsten Berater der *Priori*.

»Die Medici haben schon Söldner angeheuert«, sagte Sandro.

»Und andere große Familien auch. Der Maestro hat es im Gildenrat gehört. Sie sollen bereits beim Monte Santo stehen, bereit, entweder nach Rimini zu ziehen oder aber Florenz zu verteidigen.«

»Am Monte Santo?«, fragte Leonardo. Für einen Moment wanderten seine Gedanken zu Luca Tornabuoni, dem jungen Mann, den er auf Lorenzos Hochzeit getroffen hatte und der längst wieder ins Kloster zurückgekehrt war. Die Medici hatten ihn auf unbestimmte Zeit vertröstet, was seinen Wunsch betraf, Medizin zu studieren. Lorenzo, so hieß es, suchte dringend nach einer Möglichkeit, einen Familienangehörigen zum Kardinal weihen zu lassen, um den Einfluss der Familie in Rom zu stärken, und Luca war einer der aussichtsreicheren Kandidaten dafür.

Leonardo dachte an Lucas Lachen, als sie sich verabschiedet hatten, und hoffte, dass die Soldaten die Mönche auf dem Berg unbehelligt ließen, wenn sie wirklich dort lagerten.

»Gibt es einen Grund, warum ihr hier herumhockt und meinen Wein sauft, statt zu arbeiten?«, dröhnte Verrocchios Stimme von der Küchentür her. »Keiner von euch ist das verdammte Geld wert, das ich in eure Ausbildung stecke.« Der Maestro kam in die Küche, hustete, und spuckte dann geräuschvoll ins Herdfeuer. »Und das Feuer geht auch bald aus. Sieht keiner von euch, dass wir Holz brauchen, und bewegt seinen Hintern, um welches zu holen?«

»Ich habe Leonardo und Sandro aufgehalten. Verzeiht, Maestro.« Fioretta sprang auf, als Verrocchio den Raum betrat, und warf beinahe den Weinkrug um.

Der Meister hatte üble Laune, das ließ sich nicht übersehen.

»Die Situation ist ärgerlich genug, auch ohne dass ihr darüber klatscht, verdammt noch mal! Wenn die Medici sparen müssen, muss das bald ganz Florenz. Also tätet ihr gut daran, möglichst schnell alle Arbeiten zu Ende zu bringen, die uns noch Geld bringen, bevor niemand mehr seine Schulden bezahlen kann.«

Leonardo dachte an die Kugel für die Domkuppel und an seine Spiegel. *Aber Kreuz und Kugel werden sie nicht aufgeben, oder?*, überlegte er erschrocken. Er musste das Problem mit der Hitze noch lösen, die die Spiegel erzeugten, sonst würde er vielleicht nie wieder schlafen können. »Natürlich, Maestro«, sagte Fioretta. Sie schaute Sandro auffordernd an.

»Worauf wartest du, Botticelli?«, raunzte Verrocchio. »Wenn wir kein Geld mehr von den Medici sehen, kann ich nicht auch noch dich und deine zwei linken Hände mit durchfüttern – und auch nicht deine Freundin hier, bei der wir so tun, als würden wir sie ausbilden.«

Fioretta sah aus, als führe ihr der Schreck in alle Glieder. »Bitte, Maestro«, sagte sie leise. »Ich bin mir sicher, dass Ihr Euer Geld für meine Ausbildung trotz der Umstände erhalten werdet.«

»Madonna Lucrezia vertraut Fioretta so sehr, dass sie sie mit dieser Botschaft geschickt hat, auch wenn sie Euch nicht behagen mag. Es ist sinnlos, ihre Überbringerin für den Inhalt zu schelten«, sagte Sandro bestimmt.

Leonardo war überrascht. Normalerweise widersprach Sandro ihrem Meister eher hinter vorgehaltener Hand und sagte ihm seine Meinung nicht ins Gesicht.

Verrocchio sah ebenfalls erstaunt aus, erwiderte aber nichts. Er nahm den Krug vom Tisch und trank einen Schluck daraus, bevor er Sandro mit falscher Freundlichkeit anlächelte. »So, denkst du? Verschwinde aus meiner Küche und mach dich nützlich, aber rasch«, brüllte er dann. Als Sandro hastig zur Tür lief, blickte Verrocchio Leonardo an.

»Und was macht die verfluchte Kugel?«

»Ich arbeite, so schnell ich kann«, antwortete Leonardo vorsichtig und zog sein Notizbuch unter seinem Gürtel hervor. Er legte es auf den Tisch und rieb seine Fingerkuppen an seinem Wams ab. Vorsichtig, um das Buch nicht zu verdrecken, klappte er die entsprechenden Seiten auf. Er hatte Dutzende von Zeichnungen angefertigt, die genau zeigten, wie der Vorgang funktionieren sollte. Halbmannshohe Spiegel sollten so viel Hitze erzeugen, dass er damit die dreieckigen Kupferbleche mit Blei-Zinn verlöten konnte. So würde die steinerne Kugel so aussehen, als bestünde sie komplett aus Gold.

Zuletzt hatte er versucht, mit einem Spiegel die optimale Wölbung und den besten Winkel zu finden, mit dem die Sonnenstrahlen gebündelt werden sollten. Aber bislang waren alle seine Versuche gescheitert. Die Hitze reichte nicht aus, das Metall schnell genug zu schmelzen.

»Ich denke, ich bin fast so weit, Maestro«, sagte er dennoch. *Es ist sicher nicht der richtige Moment, um meine Zweifel mit ihm zu teilen.*

Verrocchio blickte auf die Zeichnungen und strich sich über das Kinn, als er eingehend die Entwürfe studierte. Als er sprach, war der Zorn aus seiner Stimme gewichen, auch wenn seine Worte harsch blieben. »Noch ein Grund mehr, hier nicht einfach herumzusitzen. Los, mach weiter«, sagte er, nahm den Weinkrug vom Tisch und ging zur Tür.

Leonardo nutzte den hintersten Teil des Hofes für seine Experimente. Ein Holzmodell der Kugel ruhte auf zwei Querbalken. Zwei verbogene Kupferplatten lagen neben der Kugel, die Beulen und der Ruß darauf kündeten von den Malen, bei denen er mit dem Versuch gescheitert war, sie durch Löten zu verbinden.

In einigem Abstand dazu stand ein konkaver Spiegel.

Archimedes hat mit seinen Brennspiegeln eine ganze Flotte versenkt, dachte er. *Und ich bekomme nicht einmal zwei Kupferstücke zusammen.*

Einmal noch. Ich mache noch einen Versuch. Die Sonne war hinter den Wolken hervorgekommen und schien nun warm in den Hof, das musste er nutzen. Er machte sich Sorgen, dass Verrocchio ihn nötigen würde, seine Experimente aufzugeben, wenn er nicht schleunigst Ergebnisse erzielte.

Leonardo veränderte den Aufbau so, dass Kugel und Spiegel in einem anderen Winkel zueinander standen. Die Spiegelfläche fing das Sonnenlicht ein. Bündelte es. Der Lichtstrahl traf auf die Stelle, an der die beiden Kupferplatten mit dem Blei-Zinn zusammengefügt werden sollten.

Eine Weile lang geschah nichts weiter, aber dann begannen die Lote, sich zu bewegen, und fingen schließlich an, sich zu verflüssigen. Leonardo konnte sehen, wie sich die Struktur veränderte, weich und ungeformt wurde, und dann die beiden Kupferbleche verband.

Er hatte es geschafft, wirklich geschafft! Ein Gefühl des Triumphs stieg in ihm auf, und er reckte einen Arm zum Himmel und brüllte los. Sandro und Fioretta kamen aus der Werkstatt gerannt.

»Seht ihr das?«, rief er voller Freude und zeigte auf die Lötnaht.

Sandro schlug ihm auf die Schulter. »Du hast es wirklich hinbekommen«, sagte er. Fioretta klatschte aufgeregt Beifall.

Es reizte ihn, die Verbindungsnaht zu berühren, aber er wusste, dass das Metall noch zu heiß war.

Fioretta war näher getreten und schaute sich das Werk an. »Es ist perfekt verschmolzen«, sagte sie. »Du musst es dem Maestro sagen. Soll ich ihn holen?«

»Noch nicht«, sagte Sandro. »Ich will euch erst etwas erzählen. Ich wollte es euch vorhin schon sagen, aber dann kam er dazu und hat uns unterbrochen.«

»Was ist los?«, fragte Leonardo. Sandro schien ihm ungewohnt ernst zu sein.

»Ich habe die Nase endgültig voll von Verrocchio und seinen Launen«, antwortete Sandro. »Ich mache das wahr, was ich schon so lange angekündigt habe – ich eröffne meine eigene *Bottega*. Mein Bruder hat mir angeboten, zu ihm und seiner Familie im *Ognissanti* zu ziehen und das Erdgeschoss als Werkstatt zu nutzen.«

Leonardo sah ihn überrascht an. Sandro hatte so oft davon gesprochen, Verrocchios Werkstatt zu verlassen, ohne es jemals zu tun, dass er gar nicht mehr daran gedacht hatte, dass es wirklich passieren könnte.

»Aber wird Verrocchio das zulassen?«, fragte er. »Immerhin muss dir die Gilde das Privileg gewähren, und er ist der Kopf von San Luca.«

»Ich glaube allmählich, dass Verrocchio froh sein wird, mich los zu sein. Und das Geld für den Titel des Maestro habe ich. Ich konnte ein bisschen was zurücklegen«, erwiderte Sandro.

»Das ist ja großartig!« Leonardo legte ihm einen Arm um die Schulter. Er freute sich für seinen Freund, auch wenn er ihn hier vermissen würde.

»Sobald du auch Meister wirst, können wir gemeinsam eine größere Werkstatt eröffnen«, sagte Sandro.

»Herzlichen Glückwunsch. Ich beneide dich«, sagte Fioretta. Ihr Lächeln wirkte allerdings gezwungen, und Leonardo ahnte, warum das so war. Ging Sandro, gab es niemanden mehr, der Fioretta unterrichtete. Er selbst war kein guter Lehrer, das wusste er. Er teilte seine Gedanken gern und freute sich über jede Hilfe, die er bei seinen Experimenten bekam, aber er wurde rasch ungeduldig, wenn er etwas erklären sollte, das für ihn auf der Hand lag.

Was würde Fioretta hier also noch bleiben? Verrocchios Pinsel auszuwaschen oder Paletten zu säubern, was der Maestro sie so gerne tun ließ?

Sandro sah sie lächelnd an. »Ich weiß, dass ich noch keinen Ruf zu bieten habe. Und falls es wirklich einen Krieg gibt, wird gleich die erste Zeit hart werden. Aber der kleine Filippino Lippi wird mein Gehilfe, und ich würde mich freuen, dazu noch einen weiteren anzunehmen«, sagte er. »Würdest du mir die Ehre erweisen, meine Schülerin zu werden?«

»Was?« Fioretta sah ihn verblüfft an. Dann strahlte sie und neigte den Kopf. »Es ist mir eine Ehre, dass Ihr mich fragt, Maestro Botticelli.«

»Dann lasst uns jetzt Verrocchio holen«, sagte Sandro. »Ich denke, er nimmt die Nachrichten von mir besser auf, wenn du ihm gleichzeitig dein kleines Wunder hier präsentierst, Leonardo.«

Leonardo sah auf seine rußgeschwärzten Finger. »Ich hoffe es für dich«, sagte er. »Und danach muss ich mich erst einmal waschen, und dann will ich bis Ostern schlafen.«

KAPITEL 16

Florenz, am selben Abend

FIORETTA

Als Fioretta aus der Werkstatt nach Hause kam, lief sie ohne Umweg zuerst die Treppen und dann die Stiege bis zum Dach hinauf, ohne mit jemandem zu sprechen und ohne nach ihrem Vater zu sehen.

Ihre Gedanken kreisten um das Angebot, das Sandro ihr gemacht hatte, und sie sehnte sich danach, allein zu sein und nachzudenken.

Sandro Botticellis Schülerin. Sie wusste, dass sie einen Moment brauchen würde, um sich an den Gedanken zu gewöhnen, obwohl sie voller Freude darüber war. Maestro Verrocchio hatte sie selbst in seinen besten Momenten lediglich in seiner Werkstatt geduldet, aber Sandro war ganz anders. In seiner *Bottega* würde sie eher mit ihm als für ihn arbeiten.

Jetzt musste sie nur noch ihren Vater davon überzeugen, dass er dem Wechsel zustimmte. Sandros Werkstatt stand ganz am Anfang, und sie hoffte, dass das in Antonios Augen kein Nachteil war.

Als Fioretta die Luke erreichte, die auf das Vordach führte, sah sie, dass diese bereits einen Spaltbreit geöffnet war. *Hat jemand gelüftet, oder bin ich doch nicht allein hier?*, fragte sie sich. Sie schob die Luke ganz auf und trat hinaus.

Überrascht entdeckte sie Giuliano, der auf dem Dach lag und die Augen mit den Händen beschattete, während er in den Himmel schaute. Sie waren oft zu dritt hier gewesen, als sie jünger waren, aber es war lange her, dass sie einen der beiden Brüder hier oben getroffen hatte.

Sie blieb am Durchgang stehen, unschlüssig, was sie tun sollte.

Die Aussicht vom Dach war noch immer die gleiche wie zu der Zeit, als sie sich gemeinsam hier versteckt hatten. In der Ferne, hinter den Mauern der Stadt, zeichneten sich die Hügel der Toskana ab. Ihr Blick ging über die Dächer der umliegenden, niedrigeren Häuser und zum Dom hinüber. Ein Dutzend Schwalben kreiste über den Dächern, sie zogen ihre Bahnen höher und höher, als wäre es die pure Lust am Fliegen, die sie antrieb.

Giuliano musste das Knirschen der Luke gehört haben, denn er sah auf und lächelte. »Fioretta.«

»Ich wusste nicht, dass du hier bist«, sagte sie. »Soll ich ...«

Er wartete nicht ab, was sie ihn fragen wollte. »Setz dich zu mir«, bat er und richtete sich auf.

Sie nickte und setzte sich neben ihn. Früher hatten sie hier zu dritt problemlos Platz gefunden, aber nun berührten ihrer beider Füße beinahe die Dachkante. Fioretta sah zum Fluss hinüber, über dem die Sonne eben in einem Spektakel aus Blau und Orange versank. Von der Straße drangen die Rufe all derer zu ihnen hoch, die jetzt ihr Tagwerk vollendeten und nach Hause gingen.

Einen Moment lang betrachteten sie gemeinsam das Schauspiel, das der Himmel ihnen bot, ohne ein weiteres Wort zu sagen.

Seit Giuliano gemeinsam mit Lorenzo das Erbe seines Vaters angetreten hatte, hatte sie ihn viel seltener getroffen. Die Brüder schienen immer in irgendwelchen Florentiner Angelegenheiten unterwegs zu sein, und insbesondere Giuliano reiste viel im Auftrag der Familie.

Wenn er in der Via Larga war, war Fioretta oft nicht dort, weil sie versuchte, so viel Zeit wie möglich in Verrocchios Werkstatt zu verbringen. Sicher hatten sie in diesem Jahr noch kaum ein halbes Dutzend Mal die Gelegenheit gefunden, länger miteinander zu sprechen, und nie waren sie dabei allein gewesen, ganz anders als jetzt.

Fioretta sah Giuliano von der Seite an, und ihr fiel auf, dass er sich in den vergangenen Monaten verändert hatte. Es waren nur Kleinigkeiten, aber sie waren dennoch deutlich zu sehen. Seine dunklen Locken reichten ihm jetzt bis zu den Schultern, und sein Gesicht war kantiger geworden, mit mehr klaren Linien.

»Wann bist du zurückgekehrt?«, fragte sie schließlich.

»Erst gerade. Ich war in Cafaggiolo und habe mich dort mit einigen Abgesandten aus Bologna getroffen. Aber Lorenzo bat mich, zurückzukommen, um an den Verhandlungen über Rimini teilzunehmen.«

»Und, was werdet ihr beschließen?«

»Das hat mich Simonetta Vespucci auch als Erstes gefragt, als ich zur Tür hereinkam«, erwiderte er.

»Oh, ich wusste nicht, dass Simonetta hier ist«, sagte Fioretta. *Und auch nicht, dass sie dich gleich in Empfang genommen hat.* »In der Werkstatt wird von kaum etwas anderem als einem kommenden Krieg geredet, und vielleicht ist es bei den Vespucci nicht anders«, fügte sie dann hinzu.

»Ich denke auch oft darüber nach«, gab er zu. »Aber ich habe einfach keine Ahnung, was bei den Beratungen während der *Pratica* herumkommen wird. Vermutlich hängt alles von Mailand und von Herzog Sforza ab, und der hat sich nicht gerührt, seitdem wir ihm zuletzt geschrieben haben.«

»Sollst du deshalb nach Mailand reisen?«

Giuliano schaute sie an. »Soll ich das?«, fragte er zurück. »Davon weiß ich noch gar nichts.«

Fioretta blickte zu Boden. »Ich habe nur aufgeschnappt, dass Lorenzo darüber nachdenkt«, sagte sie betreten.

Giuliano hob die Achseln. »Schon möglich«, sagte er. »Ich kann nur hoffen, dass ihm noch etwas eingefallen ist, was unsere Position in der Verhandlung stärkt«, sagte er.

Sie schwiegen erneut. Giuliano streckte eine Hand aus und berührte sacht ihre Finger. »Es ist schön, dich zu sehen«, sagte er. »Wie geht es dir?«

Sie wurde sich seiner Nähe überdeutlich bewusst, der Wärme, die von ihm ausging, und sie erwiderte den sanften Druck seiner Hand. »Sandro wird Verrocchios Werkstatt verlassen und eine eigene *Bottega* gründen«, erklärte sie. »Er hat mich gefragt, ob ich mit ihm kommen und seine Schülerin werden möchte.«

Giuliano runzelte die Stirn. »Und, wirst du das tun?«, fragte er.

Fioretta sah ihn an. Offenkundig gefiel ihm der Gedanke nicht so sehr, wie sie es sich vorgestellt hatte.

»Natürlich«, sagte sie. »Wenn mein Vater zustimmt, kann ich es kaum abwarten. Sandro wird außer mir nur Filippino Lippi mitnehmen, das heißt, dass ich künftig an allen seinen Aufträgen mitarbeiten kann. Vorbei die Zeit, in der Verrocchio mir nur zugetraut hat, Farbreste abzukratzen und Knochen für Leim auszukochen.«

Giuliano verzog das Gesicht. »Hast du das wirklich getan?«, fragte er.

»Ja, natürlich«, gab sie zurück. »Das gehört zu der Arbeit in einer Werkstatt dazu. Aber lernen durfte ich nur, wenn ich all seine Aufträge erfüllt hatte, und selbst dann war ihm nie recht, was ich tat. Ich hoffe sehr, dass mit Sandro alles anders wird. Wenn wir uns in der Via Nuova eingerichtet haben, musst du uns unbedingt besuchen kommen.«

Giuliano sah noch immer unglücklich aus, und Fioretta konnte nicht ergründen, woran das lag. »Was ist mit dir?«, wollte sie schließlich wissen. »Freust du dich nicht für mich?«

»Doch. Aber du und Sandro? Was ist da zwischen euch?«

Fioretta starrte ihn verblüfft an. *Denkt er wirklich, dass Sandro und ich ein Paar sind? Ist er eifersüchtig? Und wenn er es ist, welches Recht hätte er dazu?*

Sie wollte ihm schon sagen, dass ihn das nichts angehe, aber dann lachte sie. Für sie war Sandros Verehrung für Simonetta Vespucci so überdeutlich, dass sie nicht einmal auf die Idee gekommen war, er könne in sie selbst verliebt sein, und sie hatte in ihm noch nie etwas anderes als den Freund und Lehrer gesehen.

»Was ist so lustig?«, wollte Giuliano wissen.

»Nichts«, sagte sie. »Außer dass Giuliano de' Medici eifersüchtig auf einen Maler aus dem *Ognissanti* ist.«

»Ich bin nicht ...«, begann Giuliano. Dann stockte er. »Verflucht noch mal, ja, ich bin eifersüchtig. Sagst du mir jetzt, ob ich Grund dazu habe?«

Sie schüttelte den Kopf. »Zwischen Sandro und mir geht absolut nichts Unschickliches vor sich. Ich dachte eigentlich, dass ganz Florenz weiß, dass sein Herz ausschließlich für Simonetta Vespucci schlägt. Und für seine Arbeit.«

Giuliano wandte sich ihr zu. Mittlerweile war die Sonne fast ganz versunken, und ihre Strahlen erreichten das Dach nicht mehr. Die Schwalben waren verschwunden, und die Geräusche der Straße drangen nur noch gedämpft zu ihnen herauf. Fioretta konnte Giulianos Gesicht nicht mehr deutlich erkennen. Es sah aus, als hätte sie ihn mit einem Silberstift gezeichnet und dann die Linien verwischt. Seine Finger lagen noch immer auf den ihren, und er strich mit der anderen Hand behutsam ihren Arm hinauf, vom Handgelenk zum Ellbogen, dann zu ihrer Schulter.

»Du fehlst mir«, flüsterte er. »Wir sehen uns nur noch so selten, selbst wenn ich hier bin.«

Sie lehnte sich an Giuliano, und er legte einen Arm um ihre Schultern. »Ich habe dich auch vermisst«, murmelte sie. Sie wollte in diesem Moment nicht nachdenken, nicht darüber, wer sie war und wer er war, und auch nicht an Lorenzos Warnung.

Sie spürte, dass ihr Herz schneller schlug. Giuliano zog sie noch näher zu sich. Ihre Lippen trafen sich, und sie konnte seine Zunge in einer federleichten Berührung spüren. Sie ließ sich in den Kuss fallen, in seine Umarmung, die die Kühle des Abends und alles, was zwischen ihnen stehen mochte, ausschloss. Auf diesem Dach gab es nur sie beide.

Der Moment zerbrach, als sie Lorenzos Stimme hörte. »Giuliano? Bist du da draußen?«

Sie fuhren auseinander. Giuliano senkte den Blick, um ein Lächeln zu verbergen, als sie hastig ein Stück von ihm abrückte.

Lorenzo öffnete die Luke und trat auf das Dach hinaus. Er verschränkte die Arme vor der Brust und sah zu ihnen hinüber. »Da bist du also«, sagte er.

Falls er es seltsam fand, sie beide hier vorzufinden, ließ er es sich nicht anmerken. »Ihr solltet hereinkommen. Mutter hat ein Festmahl für dich vorbereiten lassen, und wir beide müssen dringend über die *Pratica* sprechen.«

Giuliano streifte noch einmal wie zufällig ihre Hand mit seinen Fingern, als Fioretta aufstand.

»Ich komme sofort«, rief er in Richtung seines Bruders. Seine Stimme klang etwas belegt.

Fioretta senkte den Blick und schlüpfte an Lorenzo vorbei durch die Luke auf den Dachboden.

KAPITEL 17

Florenz, Mai 1471

GIULIANO

Giuliano hörte die Glocken von Orsanmichele zur Mittagsstunde läuten, als er zum Palazzo Medici lief, und er fluchte innerlich. Er würde zu spät kommen, und die Beratung der ausgewählten Mitglieder des Rates der Einhundert würde bereits begonnen haben. Obwohl er schon außer Atem war, beschleunigte er seine Schritte noch einmal.

Endlich erreichte er die Via Larga und das kleine Tor, das in den Garten führte. Er entdeckte Fioretta, die offenbar eben mit ihrem Vater das Haus verließ, und winkte ihr hastig zu. Er hoffte inständig, dass er sie später auf dem Dach treffen konnte.

Dann rannte zum Haus, durchquerte den Hof und lief die zwei Treppen hinauf, die zu dem Raum führten, in dem Lorenzo und er mit den Abgesandten des Rates über Krieg und Frieden entscheiden sollten.

»Da bist du ja endlich«, begrüßte ihn seine Schwägerin Clarice, die offenbar an der Treppe auf ihn gewartet hatte. »Alle anderen sind schon versammelt. Lorenzo hat mich gebeten, dir zu sagen, dass du zuerst in die Kapelle kommen sollst. Er wartet dort auf dich.«

»Danke«, erwiderte Giuliano, noch immer außer Atem. Clarice legte eine Hand auf ihren vorgewölbten Bauch. »Ich versuche, unsere Gäste noch ein bisschen hinzuhalten, bis ihr kommt«, sagte sie.

»Was hast du herausfinden können?«, begrüßte ihn Lorenzo ohne lange Vorrede, als er die Familienkapelle betrat.

»Es ist so, wie wir es befürchtet haben – Tommaso hat heimlich mit den Abgesandten Neapels gesprochen, und mein Kontakt sagt, es müsse schon mit dem Teufel zugegangen sein, wenn es dabei nicht auch um Gold gegangen wäre.«

Giuliano hatte sich in Santa Croce mit einem Vertrauten Tommaso Soderinis getroffen. Obwohl der Mann natürlich Angst gehabt hatte, die Wahrheit zu sagen, hatte ihm das übliche Zaubermittel der Medici die Zunge gelöst – Giuliano hatte ihm genug Geld gegeben, damit er aus Florenz verschwinden konnte, nachdem er sein Gewissen erleichtert hatte.

»Tommaso wird also nicht umzustimmen sein und alles daransetzen, die heutige Abstimmung in Neapels Sinn durchzusetzen«, fügte Giuliano hinzu. Er rieb sich mit dem Hemdsärmel über die Stirn.

Lorenzo und er hatten in den letzten Wochen nach Kräften versucht, die Entscheidung darüber zu verschieben, ob Florenz sich aufseiten Neapels oder Mailands stellen sollte – zumindest so lange, bis sie Nachricht aus Mailand hatten. Aber mit jedem Tag, der verging, wurde das schwieriger, und schließlich hatte Tommaso darauf gedrängt, dass am heutigen Tag ein endgültiger Beschluss gefasst werden musste.

»Wir haben immer noch keine Nachricht von Herzog Sforza«, sagte Lorenzo leise. Er wirkte fahriger als sonst und knetete mit der linken Hand seine Unterlippe. »Ich glaube, dass unser Bote ihn nie erreicht hat«, murmelte er.

»Was?«

»Ich glaube, dass unser Bote abgefangen wurde. Ich kann mir nicht vorstellen, dass Sforza uns überhaupt nicht antworten würde.«

»Es sei denn, er ist inzwischen wirklich völlig von Sinnen.«

»Das denke ich nicht. Sforza ist grausam und impulsiv, ja. Gut möglich, dass er uns schreiben würde, um uns zu beleidigen und uns die Söhne einer Hündin zu nennen, oder eine lange Kriegserklärung zu verfassen, die seine Taten rechtfertigt. Aber dass er sich gar nicht rührt, passt einfach nicht zu ihm. Nein, ich glaube, er hat unseren Brief einfach nicht erhalten.«

Giuliano ließ die Worte auf sich wirken. Was Lorenzo sagte, war einleuchtend. Ihn schauderte bei der Frage, was wohl mit dem Boten geschehen war. Was sollten sie jetzt tun? Um einen zweiten Brief zu schicken, war nicht einmal mehr ansatzweise genug Zeit.

»Wer könnte es gewesen sein?«, fragte er.

Er glaubte nicht einen Moment lang, dass der Reiter einen Unfall gehabt hatte. Wenn es stimmte, was Lorenzo sagte, musste jemand seine Hand im Spiel gehabt haben.

»Wer wusste denn überhaupt davon, dass wir einen Boten schicken?«, setzte er hinzu.

»Tommaso, du und ich«, sagte Lorenzo. Sein Gesicht war rot angelaufen, und Giuliano sah, dass eine Ader an seiner Schläfe pochte.

»Er gehört zur Familie!« Giuliano merkte, wie heißer Zorn in ihm aufstieg. Tommaso hatte schon immer einen wichtigen Platz im Kreis der Medici besessen, war ein enger Vertrauter ihrer Eltern und auch von ihnen gewesen. Das Vertrauen, das er genoss, hatte ihn im Lauf der Jahre zu einem sehr reichen Mann gemacht.

»Was kann Neapel ihm geboten haben, dass er uns verrät?«, wollte er wissen.

»Das weiß ich nicht. Aber mit irgendetwas ist jeder Mann käuflich«, sagte Lorenzo. *Vaters Worte*, erkannte Giuliano.

Auf dem Gang näherten sich Schritte, dann schaute Clarice zur Tür hinein. »Seid ihr so weit?«, fragte sie. »Die Abgesandten werden wirklich ungeduldig.«

»Wir sind in einer Minute bei ihnen«, gab Lorenzo zurück. »Soll ich noch einmal zurückgehen und sie vertrösten?«, fragte seine Frau.

»Das brauchst du nicht, *mia cara*. Wir kommen wirklich sofort.«

»Was sollen wir jetzt machen?«, wollte Giuliano wissen, nachdem Clarice gegangen war. Er überlegte kurz, ob sie es riskieren sollten, nicht auf der *Pratica* aufzutauchen, einfach durch den Hintereingang zu verschwinden. Ohne *Lorenzo würde keine Entschei-*

dung fallen, schon gar nicht in ihrem eigenen Haus. Oder? Je nachdem, wie weit Tommasos Verrat ging, war ihm auch das zuzutrauen. Und wenn er es erst einmal geschafft hatte, sie beide von einer Entscheidung von solcher Tragweite auszuschließen, dann würde ihre Macht bald keine Lira mehr wert sein. Nein, sie mussten sich der Versammlung stellen.

»Wir müssen sie davon überzeugen, die Entscheidung zu verschieben«, erklärte Lorenzo entschlossen und ließ endlich seine Lippe los.

»Und wir schicken heute Nacht einen neuen Boten?«

»Ganz genau.«

Er ging auf den Eingang der Kapelle zu, und Giuliano folgte ihm.

»Wir sind heute hier versammelt, um darüber zu befinden, wie wir uns angesichts der Situation in Rimini verhalten. Ob wir ein altes Bündnis mehr achten als die Möglichkeit, ein Unrecht ungeschehen zu machen. Ob wir um jeden Preis den Frieden wahren oder in den Krieg ziehen.« Tommaso Soderini hatte sich erhoben und blickte von einem zum anderen. Sieben Männer hatten sich versammelt. Alle waren Repräsentanten von Florenz im Rat der Einhundert, alle sehr reich, und alle mit einer eigenen Agenda, je nachdem, ob sie sich mehr Nutzen von einem Krieg oder vom Frieden versprachen. In der Stadt wurden diese beiden unterschiedlichen Fraktionen Falken und Tauben genannt.

»Worauf warten wir noch?«, rief Jacopo de' Pazzi laut. »Seit Wochen erreicht uns kein Wort aus Mailand. Sollen sie doch tun, was sie wollen. Florenz muss ihnen nicht länger folgen. Ich sage, Neapel und Venedig wären neue und bessere Verbündete.«

»Über ein Bündnis mit Venedig haben wir nicht zu befinden«, gab Lorenzo glatt zurück. »Nur darüber, ob wir gegen Rimini ziehen.«

»Herrgott, das kann doch nicht so schwer sein!«, brüllte ein Anhänger der Falken. »Wir schicken unsere *Condottiere,* werfen den

Malatesta aus der Stadt, und unsere Soldaten sind zurück, bevor die Ernte eingebracht wird.«

»Wir können nicht einfach die Söldner in Bewegung setzen, ohne mit Herzog Sforza gesprochen zu haben!«, rief Lorenzo. Bei den lauten Worten wurde seine Stimme heiser, und er stieß die Worte undeutlich aus, was vermutlich seiner Aufregung geschuldet war.

»Und wieso nicht, Lorenzo de' Medici? Weil wir uns vor Mailand fürchten?«, fragte Jacopo spöttisch.

»Das hätte dein Großvater, dessen stolzen Namen du trägst, niemals gutgeheißen«, fügte Tommaso hinzu.

Lorenzo sah aus, als ob er jeden Moment die Beherrschung verlieren würde, aber stattdessen verschränkte er die Arme vor der Brust und schwieg einen Moment lang.

Giuliano hob die Hände und blickte reihum die Männer an, die zu der *Pratica* erschienen waren.

»Tommaso Soderini, ich weiß nicht, wie du dir so sehr einen Krieg wünschen kannst, der ein Bündnis beendet, für das mein Großvater sehr hart gekämpft hat«, sagte er.

Tommaso neigte den Kopf und blickte von Lorenzo zu Giuliano und wieder zurück. »Meine Wünsche sind hier unerheblich, Giuliano«, gab er zurück. »Diese Versammlung verlangt von euch, dass ihr hier und jetzt eine Entscheidung trefft – ohne endlos wie Bittsteller auf Nachricht aus Mailand zu warten.«

»Warum die Eile?«, wollte Lorenzo wissen. »Ein paar Tage mehr oder weniger werden nicht entscheidend sein, um einen Kriegszug zu beginnen.« Giuliano wusste, dass das nur halb der Wahrheit entsprach. Kriegszüge begannen zumeist im Frühjahr, um bis zum Winter abgeschlossen zu sein. Niemand wollte eine Armee über die kalten Monate hinweg im Winterlager versorgen.

»Sind die Medici zu Feiglingen geworden?«, wollte der Falke wissen, der auch schon zuvor gesprochen hatte.

»Ist es denn Feigheit, wenn wir unsere Stadt schützen wollen?«, gab Lorenzo scharf zurück.

Von draußen ertönten plötzlich laute Stimmen. Als die Tür geöffnet wurde, entdeckte Giuliano seine Mutter.

Tommaso warf ihr einen unwilligen Blick zu. »Muss das jetzt sein, Lucrezia?«, fragte er.

»Ich denke doch, dass ich in meinem eigenen Haus mit meinen Söhnen sprechen kann, wann immer ich es für richtig erachte«, gab Lucrezia zurück und warf Tommaso einen Blick zu, der diesen verstummen ließ.

Lorenzo ging auf die Tür zu, und Giuliano folgte ihm.

Lucrezia war in Begleitung von zwei Männern gekommen. Einer gehörte zu ihrem Haushalt. Den anderen kannte er nicht, er hatte aber offenbar gerade eine längere Reise hinter sich. Seine Schuhe waren schmutzig, und sein kurzer Mantel war noch vom Staub der Straße bedeckt.

»Ich komme soeben aus Neapel«, erklärte er und verneigte sich. »Ich soll Euch diese Nachricht von König Ferrante überreichen.«

Lorenzo sah den Brief in seiner Hand stirnrunzelnd an und studierte das Siegel, bevor er ihn schließlich öffnete. Er begann zu lesen, schüttelte ungläubig den Kopf, dann hellte sich seine Miene plötzlich auf.

»Neapel verzichtet darauf, an der Seite von Venedig und Rom gegen Rimini in den Krieg zu ziehen. Man wünscht, mit Roberto Malatesta zu einer anderen Einigung zu kommen. König Ferrante schreibt, dass es sein innigster Wunsch ist, in unserem Bündnis, das Gott gewollt und gesegnet hat, zu verbleiben.«

Giuliano schloss für einen kurzen Moment die Augen. Es würde keinen Krieg mit Mailand geben. Die Gefahr war abgewendet. *Vielleicht stehen uns jetzt ein paar Wochen der Ruhe bevor, die ich hier in Florenz verbringen kann. Gemeinsam mit Fioretta.*

Lorenzo atmete tief durch und lachte auf. Giuliano freute sich; es war selten geworden, dass Lorenzo so offen seine Gefühle zeigte.

Lucrezia wandte sich an den Boten: »Du kannst gehen. Lass dich in der Küche versorgen, bis du mit unserer Antwort zurückkehren kannst.«

Der Mann verneigte sich erneut und ging in Begleitung von Lucrezias Diener die Treppe hinunter.

»Sie sind sich mit Venedig nicht handelseinig geworden«, sagte Lucrezia.

»Das muss es sein«, bestätigte Lorenzo. »Obwohl das einem Wunder gleichkommt. Venedig hatte jeden Grund, Neapel alles zu versprechen, was sie sich wünschen, um sie aus unserem Bündnis herauszulösen.«

»Nicht jeden«, gab Lucrezia mit einem leichten Lächeln zurück. »Venedig mag der größte Konkurrent von Florenz sein, aber auch der Doge leiht sein Geld bei unserer Bank.«

»Mutter!« Giuliano sah sie an, halb ungläubig. »Hast du etwa…«

»Venedig droht ein Krieg mit Frankreich, und sie haben im vergangenen Jahr Euböa an den Sultan verloren, eine ihrer wichtigsten Kornkammern«, murmelte Lorenzo. »Natürlich brauchen sie vor allem Gold. Ich hätte selbst darauf kommen sollen.«

Lucrezia schüttelte den Kopf. »Hättet ihr direkt mit Venedig verhandelt, wäre es zu gefährlich gewesen«, sagte sie. »Ich hingegen habe nur mit einem alten Freund korrespondiert und einen neuen Kredit bewilligt.«

Lorenzo neigte den Kopf. »Ich denke, es ist am besten, wir gehen wieder hinein und verkünden die frohe Botschaft«, sagte er, und Giuliano nickte bestätigend. »Zeit, Tommaso den Wind aus den Segeln zu nehmen.«

Lorenzo umarmte seine Mutter. »Danke«, sagte er. »Ich verspreche dir, dass so etwas nicht noch einmal nötig sein wird.«

Als sie den Raum mit den Gesandten wieder betraten, kam ihnen Soderini entgegen. »Ihr seht beide so erfreut aus?«, fragte er. Sein misstrauischer Blick fiel auf den Brief in Lorenzos Hand, und sein Gesicht verdüsterte sich.

KAPITEL 18

Florenz, Juli 1471

FIORETTA

»Langsam, ganz langsam«, ermahnte Fioretta Filippino Lippi, der vorsichtig karmesinrote Farbpigmente in eine Schale schüttete, in der sie zuvor Eigelb mit je einem Teil Leinöl und einem Teil Wasser gemischt hatten. Um das gewünschte Ergebnis zu erzielen, musste die Mischung genau stimmen. Nahm man zu wenig Farbpigmente, wurde die Farbe dünn und unansehnlich, waren es zu viele, wurde die Mischung zäh, und man musste mehr Flüssigkeit angießen und verschwendete so den Grundstoff, der aus getrockneten und mit Alaun und Kalk zermahlenen Schildläusen gewonnen wurde und ziemlich teuer war.

Filippino blickte so aufmerksam in die Schüssel, als hinge sein Leben davon ab. Der Dreizehnjährige gab sein Bestes, um alles richtig zu machen. Der Junge – Sandros erster Gehilfe in der neuen Werkstatt in der Via Nuova – hatte in seinem jungen Leben schon vieles erlebt, und das meiste davon war unerfreulich gewesen. Als Sohn des berüchtigten Fra Filippo Lippi und einer Nonne war bereits seine Geburt von einem Skandal überschattet gewesen. Seine Eltern hatten ihn früh in die Lehre gegeben, zu einem Meister, der den Jungen schlecht behandelt hatte.

Fioretta war froh, dass Sandro, der früher ein Schüler des alten Lippi gewesen war, Filippino in seine *Bottega* aufgenommen hatte. Auch wenn der Junge sehr still war, hatte er doch ein freundliches Wesen und eine ruhige Hand für jede noch so feine Arbeit mit dem Pinsel.

Fioretta nickte zufrieden, als sie sah, dass die Mischung in der Schale die richtige Konsistenz angenommen hatte. »So können wir es lassen«, sagte sie und wandte sich dann dem Bild der Tapferkeit zu.

Die Tafel aus Pappelholz, auf der das Bild entstand, war beinahe ebenso groß wie sie selbst. *Fortitudo* sollte Teil einer Darstellung der sieben Tugenden für das *Tribunale della Mercanzia* werden, und Sandro war sehr froh gewesen, diesen ersten großen Auftrag von der Handelsgilde erhalten zu haben.

Er hatte die Vorarbeiten übernommen und Lucrezia Donati als Modell gewinnen können. Sie trug in ihrer Rolle eine silberne Rüstung über den Schultern und ebensolche Armschienen über einer hellen Robe, und darüber einen üppigen roten Mantel, der elegant um sie herum drapiert war.

Fioretta hob den Pinsel und begann, das Rot des Mantels auszufüllen. Lucrezia war eine gute Wahl als Modell gewesen. Obwohl Sandro sie natürlich in idealisierter Form gemalt hatte, hatte er es sich nicht nehmen lassen, ihren Blick ein wenig traurig wirken zu lassen.

Lorenzos Eheschließung hatte den Gerüchten zufolge seine Affäre mit Lucrezia beendet, aber die junge Frau schien immer noch unter der Trennung zu leiden, sei es, weil ihr Mann ihr die öffentliche Demütigung nur schwer vergeben konnte, oder weil Lucrezia Lorenzo aufrichtig vermisste. In Fiorettas Augen passte der ernste Ausdruck auf ihrem Gesicht gut zu der Tugend, die sie darstellte, denn ging es nicht oft mit einer schweren Entscheidung einher, den Mut für etwas Wichtiges aufzubringen?

Der Pinsel glitt geradezu über die behandelte Tafel, und das Rot, das unter den Borsten erschien, war satt und strahlend; sie hatten die Farbe genau richtig gemischt. »Schau«, sagte sie zu Filippino, der dabei war, die restlichen Farbpigmente wieder in einem Tontopf zu verschließen. »Wie gut uns das gelungen ist.« Filippino stellte den Topf ab und trat an das Bild heran.

»Es ist wunderschön«, antwortete er und strahlte. »Die Falten des Mantels fallen so sanft, dass ich das Gefühl habe, sie zwischen den Fingern reiben zu können.«

»Genau!«, sagte Fioretta. »Und das ist exakt das Ergebnis, das Sandro damit erreichen wollte.«

Das, und ein Bild, das gut genug ist, um Simonetta Vespucci porträtieren zu dürfen, dachte sie bei sich. Ein Porträt der schönen jungen Frau, die Florenz im Sturm erobert hatte, war noch immer der große Traum ihres Freundes.

Im Moment traf sich Sandro allerdings erst einmal mit der Gemeinschaft des Heiligen Kreuzes, einer Vereinigung von hochgestellten Bürgern der Stadt, die sich wohltätigen Zwecken und der Mildtätigkeit zugunsten ihres Seelenheils verschrieben hatte. Er wollte mit den Brüdern über eine *Sacra Conversazione* für den Altar von Sant'Ambrogino sprechen.

Fioretta war sich sicher, dass sie keine Probleme mehr hätten, Aufträge zu bekommen, sobald die Tapferkeit erst einmal öffentlich ausgestellt wurde. Aber noch hatte Sandro keinen großen Namen, und es war schwierig, eine Ausschreibung zu gewinnen, außer, indem sie die Preise anderer Werkstätten unterboten.

Ein Grund mehr, warum wir allmählich fertig werden sollten. Fioretta hielt Filippino den Pinsel hin. »Magst du einen Teil der Fläche ausmalen?«, fragte sie.

»Darf ich denn?«, fragte er ungläubig zurück.

»Wenn du der Tugend keinen Schnurrbart malst, ja«, sagte sie.

Der Junge nahm ehrerbietig den Pinsel entgegen und begann mit winzigen Bewegungen, rote Farbe aufzutragen.

Ein wenig Selbstbewusstsein würde ihm ganz sicher nicht schaden, dachte Fioretta. Aber das hatte sein früherer Meister offenkundig zusammen mit der Sünde des Stolzes aus ihm herausgeprügelt.

»Ich hole inzwischen Grau und Bleiweiß für die Säume«, sagte sie, um ihm zu zeigen, dass sie ihm vertraute.

Sie war gerade dabei, die verschiedenen feinen Pinsel zu vergleichen und zu entscheiden, welchen sie für den schmalen Saum der Robe brauchen würde, als sie ein Klopfen an der Tür hörte.

Unwillkürlich blickte sie zum Fenster – es war noch hell, und vor Anbruch der Dunkelheit rechnete sie nicht mit ihrem Vater oder einem Bediensteten der Medici, der sie abholen und sie zur Via Larga zurückbegleiten würde.

Es musste also jemand anderes an der Tür sein. Vielleicht haben wir Glück, und es ist ein potenzieller Auftraggeber. Sie ging nach vorne, wo sich ein Ladengeschäft befand, das sie momentan nutzten, um ihre Zeichnungen und Studien aufzuhängen.

Zu ihrer Überraschung stand Giuliano vor der Tür.

»Was machst du denn hier?«, fragte sie überrascht.

Er grinste. »Ich freue mich auch, dich zu sehen, Fioretta«, gab er zurück.

»So war das nicht gemeint«, erwiderte sie verlegen. »Es ist schön, dass du hier bist, ich habe nur nicht mit dir gerechnet.«

Sie lächelte und öffnete die Tür ein Stück weiter, um ihn hereinzulassen. Sie hatten sich in den letzten Wochen so oft wie möglich allein auf dem Dach getroffen und heimliche Küsse getauscht, aber nicht selten hatten die neugierigen Augen des Haushalts verhindert, dass sie sich sehen konnten.

»Du hast mich eingeladen, mir die neue Werkstatt anzusehen, weißt du noch?«, sagte er. »Ich habe vorhin deinen Vater getroffen und ihm angeboten, dich abzuholen – in der Hoffnung, dass du mir vorher ein paar eurer Bilder zeigst.«

»Natürlich!«, erwiderte sie. »Aber komm doch erst einmal herein und setz dich«, fügte sie hinzu, als ihr die Regeln der Höflichkeit wieder einfielen.

Filippino schaute neugierig in den Laden, offenbar um zu sehen, wer gekommen war. Seine Augen weiteten sich, als er den Besuch erkannte. Er verneigte sich tief vor Giuliano und hob danach die Augen nicht mehr vom Boden.

»Wir haben frischen Apfelmost«, sagte Fioretta rasch. »Möchtest du etwas davon?«

Als Giuliano nickte, sprach sie Filippino an. »Würdest du uns etwas zu trinken holen?«, fragte sie, in der Hoffnung, ihn aus seiner Erstarrung zu lösen.

»Natürlich«, flüsterte der Junge und lief eilig aus dem Raum.

Giuliano drehte sich zu ihr um und gab ihr einen raschen Kuss, bevor Filippino wieder auftauchen konnte.

Dann neigte er den Kopf zur Seite und bewunderte die Zeichnungen, die einen Großteil der Wände bedeckten. »Welche davon sind von dir?«, wollte er wissen.

Sie lächelte. »Die Heilige Jungfrau mit dem Kind«, gab sie zurück und deutete auf das entsprechende Blatt. »Und die drei Frauenköpfe dort drüben. Ein paar Schwerter und ein abgetrennter Männerkopf als Studie für Judith und Holofernes, und das halbe Dutzend Skizzen von Katzen, Falken und Hunden.«

Er blieb vor jeder der Zeichnungen stehen und nahm sie genau in Augenschein. »Du bist wirklich gut geworden!«, sagte er schließlich und strich über das kleine Bild eines Falken. »Wie schön. Er sieht aus, als könnte ich ihn morgen mit zur Jagd nehmen.«

»Leonardo hat mir die Turmfalken gezeigt, die im Marsili-Turm nisten. Er ist ganz vernarrt in sie.«

Sie führte Giuliano durch die Werkstatt, der kurz an der Tafel mit der Tapferkeit stehen blieb, um auch diese zu bewundern, bevor er Fioretta in die Küche folgte.

»Du kannst ruhig weiter an der Robe malen«, sagte sie zu Filippino, nachdem er ihnen den Krug mit dem Most hingestellt hatte. Der Junge lief nach draußen, und sie konnte hören, wie Sandros Schwägerin Luisa, die den Haushalt führte, laut auf ihn einredete.

Giuliano schmunzelte. »Noch mehr Lehrlinge?«, fragte er. Sie erwiderte das Lächeln und schüttelte den Kopf. »Die Frau von Sandros Bruder. Ich bin sehr froh, dass sie hier ist. Ohne ihre Familie würde mein Vater im Leben nicht dulden, dass ich hier arbeite. Er macht sich Sorgen um meinen guten Ruf, jetzt vielleicht sogar noch mehr als in Maestro Verrocchios Werkstatt.«

Giuliano nickte. »Trotz aller Schwierigkeiten hast du schon so viel gelernt«, sagte er anerkennend. »Deine Bilder wirken so lebensecht. So klar.« Er schien sein Lob ehrlich zu meinen.

»Es ist schön zu sehen, dass du hier tun kannst, worin du gut bist und was du tun willst!«, fuhr er fort. »Ich wünschte mir, dass ich das auch könnte«, fügte er nach einer kurzen Pause hinzu. »Aber ich fürchte, dass ich tun muss, was für die Familie am besten ist.« Seine Stimme klang schwer und sorgenvoll.

»Was ist los?«, fragte sie, durch seine Worte aufgeschreckt. »Ist in Mailand etwas ... vorgefallen?«

Er schüttelte den Kopf. »Nein, es geht nicht um Herzog Sforza und seine Machenschaften. Du weißt vielleicht, dass Lorenzo sich schon lange Sorgen macht, dass unser Einfluss in Rom nicht ausreicht, und er deswegen glaubt, dass endlich ein Medici Kardinal werden muss?«

Sie nickte. Sie wusste, dass die Bank der Medici auch die päpstlichen Konten verwaltete und dem Heiligen Vater selbst Geld lieh. Aber auch wenn sich die Beziehungen der Medici nach Rom durch Lorenzos Heirat mit einer Orsini sogar noch verbessert hatten, fehlte der Familie dennoch ein eigener Kardinal, denn manche Ämter im Vatikan waren allein diesen vorbehalten.

»Sollte diese Ehre nicht eigentlich Luca Tornabuoni zufallen?«

Giuliano blickte zu Boden. »Nicht mehr. Lorenzo will nun, dass ich nach Rom gehe und Lucas Stelle einnehme«, sagte er leise. »Ich soll so schnell wie möglich zum Priester geweiht werden.«

Giuliano als Kardinal? In Rom? Das kann doch nicht wahr sein!, dachte sie.

»Giuliano ...«, begann sie.

Er blickte wieder auf. »Ich bekomme sogar schon Lateinstunden, weil ich alles vergessen habe, was mir Gentile de' Becci jemals beigebracht hat.«

Das hätte sie zum Lachen gebracht, wenn sie nicht so erschrocken gewesen wäre. »Aber das ergibt doch keinen Sinn«, sagte sie schließlich. »Warum ausgerechnet du?«

»Genau das habe ich zuerst auch gesagt«, entgegnete er. »Aber ich fürchte, so leicht lässt es sich nicht abtun. Lorenzo hat recht, wenn er sagt, dass wir eine größere Nähe zum Papst brauchen. Es heißt, dass die Pazzi versuchen, ihren Einfluss in Rom auszubauen, und alles dafür tun würden, um uns in einem schlechten Licht darzustellen. Oft können wir nur raten, was der Heilige Vater als Nächstes tut, aber wenn ich erst einmal zu seinem engsten Kreis gehöre, wäre das sicher anders.«

»Heißt das, dass du Kardinal werden möchtest?«, fragte sie überrascht.

»Nein«, gab er zurück. »Mich zieht nichts in den Vatikan, mein ganzes Leben ist hier. Mir macht die Politik nicht halb so viel Freude wie Lorenzo, und ich habe noch dazu furchtbare Angst, an dieser Aufgabe zu scheitern.«

»Hast du deinem Bruder das gesagt?«

»Wie könnte ich? Ich käme mir wie ein Verräter vor, wenn ich ablehnte, nur, weil es nicht meinen Wünschen entspricht. Es ist ihm so wichtig. Es ist für die Familie so wichtig.«

Die Familie. Lorenzo war zwar aus einem ganz anderen Holz geschnitzt als sein Vater, aber in dieser einen Sache ähnelte er Piero ebenso wie seinem Großvater Cosimo – die Familie stand über allem, und alles hatte sich ihr unterzuordnen.

»Wenn du wirklich nicht nach Rom willst, solltest du dennoch mit ihm reden«, gab Fioretta zurück. Ihre Gedanken rasten. *Wie lange wird er dann überhaupt noch hier sein?* »Vielleicht gibt es ja doch noch eine andere Lösung, einen anderen Kandidaten? Jemand, an den ihr noch nicht gedacht habt?«

»Ich glaube es zwar nicht, aber einen Versuch ist es vielleicht wert«, entgegnete Giuliano nachdenklich. Er griff nach ihrer Hand. »Ich will dich nicht verlassen«, sagte er.

»Und ich will nicht, dass du gehst!«, erwiderte sie, lauter, als sie gewollt hatte. »Warte auf eine gute Gelegenheit, um es noch mal vorzubringen«, riet sie ihm dann. »Wenn euch gerade ein Geschäft besonders gut gelungen ist, oder ihr in der *Signoria* einen Sieg davongetragen habt. Sicher ist es doch ebenso wertvoll für die Medici, wenn du sie hier vertrittst.«

»Danke für deinen Rat«, sagte er schlicht. »Fioretta, ich ...«

Sie fuhren beide auf, als Sandro die Küche betrat. »Fioretta, du bist noch hier ... und Messere Medici«, Sandro verbeugte sich tief.

Sie räusperte sich, um ihre Verlegenheit zu überspielen. »Giuliano ist hier, um mich abzuholen. Wir wollten gerade aufbrechen. Wie ging es bei dir?«

»Ich bin ziemlich zuversichtlich, dass wir den Auftrag erhalten«, gab Sandro zurück. »Die Brüder gehören samt und sonders zu den Tauben, und jetzt möchten sie aus Dankbarkeit dafür, dass es keinen Krieg gibt, ein Altarbild stiften – und dabei einen der Ihren unterstützen.« Die Freude in seiner Stimme war unüberhörbar.

»Großartig!«, entgegnete Fioretta ohne echte Begeisterung. »Du musst mir morgen alles über das geplante Bild erzählen!«

»Natürlich! Und Ihr, Messere Medici, solltet überlegen, ob Ihr nicht ein Porträt von Euch haben möchtet – wir könnten Euch einen sehr guten Preis machen«, fügte Sandro hinzu, aber sein Tonfall verriet, dass er sich keine allzu großen Hoffnungen machte.

Giuliano stand auf. »Ich werde darüber nachdenken, Maestro Sandro«, versprach er. So leise, dass es nur Fioretta verstand, fügte er hinzu: »Aber vielleicht trage ich bei meinem nächsten Besuch schon den Kardinalspurpur.«

KAPITEL 19

Rom, September 1471

GIULIANO

Und, wie steht es mit deinem Latein?«, fragte Lorenzo, der eben zwei verschiedenfarbige Hemden nebeneinander auf das Bett legte und sich offenkundig nicht entscheiden konnte, welches er zu ihrer ersten Audienz mit dem Papst tragen sollte.

Giuliano verdrehte die Augen. *Wirklich, Bruder?* »*Sit nomen Domini benedíctum*«, murmelte er dennoch und kam sich ziemlich albern dabei vor, als sei er wieder ein Schuljunge, der von seinem Lehrer geprüft wurde.

»Sehr gut«, sagte Lorenzo, ohne ihn anzusehen. »Du weißt, wie wichtig es ist, dass wir dem neuen Heiligen Vater keine Gelegenheit geben, sich nach einer neuen Bank für den Vatikan umzusehen.«

»Und du glaubst, das hängt von meinen lateinischen Floskeln ab?«, gab Giuliano skeptisch zurück.

Lorenzo lachte und schaute nun doch auf. »Nein, vermutlich nicht. Aber so eine Gelegenheit, den Einfluss der Familie in Rom zu festigen, bekommen wir gewiss so schnell nicht wieder. Dass ausgerechnet jetzt ein neuer Nachfolger Petri gewählt wurde, ist das Beste, was uns passieren konnte.«

Sobald er die Worte gesagt hatte, bekreuzigte er sich, so als wäre ihm erst jetzt die Bedeutung klar geworden – denn immerhin war diese glückliche Fügung dem Umstand geschuldet, dass Papst Paul II. im Spätsommer eines plötzlichen Todes gestorben war.

»Der neue Papst hat mit den Medici keinen Streit – und auch kein Geld, weshalb Sixtus IV. jeden Grund haben sollte, sich mit uns gut zu stellen, und dich schleunigst zum Kardinal zu weihen.«

Giuliano sagte nichts und blickte zur dunklen Holzdecke des Zimmers hinauf, das Teil ihrer Unterkunft im Vatikan war. Ihm erschien der Raum ebenso düster und unfreundlich wie der Rest des päpstlichen Palastes, so wie die ganze Stadt ein Relikt vergangener Größe war. Er hasste es, hier zu sein.

Lorenzo und er waren in der letzten Woche hastig von Florenz nach Rom gereist, um dem neuen Papst ihre Aufwartung zu machen – so unauffällig wie möglich und nur von wenigen Männern begleitet, denn Lorenzo hatte verhindern wollen, dass ihre Konkurrenten ihre Bemühungen untergruben.

Nachdem der frühere Herr über alle Christen so plötzlich verstorben war, hatte das Konklave unerwartet keinen der Favoriten zu seinem Nachfolger bestimmt, sondern Francesco della Rovere zum neuen Oberhirten gewählt, den Generalminister der Franziskaner. Lorenzo hatte es für unbedingt erforderlich gehalten, dass sie persönlich in Rom vorstellig wurden, um ihre Stellung im Vatikan zu festigen und ihre Pläne voranzutreiben, denn jeder neue Papst ernannte auch neue Kardinäle, und ein bislang eher wenig einflussreicher Mann wie Sixtus IV. hatte dazu noch mehr Grund als seine Vorgänger.

Giuliano war noch immer hin- und hergerissen zwischen seinem Wunsch, das Beste für die Familie zu tun, und der Stimme in seinem Inneren, die ihm riet, auf ein Pferd zu steigen, davonzureiten und nie wieder zurückzukommen. *In diesen Mauern leben? Umgeben von lauter alten Männern, die alle bloß ihre Pfründe verteidigen und eine Kirchenintrige nach der anderen spinnen?*

Lorenzo legte die Hemden auf dem Bett ab, setzte sich und suchte seinen Blick. »Was ist los mit dir?«, wollte er wissen. »Du warst schon die ganze Reise über so in dich gekehrt, das passt gar nicht zu dir.«

Giuliano neigte den Kopf. »Ich weiß nicht«, gab er zurück. »Ich glaube, ich kann mir nicht vorstellen, Florenz für immer zu verlassen.«

»Es wäre ja nicht für immer«, sagte Lorenzo. »Du kannst uns

sicher oft besuchen, so wie Onkel Carlo es ja auch immer getan hat. Und was ist schon so Besonderes an Florenz, dass du nicht fortwillst? Sag mir nicht, dass es Simonetta Vespucci ist?«

»Nein, es liegt nicht an ihr«, erwiderte Giuliano zögerlich. Er hätte lügen müssen, wenn er gesagt hätte, dass die verwirrend schöne Simonetta ihn kaltließ, aber seine Gedanken waren bei Fioretta. Bei ihrer warmen Stimme, den mit Farbe verschmierten Fingern, die er im Halbdunkel auf dem Dach festgehalten hatte, und bei dem Gefühl von Nähe, von Vertrauen, das er bei niemand anderem kannte, nicht einmal bei seinem Bruder.

»Nicht an ihr?« Lorenzo zog fragend eine Augenbraue in die Höhe. »Bruder, ich ahnte, dass du deine Zeit gut nutzt – und deine Beliebtheit bei den Töchtern unserer Stadt ist ja kein Geheimnis. Also, spuck's aus, wer ist es dann?«

Plötzlich war es Giuliano unangenehm, weiter mit Lorenzo darüber zu sprechen. Er schüttelte den Kopf und fragte stattdessen: »Sag mir lieber, wie das Leben als verheirateter Mann ist, denn das werde ich ja nun wohl nicht mehr selbst erleben. Wie geht es Clarice?«

Lorenzo rückte an die Kante des Bettes vor und beugte sich näher zu Giuliano.

»Es geht ihr mal besser und mal schlechter«, sagte er bedrückt. »Clarice ist ein guter Mensch. Sie ist ihrer Familie in Rom eng verbunden, und dennoch uns treu. Ich glaube nicht, dass sie jemals etwas tun würde, was uns schadet. Aber der Tod unserer Zwillinge hat sie tief getroffen, und manchmal komme auch ich in ihrer Trauer kaum an sie heran.«

Giuliano räusperte sich verlegen. Lorenzo tat ihm aufrichtig leid. Nachdem sein Bruder vor einem Jahr zum ersten Mal Vater einer Tochter geworden war, hatte Clarice im Frühjahr danach zu früh Zwillinge auf die Welt gebracht, die nur Stunden gelebt hatten.

»Das tut mir sehr leid«, sagte Giuliano. Er stand auf und legte Lorenzo eine Hand auf die Schulter. *Ich hätte ihn viel früher fragen sollen, wie es ihm geht.* »Verzeih mir, wenn ich dir keine Hilfe war.«

Lorenzo seufzte. »Ich weiß, dass ich höchstens ein mittelmäßiger Ehemann bin. Zwischen der *Signoria* und der ganzen Politik bleibt mir kaum Zeit für die Familie und für Clarice.« Er machte eine Pause. »Und ich kann nicht von mir behaupten, dass ich Simonettas Reizen gegenüber unempfänglich wäre, auch wenn ich mir bei ihr nie sicher bin, was Spiel und was Ernst ist. Es ist fast so, als würden wir uns in einem Wettstreit befinden, bei dem nur sie die Regeln kennt.

Wenn ich ehrlich bin – manchmal vermisse ich die unkomplizierten, schlichten Liebschaften, die ich früher hatte. Du wirst vielleicht nicht heiraten, aber nach allem, was ich über den Vatikan weiß, wird dich auch niemand daran hindern, so viele Geliebte zu nehmen, wie du willst.«

Giuliano schnaubte. Er musste an seinen Besuch in Rom denken, bei dem er Clarice abgeholt und sich in den Netzen der Orsini verfangen hatte. Daran, wie Fioretta ihn angesehen hatte, als sie auf Lorenzos Hochzeit davon erfuhr. »Ich glaube nicht, dass es so einfach ist«, sagte er.

»Nun gut. Wir sollten aufbrechen«, erwiderte Lorenzo und hielt eines der beiden Hemden hoch. »Weiß, wie ein Büßer, wirklich?«, wollte Giuliano wissen.

»Lieber doch Schwarz, um zu zeigen, dass wir das Geld mitbringen, das Rom so dringend benötigt? Du hast recht.« Lorenzo warf das weiße Leinenhemd achtlos hinter sich, bevor er in die schwarze, mit Goldschnüren verzierte *Camicia* schlüpfte.

Giuliano bemerkte ein kleines Zögern, als er es über den Kopf zog, als höbe sein Bruder die Arme nur widerwillig an.

Nachdem Lorenzo auch die Vesta übergestreift hatte, nahm er eine kleine Tonflasche aus einem Beutel an seinem Gürtel und trank vorsichtig einen Schluck.

»Ist alles in Ordnung?«, fragte Giuliano.

Lorenzo nickte. »Ja. Manchmal machen mir bloß meine Ellbogen zu schaffen, aber es ist nichts Ernstes. Ich habe ein Tonikum von Dottore Gorini dagegen erhalten.«

Für einen Moment erschien Pieros ausgezehrtes Gesicht auf dem Totenbett vor Giulianos innerem Auge. Aber sein Bruder setzte eine betont fröhliche Miene auf. »Mach dir keine Sorgen«, sagte er und schlug Giuliano spielerisch mit der Faust gegen die Schulter. »Wir können jederzeit gegeneinander antreten, wenn du es wünschst.«

»Dir ist bewusst, dass du einen Kirchenmann herausforderst?«, fragte Giuliano mit schiefem Lächeln. »Jedenfalls beinahe.«

»Du hast recht. *Mea maxima culpa*, Monsignore!«, sagte Lorenzo und senkte in gespielter Demut das Haupt, bevor er zu lachen begann.

Giuliano stimmte in das Lachen ein. *Es ist fast wieder, als ob wir Kinder wären, die gegen die ganze Welt zusammenhalten*, dachte er.

Er nahm seinen Mut zusammen. Wochenlang hatte er sich vorgenommen, Fiorettas Ratschlag zu folgen und noch einmal das Gespräch mit Lorenzo zu suchen, aber irgendwie schien der passende Moment nie zu kommen. Dann war der Papst gestorben, und es war ohnehin unklar gewesen, was aus Lorenzos ehrgeizigen Plänen werden würde. Also hatte Giuliano weiterhin brav Latein gelernt und den Mund gehalten. Aber nun würde es bald kein Zurück mehr geben; sagte ihnen der neue Heilige Vater bei diesem Treffen einen Kardinalshut zu, würde er niemals mehr aus dieser Verpflichtung freikommen.

»Lorenzo, ich ... gibt es keinen anderen, der dieses Amt übernehmen kann?«, fragte er, beinahe flehentlich. »Ich will das Richtige tun, das will ich wirklich – aber bist du dir sicher, dass es niemand Besseren dafür gibt?«

Lorenzo sah ihn an und schüttelte langsam den Kopf. »Ach, Giuliano«, sagte er. »Schon allein, dass du diese Frage stellst, zeigt mir, dass nur du es sein kannst. Wie viele Kardinäle in Rom sind unfähig oder nur auf ihren eigenen Vorteil bedacht? Oder so alt, dass man ihnen die Finger führen muss, wenn wichtige Entscheidungen anstehen?«

»Die meisten?«, murmelte Giuliano.

»Genau, die meisten. Aber du bist jung, du bist nicht käuflich, und du bist mein Bruder. Ich kann mir keinen anderen auf diesem Platz vorstellen, und ich glaube, der Heilige Vater kann ebenfalls keinen besseren Mann bekommen.«

Fast erschreckte es Giuliano, wie viel ihm diese Worte von Lorenzo bedeuteten. Bin ich wirklich der Einzige, dem er so vertraut? Das Gefühl von Undankbarkeit war stärker denn je.

Ich kann ihn nicht enttäuschen, dachte er. *Auch wenn das bedeutet, Florenz aufzugeben. Und Fioretta. Unser Vater hatte unrecht. Ich bin kein Nichtsnutz, kein Ballast für meinen Bruder. Ich werde tun, was für unsere Familie das Beste ist.*

Er stand entschlossen auf. »Verzeih mir«, sagte er. »Es ist natürlich eine große Ehre, die Medici hier in Rom zu vertreten.«

»Ich bin dir so dankbar«, sagte Lorenzo leise.

»Seid ihr da drin?«, ertönte plötzlich Carlos Stimme von der Tür her. Ihr Onkel, der so lange selbst vergeblich auf die Kardinalswürde gehofft hatte, hatte sie nach Rom begleitet. Er war ihnen unterwegs eine unschätzbare Hilfe dabei gewesen, die vielfältigen Verflechtungen von Klerus und Adel verstehen zu lernen.

»Komm herein«, antwortete Giuliano.

Carlo trat ein. Auch er hatte sich umgezogen und trug nun die kirchlichen Gewänder, die seinem Stand angemessen waren. Mit seinen borstigen grau-schwarzen Haaren, die unter dem Birett hervorschauten, und der vorspringenden Nase wurde er ihrem Großvater Cosimo von Jahr zu Jahr ähnlicher, dessen außerhalb des Ehebettes gezeugter Sohn er war.

Carlo hatte es trotz seiner unehelichen Herkunft weit gebracht, war Steuereintreiber des Vatikans und päpstlicher Nunzius der Toskana geworden, aber ihm ein noch einflussreicheres Amt zu verleihen, hatte der verstorbene Papst stets abgelehnt.

»Seid ihr beide bereit? Seine Heiligkeit hat einiges für euch vorbereitet; die Speisenfolge wird beeindruckend sein.«

»Wir sind bereit«, versicherte ihm Lorenzo.

»Ich habe mich heute umgehört und einiges an Gerüchten darüber mitbekommen, wie Papst Paul gestorben sein soll«, flüsterte Carlo, während er sie einen schmalen Gang entlangführte, der schließlich in eine Loggia mündete. »Es heißt, der Heilige Vater – Gott hab seine Seele gnädig – sei ein Sodomit gewesen, und er sei zur Strafe während eines solchen Aktes abberufen worden. Sein Kammerdiener, der ihn gefunden hat, ließ einen ganzen Tag lang niemanden in das Schlafgemach.«

Vermutlich, bis sich die Totenstarre gelöst hatte und er den Heiligen Vater würdig präsentieren konnte, dachte Giuliano, nur um dann hastig für diesen Gedanken im Stillen um Vergebung zu bitten.

»Interessant«, antwortete Lorenzo ungerührt. »Aber wenn das eine verbreitete göttliche Strafe wäre, müsste wohl auch so mancher Mann in Florenz tot umfallen.«

Sixtus IV. empfing die Medici in einem Raum, in dessen Mitte eine Tafel stand, die von zahlreichen Kerzen erleuchtet wurde. Nur ein einziger anderer Gast saß am Tisch. Er trug einen dunkelblauen *Farsetto,* der mit den Wappenkugeln der Medici bestickt war: Giovanni Tornabuoni, der Bruder ihrer Mutter, der die römische Filiale der Bank leitete. Er lächelte und hob grüßend die Hand. Die Ähnlichkeit seines Sohnes Luca mit ihm war deutlich, auch wenn Giovannis blondes Haar bereits mit reichlich Grau durchzogen war.

Der Papst selbst saß in einem weißen Priestergewand am Kopfende der Tafel. Carlo, Lorenzo und Giuliano knieten sich nacheinander an seiner Seite auf den Boden und küssten den Ring des obersten Hirten der Christenheit.

Sixtus musste um die sechzig sein, war aber ein massiger Mann mit einem runden Gesicht. Seine vollen Wangen und ein Doppelkinn verwiesen darauf, dass er den weltlichen Genüssen trotz seines Amtes nicht abgeschworen hatte. Die schmalen Lippen lächelten ohne echte Wärme, als er die Besucher begrüßte, aber seine Stimme war überraschend voll und wohltönend. »Signori Medici! Welche Freude, dass Ihr den weiten Weg von Florenz hierher auf

Euch genommen habt, um an Unserer Tafel zu speisen«, sagte er, bevor er ihnen bedeutete aufzustehen und sie auf den letzten noch leeren Stühlen Platz nahmen. »Wir hoffen, dass man Euch angemessen untergebracht hat? Auch wenn der Vatikan womöglich keinem Vergleich mit Eurem Palazzo in Florenz standhält, von dem selbst in der Ewigen Stadt geschwärmt wird.« *Ein geübter Redner,* dachte Giuliano. *Und weltliche Schmeichelei ist ihm auch nicht fremd.*

Lorenzo neigte den Kopf. »Wir können Eurer Heiligkeit nicht genug für die freundliche Aufnahme danken«, sagte er.

Der Papst nickte einem Mann in Schwarz zu, der ein kleines Stück hinter seinem Stuhl stand und sich bei ihrem Eintreffen kaum gerührt hatte, nun aber vortrat. »Mein Name ist Pietro Riario«, sagte er. Riario war ein noch junger Mann mit bereits ausgeprägten Geheimratsecken, und soweit Giuliano wusste, ein weiterer Neffe des Heiligen Vaters.

»Wann habt Ihr Rom zuletzt besucht?«, fragte Sixtus leutselig in Richtung der Medici.

»Ich war zuletzt vor etlichen Jahren hier, aber mein Bruder Giuliano hat meine Frau Clarice bei ihrer Familie abgeholt und zu uns gebracht.«

»Leider habe ich allerdings nur einige Tage in der Stadt verbracht«, sagte Giuliano, der diesen Umstand keinesfalls sonderlich bedauernswert fand.

»Oh ja, die Orsini. Treue Verbündete des Heiligen Stuhls«, sagte Riario.

»So wie jeder gute Christ es sein sollte«, warf Carlo ein.

»Natürlich.« Der Papst neigte zustimmend den Kopf. »Leider ist Seine Eminenz Latino Orsini gerade nicht in der Stadt, ich bin mir sicher, er hätte Euch gerne ebenfalls begrüßt.«

Sixtus hob seinen Becher; aber erst, nachdem Riario, der hinter ihm stehen geblieben war, daraus getrunken hatte, nahm er selbst einen Schluck.

Carlo behielt mit seiner Voraussage recht: Das Essen, das aufgetischt wurde, war ausgezeichnet. Offenbar gab es im Vatikan keine vornehme Zurückhaltung oder den Wunsch, den Reichtum der Kirche nicht allzu sehr zur Schau zu stellen. Im Gegenteil, fast machte es den Eindruck, als wolle der neue Papst ihnen beweisen, dass sich der Heilige Stuhl keine Sorgen um Geld zu machen brauchte. Ochsenzungenpastete, Muscheln, Seezunge an Birnensauce, Kalbslende mit Röstbrot und eine süße Dattelrolle sorgten dafür, dass der Tisch fast überquoll.

Lorenzo schien Giulianos Gedanken zu teilen. Sein Bruder aß und trank wie immer in Maßen, eine weitere Lektion ihres Vaters, die er sich zu Herzen genommen hatte.

»Ich höre, dass Ihr Kunstsammler seid, wie Euer Großvater es vor Euch war, Lorenzo?«, fragte der Papst, nachdem das Gespräch eine Weile lang nur um das Essen gekreist war.

Lorenzo wischte sich die Finger an einem bereitliegenden Tuch ab, bevor er auch sein Messer, den Pfriem und den Löffel säuberte und alles wieder in die Tasche an seinem Gürtel steckte.

Giuliano tat es ihm nach; er hatte ohnehin das Gefühl, mehr als genug gegessen zu haben.

»Ich bemühe mich, Künstler mit gottgefälligen Werken zu unterstützen, ja«, gab Lorenzo fromm zurück.

»Und Ihr habt einige Meister wie Maestro Verrocchio in Florenz, die der Kunst der Antike nacheifern, nicht wahr?«

»Verrocchios Werkstatt ist seit Jahren die angesehenste in Florenz«, sagte Giuliano. »Und die Statuen des Maestros stehen seinen Vorbildern inzwischen kaum mehr nach. Wir haben aber auch einige neue Talente, Heiligkeit: Leonardo da Vinci, einen begabten jungen Ingenieur, ebenso wie Sandro Botticelli und Fioretta Gorini, die beide außergewöhnliches Talent in der Malerei haben.«

Falls der Papst die Nennung der drei Namen – und speziell den Fiorettas – unpassend fand, ließ er es sich nicht anmerken.

»Dann werdet Ihr Euch hoffentlich an einem kleinen Geschenk erfreuen, das ich für Euch habe.«

Er gab Riario ein Zeichen, der daraufhin den Raum verließ und mit zwei Dienern zurückkehrte, die eine mit einem Tuch verhüllte Statue hereinbrachten. Mit einer Hand zog Riario das Tuch ab und enthüllte die marmorne Büste eines Mannes, dessen sorgenvolles Antlitz zur Seite gerichtet war.

»Das ist Marcus Agrippa, Schwiegersohn des großen Augustus«, sagte Sixtus. »Ein junger Mann, dem es gelang, bei Actium die Flotte des Verräters Mark Anton und seiner ägyptischen Hure Kleopatra zu besiegen, und den Augustus zu seinem Erben machte.«

»Sein Vorgänger warf einen gewaltigen Schatten, doch er trat furchtlos daraus hervor, um seinen eigenen Weg zu gehen«, sagte Lorenzo. »Auf mehr können wir alle nicht hoffen. Das ist ein überaus großzügiges Geschenk, Eure Heiligkeit.«

»Euer Großvater war dem Heiligen Stuhl stets treu ergeben. Und Wir vertrauen darauf, dass auch Ihr Uns ebenso treu ergeben seid, besonders in den schweren Zeiten, die vor uns liegen mögen«, erwiderte Sixtus, obwohl Giuliano sich sicher war, dass sein Bruder die symbolische Bedeutung des Geschenks auch so verstanden hätte.

»Schwere Zeiten?«, Carlo blickte fragend in die Runde.

»Wie ich Euch nur immer wieder versichern kann, Heiligkeit – die Medici sind die treuesten Verbündeten, die der Heilige Stuhl sich nur wünschen kann, und werden Euch natürlich bei jedem Vorhaben unterstützen«, antwortete Lorenzo.

»Habt Dank«, gab der Papst förmlich zurück. »Und damit dies so bleibt, werden Wir Euch, Giovanni Tornabuoni, in den Stand des päpstlichen Generaldepositars berufen, und die Medici werden weiterhin die Finanzen des Heiligen Stuhls verwalten.« Giovanni, der bislang hauptsächlich geschwiegen hatte, neigte das Haupt fast bis auf den Tisch und sagte: »Habt Dank, Heiligkeit. Ich werde Euch nicht enttäuschen.«

Lorenzo sah immens erleichtert aus und verneigte sich ebenfalls. »Dann wäre nur noch ein letztes Anliegen zu klären, Heiligkeit«, sagte er.

»Ah, ja, der junge Mann, der Kardinal werden will.«

Giuliano fühlte den Blick des Papstes auf sich ruhen und kam sich vor wie beim Pferdehandel auf der Piazza del Mercato – nur dass er diesmal nicht der Kunde, sondern das Pferd war.

»Ihr seid ein Kirchenmann, Giuliano?«

»Noch nicht, Heiligkeit, aber ich hoffe, bald die Weihen zu empfangen«, antwortete er mit gesenktem Blick. Lorenzo sah ihn auffordernd an, als ob er noch etwas hinzufügen sollte.

Was will er? Soll ich etwas auf Latein aufsagen?, schoss es ihm durch den Kopf. *Ach, Unsinn.* »Es wäre mir eine große Ehre, wenn Eure Heiligkeit mich für den Dienst in Rom in Betracht ziehen würde«, sagte er stattdessen.

Dann schwieg er, unsicher, was er noch hätte hinzufügen können.

»Ich glaube, dass Giuliano Euch hier in jeder Weise unterstützen kann, Heiligkeit. Die Medici möchten dem Vatikan mehr anbieten als nur neue Darlehen und Pfandbriefe. Wir möchten Euch mit dem Besten unterstützen, das die Familie zu bieten hat.«

Der Papst setzte ein gütiges Lächeln auf. »Eure Worte ehren Euch ebenso wie Euer Angebot, Lorenzo.« Er blickte wieder Giuliano an. »Wir wünschen Euch nur das Beste dafür, wenn Ihr Euer Leben ganz der Kirche verschreiben wollt. Aber wenn Wir Euch so ansehen, glauben Wir, dass es noch zu früh für den Kardinalshut wäre.«

Giuliano konnte den Schock auf Lorenzos Miene erkennen und hielt selbst den Atem an.

»Zunächst müssen Wir Pietro Riario und Giuliano della Rovere zu Kardinälen ernennen, und einige andere, die große Verdienste für Unsere heilige Kirche erworben haben.«

Wirklich?, dachte Giuliano. *Große Verdienste? Das sind seine Verwandten!*

Lorenzo hatte die Lippen zusammengepresst, aber seiner Stimme merkte man nicht an, wie zornig er sein musste. »Natürlich, Heiligkeit«, sagte er.

Giuliano wusste, dass er Enttäuschung empfinden sollte. Zorn über den wortbrüchigen Papst, der sie mit einer antiken Statue abspeisen wollte, Ärger über die entgangene Möglichkeit, hier in Rom, im Zentrum der Welt, Politik zu machen. Aber alles, was er fühlte, war eine grenzenlose Erleichterung, so als wäre ein zentnerschweres Gewicht von ihm abgefallen.

KAPITEL 20

Florenz, Oktober 1471

LEONARDO

Leonardo schob mit der Linken die Zweige eines Busches zur Seite und hielt sich mit der Rechten an einem Baumstamm fest. Der kleine Trampelpfad, der zum Bach führte, war im Herbst mit Zweigen und Blättern bedeckt und fast nicht mehr zu sehen. Beinahe wäre er gestürzt, weil seine Füße auf dem rutschigen Untergrund kaum Halt fanden. Aber schließlich erreichte er den Flusslauf und ließ sich am Ufer auf die Knie nieder. Er tauchte seine Hand in das Wasser, schöpfte einen Schluck und trank. Es war eiskalt.

Er setzte sich auf einen Stein und beobachtete den Lauf des Baches eine Weile, der durch die bewaldeten Hügel östlich der Stadt floss. *Bei einem Fluss ist das Wasser, das man berührt, das letzte von dem, was vorübergeströmt ist, und das erste von dem, was kommt,* dachte er. *So ist auch jeder Moment, den wir erleben.*

Er holte sein Notizbuch und seinen Stift aus dem umgehängten Beutel. Die Landschaft, die nie gleich blieb, zog ihn immer wieder in ihren Bann. Obwohl die Erde schon die ersten Spuren des Winters aufwies, gab es auch noch Grün am Ufer des Flusses, und das strömende Wasser hatte seit dem Sommer nur an Stärke gewonnen. *Wie viel Kraft darin steckt,* überlegte er nicht zum ersten Mal. *Kraft, die wir nutzen könnten, wenn wir sie nur besser verstehen würden.*

Er setzte an, um den Lauf des Baches zu zeichnen, und sein Stift flog nur so über das Papier; sobald die Zeichnung des Bachlaufs fertig war, begann er eine neue, bei der er Überlegungen anstellte, an welcher Stelle man das Wasser stauen müsste, damit die Strömung danach so stark wie nur möglich würde.

Die Sonne stand schon tief am Himmel, als er aus seiner Arbeit aufschreckte, und er merkte erst jetzt, wie kalt ihm mittlerweile geworden war. Er hatte Sandro versprochen, ihn am Abend in der Werkstatt in der Via Nuova zu treffen. Hastig schob er seine Materialien zusammen und blickte kurz auf den Apfel, den er eingepackt, aber dann vergessen hatte.

Als er Sandros Werkstatt erreichte, ging die Sonne gerade unter, ein grandioses Schauspiel, das den Arno in einen Fluss aus Farben und Glanz verwandelte und für einen Moment allen Schmutz und alles Elend vergessen ließ, die an seinen Ufern zu finden waren.

Er hörte Fioretta singen, als er klopfte, und war milde überrascht, wie jemand, der sonst eine so angenehme Stimme wie sie besaß, dennoch so wenig in der Lage war, einen Ton zu halten.

»*Ciao*, Leonardo«, sagte sie und lächelte ihn an, als sie die Tür öffnete.

»Du hast aber heute gute Laune«, bemerkte er.

»Lorenzo und Giuliano sind sicher aus Rom zurückgekehrt, die ganze Villa Medici ist in Feststimmung«, gab sie zurück. »Und Simonetta sitzt Sandro Modell; ihn würde heute nicht einmal das Jüngste Gericht in schlechte Laune versetzen.«

Leonardo lachte und legte seinen Mantel ab, bevor sie gemeinsam in das Atelier gingen, wo Sandro in die Arbeit vertieft war. Direkt vor ihm saß Simonetta Vespucci, in eine rote *Gamurra* gekleidet und das goldene Haar mit Perlen und Gold geschmückt.

»Leonardo ist hier«, sagte Fioretta halblaut und blieb vor Sandro stehen, der vorsichtig einen Pinsel auf der Palette ablegte.

»Hab ich richtig gehört, Fioretta? Giuliano ist zurück?«, fragte die junge Frau, die bis eben still wie eine Statue Modell gesessen hatte. »Ich dachte, er würde in Rom bleiben, um sich auf sein Kirchenamt vorzubereiten?«

»Offenbar hat Seine Heiligkeit anders entschieden«, erwiderte Fioretta. »Jedenfalls ist er nach Florenz zurückgekommen.«

»Das sind wirklich gute Neuigkeiten«, sagte Simonetta. »Ich

freue mich darauf, Giuliano so viel schneller als erhofft wiederzusehen.« Dann wandte sie sich Leonardo zu. »Maestro Leonardo, wie schön, Euch zu sehen.«

»Ich fürchte, die Lukasgilde würde mich an den Pranger stellen lassen, wenn sie erführe, dass ich mich unrechtmäßig Meister nennen lasse, Madonna«, gab er bescheiden zurück.

»Oh! Daran will ich natürlich nicht schuld sein«, meinte Simonetta mit einem schelmischen Lächeln. »Dann also nur Leonardo?«

»Er wird sicher nicht mehr lange ohne den Titel eines Meisters auskommen müssen«, warf Sandro ein. »Alle in Verrocchios *Bottega* fragen sich, warum du dich nicht schon längst darum bemüht hast?«

Ist das so? Ihm selbst war der Gedanke noch gar nicht gekommen. Er war noch keine zwei Jahre Schüler; die meisten Lehrlinge verbrachten deutlich mehr Zeit in der Werkstatt ihrer Maestros, bevor sie nach Unabhängigkeit strebten.

Würde ich das wollen? Eine eigene Werkstatt? Vielleicht sogar eigene Schüler? Mit allem, was damit verbunden ist? Der ewigen Suche nach Gönnern und nach Geld?

Simonetta Vespucci stand auf und strich sich das prachtvolle Haar zurecht. »Ich verabschiede mich lieber«, sagte sie. Sie rief nach einer jungen Frau, einer Dienerin, die sie offenbar begleitet und in der Küche auf sie gewartet hatte.

»Wollen wir zusammen gehen?«, fragte sie, an Fioretta gewandt.

Die junge Malerin nickte. »Gerne. Wenn wir jetzt gleich aufbrechen, ersparen wir meinem Vater einen Weg.«

»Kommst du heute mit in die Stadt, Leonardo?«, wollte Sandro wissen, als sich die Frauen verabschiedet hatten. »Giuliano will seine Rückkehr feiern, und er wird sicher keine Kosten und Mühen scheuen, damit seine Gäste sich amüsieren. Und wenn die Medici dabei sind, brauchen wir wohl kaum zu fürchten, von den Wachen aufgegriffen zu werden, wenn es spät wird.«

Eigentlich herrschte ab der zehnten Stunde eine Ausgangssperre in der Stadt, aber Leonardo konnte sich ebenfalls nicht vorstellen, dass diese auch für die Medici galt.

Die Vorstellung, mit einer Schar von Söhnen reicher Kaufleute und Bankiere durch die Tavernen zu ziehen, reizte ihn allerdings überhaupt nicht. Und es gab noch so viel Arbeit, die auf ihn wartete. Er wollte bereits den Kopf schütteln, aber Sandro legte ihm eine Hand auf die Schulter.

»Gib dir einen Ruck«, sagte sein Freund. »Eine bessere Gelegenheit, mögliche neue Auftraggeber an Land zu ziehen, findest du so schnell nicht wieder. Es ist ja nicht nur Giuliano dabei, sondern auch viele seiner Freunde und Verwandten: Bernardo Rucellai, Domenico Ghirlandaio, die Vespuccis und dieser verschollene Cousin von Lorenzo und Giuliano, Luca Tornabuoni.«

»Luca?«, fragte Leonardo überrascht.

»Er ist offenbar gerade aus dem Kloster gekommen und soll bei Fiorettas Vater in die Lehre gehen.«

Vor Leonardos innerem Auge entstand das Bild des blonden jungen Mannes mit der kreisrunden Narbe auf der Wange. »Vielleicht hast du recht«, sagte Leonardo, »und ich sollte mir wirklich weniger Gedanken machen. Ich komme mit.«

Eine Gruppe von vielleicht einem Dutzend junger Männer hatte sich bereits vor einer Taverne des *Oltrarno* versammelt, als Leonardo und Sandro zu ihnen stießen. Leonardo entdeckte Giuliano, der in der Mitte stand, Domenico aus Verrocchios Werkstatt, und zwei dunkelhaarige Männer, die eine große Familienähnlichkeit aufwiesen: Marco Vespucci und sein Cousin Amerigo. Gesehen hatte er die meisten der Versammelten schon einmal, wusste aber nicht alle ihre Namen. Etwas abseits der Menschentraube stand jedoch ein junger Mann mit blonden Haaren, dessen Lächeln er überall erkannt hätte.

Er hatte Luca fast zwei Jahre lang nicht gesehen, aber er hatte sich kaum verändert. Seine Haare waren länger geworden, und er trug nun den Ansatz eines Bartes, aber er strahlte noch dieselbe

Ruhe aus, die ihn aus der Menge heraushob, hier ebenso wie damals bei Lorenzos Hochzeit. Er fing Leonardos Blick auf und winkte ihm zu.

»Der Blumenmaler!«, rief er.

»Ha, ich wusste, dass die Ranken mir noch unsterblichen Ruhm bringen würden«, gab Leonardo zurück. »Hat man dich endlich aus dem Kloster rausgeworfen, Luca Tornabuoni?«

Luca warf ihm einen gespielt entrüsteten Blick zu. »Man hat mich nur sehr ungern gehen lassen, aber mir ist wohl die Politik zu Hilfe gekommen. Was immer in Rom geschehen ist, momentan haben meine Verwandten offenbar nur wenig Interesse daran, der Kirche weitere Familienangehörige zu überlassen.«

Leonardo konnte nicht sagen, dass er genau verstand, was Luca damit meinte, aber es war ihm in diesem Moment auch egal; er war einfach nur froh, ihn wiederzusehen.

»Ihr redet zu viel und trinkt zu wenig, meine Herren«, unterbrach sie Domenico und reichte ihnen einen Weinkrug. An seinen geröteten Wangen und glänzenden Augen war deutlich zu erkennen, dass der Maler es wohl anders gehalten hatte. »Seid willkommen in unserem Kreis.«

Luca nahm den Krug entgegen und trank einen tiefen Schluck; Leonardo tat es ihm gleich.

»Trinken alle Maler so wie die Damen des Hauses?«, wollte Amerigo Vespucci wissen. Gelächter antwortete ihm.

»Nun, es gibt solche und solche, Signor Vespucci!«, rief Sandro und schob sich nach vorne. Er nahm Leonardo den Krug aus der Hand und setzte den Behälter erst ab, als er leer war.

Die Männer lachten und grölten, als Sandro achtlos den Krug abstellte. Marco Vespucci tauchte eben mit neuen Krügen in beiden Armen in der Tür der Taverne auf. »Messere Medici, Ihr seid dran«, sagte er.

Giuliano neigte elegant den Kopf. »Auf Florenz und alle guten Männer und Frauen, die hier leben!«, rief er. »Und dem Allmächtigen sei Dank, dass er mich hier verweilen lässt!« Dann trank er, die

Umstehenden feuerten ihn an. Ein Teil des Weins lief über sein Hemd und seine *Vesta*, aber offenbar wollte er Sandro in nichts nachstehen.

»Gehen wir zur nächsten Schenke!«, sagte er dann, als auch der zweite Krug von der Runde geleert worden war, und wischte sich mit dem Handrücken über den Mund.

»Hervorragende Idee«, stimmte Sandro zu. »Vielleicht finden wir dort auch etwas zu essen, ich verhungere.«

In der Schenke saßen sie eng beieinander auf Holzbänken. Die Wirtsleute brachten ihnen Brot, Käse, Oliven und mehr Wein, und Leonardo war froh, etwas essen zu können, bevor noch mehr auf nüchternen Magen getrunken wurde. Ein Sänger gab ein Lied mit einem zweideutigen Refrain zum Besten, das von der ganzen Gruppe begeistert mitgesungen wurde. Leonardo kannte die Verse; Lorenzo hatte sie für den Karneval verfasst, und sie waren schnell sehr beliebt geworden. »Wie schön ist die Jugend, die uns entgleitet! Wer feiern will, jetzt ist die Zeit, denn das Morgen ist ungewiss.«

»Wie ist es dir ergangen?«, fragte Luca leise. Er saß so nah bei ihm, dass ihre Arme sich berührten. »Gut«, gab Leonardo zurück. »Verrocchios Werkstatt hat viel zu tun, und wir sind alle froh, dass es nun doch keinen Krieg gibt. So haben deine Verwandten umso mehr Geld, um es in die Kunst zu stecken.«

»Die Söldner unterhalb des Klosters haben uns in ziemliche Aufregung versetzt«, gab Luca zu. »Aber es könnte sein, dass sie nun bald doch gebraucht werden. Hast du von Volterra gehört?«

Leonardo schüttelte den Kopf.

»Dort gibt es Streit um die Alaunminen, und es heißt, dass die Vertreter der Medici aus der Stadt geworfen wurden. Das können sie natürlich nicht auf sich sitzen lassen.«

»Was sagst du da über die Medici?« Giuliano, dessen Stimme bereits schwer vom Wein war, beugte sich zu ihnen hinüber. Das Lied war verklungen, und ein Mann, der schon in jungen Jahren vom Ansatz eines Buckels geplagt wurde, hatte sich in einer Anekdote verheddert, in der es um die Tugend der Venezianerinnen ging.

»Ich habe Leonardo nur erzählt, dass es in Volterra Ärger gibt«, sagte Luca und lächelte entwaffnend.

»Oh ja«, entgegnete Giuliano und sah erleichtert aus. »Eine Schande, was passiert ist. Aber das bekommen wir schon hin. Der neue Papst wird...wird...« Er rang um die richtigen Worte. »Wird uns unterstützen. Lorenzo. Meinen Bruder, meine ich.«

Leonardo musste lachen. Normalerweise benahmen sich die Medici in der Öffentlichkeit stets vorbildlich, aber heute ließ Giuliano offenkundig alle sonstige Vorsicht fahren. Er hob erneut seinen Becher.

»Worauf wollt Ihr trinken, Giuliano?«, fragte Leonardo.

»Ich muss nicht Kardinal werden«, murmelte dieser.

Luca schlug ihm auf die Schulter. »Du kannst dir nicht vorstellen, wie sehr ich mit dir fühle, Cousin. Dank dir muss ich jetzt auch nicht als Priester oder Bischof enden und kann endlich Arzt werden.«

»An mein Herz«, sagte Giuliano. Die beiden Männer standen auf und umarmten sich über den Tisch hinweg.

»Vorsicht!«, rief Leonardo, als beide ins Wanken gerieten. Teller und Becher rollten vom Tisch. Sandro und Leonardo halfen den beiden, sich wieder hinzusetzen. Der ganze Tisch brach in fröhliches Gelächter aus, dann brachte Marco Vespucci einen neuen Trinkspruch aus.

Als sie die Taverne verließen, hatte der Wirt ein gutes Geschäft gemacht, und keiner aus ihrer Runde war auch nur annähernd nüchtern. Leonardos Magen fühlte sich seltsam an, und er wusste nicht, ob es am Wein lag oder an Lucas Gegenwart.

»Was wollen wir als Nächstes tun? Ein Freudenhaus?«, rief Domenico, was eine laute Debatte auslöste.

»Ich glaube, ich habe noch nicht genug getrunken, um dorthin mitzugehen«, sagte Luca halblaut zu Leonardo.

»Ich würde auch lieber nach Hause gehen«, erwiderte er.

»Meinst du, wir können uns unbemerkt absetzen?«

»Unbemerkt sicher nicht. Aber ...«

Noch bevor er den Satz zu Ende bringen konnte, näherten sich ihnen plötzlich Schritte und Fackelschein aus einer Gasse.

»Wer grölt denn hier herum?«, rief einer der Fackelträger, ein groß gewachsener Mann mit einem dunklen Bart, der ihm bis auf die Brust reichte. »Ist nicht schon längst Sperrstunde? Ihr solltet euch schleunigst alle in ein Loch verkriechen, bevor ihr Ärger bekommt.«

»Pazzi«, murmelte Sandro halblaut, dem das Wappen mit den beiden Delfinen auf einigen Mänteln aufgefallen war. »Sicher waren sie wütend, dass Giuliano sie nicht eingeladen hat.«

»Gehört Ihr der Stadtwache an?«, antwortete Amerigo. »Oder seid Ihr nur ein paar Einfaltspinsel, die sich aufspielen wollen?«, ergänzte sein Vetter Marco.

»Eine Gruppe auf diesem Platz will dem Gesetz zu seinem Recht verhelfen, die andere führt sich auf wie eine Rotte besoffener Schweine«, gab der Fackelträger zurück.

»Halt's Maul, Arschloch«, rief jemand aus dem Kreis der Medici. Leonardo bekam nicht genau mit, wer.

»Wer nennt mich so? Ah, natürlich.« Der Fackelträger kam näher. Das Licht strich über ihre Gesichter und blieb bei Giuliano stehen. »Ihr versteckt Euch hinter dem Namen Medici, wenn Ihr solche Töne spuckt. Wie passend.« Die Worte waren voller Verachtung gesprochen.

Jedes Wort, das sie sagen, scheint nur darauf ausgelegt zu sein, uns zu reizen, dachte Leonardo.

Ob Giuliano das auch erkannte oder nicht, konnte Leonardo nicht sagen. Aber der junge Mann trat vor, nicht mehr ganz sicher auf den Beinen. »Habt Ihr den Medici etwas vorzuwerfen?«, fragte er sehr langsam, als müsste er sich auf jedes Wort konzentrieren.

»Nur, dass Ihr glaubt, Euch alles herausnehmen zu können, und das, obwohl weder Ihr noch der Feigling Lorenzo Manns genug seid, diese Stadt zu führen.«

Trotz des bescheidenen Lichtes konnte Leonardo den Zorn auf Giulianos Zügen erkennen.

»Was wollt Ihr tun?«, fuhr der Anführer des Pazzi-Trupps fort. »Vielleicht zu Eurem Bruder laufen? Er kann Euch zwar den Rotz von der Nase wischen, aber beschützen kann er Euch nicht.«

Giuliano sah den Mann an, der ein gutes Stück größer als er war, dann hob er eine Faust und ließ sie mit voller Wucht in das Gesicht des Sprechers krachen. Es war kein besonders gut gezielter Schlag, und umso mehr wunderte sich Leonardo, dass er den Mann dennoch nach hinten taumeln ließ.

Einen Augenblick lang herrschte fast gespenstische Stille auf dem kleinen Platz, dann brach ein Handgemenge los. Zwei Männer der anderen Gruppe stürzten sich auf Giuliano. Er bekam sofort Unterstützung von Sandro, der allerdings leider kaum als Kämpfer zu gebrauchen war. Aber zwei weitere Männer des Medici-Haushaltes, offenbar nüchterner als der Rest, sorgten für einen Ausgleich der Kräfte.

Schon bald glich der kleine Platz einem Hexenkessel aus Fäusten und Leibern. Unterdrückte Schreie und dumpfes Stöhnen ertönten, wenn Schläge und Tritte ihr Ziel fanden. Luca tänzelte erst einige Schritte zur Seite und mischte sich dann auch selbst in die Prügelei ein.

Lieber Himmel, dachte Leonardo, *muss ich mich jetzt auch schlagen?* Aber die Frage wurde für ihn beantwortet, als ein Mann der Pazzi mit erhobenen Fäusten auf ihn zukam. *Duck dich,* war sein erster Gedanke, und es gelang ihm gerade so, unter dem Schlag durchzutauchen. Sein Gegenangriff ging jedoch, da er noch halb benommen von seinem Rausch war, hoffnungslos ins Leere.

Der nächste Schlag traf ihn am Kopf und ließ sein Ohr klingeln, ein weiterer erwischte ihn in der Nierengegend. Er schlug nun blindlings um sich, trat nach seinem Gegner und landete offenbar einen glücklichen Treffer, jedenfalls spürte er Widerstand unter seinem Fuß.

Dennoch schickte ihn ein weiterer Schlag zu Boden. Schmerz explodierte hinter seiner Nasenwurzel.

Dann erschien jedoch der Umriss eines weiteren Mannes über ihm, der seinen Angreifer von ihm wegzog und ihm einen Moment Atempause verschaffte. Er blieb liegen, rang nach Luft, versuchte, Ordnung in das Chaos vor seinen Augen zu bringen, in diesen Kosmos aus Zorn und Schmerzen.

Plötzlich ertönte ein Schrei. »Vorsicht! Eine Klinge!« Leonardo konnte nicht ausmachen, von wem der Ruf gekommen war, aber ihm folgte ein wütendes Brüllen.

Er richtete sich auf. Die ersten Angreifer zogen sich zurück, die Medici schienen die Oberhand zu behalten. Zwei der Pazzi schleppten einen verletzten Kameraden mit sich davon, die anderen schienen noch selbst gehen zu können.

»Packt euch«, rief Sandro ihnen hinterher, bevor er Giuliano auf die Füße half, der geräuschvoll Blut mit Speichel ausspuckte.

Leonardo rappelte sich auf. Auch die anderen aus ihrer Gruppe sammelten sich langsam wieder. Sein Blick suchte Luca, der offenbar unverletzt geblieben war.

Im Licht der Fackeln glitzerte Blut auf dem Straßenpflaster, und plötzlich stieg Leonardo der metallische Geruch in die Nase, vermengt mit den Ausdünstungen von Abwasser und Pisse.

Er merkte, wie ihm übel wurde, und fiel auf die Knie zurück, bevor er würgte und sich auf die Straße übergab, bis sein Magen leer war.

»Ich glaube, er hatte genug«, hörte er undeutlich jemanden hinter sich sagen.

»Ich denke, wir alle haben genug«, sagte Luca, dessen Gesicht vor seinem auftauchte. »Geht es wieder?«, fragte er mitfühlend.

Leonardo nickte. Er fühlte sich in jeder Hinsicht schlecht, ließ sich aber trotzdem aufhelfen.

»Vielen Dank, dass ihr alle die Medici verteidigt habt«, sagte Giuliano, der Blut auf dem Hemd und dem Gesicht hatte, ansonsten aber deutlich nüchterner klang als noch vor wenigen Augenblicken. »Ich werde das nicht vergessen.«

»Gegen diese aufgeblasenen Pazzi?«, Domenico rieb sich die Schulter und verzog das Gesicht dabei zu einer Grimasse. »Das war wohl keine Frage.«

»Gott sei Dank ist nichts wirklich Schlimmes passiert«, murmelte Sandro. »Als Marco Vespucci den Dolch zog, habe ich das befürchtet.«

Leonardo merkte, dass er erneut zu schwanken begann. Luca griff nach seinem Arm und bot ihm Halt. »Komm«, sagte er leise. »Wir bringen dich nach Hause.«

KAPITEL 21

Florenz, Oktober 1471
Zwei Tage später

FIORETTA

»Um Himmels willen, Fioretta, dir muss doch klar sein, dass du nicht mehr in Botticellis Werkstatt zurückkehren kannst!« Ihr Vater stand am Kamin und sah sie mit einer Mischung aus Zorn und Verzweiflung an. »Wenn du auch nur einen Tag länger in die *Bottega* gehst, ist dein Ruf so ruiniert, dass wir niemals einen Ehemann für dich finden. Ich habe mir das lange genug angesehen und war viel zu nachsichtig, zu deinem Schaden. Das endet hier und heute.«

Antonios Stimme war rau von der Wut, die in ihr mitschwang; Fioretta konnte sich nicht erinnern, ihn jemals so aufgebracht gesehen zu haben. Sie atmete tief ein. »*Pàpa*, du übertreibst! So schlimm kann die ganze Sache im *Oltrarno* doch gar nicht gewesen sein!«, sagte sie so ruhig, wie es ihr möglich war. Aber ihre Stimme zitterte, und sie merkte, wie ihr die Tränen in die Augen stiegen. »Bitte bestraf mich nicht für etwas, woran ich keine Schuld trage.«

Sie wusste, dass die Prügelei zwischen den Medici und den Pazzi weite Kreise gezogen hatte, aber sie wollte nicht in die schwelende Auseinandersetzung hineingezogen werden.

Jacopo de' Pazzi beschuldigte Giuliano öffentlich, die Schlägerei begonnen und dabei die Pazzi, die nur das Florentiner Gesetz verteidigen wollten, sogar mit einer Waffe angegriffen zu haben. Er forderte, die Medici für den schweren Schaden, den sie angeblich angerichtet hatten, zur Rechenschaft zu ziehen und überdies, die beteiligten Maler aus der Lukas-Gilde auszuschließen – was für Sandro, Domenico und Leonardo den Ruin bedeuten würde.

»Es ist schlimm genug, dass die Medici für die Handgreiflichkeiten verantwortlich gemacht werden. Dein Name darf in diese ganze Sache nicht auch noch mit hineingezogen werden«, sagte Antonio. In seinem Blick lag plötzlich kein Zorn mehr, nur Sorge um sie. Was es für Fioretta viel schlimmer machte, denn sie wusste, dass sich sein Ärger irgendwann legen würde, da es nicht in seiner Natur lag, nachtragend zu sein. Aber seine Angst um sie konnte sie nicht entkräften.

Bei allen Heiligen, nein!, dachte sie. *Das kann einfach nicht wahr sein!* Sandros Werkstatt hatte gerade erst zu florieren begonnen. Ging es so weiter, hatte sie die Aussicht, sich bald auch selbst einen Namen zu machen. Aber ganz auf sich gestellt war das praktisch unmöglich; sie brauchte Sandro, und sie musste weiterhin in der *Bottega* arbeiten dürfen.

»Ich hatte damit doch gar nichts zu tun!« Jetzt brach sich ihre ganze Enttäuschung doch Bahn, und ihre Stimme wurde laut. »*Pàpa*, bitte, warum sollte irgendjemand mich damit in Verbindung bringen?«, versuchte sie ein letztes Mal, ihn umzustimmen.

Antonio trat auf sie zu. Der Schein des Feuers umhüllte ihn wie einen Heiligen auf den Bildern von Fra Angelico in San Marco.

»Maler, die sich in den Straßen von Florenz schlagen, sind kein Umgang für dich«, sagte er ernst. »Du bist neunzehn Jahre alt und noch unverheiratet. Und wenn du dich weiter in dieser Gesellschaft herumtreibst, wird das auch so bleiben, und das kann ich nicht zulassen. Du brauchst einen Ehemann.«

»Und was, wenn ich gar keinen Ehemann haben will?«, fragte Fioretta leise, der nun die Tränen über die Wangen liefen. »Wenn mir meine Aussichten darauf egal sind?«

Sie hätte selbst nicht sagen können, ob das wirklich der Wahrheit entsprach, aber sie wusste, wenn sie in diesem Augenblick hätte wählen müssen zwischen der Arbeit in der Werkstatt und einer Ehe, würde sie nicht zögern, Letzteres für Ersteres aufzugeben.

»Fioretta«, Antonios Stimme wurde weicher und nahm einen

fast verzweifelten Ton an. »Das glaubst du vielleicht wirklich. Aber du weißt, dass du nicht in die Gilde eintreten kannst, du kannst keine *Maestra* werden. Wenn ich nicht mehr bin und du keinen eigenen Hausstand, keine Familie hast, wovon willst du leben?«

»Bilder verkaufen kann man auch, ohne den Titel eines Meisters zu führen«, gab sie zurück. »Ich kann auch weiterhin mit Sandro arbeiten, oder für Leonardo, wenn er Verrocchio verlässt und seine eigene Werkstatt gründet.«

»Das vielleicht schon«, sagte Antonio, und Fioretta wagte es für einen Moment zu hoffen. »Aber um Bilder zu verkaufen, brauchst du dennoch einen tadellosen Ruf. Oder du wirst irgendwann eine Belastung für jede Werkstatt sein, auch für deine Freunde.« Die aufkeimende Hoffnung fiel sofort wieder in sich zusammen.

Sie wusste nicht, was sie darauf antworten sollte. »Ich kann das Malen nicht aufgeben«, sagte sie flehentlich. »Ich kann nicht ändern, wer ich bin.«

»Ich weiß, mein Schatz«, sagte Antonio, nun wieder mit seiner gewohnt sanften Stimme. »Und ich werde dich nicht dazu zwingen. Mal erst einmal hier im Haus weiter. Und wir suchen dir einen Ehemann, der es dir ermöglicht, mit Gottes Segen weiterzumachen.« Er atmete durch. »Das ist mein letztes Wort«, fügte er mit aller Strenge hinzu, derer er fähig war.

Fioretta wusste, dass jeder weitere Einwand verschwendet gewesen wäre. Sie wischte sich mit dem Ärmel die Tränen aus dem Gesicht, merkte, dass sie sich dringend schnäuzen musste, und lief aus dem Raum.

Schließlich zog sie sich in eine Fensternische zurück, die auf den Garten hinausblickte. Draußen war es grau und regenverhangen, und der Garten sah aus, als würde nie wieder etwas in ihm blühen. Wie passend. Sie presste die Stirn gegen den kühlen Stein, ballte zornig die Fäuste zusammen und öffnete sie wieder. *Warum? Warum hatten sich diese Idioten auch schlagen müssen?*

»Fioretta? Was machst du hier?«, fragte eine Stimme neben ihr.

Von all den vielen Menschen in diesem verdammten Haus muss es ausgerechnet Giuliano sein, der hier entlangläuft?, dachte sie bitter.

Aber es half nichts, ihn oder sich selbst an einen anderen Ort zu wünschen, also wandte sie ihm ihr verweintes Gesicht zu. »Meinen Glückwunsch zu deiner jüngsten Heldentat«, sagte sie. »Du hast erreicht, dass mir mein Vater verbietet, weiterhin in Sandros Werkstatt zu arbeiten.«

»Was?« Er blickte sie an, als spräche sie eine andere Sprache. Sie konnte die Spuren der Prügelei noch gut an ihm erkennen. Seine Unterlippe war geschwollen, seine Knöchel aufgeschlagen und verkrustet. »Wieso bin ich jetzt auch daran schuld?«, fragte er. »Verflucht noch mal, will eigentlich niemand wissen, was wirklich im *Oltrarno* passiert ist? Jeder scheint sofort anzunehmen, dass ich völlig ohne Grund über die Pazzi hergefallen sei. Aber von dir hätte ich das eigentlich nicht erwartet.« Dann schüttelte Giuliano den Kopf, als wollte er einen Gedanken daraus vertreiben. »Aber du kannst dir sicher sein, dass das nicht folgenlos für mich bleibt. Lorenzo überlegt, mich direkt nach Neapel zu schicken, bis Gras über die Sache gewachsen ist. Nur seine Sorge darum, was in Volterra vor sich geht, hat bislang verhindert, dass ich mich auf den Weg mache.«

»Wie entsetzlich für dich, du musst ein paar Wochen nach Neapel gehen«, gab Fioretta beißend zurück, weil er offenbar nicht verstand, um wie viel mehr es für sie ging.

Sie merkte, wie ihr erneut die Tränen in die Augen stiegen. »Ich verliere meine Zukunft, aber Giuliano de' Medici muss eine Reise in den Süden machen, das ist natürlich viel schlimmer.«

Er sah sie mit einem so verletzten Blick an, dass ihr ihre Worte beinahe sofort leidtaten. »Das habe ich nicht gemeint«, murmelte er. »Aber ich habe keine Ahnung, warum dein Vater dich für etwas bestrafen will, was du nicht getan hast.«

»Hättet ihr euch nur ein bisschen besser zusammengerissen, hätte ich jetzt noch eine *Bottega*, in der ich arbeiten kann.«

»Natürlich«, erwiderte er mit kalter Stimme. »Und am einfachsten ist es, du gibst mir dafür die Schuld. Das bin ich ja gewohnt. Nur noch nicht von dir.«

Er drehte sich um und lief die Treppe hinauf, ob zornig oder verletzt, konnte sie nicht sagen.

»Giuliano«, rief sie ihm hinterher, aber so leise, dass er es offenbar nicht mehr hörte. Als er verschwunden war, kauerte sie sich wieder in die Ecke. Sie fühlte sich sterbenselend. Gestern noch war ihr die Zukunft so hell erschienen, aber nun lag alles in Trümmern.

Sie konnte nicht anders und begann wieder zu weinen.

KAPITEL 22

Florenz, März 1472

ALBIERA

Wir brauchen Rindfleisch und Käse vom Mercato di Sant'Ambrogino, und Pfirsiche für den Kuchen am Sonntag.« Albiera warf einen prüfenden Blick auf die Liste, die sie als Vorbereitung für die Osterfeiertage erstellt hatte. Die Küchenmägde würden sich später auf den Weg machen, um all die Dinge einzukaufen, die sie jetzt zusammentrug.

Die Pazzi gaben in den kommenden Tagen wie so viele andere auch ein Festmahl, um das Ende der Fastenzeit zu feiern, und natürlich konnten und wollten sie ihren Gästen nur das Beste bieten.

»Ecco, la primavera

Che'l cor fa rallegrare ...«

Von draußen erklang Gesang, und als Albiera aus dem Fenster sah, entdeckte sie Vittoria und Simonetta Vespucci, die von einem Spaziergang zurückkamen. Ihre hellen Kleider leuchteten zwischen dem ersten Grün der Bäume hindurch. Offenbar hatte das Frühlingswetter die beiden in gute Laune versetzt, sie lachten laut auf, als sie ihr Lied beendet hatten.

Albiera spürte einen Stich der Eifersucht, als sie die Unbekümmertheit der jungen Frauen sah, die in diesem Augenblick keine Sorge der Welt zu kennen schienen. Simonetta lag Florenz zu Füßen; Vittoria war deutlich sichtbar schwanger und freute sich auf ihr erstes Kind.

Du wirst bald eine Nonna sein, ging es Albiera durch den Kopf.

Der Gedanke erschien ihr fast widersinnig. *War es nicht erst gestern gewesen, dass sie selbst mit ihrer Erstgeborenen schwanger gewesen war? Konnten wirklich fast zwanzig Jahre vergangen sein, seit sie als Braut ins Haus der Bardi gekommen war? Wo war nur die Zeit geblieben?*

Wie wenig Einfluss auf ihr Schicksal sie in diesen Jahren auf ihr eigenes Leben gehabt hatte! Von einem Augenblick auf den nächsten war sie eine Ehefrau geworden und lebte an der Seite eines Mannes, den sie kaum kannte.

Aber sie hatte nie aufgehört, eine Pazzi zu sein. Der verblichene Glanz des Namens Bardi, einer Familie, die überall versuchte, ihre Kinder im Tausch gegen neues Vermögen zu verheiraten, hatte nie wirklich Bedeutung für sie gehabt. Und nach dem Tod ihres Mannes war sie sofort in den Schoß ihrer eigenen Familie zurückgekehrt, und ihre Kinder waren mit ihr gekommen. Ihr Bruder Jacopo hatte lediglich eine Tochter, die außerhalb des Ehebettes gezeugt worden war, und keine legitimen Erben, sodass Albiera hoffen konnte, dass neben ihrem Neffen Francesco eines Tages auch Vittorias Söhne eine wichtige Rolle in der Familie spielen würden.

Wenn Francesco doch nur endlich erwachsen werden würde! Albiera erinnerte sich daran, wie es gewesen war, als er davon gehört hatte, dass Piero de' Medici seinem Erstgeborenen den großen Turniersieg gekauft hatte. Francesco war fest entschlossen gewesen, sich nicht an diese Abmachung zu halten und Lorenzo mit redlichen Mitteln zu besiegen. Er wusste, dass er ein besserer Lanzenreiter war, und er wollte es ganz Florenz beweisen. Aber dazu war es nicht gekommen, denn Giuliano hatte ihn vorher nicht nur beim Tjosten besiegt, sondern sich auch noch vor Francescos Familie über ihn lustig gemacht. Seit dem Turnier hasste Francesco Giuliano noch mehr als Lorenzo.

Was für ein Verbündeter könnte er sein, wenn er sich nicht von seinem kindischen verletzten Ehrgefühl leiten lassen würde!, dachte Albiera. Diese Ehre, die so bestimmend war bei fast allen Männern, die sie kannte.

Auch wenn ihre Ehe nicht unglücklich gewesen war, so war Albiera doch erst als Witwe weitgehend Herrin ihrer eigenen Entscheidungen geworden, ein Zustand, den sie nie mehr aufgeben wollte. Für einen kurzen Moment fragte sie sich, ob es ihrer Tochter eines Tages ebenso ergehen würde – Vittoria und ihr Mann schienen durchaus Zuneigung zueinander zu empfinden, aber wer wusste schon, ob sie ihren Mann liebte oder nur darauf wartete, von ihm befreit zu sein? Aber Albiera glaubte nicht wirklich daran, dass ihre Tochter ihre Gedanken teilte. Nicht jetzt zumindest; vielleicht später einmal, wenn das Leben ihr einiges geschenkt und anderes genommen hatte.

Aber sie hatte keine Zeit, diesen müßigen Fragen nachzugehen, dafür gab es zu viel zu tun und zu viel vorzubereiten. Ihre Kinder und Kindeskinder waren der Grund, warum sie das Gefühl hatte, niemals die Hände in den Schoß legen zu können.

Ihre Enkel und Urenkel würden die Früchte der Saat ernten, die Jacopo und sie heute säten. Sie würden Mitglieder der reichsten und angesehensten Familie in Florenz sein, die zu keinem Medici mehr aufblicken mussten.

Die beiden jungen Frauen betraten die Küche. Eine der Mägde hielt ihnen einen Teller mit frischem Gebäck hin. Vittoria biss, noch immer kichernd, hinein. Albiera streckte die Hand aus und streichelte ihrer Tochter über die Wange. »Wie schön, dich zu sehen! Geht es dir gut, Kind?«, fragte sie.

»Mach dir keine Sorgen, Mama. Ich habe mich nie besser gefühlt.« Sie legte die Hände auf ihren Bauch und lächelte.

»Vittoria wird von ihrem Ehemann so verwöhnt, dass ich sie regelrecht beneide«, warf Simonetta ein. »Während mein eigener Mann wochenlang auf Reisen ist.« Sie verzog die Lippen zu einem bezaubernden Schmollmund, aber es war klar, dass sie ihre Worte nicht ganz ernst meinte.

»Über mangelnde Gesellschaft kannst du dich aber nicht beklagen, oder?«, fragte Vittoria ihre Freundin.

»Nein, sowohl deine Mutter als auch die Medici erweisen mir die Gunst, mich in Marcos Abwesenheit zu trösten.« Sie wandte sich Albiera zu und legte ihre Hände vor die Brust. »Wofür ich sehr dankbar bin, wie Ihr wisst, Madonna Albiera.«

»Und ist es wahr, was man sagt – dass Lorenzo de' Medici in dich verliebt ist und seine Frau gar nicht mehr ansieht?«, fragte Vittoria verschwörerisch mit einer feinen Mehlspur an den Lippen.

»Wer sagt denn so etwas?«, wollte Simonetta wissen. »Ich hoffe doch nicht! Wenn es so wäre, würde ich natürlich nicht mehr in ihr Haus gehen!«

Albiera schluckte ein Lachen hinunter. Ihr erschien Simonettas Bestürzung nur allzu durchsichtig, aber Vittoria sah aufrichtig besorgt aus. »Bitte entschuldige!«, rief sie. »Ich hätte das nicht sagen sollen, es ist nur dummes Gerede.«

»Aber ich bin dir dankbar, dass du es mir gesagt hast, meine Liebe«, versicherte Simonetta ihr. »So kann ich künftig noch vorsichtiger sein.«

Vittoria warf ihrer Freundin einen erleichterten Blick zu, dann wandte sie sich an ihre Mutter. »Ich würde gerne mit Sofia reden, wenn du erlaubst.«

Albiera drückte ihrer Tochter einen Kuss auf die Stirn. »Natürlich. Ich sehe dich beim Essen.« Sofia gehörte schon lange Jahre zum Haus der Pazzi und hatte in Albieras Generation die meisten der Kinder auf die Welt geholt; es war nur zu verständlich, dass Vittoria sich ihren Rat wünschte.

Albiera bedeutete Simonetta, ihr zu folgen. »Und?«, fragte sie, als sie gemeinsam in den schattigen Innenhof traten. »Ist es wahr, dass Lorenzo sich in dich verliebt hat?«

Simonetta lächelte, aber es war ein anderes Lächeln als noch vor wenigen Augenblicken. »Ja. Ihn zu einem Geständnis zu bewegen, war schließlich fast *zu* leicht, Madonna«, sagte sie. »Er hat ja schon immer meine Nähe gesucht, aber dass mehr daraus wurde, hat er sich immer verwehrt. Doch sobald ich ihm sagte, dass wir uns eine Weile nicht sehen werden, weil ich mich nach Appiano zurückziehe, war er Wachs in meinen Händen. Ich kann Euch seine Liebesgedichte zeigen, wenn Ihr wünscht.«

Albiera schüttelte den Kopf. »Mein Dank, aber ich glaube dir auch so, ohne schlechte Verse dazu lesen zu müssen. Und nun?«

»Ich bin nach wie vor vorsichtig, und zu Recht, nach dem, was Vittoria gesagt hat. Immerhin muss ich meinen Ruf schützen! Und auch Lorenzo bleibt wachsam. Außerdem hat Clarice ihm erst vor wenigen Wochen einen Erben geschenkt, vergesst das nicht. Das hat sie einander wieder nähergebracht. Ich lese also vorerst einmal weiter seine Briefe und die Poesie und lausche seinen Sorgen, die er sonst niemandem anvertrauen kann.«

»Ausgezeichnet«, gab Albiera zurück. Ein liebeskranker Lorenzo war genau das, was sie sich gewünscht hatte. »Und der jüngere Medici, Giuliano?«

Simonetta runzelte kaum merklich die Stirn, eine Regung, die Albiera bemerkte, aber nicht sofort deuten konnte. »Lorenzo war sehr erzürnt, weil der Heilige Vater Giuliano den Kardinalspurpur verwehrt hat, aber Giuliano selbst scheint eigentlich recht froh darüber zu sein. Ich weiß noch nicht, was er als Nächstes plant. Manchmal ist er schwerer zu deuten als sein Bruder, so erstaunlich das klingen mag. Aber er hat eine Art, Menschen schnell für sich einzunehmen – Lorenzo wäre gut beraten, das für sich zu nutzen.«

»Das klingt beinahe so, als ob du selbst von Giuliano eingenommen wärst«, sagte Albiera erstaunt.

Aber Simonettas Gesicht gab nichts weiter preis. »Wer weiß?«, sagte sie mit einem unschuldigen Lächeln. »Aber er ist ohnehin aus irgendeinem Grund in die Tochter von Dottore Gorini verliebt.«

Albiera lachte auf. »Wirklich? In Fioretta? Das kann nichts Ernstes sein, oder?«

»Ich weiß nicht einmal, ob es ihm bewusst ist«, gab Simonetta zurück. »Geschweige denn, wie ernst er es meint.«

»So oder so würde Lorenzo das nicht dulden – ist sie nicht eine Art Gehilfin in Botticellis Werkstatt?«

Simonetta nickte. »Macht Euch wegen ihr keine Gedanken, Madonna«, bat sie, und Albiera spürte, dass sie das Thema wechseln wollte. Es gab auch wahrhaft dringendere Probleme.

»Was sagt man in der Via Larga über Volterra?«, wollte sie wissen.

Seit in Volterra ein reiches Vorkommen von Alaunkristallen gefunden worden war, hatte ein mit den Medici eng verbundenes Handelshaus die Schürfrechte wahrgenommen. Doch die Unzufriedenheit der Volterrani darüber, dass hauptsächlich Florenz vom Verkauf des kostbaren Salzes profitierte, war ständig gewachsen, und schließlich hatte sich der Zorn Bahn gebrochen: Die Minen waren gestürmt und die Vertreter der Medici aus der Stadt geworfen worden. Zwei von ihnen hatte man dabei sogar erschlagen.

»Lorenzo war außer sich, als die Nachricht eintraf, dass sich die Stadt in Aufruhr befindet. Und er sagt, dass jeder Tag, an dem kein Alaun nach Florenz geliefert wird, die Medici ein Vermögen kostet.«

Das glaube ich sofort. »Was schlägt er vor?«

»Ich glaube, es wäre ihm am liebsten, ein deutliches Zeichen zu setzen und den neuen *Capitano* von Volterra mit Waffengewalt aus der Stadt zu werfen.«

Das waren wirklich interessante Neuigkeiten. Bislang hatte sich Lorenzo meist als Bewahrer des Friedens aufgespielt; dass er nun gegen Volterra mit harter Hand vorgehen wollte, zeigte nur, wie wichtig der Alaun für die Einkünfte der Bank war. *Daraus lässt sich auf jeden Fall Nutzen ziehen.*

Jacopo erschien eben am Eingang zum Hof, und Albiera winkte ihn heran. Er begrüßte zuerst sie und dann Simonetta, aber Albiera merkte, dass ihm etwas auf den Nägeln brannte.

Simonetta schien das ebenfalls zu spüren. »Wenn Ihr erlaubt, würde ich nach Vittoria sehen«, sagte sie und knickste höflich.

»Natürlich«, erwiderte Albiera. »Es war wie immer schön, dich zu sehen.«

»Ich habe Nachrichten aus Volterra«, sagte Jacopo, sobald Simonetta sich verabschiedet hatte. »Bernardo Corbinelli wird einen Boten zur *Signoria* schicken, er will mit Florenz über die Nutzungsrechte an den Minen verhandeln.«

Albiera sah ihn erstaunt an. »Einfach so? Ohne Bedingungen daran zu knüpfen?«

Corbinelli, der neue *Capitano* Volterras, hatte sich bislang nicht von den Medici einschüchtern lassen. Umso erstaunter war Albiera, dass er nun offenbar bereit war, doch klein beizugeben.

»Eine Bedingung hat er schon. Er will die neu gegründete Miliz behalten.«

»Oh«, sagte Albiera und spitzte die Lippen. »Das wird Lorenzo überhaupt nicht gefallen.«

Im Zuge der Unruhen hatte Corbinelli eine neue, eigene Stadtwache aufstellen lassen, die wohl hauptsächlich ihm und Volterra die Treue geschworen hatte. *Vielleicht ein erster Schritt, um sich von der Florentiner Vorherrschaft zu lösen?*

»Nein, Lorenzo sah schon im Ratssaal so aus, als hätte er einen Krug Essig gesoffen.«

»Es wäre nicht gut für uns, wenn sich die Situation einfach in Wohlgefallen auflöste, das weißt du«, sagte Albiera nachdenklich.

»Wenn Corbinelli auf dem Erhalt der Miliz besteht, wird das so schnell nicht passieren«, gab Jacopo zurück. »Aber wenn sich Corbinelli und die *Signoria* einigen wollen, können wir es kaum verhindern. Ich kann die Minen schließlich nicht selbst überfallen, um Lorenzo vom Alaun abzuschneiden.«

»Wir brauchen unsere Mittelsmänner«, gab Albiera nachdenklich zurück. »Vordergründig müssen wir diejenigen sein, die für den Frieden mit Volterra stehen. Während wir gleichzeitig in Volterra alle unterstützen, die sich von den Medici lösen wollen.«

»Das ist ein gefährliches Spiel«, wandte Jacopo ein. »Viele Florentiner waren erzürnt, dass der Handel mit dem Alaun zum Erliegen gekommen ist – sie hängen fast mehr daran als am Gold. Allmächtiger Herrgott, selbst ich bin froh, dass Lorenzo einmal nicht vor lauter Empfindsamkeit in Ohnmacht fällt und stattdessen wie ein Mann reagieren will.«

»Du wirst diesmal auch nicht auf einen Kriegszug verzichten müssen«, erwiderte Albiera langsam. »Wenn unser Plan gelingt. Aber es darf kein Schatten des Verdachts auf uns fallen, dass wir heimlich mit den Volterrani verhandeln. Du musst die *Priori* für eine kleine Weile hinhalten, während Lorenzo nach Blut ruft.«

»Hmm«, Jacopo schnaubte. Er sah nicht überzeugt aus. »Also ich kämpfe in der *Signoria* zum Schein gegen Lorenzo, aber er kann sich schlussendlich doch durchsetzen? Sehen wir dann nicht wie Verlierer aus?«

»Aber nein. Lorenzo wird hier der einzige Verlierer sein. Wir werden die *Signoria* hinhalten, während wir gleichzeitig Corbinelli unterstützen und ihm über verschiedene Kanäle Geld zukommen lassen, damit er seine Miliz ausbauen kann. Lass sich Lorenzo in Volterra eine blutige Nase holen, während du hier die Florentiner Geschäfte beschützt und dafür sorgst, dass der Handel auch weiterhin blüht.«

Jacopo nickte nachdenklich. »Das könnte so gelingen.«

»Eines noch«, fügte Albiera hinzu. »Sollte es zu einem Kriegszug gegen Volterra kommen, dann stell sicher, dass Lorenzo ihn begleitet und nicht nur ein bedeutungsloser *Condottiere* im Auftrag von Florenz an der Spitze des Zuges steht. Wenn er in Volterra scheitert, soll die Schmach direkt auf ihn zurückfallen.«

KAPITEL 23

Florenz, April 1472

GIULIANO

Signori, lasst euch nichts einreden!«, schrie Francesco de' Pazzi aufgebracht, um den Lärm der Versammelten im Ratssaal des Palazzo della Signoria zu übertönen. »Die Lage in Volterra ist unter Kontrolle, der *Capitano* Bernardo Corbinelli streckt uns die Hand hin. Jedes weitere Vorgehen gegen die Stadt wäre vor allem ein Gefallen an die Medici!«

Giuliano sah zu ihm hinüber und bemühte sich, es Lorenzo gleichzutun und bei diesen Worten keine Regung zu zeigen. *Eine zornige Antwort bestätigt unsere Feinde nur.*

»Es ist kein Geheimnis, dass Seine Heiligkeit Sixtus IV. den Medici die Rechte an allen Alaun-Vorkommen auf päpstlichem Gebiet zugesichert hat«, sagte Lorenzo stattdessen laut. »Und unser Haus sorgt dafür, dass ganz Florenz von dem Alaun profitiert. So viel dazu, dass man uns hier einen Gefallen tut.«

Auf ihrer Seite erklang zustimmendes Gemurmel, aber auf der anderen Seite des Saales setzte sich Francesco mit verächtlicher Miene wieder hin.

Das Licht fiel bereits schräg durch die hohen Fenster des Saales. Die Luft war stickig, weil zu viele Menschen auf zu engem Raum zusammengekommen waren und seit Stunden darüber diskutierten, wie Florenz auf die jüngsten Entwicklungen in Volterra reagieren sollte. Mittlerweile zeigten die meisten der Anwesenden erste Ermüdungserscheinungen, aber zurückstecken wollte auch niemand; dafür war die Frage zu wichtig.

Giuliano ließ seinen Blick über die Gesichter der Mitglieder der *Signoria* und ihrer Begleiter schweifen, allesamt aufgebrachte Männer, die leise mit ihren Verbündeten sprachen oder mit lauter Stimme ihre Anliegen vertraten. Im Kern bestand die *Signoria* aus fünf Vertretern der *Arti Maggiori*, der großen Florentiner Zünfte, und aus drei Vertretern der kleineren Gilden. Diese acht wählten gemeinsam den *Gonfalioniere*. Doch bei wichtigen Besprechungen wurden oft noch Abgesandte des Rates der Einhundert hinzugezogen, und überdies brachten viele der Mitglieder der *Signoria* ihre Söhne, Brüder oder Neffen zur Unterstützung mit in die Versammlungen, sodass jetzt insgesamt mehr als drei Dutzend Menschen an der Sitzung teilnahmen, die sich im Ratssaal gegenübersaßen.

Lorenzo versuchte bereits seit Stunden, die Versammelten davon zu überzeugen, dass es in der jetzigen Situation einer Machtdemonstration bedürfe. Giuliano hatte ihn nach Kräften unterstützt, aber die *Signoria* war Lorenzos Bühne, nicht die seine, und er zweifelte daran, dass seine Anwesenheit dem Anliegen der Medici wirklich viel nutzte.

Als sich Francesco de' Pazzi gesetzt hatte, stand auf ihrer Seite Bernardo Rucellai auf, der Mann ihrer Schwester Nannina. Der Vertreter der Gilde der Stoffhändler war sich mit den Abgesandten der Gilde der Ärzte, Apotheker und Künstler einig: Sie unterstützten ein hartes Vorgehen gegen Volterra, da es jederzeit wieder geschehen konnte, dass die dortigen Alaun-Minen geschlossen wurden und sie damit vom Nachschub abgeschnitten waren. Für die Färber, Wollweber und Maler war der Alaun jedoch lebenswichtig.

Rucellai war ein geübter Redner und machte seine Sache gut. *Wir haben uns zu Recht auf ihn verlassen*, dachte Giuliano.

Als Rucellai zum Ende kam, sprach als Nächster Gianni Martinelli für die kleineren Gilden. Der Vertreter der *Arti Mediane* und der *Arti Minori* argumentierte leidenschaftlich dafür, auf eine friedliche Lösung zu setzen; die Sorge der Schmiede, Bäcker und Steinmetze war eher, wer letztlich für einen Kriegszug nach Volterra aufkommen musste. Krieg oder auch nur die Drohung eines Krieges bedeutete für sie vor allem die Sorge vor höheren Steuern.

»Wenn wir wirklich Söldner anwerben und nach Volterra schicken wollen, wer wird sie denn bezahlen?«, rief daher Martinelli. Er war ein kleiner, recht korpulenter Mann. »Hat die *Signoria* überhaupt die Mittel, das zu tun? Oder woher will sie das Geld nehmen?«

Giuliano lehnte sich zurück und warf seinem Bruder einen Blick zu, der den Worten Martinellis gespannt zu lauschen schien. Lorenzo war der Überzeugung, dass sie die Volterrani unmöglich einfach so davonkommen lassen konnten. Auch wenn Bernardo Corbinelli mittlerweile zu Verhandlungen bereit war, weigerte er sich doch, die Miliz aufzulösen. Corbinelli war aus einem anderen Holz geschnitzt als sein Vorgänger, der ein treuer Anhänger der Medici gewesen war.

Lorenzo befürchtete, dass Florenz schwach wirken würde, wenn sie nicht auf diese Vorfälle reagierten. Und das war gleichbedeutend damit, dass die Medici schwach wirkten.

Obwohl sich Giuliano für den Gedanken schämte, war ein Teil von ihm beinahe erleichtert, dass im Licht der Vorfälle in Volterra das Handgemenge im *Oltrarno* völlig in Vergessenheit geraten war. Selbst die Pazzi hatten einsehen müssen, dass dies nur eine Lappalie im Vergleich zu den Herausforderungen war, vor denen sie jetzt standen.

Gianni Martinelli hatte seine Rede beendet. Als Nächstes war Lorenzo an der Reihe, ihm zu antworten. Er beugte sich vor, stand aber nicht auf, wie es sonst seine Gewohnheit war, wenn er in der *Signoria* sprach. *Vielleicht ist er auch müde,* dachte Giuliano. Lorenzos Stimme übertönte jedoch mühelos die Geräuschkulisse des Saals.

»Signor Martinelli, ich verstehe Euch! Ich weiß, dass die Florentiner Handwerker keine höheren Abgaben aufbringen können, um einen Kriegszug zu finanzieren, und ich stehe auf Eurer Seite! Aber wir Bankiere von der *Arte del Cambio,* wir können es – und wir sollten es auch. Wir können einen Heerführer an unsere Seite holen und eine Streitmacht nach Volterra schicken, die Bernardo Corbinelli absetzt. Und wir werden das vorbehaltlos tun, denn bedenkt, wie viel teurer es uns letztlich zu stehen kommen würde, wenn wir jetzt nicht handelten und Volterra einfach gewähren ließen! Bei nächster Gelegenheit würde Capitano Corbinelli den Alaun wieder nutzen, um uns zu erpressen. Und selbst wenn wir uns entscheiden sollten, dieses Risiko einzugehen, was ich nicht hoffe, bliebe immer noch die Tatsache bestehen, dass die Volterrani zwei Florentiner ermordet haben. Und das können wir nicht ungesühnt hinnehmen! Das schulden wir ihren Angehörigen.« Am Schluss gewann Lorenzos Stimme noch einmal an Kraft, wurde noch einnehmender, noch überzeugender.

Aus den Reihen ihrer Anhänger ertönte Beifall, und auch von einigen ihrer Gegner wurde Zustimmung gezeigt. Die Tatsache, dass Lorenzo sich gerade praktisch dazu verpflichtet hatte, die Banken und die Geldwechsler für einen eventuellen Kriegszug aufkommen zu lassen, nahm einem Teil der Anwesenden ihre Sorgen und begeisterte die ohnehin schon Überzeugten noch mehr.

Aber Giuliano war sich sicher, dass ihre erbittertsten Gegner sich nicht von Argumenten überzeugen lassen würden. Jacopo de' Pazzi stand auf, um Lorenzo zu antworten. Wieder einmal fiel Giuliano der Gegensatz zwischen dem hünenhaften Jacopo und seinem schmächtigen Neffen Francesco auf.

»Dieser Fall ist doch längst geklärt.« Pazzi strich sich über den grau-braunen Bart, um dann sorgenvoll in die Runde zu blicken. »Unser Gesandter versichert uns, dass die Schuldigen gefasst und verurteilt wurden. Es war ein aufgebrachter Mob, dem die beiden Florentiner zum Opfer fielen! Und wegen eines solchen Unglücks wollt Ihr Krieg führen, Lorenzo?«

»Die Familien der Getöteten wird Eure Einschätzung sicher freuen, Pazzi!«, rief Bernardo Rucellai. »Sie wollen Gerechtigkeit für ihre Toten, keine falschen Sündenböcke!«

Tommaso Soderini erhob sich ebenfalls. »Es ist unsere Pflicht, die Bürger von Florenz zu schützen«, sagte er. »Es reicht nicht, dass die Täter bestraft wurden, wir müssen sicherstellen, dass so etwas nicht noch einmal vorkommt.«

Obwohl er ihm recht gab, blieb Giuliano bei den Worten seines Verwandten stumm. Nachdem Tommaso mit seinen hinterhältigen Verhandlungen mit Neapel gescheitert war, hatte er Reue gezeigt und Abbitte geleistet. Lorenzo schien ihm vergeben zu haben, aber Giuliano traute ihm nicht weiter, als er ihn hätte werfen können.

»Das ist die Entscheidung des *Gonfaloniere di Giustizia,* nicht die Eure!«, brüllte Giovanni Borromei, ein überaus reicher Händler und Bankier und treuer Verbündeter der Pazzi.

»Das ist die Entscheidung der *Signoria!*«, antwortete Giuliano laut. Der *Gonfaloniere* wurde alle zwei Monate neu gewählt, und auch, wenn es den Medici zuletzt immer gelungen war, den Posten mit jemandem zu besetzen, der ihnen wohlgesinnt war, erschien es dennoch zu riskant, dem Amt zu viel Macht zu verleihen.

Lorenzo nickte ihm zu. Als Giuliano zu ihm hinsah, entdeckte er, dass sein Bruder wirklich müde aussah. Auch er wollte vermutlich endlich zu einem Ende dieses langen Tages kommen. Giuliano erwiderte das Nicken und stand auf.

»Signori, wir haben doch mittlerweile alle Argumente gehört«, rief er. »Lasst uns das Gesagte nicht wiederholen, sondern lasst uns Taten sehen. Wir brauchen eine Abstimmung.«

Aus dem ganzen Saal erhob sich beifälliges Gemurmel. Er hatte offenbar den richtigen Moment gewählt.

Der *Gonfaloniere,* ein Mann in seinen Fünfzigern, erhob sich schwerfällig von seinem Stuhl, der am Kopfende des Saales zwischen den Parteien stand. »Gut«, sagte er. »So soll es sein. Wir werden eine kurze Pause machen und danach abstimmen.«

Die meisten der Gildenvertreter strömten sofort aus dem Saal, vermutlich, um sich auszutauschen, sich zu erleichtern oder einfach nur die letzten Sonnenstrahlen des milden Frühlingstages vor dem Palazzo zu genießen.

Lorenzo blieb jedoch sitzen und machte keine Anstalten aufzustehen. Er hatte die Augen geschlossen und die Lippen zusammengepresst. Seine Kiefermuskeln waren so angespannt, dass sie weiß hervortraten. Sofort stieg Sorge in Giuliano auf. Etwas stimmte nicht.

Er blieb ebenfalls sitzen, wartete, bis auch Tommaso Soderini und Bernardo Rucellai verschwunden waren, dann beugte er sich zu Lorenzo hinüber. »Was hast du?«, flüsterte er und blickte sich dabei um, ob wirklich niemand mehr in Hörweite war.

»Es ist mein Knie«, gab Lorenzo gepresst zurück. »Der Schmerz kam ganz plötzlich. Ich glaube nicht, dass ich allein aufstehen kann.« Er zog den Mantel weg, der vorher auf seinen Beinen gelegen hatte, und Giuliano konnte durch den Stoff seiner *Bracchia* erkennen, dass das Gelenk so stark angeschwollen war, dass es sich wie eine Kugel darunter abzeichnete.

»Verdammt«, murmelte Giuliano. Lorenzo hatte seit Monaten keine Beschwerden gehabt, und vielleicht hatten sie beide einfach gehofft, dass die Gicht nicht wiederkommen würde, sondern wie durch ein Wunder geheilt worden war. Aber natürlich war das nicht der Fall. Sein Bruder tat ihm leid, aber Giuliano wusste, dass Lorenzo kein Mitleid wollen würde. »Hältst du es aus?«, fragte er stattdessen.

Lorenzo öffnete die Augen und sah ihn an. »Wenn die Pazzi sehen, dass ich kaum laufen kann, werden sie das sofort gegen uns verwenden.«

Giuliano schüttelte den Kopf. »Das kann nicht deine einzige Sorge sein, oder?«

»Es ist auf jeden Fall meine größte Sorge«, murmelte Lorenzo. »Wir können uns das nicht leisten, nicht hier, wo unsere Freunde und Verbündeten sich auf unsere Stärke verlassen.«

Giuliano seufzte. Lorenzo hatte nicht unrecht. Wenn man ihn aus der Versammlung tragen musste, würden die Pazzi nie wieder aufhören, seine Eignung infrage zu stellen. So war es auch schon bei ihrem Vater gewesen.

»Was können wir tun?«, gab er leise zurück. »Sollen wir unter einem Vorwand den Saal räumen lassen?«

»Nein«, sagte Lorenzo. »Wir müssen diese Sitzung zu einem

Ende bringen, egal wie. Gut, dass du bereits eine Abstimmung verlangt hast.«

»Du bist ziemlich sicher, dass sie zu unseren Gunsten ausgeht, oder?«

»Ja. Die Vertreter der großen Gilden werden alle mit uns stimmen. Die Angst davor, den Alaun zu verlieren, sitzt zu tief. Und von den Stoffhändlern hängen so viele andere Zünfte in der Stadt ab, dass es kaum anders ausgehen kann. Ich weiß nicht, was Jacopo de' Pazzi zu erreichen versucht, aber es wird ihm nicht gelingen.«

»Gut, dann sollten wir es ja bald hinter uns haben. Wir warten das Votum ab, und wenn alle anderen gegangen sind, dann kann ich dich nach Hause bringen, ja?«

Lorenzo drehte vorsichtig sein linkes Bein und stöhnte. Dann legte er den Mantel wieder sorgfältig über seine Knie. »Ja«, sagte er, und fügte leiser »Danke« hinzu.

Schließlich kehrten alle Mitglieder der Versammlung wieder in den Saal zurück. Tommaso Soderini ließ sich neben Giuliano auf die Bank fallen. »Ihr braucht vermutlich keine Luft zum Atmen, oder?«, murmelte er. »Was habt ihr hier drin ausgeheckt?«

»Nichts«, gab Giuliano knapp zurück. »Wir haben nur darüber gesprochen, wie wahrscheinlich es ist, die Abstimmung zu gewinnen.«

»Wenn die verdammten Pazzi nicht noch ein paar Gilden bestochen haben, schaffen wir es, denke ich.«

Der *Gonfaloniere* wartete einen Augenblick, bis Ruhe einkehrte, dann verkündete er, dass die Wahl beginnen würde. Ein Diener ging mit einem Korb an den Mitgliedern der *Signoria* entlang, die jeweils eine weiße oder schwarze Bohne hineinlegten.

Dann trug er den Korb zum *Gonfaloniere*, der das Ergebnis verkündete. »Sechs Stimmen dafür, einen *Condottiere* anzuwerben und gegen Volterra zu schicken, drei dagegen. Damit ist der Kriegszug beschlossene Sache.«

Giuliano war überrascht, wie klar die Wahl schließlich ausgegangen war.

Es wird wirklich einen Feldzug geben, erkannte er halb benommen, während sich um ihn herum ihre Verbündeten erhoben und klatschten. Lorenzo lächelte und versuchte offenbar, sich nicht anmerken zu lassen, wie es ihm ging.

Als die ersten Versammelten schon Anstalten machten zu gehen, stand Jacopo de' Pazzi noch einmal auf. »Bevor wir diese Versammlung beenden«, rief er mit seiner dröhnenden Stimme. »Gibt es noch eine wichtige Frage zu klären.« Er wartete einen kurzen Moment, bis aller Augen sich auf ihn gerichtet hatten. Dann zeigte er auf sie. »Werdet ihr Medici mit nach Volterra ziehen, um die Interessen von Florenz zu vertreten?«

Giuliano stieß den Atem aus. *Verdammt, verdammt, verdammt.* Hatte Pazzi doch etwas von Lorenzos Zustand mitbekommen? Jedenfalls war seine Frage ein geschickter Schachzug, denn sie konnten nicht ablehnen, ohne feige zu erscheinen, oder schlimmer noch, als glaubten sie selbst nicht an dieses Unternehmen.

Lorenzo suchte seinen Blick, wollte auf die Füße kommen. Giuliano schüttelte kaum merklich den Kopf.

»Natürlich, Signor Pazzi!«, rief er und sprang auf. »Wenn diese Kammer es mir gestattet, werde ich den Zug gerne begleiten.«

Neben ihm stieß Lorenzo hörbar den Atem aus. Tommaso Soderini blickte ihn erstaunt an, und Bernardo Rucellai schlug ihm auf die Schulter.

Beifall ertönte von beiden Seiten des Saals.

»So sei es«, sagte der *Gonfaloniere.* »Und nun, Signori, geht mit Gott.«

KAPITEL 24

Florenz, Mai 1472

LEONARDO

Leonardo erreichte den Palazzo Medici genau in dem Augenblick, als die Glocken des Doms neun schlugen. *Ich bin pünktlich, Gott sei Dank!* Er entdeckte Fioretta im Innenhof, die offenkundig schon auf ihn wartete. »Leonardo! Da bist du ja«, rief sie ihm entgegen. »Komm mit nach oben.«

Er folgte ihr zu der großen Treppe, die in den ersten Stock führte. Nach ein paar Stufen wandte sie sich ihm zu: »Ich habe gehört, die *Compagnia di San Luca* hat dich in ihre Reihen aufgenommen?« Sie drückte seinen Arm und lächelte.

Er neigte den Kopf. »Ja, sie haben mir tatsächlich die Ehre erwiesen, kaum zu glauben! Aber ich werde es anders als Sandro halten und nicht direkt eine eigene Werkstatt eröffnen. Ich plane, erst einmal bei Verrocchio zu bleiben.« Er fühlte sich noch nicht bereit dafür, selbst Schüler auszubilden und ein Haus zu führen, nicht, solange er tagelang vergaß zu schlafen oder zu essen, wenn er an etwas Wichtigem arbeitete.

»Hat der Maestro seine Launen denn besser im Griff?«, wollte Fioretta wissen.

Leonardo hob die Achseln. »Ach, ich komme ganz gut mit ihm zurecht. Er lässt mir viel mehr freie Hand als früher«, erwiderte er.

»Du bist vermutlich der Einzige in seiner *Bottega*, den er wirklich nicht vergraulen will.«

»Er schimpft immer über mich, aber zumindest hat er mir dennoch diesen Auftrag überlassen.« Ein Porträt von Clarice de' Medici zu malen, war eine große Ehre und keine kleine Verantwortung.

Leonardo zögerte einen Moment. »Und wie geht es dir?«, fragte er dann.

»Ach.« Sie zögerte mit einer Antwort und biss sich stattdessen auf die Lippe. »Ich male jetzt hier weiter«, sagte sie schließlich mit einem Seufzen. »Und ich bin sehr dankbar, dass Clarice mir erlaubt hat, dass ich dir bei ihrem Porträt zur Hand gehe. Das ist zumindest wieder einmal richtige Arbeit, statt immer nur Blumen und Tiere mit den Kindern zu zeichnen.«

»Ich freue mich auch darüber«, gab er zurück. Dann runzelte er die Stirn. »Und ich hoffe, du kannst bald zu Sandro zurückkehren, der deine ruhige Hand sehr vermisst.«

»Es ist schön, dass du das sagst, aber das ist wohl wenig wahrscheinlich«, gab sie zurück.

Bevor er ihr noch weitere Fragen stellen konnte, öffnete sie die Tür zu einem Zimmer, in dem Clarice auf sie wartete.

Lorenzos Frau hielt den kleinen Piero im Arm und kitzelte ihren Sohn mit einer roten Blume an der Nase, bis er fröhlich gluckste. Die Amme des Kleinen hielt sich im Hintergrund. Clarice hatte sich für das Porträt als Muttergottes in den Farben der Heiligen Jungfrau gekleidet. Sie trug eine blaue *Gamurra* über einer roten *Camicia*. Leonardo hätte wetten können, dass es Fioretta gewesen war, die die Farben so zusammengestellt hatte.

Er legte sorgfältig die Materialien ab, die er mitgebracht hatte: Silberstift und Papier für die Skizze, einen kleinen Schaber und etliche Tiegel mit Farbpigmenten.

Er merkte, dass er von einem Bein auf das andere trat und kaum stillstehen konnte. Er war aufgeregt, weil dies tatsächlich sein erster eigener Auftrag war, und dann gleich ein so bedeutender wie dieser.

»Sitzen Piero und ich richtig?«, fragte Clarice, die mit der roten Nelke in ihren Fingern spielte.

»Gewiss, Madonna. Heute zeichne ich Euch erst einmal, und dann sehen wir, in welcher Pose ich Euch und den Kleinen am besten einfangen kann. Und wir suchen die Farben für das Bild aus.«

Er räusperte sich. »Ich bin sehr froh, dass Fioretta mich unterstützen darf«, fügte er dann hinzu, in der Hoffnung, der jungen Malerin damit zu helfen.

Fioretta hielt die Glasgefäße mit den Farbpigmenten eines nach dem anderen gegen das Licht des Fensters. Dann mischte sie jeweils eine winzige Menge der Farben als Muster an.

»Was verwenden wir für das Blau?«, fragte sie. »Azurit? Oder Tournesol?«

»Ich denke, wir können Tournesol für den Hintergrund und für die helleren Teile des Kleides verwenden, aber für den Hauptteil würde ich am liebsten Lapislazuli einsetzen und mit Bleiweiß absetzen.« Leonardo sah in Clarice' Richtung. »Wenn Euch dies nicht zu kostspielig erscheint, Madonna?«

»Das Rot wird dafür nicht ganz so aufwendig«, sagte Fioretta zu Clarice. »Dafür können wir Kermes nehmen. Die Nelke und dein Unterkleid haben fast dieselbe Farbe.«

»Ihr malt den Erben von Lorenzo de' Medici«, gab Clarice mit dem Anflug eines Lächelns zurück. »Ich bin mir sicher, dass mein Mann die Rechnung bezahlen wird.«

Leonardo sah den kleinen Piero an. *Es ist wohl nie zu früh, um die Verantwortung für den Namen »Medici« tragen zu lernen*, dachte er.

»Selbstverständlich, Madonna«, gab er höflich zurück. »Und damit dieses Bild Euch und Eurer Familie gerecht wird, würde ich gerne versuchen, die Tempera mit Öl zu mischen, um noch mehr Leuchtkraft zu erzielen.«

»Ölfarbe? Hast du keine Angst, dass das zu schwer für ein Porträt wird?«, fragte Fioretta überrascht.

»Ich habe in Verrocchios Werkstatt mit verschiedenen Ölen experimentiert, um den Glanz der Farben zu verbessern. Die Ergebnisse sind großartig, wenn man es richtig macht. Kannst du Nussöl beschaffen, am besten Walnussöl?«, fragte er.

Fioretta nickte. »Natürlich. Das sollte kein Problem sein.« Sie sah auf den Farbklecks in der Schale, als versuchte sie, sich das Ergebnis vorzustellen.

»Es scheint, als hätte jeder in diesem Haus eine künstlerische Begabung, nur ich nicht«, sagte Clarice leise. »Fioretta malt, Lorenzo musiziert, und selbst meine Schwiegermutter schreibt Sonette.«

»Clarice, du kümmerst dich um alles in diesem Haushalt und hast ständig ein Heer von Gästen zu versorgen«, erwiderte Fioretta. »Ich hoffe, niemand erwartet von dir, dass du auch noch Gedichte schreibst.«

»Alle in dieser Familie arbeiten den ganzen Tag«, gab Clarice zurück. »Wenn Lorenzo gerade nicht in der *Signoria* ist, hilft er in der *Confraternias di Magi* den Bedürftigen oder geht in Careggi auf die Jagd. Und er schreibt dennoch Balladen«, gab sie zurück.

Leonardo sah Clarice an. *Ihre Worte klingen, als sei sie ziemlich einsam.*

Er begann mit der Zeichnung, den Umrissen von Mutter und Kind und dem Faltenwurf der Gewänder und fügte noch einige Einzelheiten hinzu, wie die Brosche, die Clarice trug, und die Nelke in den winzigen Fäusten des Kindes.

Schließlich hatte er eine erste Skizze fertig. Er trat zurück und warf einen Blick auf das Papier. Clarice' Gesicht war nur angedeutet, ließ aber dennoch bereits ihre Stimmung erkennen: irgendwo zwischen einer unbestimmten Schwermut und der Heiterkeit, die der kleine Piero in ihr auslöste. Aber irgendetwas fehlte noch. So würde das Porträt nur die Frau eines reichen Bankiers zeigen, aber nicht die Heilige Jungfrau.

Mit wenigen Strichen deutete er einen Schal über Clarice' rechter Schulter an, führte ihn dann über ihren Leib und ließ ihn schließlich in ihrem Schoß eine Lemniskate formen, eine Acht.

Das Zeichen für die Unendlichkeit, die die Medici in ihren Nachkommen suchen – und wir in unserer Kunst.

»Es ist schon fast Mittag. Ich muss zu Madonna Lucrezia«, sagte Clarice. Sie stand auf und übergab den kleinen Piero der wartenden Amme. »Sie möchte, dass wir gemeinsam eine Abordnung von Wollspinnerinnen empfangen, die uns um Hilfe bitten wollen. Wegen des Kriegszugs nach Volterra ist ihre Arbeit fast zum Erliegen gekommen.«

Fioretta und er waren kaum aus der Tür heraus, als Leonardo wie beiläufig fragte: »Meinst du, ich könnte noch eben deinem Vater und Luca Guten Tag sagen?«

»Natürlich, wenn du willst. Sie müssten eigentlich oben in ihrem Studierzimmer sein. Mein Vater ist ganz begeistert davon, einen Schüler zu haben, und er lobt Lucas Gelehrigkeit sehr.«

Sie führte Leonardo einige Treppen hinauf, bis sie einen Raum erreichten, aus dem zwei Stimmen zu hören waren, die sich unterhielten.

»*Pàpa*, Leonardo ist hier, um Luca zu sehen«, sagte Fioretta, als sie eintraten.

Antonio Gorini und sein Schüler saßen sich an einem breiten Tisch gegenüber. Zwischen ihnen lagen einige Klingen in verschiedenen Größen und eine kleine Säge, ärztliche Instrumente, wie Leonardo erkannte.

»Salve, Leonardo da Vinci!«, sagte Luca lächelnd. Auch Antonio Gorini grüßte ihn freundlich und zeigte auf die freien Plätze am Tisch.

»Wann haben wir uns zuletzt gesehen, bei unserem Zusammenstoß mit den Pazzi im *Oltrarno*?«, wollte Luca von Leonardo wissen, als Fioretta und er sich gesetzt hatten. »Ich hoffe, du hast dich gut davon erholt?«

»Danke der Nachfrage«, erwiderte Leonardo und verzog das Gesicht. »Vor allem habe ich daraus gelernt, maßvoller zu trinken.«

»Damit bist du sicher der Klügste von uns«, sagte Luca. »Aber ich fürchte, Giuliano und ich können deinem Beispiel nicht folgen. Unter Soldaten ist es eher unüblich, allzu lange nüchtern zu bleiben.«

»Unter Soldaten?«, warf Fioretta ein. »Habt ihr vor, Herzog Montefeltro ein Abschiedsgelage zu bereiten?«

Luca schüttelte den Kopf. »Nein. Aber wir werden den Zug nach

Volterra begleiten«, gab er zurück. »Dein Vater und ich sprechen gerade über die Vorbereitungen.«

»Ihr wollt wirklich an einem Kriegszug teilnehmen?«, platzte es aus Leonardo heraus. *Gott im Himmel.*

»Nun, es gibt keinen besseren Lehrmeister als ein Schlachtfeld, wenn man sehen will, was einem menschlichen Körper alles an Schaden zugefügt werden kann. Für Lucas Ausbildung wird das sehr wertvoll sein«, gab Antonio Gorini zurück.

Leonardo spürte einen kalten Stich in der Brust, als hätten ihn die Worte körperlich getroffen. Er sah zu Fioretta hinüber, die von der Vorstellung genauso wenig zu halten schien wie er selbst.

»Was ist?«, fragte Luca. »Wir erstreiten Ruhm und Ehre für Florenz.« Er blickte von einem zum anderen, so, als habe er mit Bewunderung und nicht mit Bestürzung gerechnet.

»Ruhm und Ehre?«, fragte Leonardo. »Bist du sicher, dass man beides dadurch gewinnt, indem man im Krieg Menschen erschlägt oder selbst erschlagen wird?«

»In allen Sagen und Legenden schon«, gab Luca kopfschüttelnd zurück. »Um mich musst du dir keine Gedanken machen, Leonardo«, fügte er dann hinzu. »Ich werde im Feldlager Leute zusammenflicken und ohnehin nicht selbst mit der Waffe in der Hand in die Schlacht reiten.«

Leonardo blickte zu Boden. *Ich hoffe, dass das stimmt,* dachte er. »Dann werde ich für eure sichere Rückkehr beten.«

KAPITEL 25

Florenz, Mai 1472

FIORETTA

Ich muss ihn sehen, mit ihm sprechen, dachte Fioretta. Das Gespräch mit Leonardo und Luca hatte ihr klargemacht, dass Giuliano wirklich in den Krieg ziehen würde, ein Gedanke, den sie seit Tagen verdrängt hatte, obwohl im Haus über kaum etwas anderes gesprochen wurde.

Aber nun konnte sie nicht länger so tun, als ob sich dieser Abschied noch aufschieben ließ. Seit Giulianos Rückkehr aus Rom und ihrem Streit waren Wochen vergangen, in denen sie stets höflich zueinander gewesen waren, wenn sie sich gesehen hatten, ohne sich aber wieder nahe zu kommen. Aber sie wollte ihn nicht gehen lassen, als wäre er ein Fremder für sie.

Fioretta suchte im ganzen Haus nach ihm und fand Giuliano schließlich im Erdgeschoss, wo er einen glänzenden Schuppenpanzer betrachtete, der an einer Stange befestigt im Korridor stand.

»Prachtvoll, nicht?«, sagte er, als er sie entdeckte.

»Ja, sehr. Ist es deine?«

Giuliano nickte langsam. »Sie ist heute geliefert worden.« Er klopfte mit der linken Hand gegen die Vorderseite des Panzers. »Die beste Arbeit eines Florentiner Waffenschmieds.«

Seine Miene zeigte seine Bewunderung für die Handwerkskunst, aber auch eine Spur von Unsicherheit.

»Giuliano, können wir miteinander reden?«, fragte Fioretta. »Nicht hier im Korridor?«

Einen Moment lang sah er aus, als wollte er sie abweisen, aber dann blickte er sie an und sagte: »Natürlich. Wollen wir aufs Dach klettern?«

Sie nickte. »Am besten gehe ich vor und du kommst in ein paar Augenblicken nach.«

Auf dem Vordach setzte sich Fioretta und schlang die Arme um die Knie. Es war ein warmer Maitag. Der Himmel präsentierte sich in einem strahlenden Blau, und von den Hügeln her wehte ein leichter Wind durch die Stadt.

»Wir waren lange nicht hier oben. Zusammen«, sagte Giuliano, als er kurz nach ihr das Dach erreichte und sich neben sie setzte. Der Wind zerzauste seine Haare, und die Sonne malte helle Punkte in seine Augen. Fioretta spürte wieder die vertraute Sehnsucht danach, ihn zu berühren. »Ja. Und wir werden so schnell auch nicht wieder zusammen herkommen, wenn du in den Krieg ziehst.«

»Ich weiß.« Giuliano sah sie an. »Bist du noch böse auf mich?«, wollte er wissen.

Sie schüttelte den Kopf. »Natürlich nicht. Ich hätte dir gar nicht erst die Schuld geben sollen, das war falsch von mir.«

»Es war dumm von mir, mich zu prügeln«, gab er zurück. »Und nach unserem Streit dachte ich, dass es vielleicht das Beste wäre, wenn ich dir aus dem Weg gehe. Ich bringe dir kein Glück.«

Fioretta senkte den Blick. Sie wusste nicht, was sie darauf erwidern sollte. *Dass sie auch nicht glücklich sein konnte, wenn er fort war?*

»Bist du wirklich der einzige Medici, der mit Herzog Montefeltro und seinem Heer nach Volterra reiten kann?«, fragte sie stattdessen. *Warum kein anderer? Warum musste es er sein?*

»Du weißt, dass das Haus Medici den Tross anführen muss, der nach Volterra zieht«, erklärte Giuliano mit leiser Stimme. »Schließlich bezahlen wir die Söldner ja. Aber es ist besser, wenn Lorenzo hierbleibt und dafür sorgt, dass wir den Rückhalt bei den *Priori* nicht verlieren.«

»Also musst du gehen?«, fragte Fioretta.

Giuliano hob die Schultern, antwortete aber nicht. Er sah noch immer in den Himmel hinauf und zeigte auf die Schwalben, die ihre Kreise über die Dächer zogen.

Fioretta sah ihnen nach. »Wie schön sie sind. So leicht, so unbeschwert«, sagte sie.

»Manchmal denke ich, dass sie die Einzigen in Florenz sind, die einfach tun und lassen können, was sie wollen«, erwiderte Giuliano. »Während alle anderen tun, was mein Bruder will.«

Da hast du deine Antwort, dachte sie.

»Mein Vater möchte, dass ich heirate«, platzte es dann aus ihr heraus. »Deine Mutter und Lorenzo sind schon auf der Suche nach einem Ehemann für mich, damit ich eine achtbare Frau werde.«

»Was?« Giuliano blickte sie so überrascht an, als sähe er sie zum ersten Mal.

»Ich soll ...«, begann sie, aber Giuliano unterbrach sie, indem er mit der Faust auf das Dach schlug. »Du bist doch bereits eine achtbare Frau, verdammt noch mal«, sagte er.

»Es ist schön, dass du das denkst«, erwiderte sie. »Aber mein Vater und dein Bruder haben beschlossen, dass es das Beste für mich ist, und dir muss ich ja nicht sagen, wie schwer es ist, dem zu entgehen.«

»Hm.« Er stieß die Luft aus und schien einen Moment nachzudenken. »Ja, ich weiß. Aber wenn du in deinen Entscheidungen völlig frei wärst, was würdest du dann tun?«

Sie sah ihn an, aber er wich ihrem Blick aus. »Ich würde dasselbe tun wie Sandro oder Leonardo. Malen. Eine Werkstatt eröffnen. Ich würde mir reiche Gönner suchen und deren Porträts anfertigen oder ihre Kapellen mit Fresken versehen. Und in meiner *Bottega* meine Lehrlinge noch mehr schikanieren, als es Meister Verrocchio jetzt mit seinen tut.«

Er lachte leise. »Das glaube ich dir nicht.«

»Nun gut, ich würde eine Werkstatt eröffnen und wäre reizend zu meinen Lehrlingen und ihnen eine liebenswürdige *Maestra* – besser?«

Jetzt hob er doch den Kopf und sah sie an, und sie glaubte, Verlegenheit in seinem Blick zu erkennen. »Ja, das kann ich mir gut vorstellen. Und, würdest du heiraten?«

»Wenn ich es mir aussuchen könnte, würde ich jemanden heiraten, bei dem ich sicher wäre, dass er niemals versuchen würde, mich am Malen zu hindern«, gab sie zurück. »Und es wäre jemand, den ich will, und nicht jemand, den dein Bruder für mich aussucht.«

»Ich würde niemals versuchen, dich von etwas abzuhalten, was du liebst«, sagte Giuliano leise. Er öffnete die Hand und hielt sie ihr hin, wie eine Aufforderung zum Tanz. Sie ergriff seine Finger. Sie fühlten sich warm und fest an, wie ein Rettungsanker. »Ich weiß«, gab sie ebenso leise zurück. In ihren Gedanken hallten Lorenzos Worte wider. *Was hättest du den Medici schon zu geben? Zum Teufel mit Lorenzo.* Fioretta sah Giuliano an, dann beugte sie sich vor und küsste ihn.

Er schien einen Moment lang zu zögern, aber nur für einen Augenblick. Dann legte er die Arme um sie und zog sie an sich. Sie legte die Stirn an seine Wange, sog seinen Duft und seine Nähe ein.

Er suchte ihre Lippen mit den seinen, und sie hob die Arme und legte sie um seinen Nacken. Giulianos Hände tanzten über ihre Haut, wanderten über ihre Schultern und ihre Schlüsselbeine entlang bis zum Ansatz ihrer Brüste. Die Berührung jagte ihr einen Schauer über den Körper und weckte ein Verlangen, das schon immer seinen Namen getragen hatte.

»Bitte lass dich nicht vor Volterra erschlagen«, flüsterte sie in seine Umarmung. »Komm zurück zu mir.«

»Ich komme zurück«, erklärte er, seine Lippen an ihrem Ohr. »Und du lass dich nicht verheiraten, bis ich wieder da bin. Wir finden eine Lösung. Für alles, ich verspreche es dir.«

Sie wusste, dass er nichts davon versprechen konnte, aber sie hatte noch niemals im Leben etwas so sehr glauben wollen wie diese Worte.

KAPITEL 26

Volterra, Juni 1472

GIULIANO

Mein lieber Bruder, du solltest wissen, dass wir nun seit mehr als zwanzig Tagen vor den Toren Volterras lagern, ohne dass es zu einer Entscheidung oder einem Angriff gekommen wäre. Die Untätigkeit lastet schwer auf dem ganzen Lager, und die Männer schauen immer sorgenvoller zu den starken Mauern hinauf, mit denen die Stadt befestigt ist.
Montefeltro scheint nicht mehr daran zu glauben, dass Volterra sich ergibt, aber er ist ein Mann, der nicht leicht zu durchschauen ist ...

Giuliano ließ die Feder sinken. Bei Sonnenaufgang war er noch entschlossen gewesen, Lorenzo heute endlich einen ausführlichen Bericht zu schicken, aber nun konnte er sich kaum konzentrieren.

Seine Gedanken wanderten zu Fioretta. *Wenn wir uns wenigstens schreiben könnten.* Er wusste nicht einmal, wie es ihr seit seiner Abreise ergangen war, und sehnte sich nach Nachrichten von ihr. Er hatte auch einen Brief an sie begonnen, wusste aber, dass es keine Möglichkeit gab, dass dieser sie unbemerkt erreichte. Deshalb würde er ihr das Schreiben wohl selbst übergeben müssen, wenn er wieder zurück in Florenz war.

Durch den Eingang des Zeltes fiel Sonnenlicht ins Innere, und von draußen drang der Lärm des Heerlagers zu ihm herein. Er trank einen Schluck Wasser. Ein weiterer warmer Tag war angebrochen, und er schwitzte jetzt schon; aber er war froh, dass die schwere Hitze des Hochsommers noch nicht auf dem Land lag. Das Zeltlager roch auch so schon übel genug. Giuliano beschloss, den Brief an Lorenzo später zu beenden, und ging aus dem Zelt, um sich zu erleichtern.

Es musste noch recht früh sein, denn der Nebel, der vom Fluss aufstieg, hatte sich noch nicht aus den Tälern verzogen. Weizen und Sommergerste wiegten sich auf den Feldern im Wind. Auf dem Hügel vor ihm, fast zum Greifen nah, lag Volterra, umgeben von den Ruinen einer großen Vergangenheit, die bis in die Antike, bis ins Römische Reich zurückreichte. Die Lage der Stadt war ideal, um Angreifer abzuschrecken, die sich zunächst den Hügel hinaufkämpfen mussten, nur um dann vor den Verteidigungsanlagen zu stehen. Die gewaltige Stadtmauer war offenbar gut instand gehalten worden, die Tore waren fest verschlossen und gesichert.

»Wenn wir mit den Kanonen durch diese Mauern müssen, wird es ein langer, harter Kampf«, hatte Federico de Montefeltro gestern erklärt. »Die Verteidiger werden uns mit ihren Arkebusen beharken, und wir werden eine Menge Männer verlieren, bevor wir in der Stadt sind.

Aber schaut nicht so erschreckt, Medici: Wir können es trotzdem wagen, denn Männer haben wir genug.«

Giuliano wusste, dass Montefeltro mit all seiner Erfahrung vermutlich recht hatte, aber dennoch fiel es ihm schwer, sich vorzustellen, tatsächlich Welle um Welle von Soldaten an Volterras Mauern zu verlieren.

Als er in das Lager zurückkehrte, empfing ihn ein Gewirr aus Rufen und Satzfetzen in verschiedenen Sprachen. Der Tross bestand aus annähernd sechstausend Mann, Soldaten aus Florenz, Mailand und Rom ebenso wie Söldnern aus Frankreich und Spanien. Sie alle mussten täglich versorgt und mit Aufgaben versehen werden, damit die Stimmung im Lager nicht kippte, eine wahre Herkulesaufgabe, deren Größe er erst jetzt wirklich erkannte.

Sie hatten auf dem Weg nach Volterra ohne Schwierigkeiten vier Festungen eingenommen – die Tore waren ihnen geöffnet worden, kaum dass sie ihre Zelte davor aufgeschlagen hatten. Die Kommandanten der gegnerischen Posten hatten offenbar rasch eingesehen, dass sie dem Heer nicht viel entgegenzusetzen hatten. Das hatte natürlich zunächst für frohen Mut im Tross gesorgt, doch langsam machte sich Langeweile unter den Männern breit, die dem *Condottiere* Montefeltro zunehmend Sorgen bereitete. *Vielleicht ist er deshalb bereit, einen Sturm auf die Stadt zu riskieren.*

Giuliano machte sich auf die Suche nach Luca Tornabuoni, den er vor dem provisorischen Lazarett fand. Luca hielt eine Schüssel mit Grütze in der Hand, die er Giuliano entgegenstreckte, als er ihn sah.

»Hier, falls du noch nicht gefrühstückt hast«, sagte der junge Medicus. Giuliano seufzte und warf einen widerwilligen Blick auf den Inhalt der Schale.

»Nein danke.«

Luca grinste. »Ich kann es dir nicht verübeln.« Er schaute sich um. »Weißt du, was hier als Nächstes passieren soll? Es fühlt sich an, als würde das ganze Lager allmählich unruhig.«

»Sogar ihr Ärzte?«

Luca neigte den Kopf. »Natürlich. Ich frage mich, ob ich mich in Florenz bei Dottore Gorini vielleicht hätte nützlicher machen können als hier. Wenn überhaupt, suchen mich Männer auf, die unter Dünnpfiff leiden oder sich bei ihrem letzten Besuch bei den Huren die Lustseuche eingefangen haben. Das könnten die Feldschere ebenso gut oder schlecht behandeln wie ich.«

»Es wird sich wohl bald entscheiden, ob wir nach Florenz zurückkehren können oder den Sommer hier verbringen müssen«, sagte Giuliano. »Montefeltro hat gestern einen Boten nach Volterra geschickt und die *Signoria* ein letztes Mal aufgefordert, die Tore zu öffnen und die Stadt zu übergeben.«

»Ich hoffe, dass sie ein Einsehen haben. Je schneller wir diesen Hügeln den Rücken kehren und nach Hause reiten können, desto lieber ist es mir. Man hat uns Ruhm und Ehre für Florenz versprochen, aber bislang ist alles, was ich gesehen habe, Staub und Scheiße«, erwiderte Luca.

Giuliano grinste und nickte zustimmend. »Ich werde zu Montefeltro gehen«, sagte er. »Vielleicht gibt es ja bereits Neuigkeiten.«

»Habt Ihr etwas von Eurem Bruder gehört?«, wollte Montefeltro unwirsch wissen, kaum dass Giuliano das Zelt des Befehlshabers betreten hatte, das in der Mitte des Lagers stand.

Der *Condottiere* war eine beeindruckende Gestalt – ein großer, massiger Mann mit ausgeprägter Nase und einem vorspringenden Kinn. Trotz seiner fünfzig Jahre schien er nie müde zu werden, oder zumindest ließ er es sich nie anmerken, wenn er erschöpft war.

»Nichts, das Ihr nicht auch schon gehört hättet«, gab Giuliano zurück.

Bislang hatte Lorenzo peinlich genau darauf geachtet, jeden Brief an Montefeltro und ihn gemeinsam zu adressieren. Er hatte sich bereits gefragt, ob daraus ein übergroßes oder doch eher mangelndes Vertrauen in den *Condottiere* sprach. *So, wie ich Lorenzo kenne, wohl eher Letzteres.* Montefeltro war nicht allzu angetan davon gewesen, als er erfahren hatte, dass Giuliano den Tross begleiten würde. »Am liebsten erledige ich meine Arbeit auf meine Weise«, hatte er schmallippig bemerkt. Dennoch hielt Giuliano ihm zugute, dass der Heerführer es nicht zeigte, falls ihn seine Anwesenheit noch immer störte.

»Habt Ihr schon Neuigkeiten aus der Stadt?«

Montefeltro schüttelte den Kopf. »Noch nicht. Aber ich will verdammt sein, wenn der einzelne Reiter, der mir gerade gemeldet wurde, keine Nachrichten bringt.«

Sie warteten in gespanntem Schweigen, bis der Berittene eingetroffen war, ein Mann aus ihrem Tross, der Giuliano vage bekannt vorkam. Er verbeugte sich tief vor ihnen.

»Die *Priori* ziehen den Schwanz ein«, vermeldete er mit triumphierender Stimme. »Sie werden morgen früh die Tore öffnen, uns als Gäste begrüßen und ihre Miliz vorläufig unter Euren Oberbefehl stellen, Herr.«

In Giulianos Innerem löste sich ein Knoten, der sich dort seit ihrem Aufbruch befunden hatte. Sie hatten die Situation unter Kontrolle gebracht! Der Alaun würde weiter fließen, und der Aufstand gegen die florentinische Herrschaft war abgewendet – und es waren die Medici, denen der Ruhm dafür gebührte. Er hoffte, dass Lorenzo mit diesem Ausgang mehr als zufrieden sein würde.

Er konnte Luca gut verstehen. Was immer er sich zu Beginn des Kriegszugs an heldenhaften Taten erhofft hatte, war eine Chimäre gewesen, und nun war er froh, dass ein Ende in Sicht war.

»Halleluja. Das sind gute Neuigkeiten!«, sagte er. »Ich werde Lorenzo sofort schreiben und ihm mitteilen, dass wir morgen Mittag als Gäste der *Signoria* in Volterra speisen.«

Und dann kehren wir schleunigst nach Florenz zurück, hoffe ich.

»Ja, in der Tat.« Montefeltro zögerte kurz, dann fügte er hinzu: »Ihr seid sicher, dass die friedliche Übergabe das ist, was die Medici und die *Signoria* von Florenz wollen?«

»Natürlich.« Giuliano sah ihn überrascht an. »Was glaubt Ihr denn?«

Der *Condottiere* strich sich über das Kinn. »Ich habe hier mehrere Tausend Mann, die in den letzten Wochen keinen Schuss abgefeuert und die Waffen höchstens im Streit untereinander gezogen haben«, sagte er. »Und jetzt muss ich ihnen sagen, dass wir unverrichteter Dinge wieder nach Hause ziehen. Das passiert auf unseren Kriegszügen nicht allzu häufig, und eigentlich will auch niemand, dass es passiert. Der Sold allein reicht für die meisten Männer nicht zum Leben. Die Beute, die sie machen, wenn sie eine Stadt plündern, ist oft der Grund, aus dem sie sich mir überhaupt anschließen.«

»Ich verstehe«, sagte Giuliano langsam, obwohl er sich fragte, was Montefeltro ihm damit sagen wollte. *Erwartet er, dass ich Lorenzo übergehe und ihn beauftrage, Volterra doch anzugreifen?*

»Aber ich kann Euch versichern, dass Eure Männer gut entlohnt werden. Mein Bruder wird Euch und Euren Männern gerne unsere Dankbarkeit beweisen.«

»Euer Wort in Gottes Ohr, Medici. Ich hoffe, die Männer draußen werden sich bis dahin noch in Geduld üben können.«

»Ist es nicht Eure Aufgabe, dafür zu sorgen, dass sie das tun?«, fragte Giuliano schärfer, als er beabsichtigt hatte.

Montefeltro sah aus, als wollte er entsprechend antworten, aber dann sagte er nur: »Ich denke, dass Ihr kein Mann des Krieges seid. Deshalb solltet Ihr Euch um Eure Aufgaben kümmern und mich die meinen erledigen lassen.«

KAPITEL 27

Florenz, Juni 1472

LEONARDO

Leonardo schluckte nervös und merkte dabei, wie trocken sein Mund war. Je länger er das fast fertige Gemälde der »Verkündigung« ansah, das sie für die Mönche auf dem Monte Olivero gemalt hatten, desto unsicherer wurde er. Die helle Mittagssonne, die den größten Raum in Verrocchios Werkstatt mit Licht durchflutete, tat dem Bild leider keinen Gefallen.

Leonardo hatte das Bild der Jungfrau Maria, die durch den Erzengel Gabriel erfuhr, dass ihr Sohn der Sohn Gottes sein sollte, gemeinsam mit Verrocchio ausgearbeitet, und wenn er ehrlich zu sich war, wusste er, dass sie beide daran gescheitert waren. Die Proportionen stimmten einfach nicht, und das Licht der Mittagssonne enthüllte das mit grausamer Deutlichkeit.

Er schluckte wieder. *Ich brauche unbedingt einen Schluck Wasser.*

Plötzlich kam ihm jedoch eine Idee, und er ging vor dem Bild in die Hocke und neigte den Kopf zur Seite. Er lag schon beinahe auf dem Boden, als er plötzlich Verrocchios Stimme hinter sich hörte.

»Was im Namen aller Heiligen machst du da?«, rief der Maestro mit heiserer Stimme. Leonardo vermutete, dass er dem Wein bereits wieder reichlich zugesprochen hatte und den feinen Pinsel, den er in der Rechten hielt, kaum noch präzise führen konnte. *Also gilt es, vorsichtig zu sein.*

Er warf einen Blick zu Verrocchio hinauf, der das Bild ebenfalls musterte. *Er sieht es auch.*

»Was zum Teufel stimmt bloß mit dieser verdammten Verkündigung nicht?«, knurrte der ältere Maler.

Leonardo nahm seinen Mut zusammen. Auch wenn die Voraussetzungen schlecht waren, musste er jetzt etwas sagen, zu einem Zeitpunkt, an dem sie noch einmal von vorne beginnen konnten. Oder er musste für immer damit leben, dass sie dieses Bild verdorben hatten.

»Es ist Maria«, erklärte er deshalb. »Ich habe mir die Jungfrau gerade von unten angesehen. Wenn man zu ihr aufschaut, sieht die Pose viel natürlicher aus. Aber wenn man das Bild direkt betrachtet, passen die Verhältnisgrößen nicht. Würde die Jungfrau aufstehen, reichte ihr der rechte Arm in etwa bis zum Schienbein.« Um seinen Punkt zu untermauern, klopfte er gegen sein eigenes Bein. »Leider hat das ganze Bild dieses Problem. Schaut Euch den Engel noch einmal genau an. Er könnte nicht einmal aufstehen.«

Leonardo konnte nicht sagen, ob er wirklich erwartet hatte, dass Verrocchio ihm für diese Erklärung dankbar sein würde, aber ein Blick in das Gesicht des Meisters zeigte ihm sofort, dass das Gegenteil der Fall war.

»Verdammt noch mal, Leonardo«, schnaubte Verrocchio. »Wenn die Mönche das auch sehen, werden sie uns nicht bezahlen, und die ganze Arbeit war umsonst. Wie konnte das nur passieren?«

Leonardo blickte zu Boden. Erwartete Verrocchio darauf wirklich eine Antwort? Der Meister begann oft schon morgens zu trinken, um das Zittern seiner Hände zu beruhigen. Wie sollte ihm die Linienführung, die für eine saubere Perspektive so notwendig war, dabei noch gelingen?

Es hatte lange gedauert, bis Leonardo sich hatte eingestehen müssen, dass der Maestro alles andere als vollkommen war. Aber inzwischen wusste er, dass er ihn in der Kunst des Malens überholt hatte. *Ich hätte es besser machen können.* Aber er hatte es nicht getan, und tief im Inneren fragte er sich, ob er Verrocchios Fehler wirklich übersehen hatte oder nur den Beweis dafür hatte haben wollen, dass der ältere Maler ihm nichts mehr beibringen konnte.

Als er in Verrocchios entsetztes Gesicht sah, schämte er sich fast augenblicklich. *Von dem Geld für dieses Bild lebt auch die Werkstatt. Und dir geht es nur um deine Eitelkeit.*

Ihm kam ein Gedanke. Würde das Bild im Kloster denn überhaupt auf Augenhöhe aufgehängt werden?

»Vielleicht müssen wir hier gar nicht von vorn beginnen«, sagte er vorsichtig. »Wir müssen nur darauf achten, dass das Bild in San Bartolomeo in einer bestimmten Höhe bleibt«, sagte er. »Der Arm fällt weit weniger auf, wenn man von unten darauf schaut.«

Verrocchio warf ihm einen skeptischen Blick zu. Dann trank er noch einen großen Schluck aus dem Krug. »Und wie willst du es bewerkstelligen, dass die Mönche das Bild bei dem Transport zum Monte Oliveto nicht sehen?«, fragte er. »Und dass sie es zufällig so aufhängen, dass man nicht sieht, dass die Jungfrau die Anatomie eines Affen besitzt?« Seine Stimme war zwar leise, aber Leonardo konnte den Zorn darin deutlich hören.

»Das weiß ich noch nicht, Meister«, gab er ehrlich zurück. »Aber wenn wir…«

»Himmel«, erwiderte Verrocchio. »Ich hätte Domenico bitten sollen, mir bei der Verkündigung zu helfen. Dann hätte ich dieses Problem jetzt gar nicht. Du hast es total versaut, du mit deinem Dickkopf, der immer in allem recht haben will.«

Die Ungerechtigkeit dieser Sätze ließ Leonardos Magen verkrampfen, und er schluckte wieder. »Doch, Maestro«, erklärte er dann. »Ihr hättet genau dieses Problem. Der Arm stammt von Euch.«

Sobald er die Worte gesagt hatte, hätte er sich am liebsten auf die Zunge gebissen. Es stimmte, dass es Verrocchio war, dem die Jungfrau misslungen war. *Aber muss ich ihm das ins Gesicht sagen?*

Die Reaktion war entsprechend. Verrocchio lief knallrot an. »Du willst mir unterstellen, dass ich das Bild ruiniert habe, wo dieses Fiasko doch allein dein Fehler war?«

»Ich unterstelle Euch nichts, es ist die Wahrheit. Ihr wisst, dass ich Perspektiven malen kann.« Es kostete ihn alle Mühe, sich selbst zu verteidigen, aber er fürchtete zu ersticken, wenn er Verrocchio jetzt nicht widersprach.

Aber seine Worte erzürnten den Älteren nur noch mehr. »Jetzt reicht es«, schrie er. »Willst du sagen, dass ich keine Proportionen mehr malen kann, du einfältiger Bastard?« Der Pinsel zerbrach mit einem deutlich hörbaren Knacken in seiner Hand. »Raus hier.«

Leonardo hob abwehrend die Hände, wollte etwas sagen, aber er wusste nicht, was. Aber er kannte diesen Gesichtsausdruck, kannte diese Mischung aus Wut und Scham. Zuletzt hatte er sie bei seinem Vater gesehen, als dieser ihn aus dem Haus geworfen hatte, den unehelichen Sohn, der ihm bei allem nur im Wege stand. Auch er hatte ihn einen Bastard genannt.

Leonardo merkte, wie ihm die Erinnerung an diesen Moment zusammen mit der Demütigung des Augenblicks Tränen in die Augen trieb. Er stürmte aus dem großen, hellen Raum hinaus und lief zurück in die Kammer, die er sich noch immer mit den anderen Gehilfen teilte, obwohl er inzwischen meist in der Werkstatt schlief.

Der Raum war bis auf die unordentlichen Schlafstätten und persönlichen Habseligkeiten der Lehrlinge leer. Um diese Zeit ging jeder von ihnen seiner Arbeit nach.

Es hat keinen Zweck mehr, hierzubleiben, dachte er. *Selbst wenn es Verrocchio später leidtut, wo soll das hinführen? Ich kann nicht ab jetzt all seine Fehler auf mich nehmen.*

Noch immer aufgebracht, packte er seine wenigen Habseligkeiten zusammen. *Viel mehr ist es nicht geworden, seit ich aus Vinci hier ankam.*

Er hing sich den ledernen Rucksack über die Schulter und verließ den Raum. Er warf keinen Blick zurück.

Vielleicht hat Verrocchio sogar recht. Vielleicht bin ich auch einfach kein Maler, war nie einer und werde nie einer sein. Vielleicht bin ich einer, der nur Gewinde, Zahnräder und Flaschenzüge bauen kann und es anderen überlassen sollte, die Schönheit der Welt darzustellen?

Mit sich selbst beschäftigt, stieß er auf dem Weg nach draußen fast mit Domenico zusammen.

»Leonardo! Was ist denn mit dem Maestro los?«, fragte sein Freund. »Ich bin gerade am Atelier vorbeigelaufen. Verrocchio ist dabei, unsere gesamten Farbtiegel an die Wand zu werfen. Wenn man ihn nicht aufhält, gehen vermutlich die gesamten Einnahmen des letzten Monats dabei drauf. Kannst du ihn nicht beruhigen?«

Leonardo schüttelte den Kopf. »Nein. Ich bin der Grund für seine Wut. Und ich fürchte, unser Meister hat mich eben herausgeworfen.«

Domenico sah ihn fassungslos an. »Das kann er nicht wirklich wollen.«

»Vielleicht nicht, aber im Moment sieht es zumindest so aus. Und ich werde nicht länger hierbleiben, wenn er mich nicht hier haben will. Ich habe es satt.«

Ein Teil von ihm wusste, dass Verrocchios Zorn nicht ihm galt, sondern der Tatsache, dass sein Schüler ihn überholt hatte. Aber er hätte sich lieber die Zunge abgebissen, als sich zu entschuldigen.

»Du willst wirklich gehen? Aber wo willst du denn hin?«

Leonardo zuckte mit den Schultern. »Vielleicht bitte ich meinen Vater, dass er doch noch einen Notar aus mir macht.«

Domenico sah ihn ratlos an. »Das ist nicht dein Ernst, oder? Der Himmel stehe den armen Seelen bei, deren Rechte du vor der *Signoria* vertrittst! Die Hälfte der Zeit würdest du vergessen, auch nur dort zu erscheinen. Nein, du musst der Malerei schon treu bleiben, alles andere wäre eine lästerliche Verschwendung von Gottes Gaben. Das weißt du hoffentlich?«

Leonardo sah ihn einen Augenblick sprachlos an. *Dachte Domenico das wirklich?*

»Ich ... werde schon irgendwie weitermachen«, sagte er dann leise.

Domenico umarmte ihn. »Bitte lass es dir noch einmal durch den Kopf gehen, die Werkstatt zu verlassen. Ohne dich bricht hier doch alles zusammen.«

»Das solltest du dem Maestro sagen, nicht mir«, gab Leonardo zurück.

»Das sollte ich vermutlich, aber ich bin nicht lebensmüde.«

Leonardo lächelte. »Und pass du auf die anderen auf, ja? Beschütz sie vor Verrocchios Launen.«

Schließlich schob er das Tor der Werkstatt auf und blinzelte gegen das helle Sonnenlicht auf der Straße an.

Er hatte keine Ahnung, was vor ihm lag. Würde er für die Medici arbeiten, wie Sandro es tat? Oder musste er Florenz vielleicht ganz verlassen? *Wer weiß, welche Gerüchte Verrocchio in Umlauf bringen wird, um von seinem eigenen Versagen abzulenken.* Vielleicht würde es weniger leicht sein, Auftraggeber zu finden, als er dachte.

Er spürte, dass er es viel zu lange vermieden hatte, sich diesen Fragen zu stellen, dass er die trügerische Bequemlichkeit von Verrocchios Werkstatt einer lange überfälligen Entscheidung vorgezogen hatte.

Der Schritt hinaus in ein neues Leben machte ihm Angst, aber er bedeutete auch, dass von nun ab alle Schritte seine eigenen sein würden.

KAPITEL 28

Volterra, 17. Juni 1472

GIULIANO

Ihr Zug machte sich in den frühen Morgenstunden auf den Weg. Giuliano war abermals in der Dämmerung aufgestanden und hatte seine Brigantine angelegt, einen Schuppenpanzer, der mit Brokat bespannt war. Er hatte den Waffengürtel umgebunden und sein Schwert in die Scheide gesteckt. Der Schweiß rann ihm über den Körper, kaum dass er sein Zelt verlassen hatte.

»Volle Rüstung und volle Bewaffnung«, hatte Montefeltro gesagt. »Wir sollten wenigstens Eindruck schinden, wenn wir nach Volterra hineinreiten.«

Als Giuliano auf sein Pferd stieg und sich zu Montefeltro an der Spitze des Zuges gesellte, sah er, dass sich der *Condottiere* an seine Worte gehalten hatte. Er trug eine polierte Platte am Oberkörper, einen Umhang mit dem Wappen Urbinos und einen mit einer Feder geschmückten und reich verzierten Helm, der sogar über größere Entfernung gut zu erkennen war. Montefeltro begrüßte ihn knapp und gab seinen Männern das Zeichen zum Aufbruch.

Der Tross setzte sich langsam in Bewegung. Vier der Hauptleute hielten sich direkt hinter ihnen, gefolgt von fünfhundert Reitern mit Lanzen und Arkebusen. Danach kamen die leichte und die schwere Infanterie, die mit Schwertern, Bucklern, Hellebarden und Armbrüsten bewaffnet waren.

Die Sonne brannte auf den Zug, als sie den Hügel hinaufritten. Giuliano sah, dass das große Tor geöffnet worden war, wie man es ihnen versprochen hatte. Niemand hielt sie auf, als sie in die Stadt einritten und die Straße nahmen, die direkt vom Tor zum Palazzo dei Priori führte.

Eine seltsame Stille schien über Volterra zu liegen. Giuliano sah die Gesichter neugieriger Kinder in den Fenstern, manchmal auch die ihrer Mütter. Die meisten Gassen und Wege waren leer, aber viele Männer beäugten sie von ihren Läden und Handwerksbetrieben aus; mehr als ein Blick war offen feindselig. *Kein Wunder*, dachte er. *Für sie bedeutet der heutige Tag, dass die Macht von Florenz einmal mehr triumphiert.*

Vielleicht ist es gut, die ganze Sache schnell hinter uns zu bringen und der Stadt nicht noch mehr Gesichtsverlust zuzumuten?

Ein großer Teil ihrer Soldaten befand sich bereits innerhalb der Mauern, als Giuliano hinter sich plötzlich Geschrei hörte. Erst schien es nur eine Stimme zu sein, doch schnell gesellten sich weitere dazu. Dann ertönte das Klirren von Stahl auf Stahl. Ein Schrei ertönte, schmerzerfüllt, gefolgt von wütenden Rufen. Giuliano zügelte sein Pferd und blickte zu Montefeltro hinüber.

Der *Condottiere* hielt ebenfalls an und bedeutete den Männern anzuhalten, die hinter ihm kamen. Giuliano sah sich um, aber die kurvige Straße machte es ihm unmöglich, den Ursprung der Aufregung zu entdecken. Montefeltro machte sich bereit, sein Pferd zu wenden, und Giuliano folgte ihm. Ein seltsames Gefühl breitete sich in ihm aus, eine Vorahnung, dass es nichts Gutes sein konnte, das auf sie wartete.

Als sie um die Kurve ritten, hallten ihnen bereits Schreie aus vielen Kehlen entgegen. Ein Bild des Chaos bot sich ihnen dar. Ein Soldat lag tot vor einem Karren, der voll beladen mit Krügen war, daneben kniete ein Volterrani, der aus einer Kopfwunde blutete. Um den Karren herum standen lauter aufgebrachte Bürger den Soldaten gegenüber, die aus dem Tross ausgeschert waren und ihre Waffen gezogen hatten.

»Diebesgesindel«, brüllte einer der Männer beim Karren. »Die Medici sind Mörder!«, rief ein anderer.

»Halt dein elendes Maul! Er hat unseren Kameraden ohne Vorwarnung angegriffen!«, schrie ein Soldat, der direkt neben dem Knienden stand. Er hob sein Schwert. »Er ist des Todes!«

»Tod allen Tyrannen!« Woher dieser Ruf gekommen war, konnte Giuliano nicht ausmachen, ebenso wenig, wer wen zuerst angegriffen hatte, aber die Drohung von noch mehr Gewalt hing greifbar in der Luft. *Was würde Lorenzo tun? Vielleicht können wir ...*

»Halt!«, schrie Montefeltro, als er näher ritt, aber es war zu spät. Aus einer Gasse stürmten plötzlich einige Bewaffnete auf den Trupp zu, die die Farben Volterras trugen, wahrscheinlich die neu gegründete Miliz. Einer hatte eine Armbrust in Händen und zielte auf einen Soldaten bei dem Karren; er traf den Mann in die Brust, der strauchelte und zu Boden ging. Ein anderer Soldat hob daraufhin das Schwert mit beiden Händen und schlug dem knienden Mann mit einer weit ausholenden Bewegung den Kopf ab.

Einen Augenblick lang schien die Welt stillzustehen, dann versank sie in einer blutigen Fontäne aus Schuld und Rache.

Die aufgebrachten Soldaten packten ihre Waffen und stürzten sich auf ihre Gegenüber; der bewaffnete Trupp Volterrani war heran und warf sich auf die Söldner. Die Bürger auf der Straße schlossen sich ihrer Miliz an und begannen, die Soldaten mit Steinen und allem, was ihnen in die Finger kam, zu bewerfen.

Nur einen Moment später hatte sich die Ordnung des Zuges vollständig aufgelöst. Die Soldaten scherten aus und verteilten sich in den Gassen, begierig, einen Gegner zu finden.

»Bei allen Heiligen, Mann, so tut doch etwas!«, schrie Giuliano. Aber Montefeltro zügelte bloß sein aufgeregtes Pferd und sah ihn an. »Jetzt ist es zu spät dafür«, sagte er. Seine Stimme klang ruhig und beinahe zufrieden. »Nun müssen die Männer zu ihrem Recht kommen. Ich schlage vor, dass Ihr Euch ebenfalls Euren Teil der Beute sichert, Messere Medici.« Mit diesen Worten wendete er erneut. »Wir werden angegriffen«, schrie er in Richtung seiner Hauptleute. »Verrat! Schleift die Stadt.«

Das ist Wahnsinn!, dachte Giuliano. *Das kann nicht wahr sein!*

Aber es war wahr. Überall um ihn herum lösten sich nun Männer aus der Formation, zogen ihre Waffen und machten sich auf die

Suche nach Beute, Männer, die sich in wenigen Augenblicken von Menschen in hungrige Wölfe verwandelten.

Ein Stein traf Giuliano am Kopf. Sein Pferd scheute und versuchte, ihn abzuwerfen. Fast wäre er gestürzt, aber er konnte im letzten Moment noch vom Rücken des Tieres gleiten und landete auf den Füßen. Das Tier galoppierte panisch davon.

Ein Mann stürmte mit einer Klinge auf ihn zu. Giuliano riss sein Schwert aus der Scheide, parierte, ohne nachzudenken, und versetzte dann seinerseits seinem Gegner einen Schlag. Blut spritzte auf, als er ihn in die Brust traf. Sein Feind schrie auf und taumelte zur Seite.

Vor ihm war keine Ordnung mehr zu erkennen, der Zug war aufgelöst, und überall fanden einzelne Scharmützel statt.

Ich muss zu Montefeltro, dachte Giuliano. *Er ist der Einzige, der das hier beenden kann. Ich muss ihn finden und ihn davon überzeugen, dass er einschreitet.*

Er lief in die Richtung, in die der *Condottiere* geritten war, die Straße hinauf. Dabei versuchte er, den Kämpfenden auszuweichen, aber ein einzelner Milizionär griff ihn aus der Deckung einer niedrigen Mauer heraus an, versetzte ihm erst einen Schlag mit einem Buckler, der Giuliano zurücktaumeln ließ, bevor der Mann ihn mit einem kurzen Schwert attackierte. Giuliano duckte sich, wollte ausweichen. Die Klinge traf ihn in die Seite, glitt aber an seiner Brigantine ab. Er schwang das Schwert weit vor sich, hielt den Angreifer auf Abstand, ging dann in die Knie und stach schnell mit einem Ausfallschritt nach den Beinen seines Gegners. Stahl biss in Fleisch, in Knochen. Der andere Mann stürzte schreiend zu Boden.

Als er weiterhastete, sah er, dass die Soldaten noch immer von kleinen Gruppen der Volterrani angegriffen wurden, aber es war schnell klar, dass die Miliz den erfahrenen Söldnern nicht standhalten konnte.

Sie sind zu wenige, und sie sind nicht gut organisiert. Ab und an ertönten Schüsse, aber die Hakenbüchsen der Verteidiger, die auf den Mauern abgestellt waren, waren im Getümmel des Straßenkampfes nutzlos. Zu eng waren Freund und Feind ineinander verkeilt. Einige feuerten auf die Söldlinge, die sich noch jenseits der Mauern befanden, aber mehr als ein hilfloses Aufbäumen konnte das nicht sein.

Von unten drängten noch immer Soldaten in die Stadt, während sich der Tross in kleinere Trupps teilte, die gemeinsam auf der Suche nach Beute ausschwärmten.

Eine Gruppe stürmte in einen Laden, der mit Tuch handelte; aus dem Inneren ertönten Schreie. Ohne nachzudenken, griff Giuliano einen der Männer am Ärmel. »Halt«, brüllte er. »Hört auf.«

Der Mann wand sich aus seinem Griff und spuckte ihm vor die Füße. »Sagt wer?«

Sie kennen mich nicht. Ich bin für sie ein Niemand.

Er versuchte, Autorität in seine Stimme zu legen. »Ich bin ...« Aber noch bevor er den Satz beenden konnte, traf ihn ein Schlag am Hinterkopf, dann ein Tritt gegen sein Bein, und er ging zu Boden. Ihm wurde schwarz vor Augen. Achtlos stiegen die Männer über ihn hinüber.

Als er wieder zu sich kam, war es in dem Laden vor ihm still. Die Soldaten waren verschwunden, ebenso wie seine Waffe. Er zog sich auf die Füße und taumelte in das Geschäft. Alles war durchwühlt worden, die Waren zerstört oder mitgenommen, alle Möbel zerschlagen. Im hinteren Teil des Raumes entdeckte er zwei Menschen, einen Mann und eine Frau, die seine Großeltern hätten sein können. Sie lagen mit durchschnittenen Kehlen tot auf dem Boden. Es stank durchdringend nach Blut und Exkrementen. Giuliano wurde übel, sein Schädel pochte, und er stolperte benommen aus dem Laden.

Auf der anderen Straßenseite warf ein Soldat unter dem Johlen seiner Kameraden eine brennende Fackel in ein Fenster.

Giuliano duckte sich in den Schatten der Hauswand, um nicht entdeckt zu werden. Die Gruppe Bewaffneter zog lachend weiter, unter den Armen die Dinge, die sie bereits erbeutet hatten.

Es musste noch weitere Feuer geben, denn Qualm waberte durch alle Straßen. Giuliano hielt sich abseits, versuchte, den Horden auszuweichen. Soldaten taumelten halb nackt aus einer Taverne, mit Wein und Blut beschmiert. Er hörte Weinen und Flüche, die ihnen folgten.

Eine Frau mit versengten Haaren und wildem Blick kam aus einem brennenden Gebäude. Als sie Giuliano sah, wich sie entsetzt zurück. *Sie glaubt, dass ich einer von ihnen bin.* Er wies auf eine leere Gasse. »Versteck dich«, sagte er leise, aber die Frau lief in eine andere Richtung davon.

Auf dem Pflaster vor einer Schmiede sah er einen kleinen Jungen liegen, dessen Hinterkopf zerschmettert worden war. Der Schmied lag tot neben einem Amboss. Viele Wunden zeigten, dass er versucht hatte, sich zu verteidigen. Werkzeuge waren von der Wand gerissen worden, ein Stützbalken war eingedrückt und in die Esse gestürzt, schon leckten die Flammen über das Holz.

Durch den Rauch wurde es immer schwerer, etwas zu erkennen, aber er wusste, dass er die Straße weiter hinaufmusste. Menschen mit zerrissener Kleidung und blutigen Gesichtern flohen durch die Gassen vor ihren Peinigern, meist vergebens.

Inferno.

Schließlich erreichte er einen Platz, der weit oben in der Stadt lag. Hier herrschte eine beinahe unheimliche Ruhe. Der Blick ins Tal, von der Stadt abgewandt, war friedlich, und die Schwalben kreisten über den Dächern. *Die gleichen Schwalben wie über Florenz,* dachte er. Ihr Flug war so schön wie an dem Tag, an dem er sich von Fioretta verabschiedet hatte. *Die Schwalben kümmert es nicht, ob sie Frieden oder Zerstörung sehen.*

Die Sonne war schon über ihren Zenit hinaus, was bedeutete, dass die Plünderung schon Stunden andauerte. Er wandte sich um und stieg die letzten Meter zum Palazzo dei Priori hinauf, wo sich ihm eine gespenstische Szenerie darbot.

Montefeltros Männer hatten Tische und Bänke aus dem Palazzo auf den Platz geschleppt, und dort saß der *Condottiere* nun im

Kreise seiner Hauptleute. Er hielt einen goldfarbenen Pokal in der Hand, aus dem er so sorglos trank, als würde hier ein Sommerfest gefeiert. Hausrat, Bilder, Teppiche und andere Wertgegenstände lagen achtlos um sie herum verteilt.

Unbändiger Zorn stieg in Giuliano auf. Am liebsten hätte er sich auf den Herzog gestürzt und ihn geschlagen. *Eure Männer haben die Hölle nach Volterra gebracht.*

Als Montefeltro ihn sah, hob er grüßend seinen Becher. »Medici, einen Schluck? Ihr seht aus, als könntet Ihr es brauchen.« Gelächter quittierte seine Worte.

Giuliano trat auf ihn zu und schlug ihm den Becher aus der Hand. »Ihr müsst das beenden«, verlangte er. »Sofort.«

Montefeltro sah ihn halb fragend, halb spöttisch an.

»Warum sollte ich?«, gab er zurück. »Habt Geduld. Die Plünderung wird von selbst zu Ende gehen. Spätestens morgen früh verfliegt der Rausch der Männer, und sobald die Kopfschmerzen einsetzen, können wir die reuigen Sünder einsammeln.«

Giuliano schüttelte den Kopf. »Nein. Ihr werdet jetzt den Befehl zum Rückzug geben. Oder ich sorge dafür, dass Ihr nicht einen weiteren Florin mehr von Florenz erhaltet. Die ganze Toskana wird Euch als einen Mann ansehen, der nicht zu seinem Wort steht und dem niemand vertrauen kann.«

Giuliano wusste nicht, ob er auch nur annähernd die Macht besaß, das zu tun, womit er drohte, aber er musste sich darauf verlassen, dass sein Name die Autorität hatte, die ihm selbst fehlte.

»Soll ich ihm eine verpassen, Herr?«, fragte einer von Montefeltros Leuten. »Den Knaben kann ich schnell ins Jenseits befördern.«

Einen Augenblick lang hing die Prahlerei als Drohung in der Luft. Giuliano wurde es schmerzlich bewusst, wie allein er hier war. Er hatte keine Verbündeten unter diesen Männern und war ihnen praktisch ausgeliefert. Montefeltro musterte ihn abschätzig, als überlegte er, das Angebot anzunehmen.

Aber dann fuhr der *Condottiere* zu dem Soldaten herum. »Halt die Schnauze«, herrschte er den Mann an. »Sonst lasse ich sie dir zunähen.«

Der Mann schwieg erschreckt. Giuliano erkannte, dass die unbedachten Worte Montefeltro in eine schwierige Lage gebracht hatten. Es war eine Sache, wie ihn der *Condottiere* behandelte, aber er konnte nicht zulassen, dass seine Soldaten disziplinlos und aufrührerisch daherkamen.

»Nun gut, Medici«, sagte Montefeltro schließlich langsam. Dann wandte er sich an seine Hauptleute. »Der Spaß ist ein bisschen früher als gedacht zu Ende«, rief er. »Los, holt die Trompeter. Sie sollen zum Rückzug blasen. Wer nicht sofort zurück ins Lager kommt, wird aufgeknüpft.«

Widerwillig ließen die Männer Becher und Schätze sinken und standen auf.

Montefeltro wandte sich wieder an Giuliano. »Ich werde tun, was Ihr sagt«, meinte er leise. »Immerhin seid Ihr es ja, der uns bezahlt.« Er hielt inne. Dann setzte er hinzu: »Aber gebt acht, dass Euch Eure Arroganz nicht noch teuer zu stehen kommt.«

Giuliano wusste kaum, wie er ins Lager zurückgekommen war, zurück durch die Feuer in der Stadt, vorbei an den Plünderern und an Leichen von Menschen und Tieren. Als er halb die Straße hinuntergekommen war, ertönte endlich das Trompetensignal, das die Soldaten zurück ins Lager rief. Die Männer, die das Signal hörten, folgten dem Befehl zwar sichtlich unwillig, aber sie sammelten sich dennoch.

Als Giuliano sein Zelt erreichte, überkam ihn eine bleischwere Müdigkeit. Er wollte nur noch schlafen, wusste aber, dass er vorher noch etwas erledigen musste. Sein Blick fiel auf den angefangenen Brief an Lorenzo, den er – *bei allen Heiligen, war das erst gestern gewesen?* – auf einer Kiste liegen gelassen hatte.

Giuliano schälte sich aus der Brigantine und legte sie auf das Feldbett. Dann zündete er eine Kerze an, setzte sich auf das Bett und tauchte die Feder in die Tinte. Er versuchte, seinem Bruder genau zu schildern, was in Volterra geschehen war. Lorenzo musste so schnell wie möglich erfahren, was wirklich passiert war, noch bevor Montefeltro nach Florenz zurückkehrte. Als Giuliano den Brief beendet hatte, verschloss er ihn mit Kerzenwachs und drückte seinen Siegelring darauf.

Mit dem Brief in der Hand verließ er das Zelt, um Luca zu suchen. Die ersten Truppen aus der Stadt kamen gerade zurück, singend, grölend und ihre Beute schwenkend, als hätten sie einen großen Sieg errungen.

»Um Himmels willen, wie siehst du denn aus?«, rief Luca, als Giuliano ihn schließlich fand. »Bist du verletzt? Brauchst du Hilfe?« Giuliano schüttelte den Kopf. »Ich habe eine große Bitte an dich«, sagte er. »Du musst diesen Brief so schnell wie möglich zu Lorenzo bringen. Brich morgen früh mit dem ersten Licht auf, und halt dich nicht auf, bis du in Florenz bist.«

Luca streckte die Hand nach dem Brief aus. »Was in Christi Namen ist passiert?«, wollte er wissen.

Giuliano presste die Lippen aufeinander. »Es war ein Massaker«, sagte er. »Es gab ein Scharmützel mit den Volterrani, und das hat Montefeltro als Vorwand benutzt, um die Stadt zu plündern. Sie haben die Leute einfach abgeschlachtet wie Vieh. Ich ... ich konnte ihn nicht früher aufhalten.«

»Oh Gott«, flüsterte Luca. »Ich verstehe.«

»Versprich mir, dass du gleich morgen losreitest. Aber sei vorsichtig! Montefeltro hat mir kaum verhüllt gedroht, und ich weiß inzwischen, wozu er fähig ist.«

Luca sah ihn erschreckt an. »Natürlich, ich verspreche es dir. Aber du solltest mitkommen. Gerade, wenn wir dem Herzog nicht mehr trauen können.«

»Ich muss hierbleiben, bis alle Truppen Volterra verlassen haben«, erwiderte Giuliano. »Um sicherzustellen, dass Montefeltro nicht noch einen Grund findet, um zu Ende zu bringen, was er begonnen hat. Sobald die Soldaten das Lager abbauen, komme ich nach.«

»He, Medicus, Ihr werdet gebraucht«, rief jemand vom Eingang des Zeltes her.

»Geh«, meinte Giuliano. »Aber sag niemandem etwas von dem Brief und lass dich auf keinen Fall aufhalten.«

»Pass auf dich auf.« Luca umklammerte sein Handgelenk und drückte seinen Arm, dann ließ er los und wandte sich den wartenden Männern zu.

Giuliano senkte den Kopf und schlüpfte an ihnen vorbei aus dem Zelt. Er wollte keinen Augenblick länger als nötig in der Gesellschaft des *Condottiere* und der Truppen bleiben.

KAPITEL 29

Florenz, Juni 1472

LEONARDO

Als die Kirchenglocken die zehnte Stunde ankündigten, wusste Leonardo, dass er nicht viel länger unterwegs bleiben konnte. Es war bereits dunkel, und die nächtliche Ausgangssperre begann.

Nachdem er Verrocchios Werkstatt verlassen hatte, war er zunächst ziellos durch die Stadt geirrt, hatte dann den Fluss überquert und war schließlich den Hügel hinauf bis nach San Miniato al Monte hinaufgelaufen. Von hier aus hatte er einen guten Blick über die ganze Stadt. Er setzte sich in den Schatten einer Mauer und betrachtete die Menschen auf den Straßen. Aus der Ferne sahen sie alle gleich aus, ob sie nun Bauern, Bankiere oder Bischöfe waren. *Oder der Meister einer großen Werkstatt.*

Vielleicht hätte ich es einfach hinnehmen sollen, dass das Bild missglückt ist, dachte er. *Wer weiß, ob die Mönche es überhaupt jemals bemerken? Vielleicht hängen sie die »Verkündigung« einfach im Halbdämmer ihrer Klosterkirche auf, und niemand wird sich je an Marias Arm stören. Aber ist nicht jede kleine Ehrlichkeit besser als eine große Lüge?*

Er blickte auf die lederne Tasche mit seinen Habseligkeiten, die er neben sich abgestellt hatte, und fragte sich für einen Moment, ob er einfach zu Verrocchio zurückkehren und darauf vertrauen sollte, dass der Maestro schon seinen Frieden mit ihm machen würde, sobald er wieder nüchtern war.

Nein, das kommt nicht infrage, ermahnte er sich. Selbst wenn Verrocchio ihr Zerwürfnis morgen vergessen hätte oder es nicht mehr erwähnen würde, blieb das Problem zwischen ihnen dennoch bestehen, und der Streit würde nur allzu bald wieder ausbrechen.

Was also sollte er tun? Er plante nicht wirklich, zu seinem Vater zurückzukehren, wie er es Domenico gegenüber behauptet hatte. Der alte Ser Piero würde ihn gewiss nicht mit offenen Armen empfangen.

Aber ich könnte heute Nacht erst einmal in die Via Nuova zu Sandro gehen, überlegte er. *Dort kann ich wahrscheinlich übernachten, und morgen sehe ich dann weiter.*

Leonardo stand auf und schlang sich den Beutel wieder über die Schulter. Es war kein ausgefeilter Plan, aber sicher besser, als die Nacht in einer Zelle zu verbringen, weil er von der Nachtwache aufgegriffen wurde.

Er lief zum Fluss zurück und überquerte die Ponte Santa Trinita, um ins *Ognissanti* zu gelangen, wo Sandros Werkstatt lag.

Es war bereits fast dunkel, als er die andere Uferseite erreichte. Vor ihm ragte der Turm des Palazzos der Tornabuoni auf, an dessen Eingang eben Fackeln entzündet wurden.

»Leonardo?«, sagte plötzlich eine Stimme, die ihn aus seinen Gedanken riss. Als er sich suchend umsah, entdeckte er Luca, der ihm entgegenkam. »Was machst du denn hier?«

»Luca! Du bist zurück!«, rief Leonardo, ohne die Frage des jungen Arztes zu beantworten. »Ist der Feldzug vorüber?«

Luca nickte. »Ich bin heute nach Florenz zurückgekehrt und komme gerade von den Medici. Die Armee wird bald folgen.« In seinen Worten schwang ein seltsamer Unterton mit, den Leonardo nicht einordnen konnte.

»Aber was machst du hier? Um diese Zeit?«, wollte Luca erneut wissen. Plötzlich fühlte sich Leonardo von der Situation geradezu überwältigt. Der Streit mit Verrocchio, seine ungewisse Zukunft und die unerwartete Begegnung mit Luca waren mehr, als er auf einmal fassen konnte. »Ich bin … ich habe mich mit dem Maestro gestritten. Er hat mich aus der Werkstatt geworfen, und ich weiß nicht, wo ich jetzt hinsoll«, sagte er, ehrlicher, als er geplant hatte.

Luca sah ihn an. »Ich kann sicher nicht viel bei einem Streit zwischen Verrocchio und dir ausrichten, aber lass mich dich in eine Schenke einladen«, bat er. »Die *Lumaca* schert sich nicht um die Zeit, dort können wir noch etwas trinken.«

Für einen Moment erinnerte sich Leonardo an das letzte Mal, als er mit Luca und den Medici zechen gewesen war, und daran, wie es geendet hatte. *Aber gewiss gibt es nicht jedes Mal einen Zusammenstoß mit der Wache, wenn man nach Einbruch der Dunkelheit noch in eine Schenke geht?*

»Einverstanden«, sagte er zögerlich. »Aber wolltest du nicht zu deiner Familie?«

Luca warf einen nachdenklichen Blick zurück. »Eigentlich nicht«, erwiderte er. »Sie würden mir vermutlich einfach nur zu viele Fragen stellen, die ich nicht beantworten kann.«

Der bittere Tonfall war wieder in Lucas Worte zurückgekehrt, und Leonardo beschloss, ihn später danach zu fragen. Aber erst einmal folgte er ihm bis zur Piazza del Mercato, wo sie die Lumaca, das Gasthaus zur Schnecke, betraten. Leonardo ließ seinen Blick über die Gäste im Schankraum schweifen. Viele von ihnen schien eine gewisse Nähe zu verbinden, anders als die vielen Reisenden und Händler, die oft in Florenz die Tavernen besuchten, aber er konnte nicht genau ausmachen, woran das lag.

Luca ging zielstrebig zum Tresen und wechselte einige Worte mit dem Mann, der dahinter stand, dann kam er mit einem Weinkrug und zwei Bechern in der Hand zurück. »Ich habe oben einen Raum für uns«, sagte er. »Dort können wir ungestört trinken, und du kannst später hier übernachten.«

Damit ist zumindest die heutige Nacht schon einmal gerettet. Warum ist mir das nicht selbst eingefallen?

Als sie die Tür hinter sich geschlossen hatten, sah Leonardo im Halbdämmer, dass in dem kleinen Raum zwei Strohmatratzen mit Decken auf dem Boden lagen. Sonst gab es nur wenig Mobiliar.

Luca stellte den Krug auf den Sims des einzigen Fensters und entzündete eine Kerze, die dort ebenfalls stand. Dann füllte er einen Becher mit Rotwein, bevor er diesen an Leonardo reichte, der ihn mit zwei Zügen leerte. Er gab den Becher an Luca zurück, der ihn erneut füllte.

»Was wirst du jetzt tun? Willst du dich mit Verrocchio versöhnen, oder eröffnest du nun doch deine eigene Werkstatt?«

Leonardo schüttelte den Kopf. »Ich habe keine Ahnung«, gab er zu. »Bis zum heutigen Tag hatte ich mir noch kaum Gedanken darum gemacht.« Er sah in den wieder gefüllten Becher. »Und ich bezweifle, dass ich im Wein eine Antwort darauf finde.«

»Manchmal reicht es ja schon, im Wein Vergessen zu finden statt irgendwelcher Antworten«, erwiderte Luca.

Da war der Unterton wieder. Leonardo sah Luca fragend an. »Wie meinst du das?«

»Du hattest verdammt noch mal recht mit diesem Feldzug«, antwortete Luca. »Es gab in Volterra weder Ruhm noch Ehre zu gewinnen. Keine Heldentaten, sondern nur Männer, die aus Gier oder aus Langeweile töteten. Ich habe nur ein kleines Stück des Krieges gesehen, und ich möchte nichts mehr davon wissen.«

Dann streckte Luca ganz langsam eine Hand aus und legte sie Leonardo in den Nacken.

Leonardo sah ihn an, blickte in Lucas Gesicht mit der Narbe, die ihn nur noch reizvoller machte. Er schloss die Augen und lehnte sich in Lucas Berührung. Luca zog ihn zu sich heran, und er fühlte Lucas Lippen auf seinen. Für einen kleinen Augenblick überkam ihn Panik. Sie überschritten eine Grenze. Dies hier war ein Moment, von dem es kein Zurück gab.

Würdest du denn zurück wollen?, fragte er sich, aber die Antwort war ihm schon lange klar. Lucas Küsse wurden fordernder, er ließ seine Lippen, seine Zunge Leonardos Hals hinunterwandern, seine Hände über seine Brust und über die Vorderseite seiner *Calze*.

Leonardo drängte sich an ihn, wollte ihm nah sein, ohne sicher zu sein, dass er es richtig machte. Aber dann glitten seine Finger ganz einfach, ohne sein Zutun, unter Lucas Hemd, fuhren unter Stoff und über warme Haut, tasteten Wirbel entlang und über feine Härchen. Luca stöhnte, als er seine Finger von der Mulde seines Rückens tiefer und tiefer wandern ließ. »Wir haben es schon halb hinunter zur Matratze geschafft«, murmelte er. »Den Rest schaffen wir auch noch.«

»Vielleicht. Wenn du aufhörst, mich zu küssen«, flüsterte Leonardo.

»Kommt nicht infrage. Das muss auch so gehen.«

Leonardo musste lachen, aus Unsicherheit, Erregung, Lust – er wusste es nicht zu sagen. Seine Lippen lösten sich von Lucas, und dieser nutzte den Moment, einige Schritte rückwärtszugehen und Leonardo mit sich mitzuziehen. Luca ließ sich auf die Matratze fallen, und Leonardo folgte ihm, bevor Luca begann, sich das Hemd über den Kopf zu ziehen. Leonardo tat es ihm nach, verfing sich jedoch in den Ärmeln der *Camicia* und hatte sich noch nicht wieder befreit, als Luca ihn schon wieder an sich zog.

»Warte. Ich kann mich nicht bewegen«, sagte er.

»Wer sagt, dass mir das nicht gefällt«, murmelte Luca, aber dann zog er an den widerspenstigen Ärmeln und befreite Leonardo von dem Hemd. Er drehte ihn auf den Rücken, nur um seine Brust mit der Zunge entlangzufahren, über seine Brustwarzen zu lecken, und schließlich mit der Zunge noch tiefer zu wandern, wobei er Leonardo von seinen Beinkleidern befreite.

Leonardo stöhnte, lehnte sich ihm entgegen in dem verzweifelten Versuch, noch mehr von Luca zu spüren, jede Trennung zwischen ihnen aufzuheben. Er hob Luca seine Lippen entgegen, küsste ihn mit all der Inbrunst, die er sich selbst so lange verwehrt hatte.

Was für ein Narr er gewesen war, zu glauben, dass ihn die Liebe kaltlassen würde. Dass es so viel anderes auf der Welt gäbe, dass er keine Menschen brauchte. Was für ein Narr!

Er legte beide Hände um Lucas Hals und zog ihn zu sich herunter, biss ihn in die Lippe, küsste ihn mit der Kraft eines Verzweifelten.

Als er Lucas Gesicht so dicht vor sich sah, dass er jede Pore erkennen konnte, die blonden Haare in seinen Fingern fühlte, die dunklen Wimpern sah, in denen winzige Schweißtropfen glitzerten, wurde ihm klar, dass er niemals zuvor etwas so Schönes gesehen hatte.

KAPITEL 30

Florenz, Juni 1472

FIORETTA

Fioretta wusch rötlich braune Temperafarbe in einer Schüssel aus, dann trocknete sie den Pinsel aus Rotmarderhaar mit einem Lappen ab. Der schlafende Jagdhund, der ihr Motiv war, schüttelte sich und knurrte leise. *Wovon du wohl träumst?*, fragte sie sich.

Eigentlich hätte sie als Nächstes mit Bleiweiß helle Akzente auf dem Hundefell setzen oder die Landschaft, die sie hinter dem Hund angelegt hatte, ausfüllen sollen. Aber es wurde allmählich zu dunkel, um weiterzumalen. Sie warf einen Blick auf das begonnene Bild. Insgesamt war ihr die Komposition gelungen, aber sie fand das Bild dennoch gewöhnlich und langweilig. Stillleben waren weder ihre Stärke, noch machten sie ihr große Freude. Sie seufzte und setzte sich für einen Augenblick neben den schlafenden Hund auf die Decke, um ihn hinter den langen Ohren zu kraulen.

Gedankenverloren sah sie aus dem Fenster.

Hoffentlich dauert es nicht mehr lange, bis du wieder hier bist. Ich vermisse dich mit jeder Stunde mehr.

Sie dachte an ihr Versprechen, sich nicht verheiraten zu lassen, bis Giuliano zurückkehrte. Bislang hatte ihr Vater Fioretta nur erzählt, dass Lorenzo sich unter den Söhnen der Mitglieder seiner *Confraternitas* nach einem geeigneten Kandidaten für sie umsah, aber er schien noch niemand Bestimmten ins Auge gefasst zu haben. Sie konnte nur hoffen, dass die Suche noch eine Weile dauerte, denn sie wollte ihr Versprechen keinesfalls brechen.

Aus den unteren Stockwerken erklangen plötzlich laute Rufe, und einen Augenblick später stand ihr Vater in der Tür. »Wir sollen uns alle im großen Saal versammeln«, erklärte er. »Offenbar hat Lorenzo etwas Wichtiges zu verkünden.«

»Weißt du, worum es geht?«, wollte Fioretta wissen.

Antonio schüttelte den Kopf. »Nein. Aber wir beeilen uns besser.«

Als sie das Speisezimmer erreichten, war es bereits voller Menschen. Wie bei einem festlichen Bankett saß Lorenzo an der Stirnseite des Tisches, flankiert von Madonna Lucrezia, die ihre Enkelin auf dem Schoß hatte, und von Clarice, die den kleinen Piero auf dem Arm hielt. Neben Lorenzos Frau saß Luca Tornabuoni, der dunkle Ringe unter den Augen hatte und auch sonst müde vor sich hin schaute.

Offenbar hatte sich fast der ganze Haushalt hier versammelt, von den Küchengehilfen bis zu den Angestellten der Bank, insgesamt sicher mehr als vier Dutzend Personen, die aufgeregt durcheinanderredeten und sich fragten, warum sie hierhergeholt worden waren.

Fioretta stieß ihren Vater an. »Hast du gesehen, dass Luca wieder da ist?«, fragte sie leise.

Antonio nickte. »Ja, und Gott sei Dank unversehrt, wie es scheint.«

Schließlich stand Lorenzo auf und ging um den Tisch herum. Er hob die Hände, um für Ruhe zu sorgen. »Ich habe heute einen Brief aus Volterra erhalten«, begann er. »Herzog Montefeltro schreibt mir, dass unsere Truppen einen großen Sieg errungen haben. Volterra ist nun wieder fest in florentinischer Hand.«

Im Raum brandete Jubel auf, und Lorenzo schwieg für einen Moment, bevor er fortfuhr. »Morgen werde ich in der *Signoria* über unseren Erfolg sprechen, und ich werde unsere Keller öffnen, damit wir alle etwas auf diese gute Nachricht trinken können. Die Armee wird bald zurück sein.«

»Und mit ihr Giuliano, der sie angeführt hat«, warf Lucrezia ein.

»Genau, wir hoffen natürlich, dass jetzt auch Giuliano so schnell wie möglich zu uns zurückkommt«, sagte Lorenzo hastig. »Damit wir diesen Sieg gemeinsam feiern können.«

Fioretta war überrascht, dass er seinen Bruder nicht vorher erwähnt hatte. *Aber die Hauptsache ist, dass er bald wieder hier sein wird.* Sie blickte ihren Vater an, der wie alle anderen klatschte und jubelte. *Wenn ich bloß mit dir darüber sprechen könnte, was mir das bedeutet,* dachte sie.

Bald kehrte Fioretta in ihr Zimmer zurück, während Antonio sich auf die Suche nach Luca machte, um mit ihm ein Glas auf seine Rückkehr zu trinken.

Sie wollte sich eben für die Nacht fertig machen, als es an der Tür klopfte. Als Fioretta öffnete, streckte zu ihrer Überraschung Lorenzo den Kopf herein.

»Suchst du meinen Vater?«, fragte sie und stand hastig auf. »Er ist nicht hier.«

Lorenzo schüttelte den Kopf. »Nein«, sagte er. »Eigentlich suche ich dich. Kann ich hereinkommen?«

Sie nickte. *Es muss um etwas Wichtiges gehen, sonst wäre er nicht hier.*

Lorenzo trat in das Zimmer und sah sich unschlüssig um. Sein Blick fiel auf das Bild des Hundes, aber er sagte nichts dazu.

»Was kann ich für dich tun?«, fragte Fioretta, die nicht wusste, wie sie sein Schweigen deuten sollte. *Was machst du hier? Um diese Zeit?*

Er hob den Kopf und sah sie direkt an. »Hast du etwas von Giuliano gehört?«

Sie sah ihn überrascht an und schüttelte den Kopf. »Nein. Er ist doch noch in Volterra, oder nicht?«

»Er war dort, ist es aber nicht mehr.« Lorenzo zögerte kurz, sprach dann aber weiter. »Ich fürchte, ich habe euch gerade nicht die ganze Wahrheit gesagt, Fioretta. Ich habe heute von Montefeltros Sieg erfahren, das stimmt, und ich bin mir ziemlich sicher, dass er nicht nur mir geschrieben hat. Aber Luca Tornabuoni ist bereits vorgestern zurückgekehrt. Er hat mir einen Brief von Giuliano mitgebracht, in dem mein Bruder schreibt, dass die Übergabe

Volterras völlig aus dem Ruder gelaufen sei. Die Stadt wurde geplündert und gebrandschatzt.«

Es dauerte einen Moment, bis sie die Bedeutung seiner Worte erfasste, dann bekreuzigte sie sich. »Um Himmels willen.«

Lorenzo nickte und rieb sich nachdenklich über die flache Nase. »Giuliano wollte offenbar, dass ich auf jeden Fall davon erfahre, bevor Montefeltro Gelegenheit hat, mir seine Sicht der Dinge zu schildern. Deshalb hat er Luca vorgeschickt.«

»Und was ist mit ihm selbst?«

»Das ist das Problem. Giuliano schrieb mir, dass er noch vor der Armee aufbrechen und so schnell wie möglich nach Florenz zurückreiten würde. Er müsste eigentlich schon hier sein.«

Die Sorge in Lorenzos Stimme war unüberhörbar, und sie streckte ihre kalten Finger auch nach Fioretta aus. *Was kann das bedeuten?*

»Ich hatte vermutet …« Lorenzo räusperte sich, um seine Stimme unter Kontrolle zu bringen. »Ich hatte gehofft«, begann er erneut, »dass er vielleicht zuerst zu dir gekommen ist.«

»Ich habe nichts von ihm gehört, seit er aufgebrochen ist«, erwiderte Fioretta, die vergeblich versuchte, Ordnung in ihre Gedanken zu bringen. »Warum hast du uns nicht gesagt, was wirklich in Volterra passiert ist?«, fragte sie schließlich.

»Weil ich nicht weiß, wie ich mit der Situation am besten umgehen soll«, gab er zu. Es klang ehrlich, ganz ohne seine sonst immer zur Schau gestellte Selbstsicherheit. »Volterra hat nachgegeben, so oder so, und der Alaun ist wieder in unserer Hand. Das ist alles, was die *Signoria* interessieren wird«, fuhr er fort. »Also muss ich Montefeltro als Sieger in unserer Stadt willkommen heißen, denn es ist ein Sieg für Florenz, egal, wie er errungen wurde.«

Seine Stimme klang gefasst, aber sie sah, dass an seiner Schläfe eine Ader pochte. *Er wirkt verzweifelt,* erkannte sie.

»Hast du eine Vermutung, wo Giuliano sonst sein könnte?«, fragte Fioretta. »Was ist mit euren Schwestern? Oder seinen Freunden? Den Vespucci?«

Lorenzo schüttelte den Kopf. »Marco und Simonetta sind in Padua«, entgegnete er. »Und weder Bianca noch Nannina würden mir Giulianos Rückkehr verheimlichen.«

»Was wirst du jetzt tun?«

»Ich weiß es nicht. Ich habe noch mit niemandem sonst darüber gesprochen, nicht einmal mit Mutter oder Clarice. Ich will nicht, dass sie sich Sorgen machen. Und ich weiß auch nicht, wie ich überhaupt erklären soll, was passiert ist. Ich fürchte, die ganze Situation ist ein gefundenes Fressen für die Feinde der Medici.«

Mit einem Mal hatte Fioretta einen schalen Geschmack im Mund. *Natürlich. Selbst wenn sein Bruder verschwindet, gilt Lorenzos erster Gedanke immer noch dem Ansehen der Familie.*

»Heilige Mutter Maria, kannst du nicht für einen Augenblick an etwas anderes denken als daran, den Schein zu wahren? Was wirst du unternehmen, um Giuliano zu finden, Lorenzo?«, brach es aus ihr heraus. Einen Augenblick später schlug sie sich die Hand vor den Mund, selbst erschreckt von ihrer Heftigkeit.

Zu ihrer Überraschung kam von ihm keine Zurechtweisung oder eine heftige Erwiderung.

»Zunächst werde ich diskret Männer in Richtung Volterra schicken, die nach ihm Ausschau halten«, sagte Lorenzo stattdessen. »Mach dir keine Sorgen, ich werde nichts unversucht lassen, um ihn zu finden.«

»Ich bin morgen bei Bianca, um ihre Kinder im Zeichnen zu unterrichten. Ich könnte sie fragen; vielleicht hat sie ja doch etwas gehört«, bot Fioretta an, erleichtert, dass ihr Ausbruch ruhig hingenommen worden war.

Lorenzo nickte langsam. »Ja, bitte tu das. Und wenn du eine Nachricht von ihm erhältst, irgendein Lebenszeichen, dann lass es mich wissen. Selbst wenn er das nicht wollen sollte. Du musst mir nicht einmal sagen, wo er ist. Ich möchte nur wissen, ob es ihm gut geht.«

»Natürlich.«

Lorenzo war schon halb aus der Tür heraus, als er sich noch einmal umdrehte. »Fioretta? Bis wir mehr wissen, musst du sehr vorsichtig sein. Du darfst niemandem erzählen, dass Giuliano fort ist.«

Sie nickte. »Versprichst du mir ebenfalls, dass du mir Bescheid gibst, wenn du etwas erfährst?«

»Ja, natürlich. Lass uns hoffen, dass er einfach irgendwo seine Sorgen im Wein ertränkt und bald von alleine wieder auftaucht ... aber falls er nicht freiwillig verschwunden ist ...« Lorenzo beendete den Satz nicht, aber Fioretta verstand ihn auch so.

KAPITEL 31

Via Volterrana bei Montespertoli, Juni 1472

GIULIANO

Als Giuliano die Augen öffnete, umgab ihn eine klebrige Dunkelheit, und er registrierte erst allmählich, dass er mit dem Gesicht im Dreck lag. Er hustete und versuchte, sich aufzurichten. Dabei schoss ein scharfer Schmerz durch seine linke Schulter, so heftig, dass ihm beinahe wieder die Sinne schwanden. *Einatmen, ausatmen. Heb den Kopf ein bisschen.* Vorsichtig drehte er sich auf die nicht verletzte Seite. Nachdem er sich eine Weile nicht bewegt hatte, verebbte der Schmerz endlich zu einem dumpfen Pochen.

Was ist passiert? Er ließ suchend den Blick wandern und sah in einiger Entfernung den reglosen Körper seines toten Pferdes liegen. Damit kehrten die Erinnerungen zurück.

Er war erst wenige Stunden auf der Straße unterwegs gewesen, als er plötzlich hinter sich Hufgetrappel hörte. Er achtete kaum darauf. Die Via Volterrana war eine Handelsstraße, auf der tagsüber viele Reiter und Karren unterwegs waren. Aber diese Berittenen waren nicht unterwegs, um Handel zu treiben. Zwei Armbrustbolzen brachten sein Pferd zu Fall. Er konnte abspringen, bevor das Tier zu Boden ging, aber von da an war es ein Kampf gegen zwei Bewaffnete, die noch auf ihren Reittieren saßen, ein aussichtsloses Unterfangen.

Einer versetzte ihm einen Stoß mit der Lanze gegen die Schulter. Er konnte sich jetzt noch an einen stechenden Schmerz erinnern, und an ein Knacken, als zerberste ein trockener Ast im Feuer. Ein zweiter Schlag traf seinen Rücken, und er stürzte nach vorn, in die Dunkelheit, von der er glaubte, dass sie sein Ende bedeutete.

Aber ich lebe noch. Offenbar hatten seine Angreifer, wer immer sie gewesen waren, ihn liegen lassen, ohne sich davon zu überzeugen, dass er wirklich tot war. Vielleicht waren sie gestört worden?

Seine Rüstung und seine Waffe waren fort, ebenso die Ringe, die er an den Fingern getragen hatte. Die Satteltaschen des Pferdes waren ebenfalls verschwunden.

Waren es Räuber gewesen?

Er wandte den schmerzenden Kopf nach oben, sah zu dem klaren Himmel hinauf, einem Meer aus Lichtern in der Schwärze. Er musste einige Stunden hier gelegen haben. *Wo habe ich zuletzt Häuser gesehen?* Er war im Lauf des Tages an einigen Gehöften vorbeigeritten. Wie weit wäre es wohl zu Fuß dorthin?

Zu Fuß? Du kannst ja nicht einmal aufstehen.

Vielleicht kann ich einfach noch eine Weile hier liegen bleiben, dachte er. Eine Stunde oder die ganze Nacht. Es war nicht allzu kalt, und morgen früh würde es sicher besser gehen. Wenn er sich nur jetzt nicht bewegen musste.

Giuliano schloss die Augen, sah dann aber sofort wieder die Soldaten Montefeltros vor sich. Er hörte die Schreie der sterbenden Volterrani und roch die Brände, die überall in der Stadt ausgebrochen waren.

Ich habe sie nicht aufgehalten. Ich konnte es nicht. Tränen stiegen ihm in die Augen. Vielleicht war dieser Überfall die gerechte Strafe für seine Sünden.

Plötzlich mischte sich Fiorettas tiefe Stimme unter die anklagenden Gedanken. »Bitte lass dich nicht vor Volterra erschlagen. Komm zurück zu mir.« Der Tag auf dem Dach, an dem sie sich verabschiedet hatten. Schlagartig wurde ihm klar, dass er Fioretta nie wiedersehen würde, wenn er hier liegen bliebe. Er würde im Dreck sterben.

Mit der Rechten tastete er ungelenk nach der Stelle an seiner Schulter, wo ihn die Lanze getroffen hatte, bevor er zu Boden gegangen war. Es war klebrig. Ein Knochen schien verschoben zu sein.

Giuliano atmete tief ein, dann stützte er sich auf den unverletzten Arm. Die Bewegung brachte den Schmerz in Rücken und Schulter sofort zurück. *Cazzo,* tat das weh! Er robbte sich mühsam nach vorne bis zu einem großen Stein am Wegesrand, an dem er sich so weit hochzog, dass er sich anlehnen konnte. Als er sich aufrichtete, rieben die Knochenenden seines Schlüsselbeins knirschend aneinander. Er schrie einen gotteslästerlichen Fluch in den Nachthimmel, als der Schmerz mit voller Wucht zurückkehrte und schwarze Punkte vor seinen Augen tanzten.

Er wartete einige Augenblicke ab, bis sich sein Blick wieder klärte. Dann hielt er sich mit der Rechten fest und stand langsam auf.

Ich stehe. Was nun?

Er wusste nicht, wie weit er noch von Florenz entfernt war, aber zu den Gehöften zurückzukehren, die er am Nachmittag passiert hatte, schien ihm unmöglich. Er beschloss, die Straße in der einmal eingeschlagenen Richtung weiterzulaufen.

Ein Schritt. Dann noch einer. Er versuchte, mit der rechten Hand den linken Arm zu stützen und unnötige Bewegungen der Schulter zu vermeiden.

Er musste einen Fuß vor den anderen setzen. Immer wieder. Das war die einzige Möglichkeit, um zurück nach Hause zu kommen. Zu seiner Familie. Zu Fioretta.

Ein Schritt. Und noch einer.

KAPITEL 32

Florenz, Juni 1472

ALBIERA

»Wie ist es ausgegangen?« Albiera stand von einer Bank im Innenhof auf und trat ihrem Bruder entgegen, sobald sie seine Stimme am Tor hörte.

Jacopos Miene verriet ihr bereits, dass er keine guten Nachrichten mitbrachte. Francesco, der ihn in die *Signoria* begleitet hatte, blickte ebenso düster drein wie sein Onkel. »Verflucht!«, rief er laut. »Das hätte kaum schlechter für uns enden können.«

Sie erreichte die beiden Männer, die in der Junisonne in ihren schweren Roben schwitzten, obwohl es nur wenige Schritte vom Palazzo della Signoria bis hierher waren. »Was ist passiert?«

Jacopo ließ sich im Schatten auf eine Balustrade fallen. »Lorenzo hat einen großen Sieg verkündet, der in Volterra errungen wurde«, erklärte Jacopo. »Ein Triumph für Florenz und natürlich auch für die Bankiere von der *Arte del Cambio*. Offenbar hat Montefeltro die Stadt im Handstreich eingenommen, und die verfluchten Medici werden die siegreichen Truppen schon bald in Florenz willkommen heißen.«

Albiera schüttelte ungläubig den Kopf. »Was? Wie konnte das passieren? Wir haben Volterra weiß Gott gut genug unterstützt, damit sich die Stadt nicht sofort auf den Rücken wirft!« Sie konnte Francesco nur zustimmen – ein leichter Sieg war für das Haus Pazzi der schlechteste Ausgang überhaupt. Lorenzo und Giuliano würden als die Anführer dastehen, die mit ihrer Entschlossenheit die Versorgung von Florenz mit Alaun sichergestellt hatten, während man sich in der *Signoria* sicher an das Zaudern ihrer Partei erinnern würde. Der schnelle militärische Sieg allein war schon fatal, aber darüber hinaus würde in Volterra nun ohne Zweifel wieder ein den Medici treuer Verwalter eingesetzt.

Jacopo ließ die Knöchel seiner rechten Hand knacken. »Ich habe keine Ahnung, wie das geschehen konnte. Wir haben schon seit zwei Wochen keine Nachrichten mehr aus Volterra bekommen, und Lorenzo blieb ziemlich vage, als es darum ging, die Einzelheiten dieses Sieges zu schildern.«

Sie schüttelte den Kopf. »Was für eine Schmach.«

»Ich frage mich, warum Lorenzo aussah wie das Leiden Christi, als er die Nachricht verkündet hat«, sagte Francesco. Er setzte sich neben Jacopo, was den Unterschied zwischen den beiden Männern noch betonte. Ihr Bruder war so groß und kräftig wie eh und je, während Francesco die Schultern hängen ließ und dadurch noch schmächtiger als sonst aussah.

»War das so?«, wollte Albiera wissen.

Jacopo nickte. »Ja, er war ziemlich fahrig, und schien sich auch gar nicht lange mit der Nachricht aufhalten zu wollen, obwohl es ja für die Medici kaum besser hätte kommen können.«

»Dann muss noch irgendetwas anderes vorgefallen sein«, murmelte Albiera.

»Aber was könnte das sein?«, wollte Francesco wissen.

Albiera sah von einem zum anderen. »Vor ihrem Aufbruch nach Padua hat Simonetta gesagt, dass Lorenzo von der Gicht geplagt wird, wie schon sein Vater vor ihm. Könnte es sein, dass er einen Anfall hatte?«

Francesco neigte den Kopf zur Seite. »Vielleicht. Aber ich glaube es nicht. Lorenzo sah nicht krank aus, sondern aufgeregt. Nervös und aufgeregt.«

Das hilft uns nicht weiter, dachte Albiera. *Lorenzos Verfassung konnte zu viele Gründe haben. Seine Familie. Die Bank. Oder der Fisch vom Mittag, der ihm quer im Magen lag.*

Sie winkte ab. »Wenn wir nicht wissen, was Lorenzo umtreibt, müssen wir uns darauf konzentrieren, was wir in Sachen Volterra tun wollen«, sagte sie.

»Was wir tun wollen?« Francesco warf ihr einen zornigen Blick zu. »Wir können gar nichts tun. Wir hätten besser in dieser Sache mit den Medici gestimmt, statt aus Prinzip gegen sie. Aber wir hören ja immer auf dich, teure Tante. Kein anderer in der *Signoria* gibt so viel auf die Meinung der Weiber wie wir.«

»Du kannst in der *Signoria* so abstimmen, wie du willst, sobald du einen Platz darin hast«, erwiderte Jacopo grob und stand auf, um seine ganze einschüchternde Größe Francesco gegenüber auszunutzen. »Aber bis dahin solltest du dir lieber deine großen Worte für deine Huren sparen und dein Maul halten, wenn es darum geht, die Medici zu unterstützen.«

Röte färbte Francescos Wangen. Albiera wusste schon lange, dass ihr Neffe eine Vorliebe für die Freudenhäuser der Stadt hatte, aber natürlich war es ihm unangenehm, dass Jacopo das laut aussprach.

Sie hob beschwichtigend die Hände. Einen Streit konnten sie nicht gebrauchen. »Lasst mich nachdenken«, sagte sie. »Irgendetwas muss es doch geben, um Lorenzos Sieg zu schmälern. Verluste, die erlitten wurden, oder Zugeständnisse, die er machen musste?«

»Dazu müssten wir erst einmal mehr über diesen verdammten Kriegszug wissen«, sagte Jacopo. »Was hat Corbinelli mit unserem Geld gemacht? Warum hat er die Stadt nicht verteidigt? War Montefeltro so überlegen?«

»Wir müssen herausfinden, was genau passiert ist«, befand Albiera. »Und bis dahin werden wir Lorenzo und Giuliano gratulieren müssen. Auch, wenn das nicht leicht wird.«

Francesco spuckte auf den Boden. »Ich werde an meinen Glückwünschen ersticken, fürchte ich.«

»Reiß dich zusammen, du ...« Jacopo beendete den Satz nicht, denn vom Tor war Lärm zu hören.

Eine der Wachen kam zu ihnen hinüber. »Messere, da ist ein Mann, der sagt, er sei einer Eurer Pächter.«

Jacopo blickte den Wachmann durchdringend an.

»Lass ihn vor«, ordnete Albiera an.

Einen Augenblick später humpelte ein alter Mann auf einen Stock gestützt zu ihnen hinüber, der sich mit einem Strohhut vor der Sonne schützte.

»Wer bist du?«, verlangte Jacopo zu wissen.

Der Neuankömmling verbeugte sich tief vor ihnen. »Mein Name ist Agnolo, Messere. Ich bewirtschafte ein Stück Eures Landes bei Montespertoli.« Der Alte fächelte sich mit seinem Hut Luft zu.

»Und was machst du hier?«, fragte Jacopo. »Kommst du, weil du deine Pacht nicht zahlen kannst?«

Der Alte schüttelte den Kopf »Meine Enkel haben gestern Morgen einen Mann auf dem Weg zu unserem Weiler gefunden«, erwiderte er unbeholfen. »Offenbar einen reichen jungen Mann.«

»Was geht das uns an?«, fragte Francesco.

»Er ist nicht bei Bewusstsein, aber wir denken, dass er hier aus der Stadt sein muss. Seine Kleidung ist kostbar, und wir hofften, dass Ihr wisst, was zu tun ist.«

Der Alte griff in seine Tasche und hielt ihnen dann ein besticktes Stück festen Stoffs entgegen. Albiera trat einen Schritt näher, um den Fetzen zu betrachten. Darauf waren eindeutig sechs Kugeln erkennbar: das Wappen der Medici. »Ich will verdammt sein«, entfuhr es Jacopo, und diesmal verstand Albiera ihren Bruder nur allzu gut.

Der Alte warf ihnen einen unsicheren Blick zu.

»Und ihr habt diesen Jungen aufgenommen?«, wollte Albiera wissen.

»Ja, Madonna. Der Stoff stammt von seinem Wams.«

Sie setzte ihr gewinnendstes Lächeln auf. »Du hast alles richtig gemacht, damit zu uns zu kommen«, sagte sie. »Wir werden uns darum kümmern und dich großzügig entlohnen.«

»Ich danke Euch.«

Sie streckte die Hand aus. »Diesen Fetzen lässt du am besten hier. Und beschreib uns noch, wo genau dein Hof steht.«

Der Alte übergab ihr das Stoffstück mit einem winzigen Zögern.

Vermutlich glaubte er noch nicht an die versprochene Belohnung. Aber nachdem er ihnen den Weg beschrieben hatte, war er sichtlich erleichtert, als Albiera ihn zur Küche schickte.

»Was meinst du?«, platzte es aus Francesco heraus, sobald der Alter außer Hörweite war. »Ist es Giuliano?«

»Wie viele Medici befinden sich denn gerade auf einem Feldzug?«, antwortete Albiera mit einer Gegenfrage. »Es kann doch kaum ein anderer sein.«

»Aber was macht Giuliano de' Medici mutterseelenallein im Straßenstaub bei Montespertoli?«, fragte Jacopo.

»Die Via Volterrana führt dort vorbei«, entgegnete Francesco nachdenklich. »Er muss sich von Montefeltros Truppen getrennt haben.«

»Falls ihm Giuliano abhandengekommen ist, würde das Lorenzos gedämpften Auftritt in der *Signoria* erklären«, erkannte Albiera.

»Was tun wir denn jetzt?«, fragte Jacopo und nahm Albiera damit die Worte aus dem Mund. Sie sah noch immer den Stofffetzen in ihrer Hand an, während ihre Gedanken in verschiedene Richtungen jagten.

»Wir können erst einmal nichts tun«, schlug Francesco vor. »Wenn er schwer verletzt ist, stirbt er vielleicht einfach.«

Albiera warf ihm einen Blick zu. *Himmel, kann der Junge nicht nachdenken?* »Das ist viel zu riskant. Auch wenn ich nicht glaube, dass der Alte tratschen wird, wissen wir nicht, wem er bereits davon erzählt hat. Und was passiert, wenn Giuliano nicht stirbt?«

»Was sollen wir denn sonst tun?«, fragte Jacopo, der aussah, als wäre er am liebsten sofort nach Montespertoli aufgebrochen, um Giulianos Ableben persönlich nachzuhelfen.

»Wir müssen dieses Wissen zu einer Währung machen«, sagte Albiera langsam. »Wenn wir den Medici helfen, müssen sie im Gegenzug auch etwas für uns tun.«

»Das ist alles?« Francesco klang enttäuscht. *Er sieht nicht, wie viel uns das bringen kann,* erkannte Albiera. »Ein dankbarer, ahnungsloser Lorenzo kann ungleich wertvoller sein als selbst ein toter Giuliano«, erklärte sie.

Jacopo und Francesco sahen sie gleichermaßen skeptisch an.

»Ich werde in die Via Larga gehen«, sagte Albiera entschieden und schloss ihre Finger um den Stoff.

Jacopo sah nicht überzeugt aus, aber er nickte, ergeben wie immer.

»Was kann ich für Euch tun, Madonna Pazzi?«, fragte Lorenzo mit seiner gewohnten Höflichkeit, als sie in sein Arbeitszimmer im Erdgeschoss der Villa Medici geführt wurde.

»Der Grund, aus dem ich hier bin, könnte für Euch eine große Bedeutung haben. Aber wenn er sich als nichtig erweist, werdet Ihr mich für eine Närrin halten«, begann sie vorsichtig. *Wir können nicht mit Sicherheit sagen, dass es sich wirklich um Giuliano handelt. Oder dass Lorenzo das zugeben wird.* Sie nippte an dem verdünnten Wein, den Lorenzo ihr eingeschenkt hatte.

»Ihr sprecht in Rätseln«, gab Lorenzo mit einem liebenswürdigen Lächeln zurück.

»Das war nicht meine Absicht. Aber lasst mich mit einer Frage beginnen: Wisst Ihr, wo Euer Bruder Giuliano im Augenblick ist?«

Einen winzigen Moment lang huschte ein Schatten über Lorenzos Züge, dann hatte er sich sofort wieder im Griff. Aber der kurze Augenblick hatte Albiera gereicht. *Es stimmt also. Giuliano wird vermisst.*

»Er sollte bald mit Montefeltros Truppen zurück nach Florenz kommen«, sagte Lorenzo langsam, als müsste er jedes Wort abwägen.

Albiera nickte. »Nun, das dachten wir natürlich alle«, erwiderte sie. »Aber ich habe Grund zu der Annahme, dass Giuliano allein unterwegs ist. Dabei muss ihm ein Unglück zugestoßen sein, jedenfalls wurde er von einem unserer Pächter in der Nähe der Via Volterrana gefunden.«

Es musste Lorenzo große Überwindung kosten, bei diesen Worten ruhig zu bleiben, und Albiera konnte nicht anders, als ihn dafür zu bewundern.

»Seid Ihr sicher?«, fragte er lediglich. »Und ist er ... noch am Leben?«

Sie nickte. »Zumindest sagt das der Mann, der ihn gefunden hat.« Sie nahm das Stoffstück aus dem Beutel. »Er hat das hier mitgebracht.«

Beim Anblick des Medici-Wappens wich alle Farbe aus Lorenzos Gesicht. »Wo ist er?«, fragte er gepresst.

»Das werde ich Euch natürlich gleich sagen. Aber ich glaube, es wäre gut für uns beide, wenn Ihr mir zuerst sagt, warum Giuliano allein unterwegs war statt mit Montefeltros Heer.«

Er sah sie mit einem schwer zu deutenden Blick an. *Zorn? Furcht?*

Er seufzte. »Früher oder später werdet Ihr vermutlich sowieso davon erfahren. Volterra war kein Sieg der Truppen Montefeltros. Die Tore wurden nicht gestürmt, sondern geöffnet, und Montefeltro ließ seine Männer die Stadt dennoch plündern. Giuliano wollte schon vor der Armee aufbrechen, um mir davon zu berichten.«

Das wird ja immer besser, dachte Albiera. *Deshalb also war Lorenzo in der* Signoria *so vage, als es um den florentinischen Sieg ging.*

Sie konnte kaum ein Lächeln unterdrücken, als sie erkannte, was daraus folgte: *Er wird uns in dieser Sache brauchen.*

Lorenzo stand vor dem mit Papieren bedeckten Schreibtisch und hatte den Kopf gesenkt. *Er trägt diesen Pyrrhussieg auf seinen Schultern.* Sie stand auf und legte Lorenzo eine Hand auf den Arm. »Lasst uns diese Sorge gemeinsam tragen«, sagte sie. »In dieser Sache geht es doch weder um Eure Partei noch um die der Pazzi, sondern um die Ehre von Florenz. Wenn die Pazzi und die Medici darauf bestehen, dass es keine andere Möglichkeit gab, als Volterra zu plündern, wird uns in der *Signoria* niemand widersprechen.«

Lorenzo hob den Kopf. »Das würdet Ihr tun?«, fragte er.

»Aber sicher. Zum Besten von Florenz.«

Sie hoffte, dass ihre Stimme mitfühlend genug klang. Ging er darauf ein, waren die Pazzi auf jeden Fall vor allen Folgen ihrer eigenen Politik sicher. Und dass die Medici die Schuld an der Plünderung tragen, lässt sich später sicher noch gewinnbringend nutzen.

»Als Zeichen dieser Übereinkunft könnte man die Zukunft des Alaun-Handels künftig in unsere gemeinsamen Hände legen?«, fragte sie zuckersüß.

Lorenzo sah sie an. Er begriff, dass er keine Wahl hatte, schließlich war auch er zuerst Geschäftsmann. Dann nickte er langsam. »Einverstanden. Wir werden Volterra gemeinsam als Sieg feiern und einen gemeinsamen Verwalter für die Minen finden. Und nun sagt mir um der Liebe Christi willen, wo mein Bruder ist.«

»Abgemacht«, erwiderte sie. »Giuliano ist in Montespertoli, bei einem unserer Pächter. Ich erkläre Euch den Weg.«

KAPITEL 33

Careggi, Juli 1472

FIORETTA

Das ganze Land wirkte, als wäre es von der sommerlichen Hitze betäubt. Sobald sie die Stadtmauern hinter sich gelassen hatten, klang selbst das Zirpen der Grillen träge, und die beiden großen Jagdhunde, die Lorenzo mitgenommen hatte, trotteten verdrossen neben ihrer kleinen Gruppe her.

Fioretta schob die Haube, die sie zum Schutz vor der Sonne trug, tiefer in die Stirn. Sie hatte bereits jetzt das Gefühl, dass sich auf ihrer Nase ein Sonnenbrand ausbreitete, obwohl es nur ein kurzer Ritt zum Haus der Medici in Careggi war und sie am Nachmittag dort ankommen würden.

Wo Giuliano ist, dem Himmel sei Dank. Sie warf einen Blick zu Lorenzo hinüber, der ein Stück vor ihr ritt. Er hatte Wort gehalten und es sie sofort wissen lassen, als er Giuliano gefunden und nach Careggi gebracht hatte. Das war vor fast drei Wochen gewesen.

Ihr Vater hatte seitdem die meiste Zeit auf dem Landgut verbracht, genauso wie Madonna Lucrezia. Lorenzo hatte Fioretta mit Nachrichten aus Careggi versorgt, aber es war ihr erst gestern gelungen, ihn davon zu überzeugen, sie dorthin mitzunehmen.

Hinter dem nächsten Hügel tauchte bereits das Anwesen auf. Das Landhaus war von Feldern und Wiesen umgeben, auf denen Schafe und Ziegen weideten, die träge ihre Ankunft beobachteten. Aus der Ferne wirkte es mit seiner gedrungenen Bauweise und den schmalen Fenstern fast wie ein kleines Kastell, bereit, jeden Feind an der Straße nach Florenz aufzuhalten.

Hinter dem Tor lag jedoch ein großer Nutzgarten, der den Ort viel lieblicher wirken ließ. In sorgfältig gepflegten Beeten wuchsen

Kräuter, Beerensträucher, Pinien- und Olivenbäume, alles durch einen nahe gelegenen kleinen Fluss bewässert, der hierher umgeleitet wurde. Careggi war für die Medici schon seit den Zeiten ihres Großvaters Cosimo ein sicherer Rückzugsort gewesen.

Fioretta vermutete, dass dies auch der Grund war, warum Lorenzo seinen Bruder hierher und nicht in die Via Larga gebracht hatte. Für Lorenzo kam der Angriff auf Giuliano einem Anschlag auf die ganze Familie gleich, und er brauchte Zeit – um zu sehen, dass Giuliano sich erholte, aber auch, um sich zu sammeln und seine nächsten Schritte zu planen.

Sie war sich sicher, dass Lorenzo sich davon in der Öffentlichkeit nichts hatte anmerken lassen, aber sie hatte in den letzten Wochen häufig mit ihm gesprochen, und er hatte seine Sorge um Giuliano mit ihr geteilt, die sie ebenso quälte wie ihn. Fast fühlte sie die alte Verbundenheit wieder, die früher einmal zwischen ihnen dreien geherrscht hatte.

Ihre Ankunft in der Villa blieb natürlich nicht unbemerkt. Aus den Stallungen kamen ihnen bereits Knechte entgegen, die ihnen die Pferde abnahmen und ihr Gepäck ins Haus brachten. Im Schatten der Loggia wartete Lorenzos Mutter auf sie, die ihren ältesten Sohn umarmte.

»Wie schön, dass ihr hierhergekommen seid«, sagte Madonna Lucrezia. »Und das trotz der Hitze! Geht es dir gut?« Sie musterte Lorenzo so ausgiebig, als hätte sie ihn seit Monaten nicht gesehen, statt seit diesen wenigen Wochen. Ohne seine Antwort abzuwarten, sagte sie: »Willst du zuerst deinen Bruder begrüßen? Und du, Fioretta, wirst bestimmt zuerst deinem Vater Guten Tag sagen wollen.«

»Wie geht es Giuliano denn?«, wollte Lorenzo wissen.

»Wenn es nach ihm geht, ist er bereits wieder kerngesund«, gab Lucrezia zurück.

»Und deine Meinung?«

»Ist die Meinung einer Mutter, die sich vielleicht zu viele Gedanken macht. Am besten fragst du ihn selbst.«

Fioretta lächelte. Lucrezias Antwort überraschte sie nicht.

»Wo finden wir die beiden denn?«, fragte Lorenzo.

»Im ersten Stock. Dein Vater hat die Räume links der Treppe«, erklärte Lucrezia, an Fioretta gewandt.

Fioretta wechselte einen Blick mit Lorenzo und folgte ihm dann ins Innere des Hauses.

»Lorenzo hat dich mitgebracht? Was für eine schöne Überraschung!« Antonio sprang auf, als sie das mit dunklem Holz vertäfelte Zimmer betrat, in dem ihr Vater sein Quartier bezogen hatte. Er stellte einen kleinen Steinmörser, in dem er eben etwas zermahlen hatte, vorsichtig auf die Fensterbank.

»*Pàpa*, wie geht es dir?«

»Mir? Ach, mir geht es ausgezeichnet. Der Kräutergarten hier ist eine wahre Fundgrube, ich kann Vorräte an Arnika, Centaurium und Blutwurz für den ganzen Winter anlegen.«

Fioretta sah, dass ihr Vater bereits damit begonnen hatte. Auf der Fensterbank stand ein halbes Dutzend Tongefäße, und darüber hingen Büschel von Schafgarbe und Salbei zum Trocknen. Der ganze Raum duftete nach den Kräutern.

»Du warst fleißig«, sagte sie anerkennend und fuhr mit dem Finger an den Tongefäßen entlang. Aber eigentlich wollte sie über etwas anderes sprechen als über Kräuter. »Und Giuliano?«, fragte sie, ohne aufzublicken. »Madonna Lucrezia sagt, dass ihm Careggi schon langweilig ist und er am liebsten auf die Jagd reiten will?«

Antonio lachte. »Wollen sicherlich, aber ich bezweifle, dass es seiner Gesundheit sehr förderlich wäre, wenn er längere Zeit auf einem Pferderücken verbringt. In Anbetracht der Umstände geht es ihm gut, aber seine Verletzungen waren keine Kleinigkeit.«

»Wird er sich denn wieder ganz erholen?«

Ihr Vater zuckte mit den Achseln. »Mit Bestimmtheit kann ich das nicht sagen. Gut möglich, dass ihm der Arm immer Schwierigkeiten machen wird. Aber er ist jung und ebenso stur wie alle anderen Medici, deshalb denke ich, dass er sich davon nicht aufhalten lassen wird.«

Fioretta musste lachen. »Jetzt ist Lorenzo ja hier, um ihn zur Vernunft zu bringen«, erwiderte sie.

Ihr Vater warf ihr einen zweifelnden Blick zu. »Ich hoffe, Lorenzos Ankunft bedeutet, dass ich für ein paar Tage nach Florenz zurückkehren kann. Luca soll in die Gilde aufgenommen werden, und ich habe ja auch noch andere Patienten. Giuliano braucht mich jedenfalls eigentlich nicht mehr.«

In Fiorettas Kopf tanzten die Gedanken. Sie war unendlich erleichtert zu hören, dass es Giuliano wirklich besser ging, und gleichzeitig besorgt über das, was ihr Vater gesagt hatte.

»Willst du wirklich schon bald aufbrechen?«, fragte sie. »Ich bin ja gerade erst angekommen.«

Antonio küsste sie auf den Scheitel. »Du kannst doch noch ein paar Tage hierbleiben, Antonietta«, sagte er. »Leiste Madonna Lucrezia Gesellschaft, ich bin mir sicher, dass sie sich freuen würde. Du musst dir den Garten ansehen, und vielleicht hast du sogar Lust, ein paar der Pflanzen für mich zu zeichnen? Das wäre so nützlich für Luca und meine anderen Studenten. Ich erledige derweil meine Geschäfte in Florenz und komme dann wieder zurück.«

Das Esszimmer in Careggi war weitaus kleiner als der große Speisesaal in der Via Larga und bot kaum mehr als einem halben Dutzend Gäste Platz. Fioretta hatte bereits mit Madonna Lucrezia und Signor Cenzi, dem Verwalter von Careggi, am Tisch Platz genommen, als Giuliano schließlich zusammen mit seinem Bruder ins Zimmer kam.

Fioretta schien es, als bewege er sich vorsichtiger und weniger selbstsicher, als es sonst seine Art war. Aber er begrüßte sie mit einem strahlenden Lächeln, setzte sich ihr am Tisch gegenüber und griff mit der gesunden Rechten nach Brot und Käse.

Madonna, es ist so gut, dich zu sehen, dachte sie. *Ich wünschte, ich könnte dir das laut sagen.*

»Ich höre, dass du ein besonders geduldiger Patient bist?«, fragte sie stattdessen. »Mein Vater ist voll des Lobes.« Sie brauchte den Spott, um ihre Erleichterung zu verbergen.

Er warf ihr einen misstrauischen Blick zu, lachte dann aber. »Alle behandeln mich, als wäre ich ein verwundetes Reitpferd, bei dem noch nicht entschieden ist, ob es den Gnadenstoß erhält«, gab er dann zurück.

»Giuliano!«, fuhr Madonna Lucrezia auf. »Wie kannst du das sagen? Wir alle haben uns so große Sorgen um dich gemacht.«

Er legte seine Hand leicht auf die seiner Mutter. »Ich weiß, Mama. Ich mache nur Spaß.«

Sie schüttelte den Kopf, lächelte bei der Geste aber bereits wieder. »Wie steht es in Florenz? Und um die Bank?«, fragte Giuliano.

»Sehr gut. Die Geschäfte laufen bestens«, antwortete Lorenzo.

»Und in der *Signoria*?«

»Dort könnte es auch kaum besser sein. Es herrscht allgemein große Vorfreude auf die anstehenden Feierlichkeiten.«

Giuliano setzte abrupt den Becher ab, aus dem er gerade hatte trinken wollen. »Welche anstehenden Feierlichkeiten?«

Lorenzo blickte einen Moment auf seinen Teller, bevor er Giuliano ansah. »Die Florentiner wollen natürlich den Sieg über Volterra gebührend begehen, das kannst du dir doch sicher denken?«

»Den Sieg?«, Giuliano spie das Wort beinahe aus. »Montefeltro hat die Stadt geplündert und gebrandschatzt. Das war Barbarei und kein ehrlicher Sieg.«

Lorenzos Gesichtsausdruck wurde bei diesen Worten ganz verschlossen, und er hatte einen harten Zug um den Mund. »Ob es ein ehrlicher Sieg war oder nicht, das Ergebnis ist dasselbe. Der Alaun ist zurück in Florenz, und wir sind in Volterra stärker als je zuvor. Das verdankt Florenz dir, und du solltest die Dankbarkeit der Stadt nicht zurückweisen.«

Die beiden Brüder starrten sich über den Tisch hinweg an.

Lucrezia warf Fioretta einen ratlosen Blick zu. Offenbar war sie ebenso machtlos gegen die aufgeladene Stimmung wie sie selbst. Aber es war Antonio, der geistesgegenwärtig das Thema wechselte.

»Was gibt es sonst Neues in der Stadt?«, fragte er, an Fioretta gewandt.

»Verrocchios Werkstatt hat endlich das goldene Kreuz auf der Kuppel von Santa Maria del Fiore angebracht«, erwiderte sie hastig. »Leonardo hat sich selbst übertroffen und eine Vorrichtung gebaut, um es hinaufzuziehen. Die ganze Werkstatt hat zugesehen, und ich glaube, die meisten haben gefürchtet, dass das Kreuz doch herunterfallen und sie erschlagen wird.«

»Aber das Vertrauen in Leonardo war gerechtfertigt«, fügte Antonio hinzu.

»Ein gottesfürchtiges Werk«, murmelte der Verwalter Cenzi leise, der es kaum zu wagen schien, das Wort an die übrigen Anwesenden zu richten.

Eine Weile aßen sie schweigend weiter.

»Wie lange wirst du bleiben, Lorenzo?«, fragte Lucrezia schließlich.

»Nur bis morgen früh, fürchte ich. Dann brauchen die Geschäfte mich wieder.«

»Wie du siehst, hat sich Giuliano bereits gut erholt, und ich muss für Luca vor der Gilde bürgen«, sagte Antonio, an Lorenzo gewandt. »Wärst du einverstanden, wenn ich dich zurückbegleite und in einigen Tagen wiederkomme?«

»Giuliano? Bist du sicher, dass du ohne deinen Arzt auskommst?«, wollte Lorenzo wissen.

»Mir geht es gut. Wirklich«, beteuerte Giuliano.

»Ich würde gerne noch einige Tage bleiben, wenn ich darf«, warf Fioretta ein.

»Aber natürlich«, entgegnete Lucrezia. »Wenn dein Vater nichts dagegen hat, bist du mir sehr willkommen.«

Fioretta hätte gerne zu Giuliano hinübergesehen, um ihre Freude zu teilen, wagte es aber nicht.

»Dann ist es abgemacht«, meinte Lorenzo. »Antonio begleitet mich zurück, und Fioretta bleibt bis zu unserer Rückkehr hier und leistet Mama und Giuliano Gesellschaft.«

»Und welche weiteren Pläne hast du für mich gemacht?«, fragte Giuliano schließlich.

Lorenzo sah ihn irritiert an. »Was für Pläne sollte ich denn für dich machen?«

»Welche Rolle hast du mir bei deinen Feierlichkeiten zugedacht?«

»Du wirst natürlich an der Spitze des Triumphzuges reiten, um ganz Florenz zu zeigen, dass dies ein Sieg der Medici war. Und das wird unseren Feinden klarmachen, dass sie sich besser hüten sollen, uns noch einmal anzugreifen.«

»Hast du das dem Herzog auch so gesagt?«

»Selbstverständlich«, gab Lorenzo zurück. »Montefeltro hat bereits einige Männer hängen lassen, die er in Verdacht hatte, dich angegriffen zu haben. Das war das Mindeste, was er tun konnte.«

»Ich verstehe«, sagte Giuliano langsam. Er sah aschfahl aus. »Muss ich Montefeltro dann auch noch einen Bruderkuss geben, oder wirst du das übernehmen?«

Lorenzo schüttelte den Kopf. »Montefeltro wird am Tag der Feierlichkeiten leider in Urbino unabkömmlich sein«, erklärte er. »Du wirst ihn überhaupt nicht sehen müssen.«

»Wie praktisch für dich«, gab Giuliano zurück. »Dann tut ja wieder jeder genau das, was du dir wünschst.«

»Giuliano, bitte«, sagte Madonna Lucrezia fast flehentlich. »Ich bin sicher, dass dein Bruder nur das Beste will.«

Fioretta sah, dass Giulianos rechte Hand zitterte. Er presste die Lippen zusammen. *Drei Wochen lang habe ich mir nichts sehnlicher gewünscht, als hier zu sein, und nun wäre ich an jedem anderen Ort auf der Welt lieber,* dachte sie.

Ob seiner Mutter zuliebe oder weil ihm keine Antwort einfiel, konnte sie nicht sagen, aber Giuliano erwiderte nichts auf Lucrezias Worte.

Den Rest des Essens verbrachten sie in ungemütlichem Schweigen.

KAPITEL 34

Careggi, Juli 1472

GIULIANO

Giuliano wachte am nächsten Morgen früh auf, obwohl er nur wenig geschlafen hatte. Der Streit mit Lorenzo hatte ihn ebenso wach gehalten wie der Gedanke daran, dass Fioretta nur wenige Räume von ihm entfernt war. Er hatte vage Pläne geschmiedet, sich zu ihr zu schleichen und heimlich an ihre Tür zu klopfen. Aber Careggi war kein großes Haus und dazu voller Menschen. Er wusste, dass er niemals unbemerkt geblieben wäre.

Als er schließlich kurz nach Sonnenaufgang Lärm von unten hörte, beschloss er aufzustehen. Die Wärme des Sommermorgens zog bereits wieder in den Raum, als er sich anzog.

Er sah aus dem Fenster, als er von unten Stimmen hörte, und entdeckte Lorenzo und Antonio Gorini, die sich gerade für den Ritt zurück nach Florenz bereit machten. Kurz dachte er daran, hinunterzugehen und sich zu verabschieden, aber etwas in ihm sträubte sich dagegen. Lorenzo hatte ihm unmissverständlich klargemacht, dass er ihn erst zu dem Triumphzug zurückerwartete, und Giuliano war noch immer unsicher, wie er darauf reagieren sollte.

Kann ich wirklich einen Sieg der Florentiner feiern, der mit so viel Blut der Volterrani bezahlt wurde? Wie kann Lorenzo nur über das hinwegsehen, was passiert ist?

Er stand noch immer am Fenster, als die beiden durch das Tor hinausritten.

Langsam erwachte das Haus zum Leben, und er beschloss, in den Garten zu gehen und nach den Falken zu sehen.

Draußen atmete er tief durch. Hier war es im Augenblick noch kühler als im Inneren, und er genoss die frische Luft. Die große Voliere stand in einem entlegenen Teil des Gartens. Noch bevor er dort ankam, stieg Giuliano bereits ein scharfer Geruch in die Nase.

Er öffnete die Gittertür und streckte seine Hand nach dem Merlin aus, der dahinter saß. Er strich gedankenverloren über den Kopf des Vogels, der sich das gefallen ließ.

Vorsichtig rollte er seine linke Schulter nach vorn. Er konnte spüren, dass die Bewegung noch steif und ungelenk war, aber er hatte kaum noch Schmerzen. Bald würde er wieder mit dem Falken jagen können.

»Giuliano?« Er hörte Fiorettas Stimme und drehte sich zu ihr herum.

»Fioretta! Gott, es ist gut, dich zu sehen«, sagte er und umarmte sie.

»Und dich«, murmelte sie, bevor sie seine Umarmung erwiderte.

Er küsste sie behutsam. Sie trug ihr Haar offen und hatte einen leichten Sonnenbrand auf der Nase, und er glaubte nicht, dass er sie jemals hübscher gefunden hatte als in diesem Moment.

Fioretta erwiderte den Kuss. »Ich habe dich gesucht«, gab sie zu.

»Ich bin froh, dass du mich gefunden hast. Ich habe die halbe Nacht überlegt, ob ich mich nicht zu dir schleichen kann.«

Sie lachte. »Ich habe das Zimmer mit meinem Vater geteilt, vermutlich wäre es also keine gute Idee gewesen, wenn du mitten in der Nacht im Hemd vor der Tür gestanden hättest.«

Er stimmte in ihr Lachen ein. »Wohl eher nicht.« Es tat gut, sie neben sich zu spüren.

Schließlich löste sich Fioretta ein wenig von ihm. Sie bückte sich und hob eine Handvoll von der rötlichen Erde auf. »Schau dir diese Farbe an«, sagte sie. »Ist sie nicht großartig? Ich würde zu gern damit malen.«

Das klang so sehr nach ihr, dass er wieder lachen musste. »Ich bin mir sicher, du darfst so viel Erde mitnehmen, wie du möchtest«, sagte er.

»Hast du dich gestern noch mit Lorenzo versöhnt?«, wollte Fioretta wissen.

»Nein, ich habe ihn gar nicht mehr gesehen. Er sagt, dass ich noch eine Weile lang hierbleiben soll, um mich zu erholen. Aber ich glaube eher, dass er nicht will, dass ich etwas Falsches sage oder tue, bis dieser verdammte Triumphzug vorbei ist.« Er spürte, wie der Ärger des gestrigen Abends wieder in ihm aufstieg.

»Du hast dir gewünscht, dass er Montefeltro für das anklagt, was seine Truppen in Volterra getan haben, nicht wahr?«, fragte sie.

Giuliano senkte den Kopf. »Ja«, sagte er. »Aber stattdessen versucht Lorenzo, geheim zu halten, was tatsächlich passiert ist. Er glaubt, es würde Florenz schaden, wenn er zugäbe, dass der Kriegszug außer Kontrolle geraten ist. Und dabei verlässt er sich von allen Menschen ausgerechnet auf die Pazzi.«

»Immerhin haben sie geholfen, dich hierherzubringen.«

»Lorenzo sagt, sie haben vor allem sich selbst gerettet. Aber wie dem auch sei, wir haben jetzt ein Abkommen mit ihnen. Ich bin wütend auf ihn, aber ich fühle mich auch schuldig, ihn in diese Lage gebracht zu haben.«

»Das ist doch Unsinn! Was hättest du denn tun sollen, dich umbringen lassen?«

Er lächelte leicht. »Ich hätte vermutlich nicht allein nach Florenz reiten sollen.«

»Glaubst du denn, dass Montefeltro den Überfall auf dich befohlen hat?«

Giuliano schüttelte den Kopf. »Nein. Hätten seine Leute auf Befehl des Herzogs gehandelt, hätten sie vollendet, was sie begonnen haben. Aber ich habe mir unter seinen Söldnern genug Feinde gemacht. Ich kann nur hoffen, dass die Richtigen bestraft wurden«, fügte er leise hinzu.

Fioretta ließ die Erde durch ihre Finger rinnen. Dann wischte sie ihre Hand an ihrem Rock ab und griff nach seiner Rechten. Er zog ihre Hand an seine Lippen und küsste ihre Finger. Eine Weile lang schwiegen sie beide.

»Was machen deine Heiratspläne?«, wollte er schließlich wissen. Er versuchte, es in einem leichten Ton zu sagen, obwohl ihm nicht danach zumute war.

»Es sind nicht meine Heiratspläne, das weißt du doch«, gab sie zurück, und er konnte den Ärger in ihrem Gesicht sehen. »Glücklicherweise war dein Bruder wohl zu beschäftigt, um sich allzu viel darum zu kümmern.«

Giuliano war selbst erstaunt, wie erleichtert er über ihre Antwort war. Er drückte sie erneut an sich. »Ich werde mit ihm darüber reden«, versprach er. »Ich werde ihn davon überzeugen, dich in Ruhe zu lassen.«

Fioretta senkte den Blick, und er konnte sehen, dass sie sich auf die Unterlippe biss, als wäre sie unschlüssig, was sie antworten sollte. Er konnte sie verstehen, er war sich selbst nicht sicher, was er momentan bei Lorenzo erreichen konnte. Aber er würde es auf jeden Fall versuchen.

»Als ich auf der Via Volterrana aufgewacht bin, wollte ich einfach liegen bleiben«, sagte er dann leise, die Lippen beinahe an Fiorettas Ohr, obwohl niemand da war, der sie hören konnte. »Das erschien mir viel einfacher, als auch nur zu versuchen, aufzustehen.«

»Aber du hast es trotzdem getan«, erwiderte sie.

»Weil ich an dich gedacht habe«, murmelte er. »Ich wusste, wenn ich es nicht tue, sehe ich dich nie wieder. Ich wollte zurück nach Florenz. Und zurück zu dir.«

Er hatte plötzlich das Gefühl, als fühle sich sein Kopf zu leicht an. *Ist es richtig, ihr das zu sagen?*

»Und ich dachte, ich verliere den Verstand, als Lorenzo mir sagte, dass du verschwunden bist«, erwiderte Fioretta.

Giuliano zog sie an sich. Sie tauschten hungrige Küsse, verloren sich in ihrer Umarmung.

»Können wir ins Haus gehen?«, flüsterte er schließlich. »Ich möchte in einem richtigen Bett mit dir schlafen.«

»Statt auf einem Dach, bei dem wir bei jeder Bewegung befürchten mussten, herunterzufallen?«

»Ganz genau.«

Sie legte zwei Finger an seine Lippen. »Was ist, wenn jemand nach uns sucht? Deine Mutter?«

Er seufzte. Er wollte Fioretta so sehr, jetzt, dass er am liebsten »Dann sollen sie uns doch finden« gesagt hätte, aber er wusste natürlich, dass sie recht hatte.

Noch bevor er etwas erwidern konnte wisperte sie: »Heute Nacht. Jetzt, wo mein Vater abgereist ist, kannst du heute Nacht zu mir kommen.«

KAPITEL 35

Careggi, Juli 1472

FIORETTA

Fioretta blickte zum Himmel hinauf. An den Hügeln hingen schwere Wolken, und es sah nach Regen aus. Sie strich mit den nackten Zehen über die trockene Erde, auf der sie stand. Die Pflanzen im Garten würden sich sicher über das Wasser freuen, aber ihre Zeichnungen sollten besser nicht nass werden.

Sie rollte die Papiere zusammen, auf denen sie für ihren Vater Heilkräuter gezeichnet hatte, und ging in Richtung des Hauses, als die Hunde anschlugen und sie einen einzelnen Reiter bemerkte, der das Tor erreichte. *Konnte Giuliano schon zurück sein?*

Er hatte schließlich doch beschlossen, für den Triumphzug nach Florenz zu reiten, hatte ihr aber versprochen, danach direkt zurückzukehren, sobald er mit Lorenzo gesprochen hatte. Sie wusste nicht, ob er es schaffen würde, seinem Bruder auszureden, dass er nach einem Ehemann für sie suchte, aber selbst wenn es ihm gelang, musste sie ja auch noch ihren Vater davon überzeugen, sie lieber wieder in Sandros *Bottega* arbeiten zu lassen.

Fioretta war gleichzeitig besorgt und freute sich ungemein auf Giulianos Rückkehr. Sie beide hofften, dass ihnen noch etwas mehr Zeit zusammen in Careggi bleiben würde, umgeben von weniger neugierigen Blicken als in der Via Larga.

Als der Reiter vom Pferd abstieg, sah sie überrascht, dass es nicht Giuliano, sondern Lorenzo war. *Was macht er hier? Sollte er nicht heute auf der Siegesfeier den Gastgeber für die* Priori *spielen?*

»Fioretta«, rief er, kaum dass er die Zügel seines Pferdes einem Stallburschen übergeben hatte. »Warte bitte.«

Sie blieb stehen und grüßte ihn freundlich. »Wie war das Fest?«, wollte sie wissen, aber er antwortete ihr nicht, sondern sah sie nur an, auf seine bestimmte Art, die sie nur schwer deuten konnte.

»Ich wollte mit dir sprechen«, sagte er schließlich. »Komm mit mir ins Haus.« Sein Tonfall duldete keinen Widerspruch.

Sofort stieg die Sorge in ihr auf, ob Giuliano der Grund für Lorenzos Hiersein war. Hatte er etwas getan, um seinen Bruder zu verärgern, oder ging es ihm schlechter, als er vor seinem Aufbruch hatte zugeben wollen?

Lorenzo ging mit raschen Schritten durch den Hof und führte Fioretta dann in ein Zimmer im Erdgeschoss. »Setz dich bitte«, sagte er und legte mit einer eleganten Geste die Hände auf den Holztisch zwischen ihnen. Fioretta begann sich beklommen zu fühlen. Das hier war der Mann, der Florenz regierte, und nicht der junge Mann, den sie seit vielen Jahren kannte. *Was ist los?*

»Giuliano hat mit mir gesprochen«, sagte Lorenzo endlich. »Du weißt, worüber?«

Sie nickte, aber ihr Herz sank. Wenn er an diesem Tag extra hergekommen war, nachdem Giuliano mit ihm geredet hatte, konnte das kaum gute Nachrichten bedeuten. *Heilige Muttergottes, steh mir bei.*

»Ich weiß nicht, was in deinem Kopf vorgeht, Fioretta, aber wie konntest du nur zulassen, dass es so weit kommt?«

»Giuliano will mir nur helfen«, gab sie zurück. *Was macht ihn nur so wütend?*

»Dir helfen?«, schnaubte Lorenzo. »Giuliano möchte dich heiraten.« Er stützte das Kinn auf die linke Faust und sah sie an.

Sie erwiderte seinen Blick und schüttelte ungläubig den Kopf. *Was?*

»Er hat mich gebeten, ihm die Erlaubnis zu geben, dich zur Frau zu nehmen«, fügte Lorenzo hinzu, als verstünde sie vielleicht nicht, was das Wort »Heirat« bedeutete.

Himmel, wie konntest du nur? Sturer, geliebter Giuliano.

Für einen Moment tanzten die Bilder einer glücklichen Zukunft vor ihren Augen, in der sie alles erreichen konnte, was sie sich je gewünscht hatte. Sie, eine Madonna de' Medici, die gemeinsam mit Sandro große Werke schuf.

Lorenzo brauchte nur einen Augenblick, um diesen Traum zu zerstören. Sie konnte es auf seinem Gesicht ablesen. *Was hast du den Medici schon zu geben?*

»Aber das ist nicht möglich, nicht wahr?«, gab sie zurück.

Er schüttelte den Kopf. »Natürlich nicht. Wenn du das bereits weißt, bin ich beruhigt. Das wird dieses Gespräch so viel leichter machen.«

Sonst hast du keine Sorgen, als dass dir dieses Gespräch nicht leicht genug ist?, dachte sie bitter, schwieg aber weiter.

»Ich habe mir wirklich gewünscht, dass es nie so weit kommt, Fioretta«, fuhr er fort. »Dass du und Giuliano euch voneinander fernhaltet. Und da das offenbar nicht möglich ist, habe ich gehofft, dass ihr eine Affäre habt, wie so viele andere in Florenz auch. Eine Liebschaft, die irgendwann ein natürliches Ende findet.«

»Du hast es gewusst?«, fragte sie nun doch. *So viel dazu, wie vorsichtig wir waren.*

»Ich müsste blind sein, um es nicht zu sehen«, erwiderte er. »Und ich mache mir große Vorwürfe. Ich hätte viel früher einschreiten sollen, aber irgendwie schien nie der richtige Zeitpunkt gekommen. Und nun scheint mein Bruder zu glauben, dass er dir gegenüber eine Verpflichtung hätte, die sich nur durch eine Ehe erfüllen lässt, und du weißt, dass das nicht geht. Ich habe dich davor gewarnt, dir in dieser Hinsicht Hoffnungen zu machen.«

Fioretta sah auf ihre Hände. Lorenzos Worte füllten ihren Kopf, und schienen dennoch mit jedem Augenblick, der verging, weniger Sinn zu ergeben. *Giuliano müsste um meinetwillen mit Lorenzo brechen*, erkannte sie. *Vielleicht sogar mit seiner gesamten Familie.*

»Ja, ich weiß«, sagte sie schließlich leise. »Aber ich wünschte, es wäre anders.«

»Giuliano muss eine strategische Verbindung eingehen, das ist jetzt wichtiger denn je. Mit Mailand, Venedig, Neapel, oder von mir aus einem nordeuropäischen Fürstenhaus. Er kann auf keinen

Fall eine Frau heiraten, die nicht mehr als ein paar Farbtiegel, ein bisschen Leinwand und einen zweifelhaften Ruf mitbringt.«

Seine Worte trafen sie bis ins Mark. *Einen zweifelhaften Ruf? Deine Urgroßväter waren Wollspinner in den Hügeln von Florenz, keine Riesen, wie du es deinen Kindern erzählst,* hätte sie am liebsten gesagt, aber sie schwieg.

»Und du kennst Giuliano«, fuhr Lorenzo fort. »Er ist sprunghaft und launisch. Selbst wenn ich jetzt zustimmen würde, dass ihr heiratet, wie lange würdest du ihn glücklich machen? Ein Jahr? Oder zwei? Und danach? Dann müssen wir alle mit einer schlechten Entscheidung leben, die man nicht mehr rückgängig machen kann.«

Einen Moment lang bewegte sie die Frage in ihren Gedanken. *Würde es so kommen? Würde sich Giuliano in einer Ehe immer weiter von ihr entfremden, so wie Lorenzo es von Clarice getan hatte?*

»Bereust du es nie, nicht Lucrezia Donati geheiratet zu haben?«, fragte sie schließlich.

»Natürlich denke ich manchmal darüber nach, ja«, antwortete er. »Wir alle fragen uns doch von Zeit zu Zeit, was gewesen wäre, wenn wir anders gehandelt hätten? Aber Clarice ist meine Frau und die Mutter meines Erben. Sie hat sich für die Medici als die richtige Wahl erwiesen, deshalb bereue ich nichts.«

Sie suchte in seinem Gesicht nach Zeichen dafür, dass er log, aber seine Miene gab nichts preis. *Vielleicht glaubt er das ja sogar selbst.*

»Und jetzt?«, fragte sie schlicht.

Vermutlich kann es ihm jetzt gar nicht mehr schnell genug gehen, einen anderen Ehemann für mich zu finden. Was Giuliano verhindern wollte, holt mich nun nur umso schneller ein.

Aber Lorenzo überraschte sie, als er sagte: »Du gehst mit deinem Vater nach Pisa. Die ganze Universität soll dorthin umziehen, und Antonio wird dort Studenten der Medizin unterrichten. Ich habe bereits mit ihm gesprochen, er ist einverstanden.«

Fioretta war vollkommen überrumpelt. »Wir sollen nach Pisa gehen? Und was ist mit dir?«

»Meine Gesundheit vertraue ich einstweilen Luca an. Nach allem, was ich höre, hat er viel von deinem Vater gelernt.«

Sie nickte, noch ohne ganz zu verstehen. »Was soll aus mir in Pisa werden?«, fragte sie dann leise.

Plötzlich wurde Lorenzos Gesichtsausdruck weicher, und für einen Augenblick sah er fast wieder aus wie der Junge, der er vor Jahren auf dem Dach des Palazzo Medici gewesen war. Der kluge, mitfühlende Lorenzo, der Giuliano beschützen wollte.

»Ich habe deinen Vater überzeugt, dass er dich in die Werkstatt von Salvatore Lomi eintreten lässt, einem Maestro und alten Freund meines Großvaters«, sagte er. »Meister Lomi ist krank, und er kann jede Hilfe gebrauchen. Ich weiß, dass es dein Wunsch ist, wieder in einer *Bottega* zu arbeiten, und ich hoffe, dies macht es dir leichter, Giuliano aufzugeben.«

Natürlich. Er konnte sich nicht sicher sein, dass ich ihm gehorche, deshalb kauft er meine Zustimmung.

Nur die Schwalben sind in Florenz wirklich frei, alle anderen tun, was mein Bruder ihnen sagt. Giulianos Worte hallten in ihrem Kopf wider.

Lorenzo lächelte gütig. Aber sie wusste, dass seine Freundlichkeit eine Maske war. Der Junge aus ihrer Vergangenheit war verschwunden, und an seine Stelle war ein Mann getreten, der nur noch eines beschützen wollte: den Namen Medici.

Sie nickte langsam. »Gut«, sagte sie. Was sollte sie schon anderes sagen? »Dann soll es so sein. Aber welche Braut du schließlich auch für Giuliano findest, die all das mitbringt, was du suchst – ich bezweifle, dass sie ihn besser verstehen oder mehr lieben wird.«

»Ich weiß«, erwiderte Lorenzo, und das aufgesetzte Lächeln verschwand. »Aber das ändert nichts daran, dass es dennoch nicht sein kann. Dein Vater kommt bald hierher, und ihr brecht so schnell wie möglich auf. Du musst nicht mehr nach Florenz zurückkehren.«

»Was wirst du Giuliano sagen?«

»Ich werde ihm sagen, dass du wie stets die Vernünftigere von euch beiden warst und eine Ehe mit ihm ablehnst, um stattdessen in Pisa die Malerei zu studieren.«

»Und du denkst, dass er dir glauben wird?«

Lorenzo hob die Schultern. »Wichtig ist, dass er mir glauben wollen wird«, sagte er. »Denn wo würde es ihn hinführen, wenn er es nicht täte?«

TEIL III

KAPITEL 36

Florenz, Januar 1473

LEONARDO

Leonardos Stift flog geradezu über das Papier, schuf mit Linien, Punkten und Schraffuren Haut, Muskeln und Sehnen. Sie beschrieben Lucas Körper besser, als er es jemals mit Worten gekonnt hätte. Leider fehlte seinem Modell jegliche Geduld, um stillzuliegen und sich zeichnen zu lassen, so auch jetzt.

Er hatte gerade erst den Torso umrissen, als Luca sich aufsetzte und ihn auf die Schulter küsste. Dabei warf er einen Blick auf Leonardos Skizze. »Ich fürchte, das muss für heute reichen«, sagte er. »Ich muss zurück in die Via Larga.«

Mit Bedauern ließ Leonardo das Papier sinken. »Wenn ich in diesem Tempo weitermache, werde ich das Porträt von Ginevra de' Benci fertig haben, bevor ich auch nur eine vernünftige Zeichnung von dir besitze«, protestierte er halbherzig.

»Das ist gut, denn Ginevras Bildnis ist vermutlich deutlich lukrativer als meines«, erwiderte Luca, womit er recht hatte. Leonardo hatte kürzlich den Auftrag angenommen, ein Hochzeitsbildnis der Kaufmannstochter anzufertigen, und die Bezahlung würde ihn vermutlich für eine ganze Weile über Wasser halten. »Dennoch würde ich dich um einiges lieber malen«, sagte er seufzend.

»Ich kann dir natürlich Modell sitzen«, sagte Luca und grinste. »Aber die Zeit würde uns womöglich an anderer Stelle fehlen? Du musst entscheiden, wie du deine Studien des menschlichen Körpers am besten fortsetzen willst.«

Leonardo schüttelte den Kopf. »Wie sollte ich bloß?«, fragte er.

»Ich weiß nicht«, erwiderte Luca würdevoll. »Aber es ist meine Pflicht, die Wahrheit aufzuzeigen.«

Während Luca sich anzog, warf Leonardo einen prüfenden Blick aus dem Fenster des Raumes, den er seit einiger Zeit in Sandro Botticellis Haus in der Via Nuova bewohnte.

Es wurde bereits dunkel, und Luca würde sich beeilen müssen, die Villa Medici noch vor Beginn der Ausgangssperre zu erreichen.

»Es ist wirklich schon spät. Willst du nicht lieber hierbleiben? Und mit Sandro und mir zu Abend essen?«

»Nichts täte ich lieber. Aber ich muss heute noch nach Lorenzo sehen. Sein Gichtanfall wird seit Tagen schlimmer, und das ist das erste Mal, seit ich Leibarzt der Medici bin. Ich hoffe, ich kann ihm so gut helfen, wie Dottore Gorini es sonst getan hätte.«

»Wenn jemand in Antonio Gorinis Fußstapfen treten kann, bist du es. Du bist der beste Arzt in Florenz.« Ihm fiel ein, dass er schon längst Sandro hatte fragen wollen, ob er etwas von Fioretta gehört hatte. Es war bereits über ein halbes Jahr her, dass die Gorinis Florenz Hals über Kopf verlassen hatten. Die Zeit schien schneller zu vergehen, seit er sein eigener Herr war.

»Ich glaube, du bist voreingenommen, was meine medizinischen Künste angeht«, sagte Luca.

»Hm«, gab Leonardo zurück. »Ich sehe es lediglich als meine Pflicht, dir die Wahrheit zu sagen.«

Luca lachte, und Leonardo streifte sein Hemd über, das zerknüllt am Fußende des Bettes lag. »Sehe ich dich morgen?«, fragte er.

»Natürlich.«

Er begleitete Luca die Treppe hinunter zu dem Raum, den er mit Sandro gemeinsam als Werkstatt nutzte. Sandro nickte ihnen zu, als sie an ihm vorübergingen. Leonardo sah, dass er wieder an dem Bildnis eines jungen Mannes arbeitete, das er schon fast beendet hatte. Der Junge trug eine rote Kappe und einen prachtvollen blauen Samtmantel. In den Händen hielt er eine Münze, die das Abbild des alten Cosimo de' Medici zeigte. Es war ein äußerst gelungenes Porträt, wie Leonardo neidlos feststellte. Sandro hatte seine Fähigkeiten stark verbessert, seit er sich ganz auf die Malerei konzentrieren konnte und nicht mehr gezwungen war, sich auch an der Bildhauerei und anderen Künsten zu versuchen.

Leonardo öffnete das Tor und spähte in die schmale Straße, an der die Werkstatt lag. Sofort drang kalte Luft von außen herein. Aus den angrenzenden Häusern hörte er ein Frauenlachen und das Schreien eines Babys, aber auf der Straße selbst konnte er niemanden entdecken. In der Via Nuova wohnten viele Handwerker, gottesfürchtige Menschen, die sich an die nächtliche Ausgangssperre hielten und an einem kalten Tag am Ende des Winters ohnehin nicht viele Gründe gehabt hätten, nach Einbruch der Dunkelheit noch das Haus zu verlassen.

Luca wickelte sich fester in seinen Mantel. Leonardo küsste ihn, bevor er ging, dann verschloss er das Tor wieder.

Als er sich umdrehte, stand Sandro vor ihm. »Ihr müsst vorsichtiger sein«, sagte er.

Leonardo zuckte zusammen, er hatte ihn nicht kommen gehört. Sandro hob abwehrend die Hände. »Ich wollte dich nicht erschrecken! Aber Luca und du solltet wirklich besser aufpassen. Du weißt, was passiert, wenn bei den *Ufficiali di notte* jemand herausfindet, was zwischen euch ist.«

Leonardo zog unbehaglich sein Hemd zurecht. Sodomie war in Florenz bei Strafe verboten, aber er wusste inzwischen, dass er und Luca bei Weitem nicht die Einzigen waren, die so lebten, wie sie es taten. Luca hatte über die Taverne Lumaca einige Verbindungen in der Stadt, und er hatte ihm erzählt, dass es auch im Kloster keine Seltenheit gewesen war, dass zwei Mönche sich näher standen, als die Ordensregel es vorsah.

Dennoch gab es Gesetze dagegen. Von Zeit zu Zeit sah man auf dem Platz vor dem Palazzo della Signoria Männer, denen ein solches Verbrechen zur Last gelegt wurde, und die Körperstrafen oder Schlimmeres über sich ergehen lassen mussten.

»Machst du dir Sorgen, weil ich unter deinem Dach lebe?«, wollte Leonardo wissen.

Sandro schüttelte den Kopf. »Ich mache mir mehr Sorgen um

euch. Es muss ja nur jemand eine Beschuldigung in einen der Nachtbriefkästen einwerfen, dann müssen die Tugendwächter etwas gegen euch unternehmen, und es lässt sich schwer absehen, wie so etwas ausgeht.«

Die sogenannten *Tamburo* waren Briefkästen, die aufgestellt worden waren, damit Florentiner Bürger die Möglichkeit hatten, anonym unzüchtige Handlungen anzuzeigen, auch die der Reichen und Mächtigen, deren Rache sie sonst hätten fürchten müssen.

Vermutlich hat das irgendwann jemand für eine gute Idee gehalten, dachte Leonardo. Aber was daraus geworden war, brachte das Schlimmste im Menschen zum Vorschein, denn es förderte die misstrauische Überwachung in der eigenen Nachbarschaft.

»Ich werde es mir merken«, gab er zurück. »Und mit Luca darüber sprechen.«

»Tu das bitte. Und jetzt lass uns zurück in die Werkstatt gehen. Ich friere mir hier draußen den Hintern ab, und außerdem habe ich einen Wolfshunger.«

Sie waren allerdings noch keine drei Schritte weit gekommen, als es am Tor klopfte.

Sandro öffnete und ließ Giuliano herein, der sich bis zur Nasenspitze in seinen Mantel gehüllt hatte und lästerlich fluchte, als er den Hof betrat. »Die verdammte Kälte! Der Wind, der vom Fluss kommt, geht direkt bis in die Knochen.«

Er war allein und ohne Begleitung unterwegs. Seit einigen Monaten führte der jüngere Medici ein unstetes Leben, und ließ sich nur selten in der Via Larga sehen, wie Leonardo von Luca erfahren hatte.

Giuliano hatte in den letzten Wochen ebenso wie Leonardo viel Zeit in der *Bottega* verbracht. Sandro hatte deshalb bereits gescherzt, dass er mittlerweile genug Gäste habe, um ein Wirtshaus statt einer Werkstatt zu eröffnen.

»Hast du einen Becher Gewürzwein zum Aufwärmen, bevor wir zu den Vespuccis gehen?«, fragte Giuliano, nachdem er sie begrüßt hatte.

»Sicher. Geh ruhig schon in die Küche und hol dir etwas, ich muss nur noch in der Werkstatt aufräumen, dann komme ich auch.«

»Danke.«

»Kommst du nachher mit zur Feier von Marco?«, fragte Giuliano Leonardo. Die Vespuccis lebten ebenfalls im *Ognissanti* und unweit der Werkstatt, was für Sandro ein Glück war, da er stets in der Nähe seiner Muse Simonetta sein konnte.

Leonardo war unschlüssig. Einerseits wollte er an seinen Studien weiterarbeiten, andererseits gab es in seiner Kammer schon bei Tag kaum genug Licht, um zu zeichnen. Und vermutlich war es bei den Vespuccis auch deutlich wärmer. »Wenn ich kann, gerne«, sagte er schließlich. »Ist Simonetta aus Appiano zurück? Sandro war schon ganz nervös.«

Giuliano warf ihm einen Seitenblick zu. »Die Feier gilt ihrer Rückkehr; also ja.«

Sie gingen gemeinsam die Treppe zur Küche hinauf. »Was ist mit Luca?«, wollte Giuliano wissen.

Leonardo sah ihn überrascht an. *Weiß er nicht, dass Lorenzo krank ist?* Er war sich nicht sicher, wie viel Giuliano von ihm und Luca mitbekommen hatte, aber er wusste natürlich, dass auch der junge Medicus oft hier war.

»Luca ist bei deinem Bruder«, sagte er vorsichtig.

Giuliano nickte, sagte aber nichts weiter dazu. Leonardo konnte seinen Gesichtsausdruck nur schwer deuten, weshalb er vorsichtshalber ebenfalls schwieg.

Als sie die Küche erreichten, sah Leonardo, dass Sandros Schwägerin Luisa, die der Werkstatt den Haushalt führte, eben dabei war, aus Teig Pasteten zu formen, die sie mit Wintergemüse füllte. Zwei ihrer Kinder, ein Junge und ein Mädchen, reichten ihrer Mutter die klein geschnittenen Wurzeln an. Aus einem kleinen Topf, der so neben dem Feuer stand, dass er warm gehalten wurde, stieg der Duft von heißem Wein auf.

Er griff nach einer Schöpfkelle, aber noch bevor er einen Becher füllen konnte, sagte Luisa zu ihm: »Wir brauchen mehr Feuerholz. Kannst du etwas heraufholen?« Er warf einen prüfenden Blick auf das heruntergebrannte Feuer und nickte, stieß aber in der Tür fast mit Sandro zusammen.

»Ich fürchte, du musst deine Pläne für heute ändern«, sagte Sandro zu Giuliano. »Dein Bruder hat einen Boten geschickt, auf der Suche nach dir. Du sollst so schnell wie möglich in die Via Larga kommen.«

»Ist etwas bei den Medici vorgefallen?«, wollte Leonardo wissen, nachdem er mit Holzscheiten beladen zurückgekehrt war. Giuliano war verschwunden. Sandro hob die Schultern. »Ich weiß nicht«, sagte er. »Die Botschaft war nicht sehr ergiebig.«

Leonardo legte vorsichtig Holz nach und hielt dann seine Hände an die Flammen des Herdes, um sie zu wärmen. *Wenn Lorenzo sich mit seinem Bruder besprechen wollte, bedeutete das vermutlich, dass er Luca heute Abend doch nicht mehr brauchen würde.*

»Ich habe es mir anders überlegt«, sagte er zu Sandro. »Ich werde lieber noch ein wenig in deinem Werkraum an Ginevras Porträt arbeiten, statt mit zu den Vespuccis zu gehen.« *Und darauf warten, ob Luca doch noch einmal herkommt.*

»Natürlich, tu, was du willst. Aber ich fürchte, ich habe Simonetta schon zu lange nicht gesehen; ich muss die Gelegenheit wahrnehmen. Und vielleicht lockt mich auch das Festmahl ein wenig.«

Leonardo lachte, bevor er wieder an die regelmäßigen, aber gänzlich unauffälligen Züge von Ginevra de' Benci dachte. Manchmal wünschte er sich, er könne so für seine Modelle brennen, wie Sandro es tat.

KAPITEL 37

Florenz, Februar 1473

GIULIANO

Es fühlte sich seltsam an, den Palazzo an der Via Larga wie ein Gast zu betreten. Er hatte in den letzten Monaten kaum eine Nacht hier geschlafen und kam sich nun beinahe wie ein Fremder vor, der einer Einladung der Medici gefolgt war.

Dennoch hatte Giuliano keinen Augenblick gezögert, der Aufforderung seines Bruders Folge zu leisten. Wenn Lorenzo ihn brauchte, dann kam er.

Clarice kam ihm im ersten Stock entgegen, und er küsste sie zur Begrüßung auf die Wange. Seine Schwägerin sah müde aus. Sie war wieder schwanger, und er wusste, dass das Kind im Frühsommer auf die Welt kommen sollte.

»Wie geht es euch?«, fragte Giuliano.

Clarice sah ernstlich besorgt aus. »Mir geht es gut, aber ich glaube, das ist bislang der schlimmste Anfall, den Lorenzo hatte. Er kann seit zwei Wochen kaum aufstehen. Aber er sagt, dass er jetzt einfach nicht krank sein darf.«

Giuliano nickte. Das klang nach seinem Bruder.

Als er das Schlafzimmer betrat, sah er, dass Lorenzo auf dem Bett lag. Er arbeitete an einem Schreibbrett, neben ihm waren Papiere verteilt.

Luca hatte Lorenzos linkes Bein hochgelagert, und Giuliano konnte sehen, dass der Knöchel so geschwollen war, dass die Haut darüber spannte und fettig von etwas glänzte, mit dem das Gelenk eingerieben worden war. Einen Moment schob sich das Bild ihres Vaters vor seine Augen, und von dem, was die Krankheit aus ihm gemacht hatte.

So schlimm ist es bei Lorenzo nicht, versuchte er, sich selbst zu beruhigen. *Er kann immer noch reiten und jagen gehen, er wird sich erholen.*

Lorenzo legte das Brett zur Seite. Sein Blick folgte Giulianos. »Sag nichts«, bat er. »Ich weiß, wie es aussieht, aber es wird vorübergehen.«

Giuliano nickte. »Was sagt Luca dazu?«, fragte er dennoch.

»Er will, dass ich zu den Bädern in Pistoia reise und meine Gelenke eine Weile in die heißen Quellen halte.«

»Wirst du tun, was er sagt?«

»Ich würde wirklich gerne irgendetwas tun, damit es besser wird. Momentan kann ich gerade so auf einen Stock gestützt zur Latrine humpeln. Aber es gibt Neuigkeiten, die mich zwingen, in Florenz zu bleiben und zu beten, dass dieser verdammte Anfall bald vorüber ist.«

»Was ist denn so dringend, dass es keinen Aufschub duldet?«, fragte Giuliano.

»Setz dich«, bat Lorenzo. »Es geht um Imola. Die Grafen Manfredi, denen die Stadt gehört, sind so hoch verschuldet, dass sie ihr Recht daran verkaufen müssen. Sie haben Imola Herzog Sforza überschrieben, aber ich denke, wir sind uns einig, dass die Stadt in florentinischen Händen weitaus besser aufgehoben wäre als in mailändischen.«

Giuliano dachte über Lorenzos Worte nach. Imola lag an der alten Via Emilia, strategisch günstig am Fuß der Apenninen, und es war klar, dass es ihren Interessen zuwiderlaufen würde, wenn Mailand künftig diese wichtige Route kontrollierte.

»Du willst verhindern, dass Sforza künftig Zölle auf dem Handelsweg kassieren kann.«

»Exakt. Dabei kommt uns zugute, dass es dem Herzog ebenfalls immer an Geld mangelt, weil sein Heer jeden letzten Florin aufbraucht, den er einnimmt.«

Giuliano nickte zustimmend. Die mailändischen Geldsorgen waren der Medici-Bank schon lange bekannt.

»Ich hatte mit Sforza bereits eine Einigung erzielt«, fuhr Lorenzo fort. »Er würde uns die Stadt für einhunderttausend Florin sofort überlassen.«

»Einhunderttausend!«, fuhr Giuliano auf. Das war ein überaus großzügiges Angebot. »Das ist eine Menge Geld.«

»Ich habe mit Mutter und unseren Vertrauten in der Bank lange darüber gesprochen. Wenn du in letzter Zeit häufiger hier gewesen wärst, wüsstest du davon.«

Giuliano entschied sich, die Spitze in den Worten seines Bruders zu überhören. »Ist Imola das wert?«, fragte er stattdessen.

»Die Bank steht in diesem Jahr besser denn je da, so gut, dass wir bereits darüber nachdenken müssen, wie wir im kommenden Jahr Steuern sparen können«, erklärte Lorenzo. »Und es ist auch ein symbolischer Akt, denn er zeigt, was die Medici zum Wohl von Florenz zu tun bereit sind.«

Die Worte klangen in Giulianos Ohren wie ein Tadel, obwohl er nicht wusste, ob Lorenzo sie so meinte.

»Oh«, gab er bissig zurück. »Hast du mich deshalb rufen lassen, damit ich endlich etwas zum Wohl von Florenz tun kann? Gibt es vielleicht jemanden in Imola, den ich heiraten soll?«

Lorenzo schloss kurz die Augen. »Giuliano«, sagte er dann. »Ich weiß, dass dir Fioretta fehlt. Und es tut mir leid zu sehen, wie schwer es dir fällt, ihre Entscheidung zu akzeptieren. Aber ich bitte dich, deshalb nicht den Glauben an unsere Familie zu verlieren.«

Giuliano sah seinen Bruder an. Er fühlte erneut die Bitterkeit in sich aufsteigen, die ihn Nacht für Nacht erfüllte, seit Fioretta fort war. Wenn er ruhelos durch die Straßen von Florenz zog, stellte sich ihm immer wieder die Frage, ob er etwas hätte anders machen können. Anders hätte machen müssen. Aber tief in seinem Inneren wusste er, dass er zornig auf sich selbst war. Nicht auf Lorenzo.

»Ich bin nicht hergekommen, um über Fioretta zu reden«, sagte er deshalb. »Es tut mir leid.« Er räusperte sich. »Woran sind die Verhandlungen zu Imola denn gescheitert?«, fragte er dann. Wären die Verträge einfach unterzeichnet worden, hätte Lorenzo ihn vermutlich nicht hierhergerufen.

»Die Übereinkunft war schon aufgesetzt, und ich habe nur noch auf Sforzas Unterschrift gewartet«, erklärte Lorenzo. Er verzog das Gesicht, als er sein Bein bewegen musste, und deutete auf einen geöffneten Brief, der vor ihm lag. »Aber dann habe ich ein Schreiben aus Rom von Onkel Carlo erhalten«, sagte er. »Der Papst ersucht die Bank um einen Kredit, mit dem er Imola kaufen will.«

»Was?«, platzte es aus Giuliano heraus. »Das kann doch nicht wahr sein, oder?«

»Doch, ich fürchte, der Brief lässt keine Zweifel zu. Sixtus will sich dafür eine Summe von vierzigtausend Florin von den Medici leihen.«

»Kann es sein, dass der Vatikan nicht weiß, dass du die Stadt bereits so gut wie gekauft hast?«

»Das bezweifele ich. Ich glaube, der Heilige Stuhl will sich das Geld von uns leihen, um klarzumachen, dass wir auf die Abmachung verzichten sollen.«

Giuliano griff nach einer Karaffe, die auf dem Tisch stand, und schenkte sich etwas verdünnten Wein ein. *Das sind wirklich schlechte Neuigkeiten.*

Er füllte den Becher erneut und reichte ihn seinem Bruder. Lorenzo trank ebenfalls einen Schluck. Dann wurde seine Stimme laut. »Ich fasse es nicht, dass Sixtus uns das antun will.«

Giuliano schreckte hoch. Normalerweise trug Lorenzo inzwischen eine beinahe unnatürliche Ruhe zur Schau. Welche Krisen und Schwierigkeiten auch immer an ihn herangetragen wurden, er blieb gelassen und versuchte, ihren Feinden so wenig Angriffsfläche wie möglich zu bieten. »Wenn sie nicht wissen, was ich denke, macht sie das viel nervöser«, pflegte er zu sagen. Giuliano bewunderte diese Haltung, aber er wusste, dass er sie sich beim besten Willen nicht zu eigen machen konnte.

Aber heute schien auch Lorenzos Selbstbeherrschung zu versagen, ob wegen des Papstes oder der Krankheit, wusste er nicht genau.

»Sforza kann dem doch nicht zustimmen, oder?«, fragte Giuliano ungläubig. »Er kann den gleichen Besitz ja nicht zweimal verkaufen, und so weit unter Wert! Vierzigtausend Florin sind ja nicht einmal die Hälfte dessen, was wir ihm bieten.«

»Der Herzog hat immer noch Schulden bei uns, die ihm sein Vater hinterlassen hat«, sagte Lorenzo düster. »Wenn er unsere Vereinbarung platzen lässt, könnte die Bank auf die Idee kommen, die Außenstände mit Zinsen einzufordern.«

Giuliano dachte nach. »Wir können dem Herzog zwar sagen, dass wir das Geld zurückfordern, aber durchsetzen können wir es nicht, wenn er ablehnt. Er hat die größte Armee der Toskana unter Waffen.«

Normalerweise war es eher die Sorge um ihren guten Ruf, die ihre Schuldner dazu bewog, pünktlich zu zahlen. Sprach sich einmal herum, dass jemand seine fälligen Raten nicht beglich, war es unwahrscheinlich, dass eine andere Bank dem säumigen Schuldner jemals wieder Geld lieh. Aber wenn Sforza beschloss, sie zu ignorieren, konnten sie ihn nicht zwingen.

»Der Heilige Stuhl hat sicher nicht vor, es auf einen Bieterwettstreit ankommen zu lassen«, sagte Lorenzo langsam, der sich offenbar wieder unter Kontrolle gebracht hatte. »Sixtus verlässt sich darauf, dass wir klein beigeben.«

»Noch wissen wir nicht, ob Sforza wirklich wortbrüchig wird und unsere Vereinbarung aufgibt«, sagte Giuliano.

»Du hast recht, das müssen wir zuerst herausfinden. Ich hatte gehofft, dass du nach Mailand reisen kannst, um Sforza an unsere lange Freundschaft zu erinnern. Auch wenn ich keine Lust mehr habe, seine Eitelkeit zu füttern, nur damit er wieder und wieder tut, was ihm passt.«

Giuliano nickte. Das war also der Grund seines Hierseins. *Warum nicht?*, dachte er. Er hatte es allmählich ohnehin über, ziellos durch Florenz zu streifen und Sandros Gastfreundschaft auszunutzen.

Aus dem Augenwinkel nahm er eine Bewegung an der Tür wahr. Clarice betrat den Raum.

»Störe ich euch?«, fragte sie. Dann sah sie Lorenzo an. »Du weißt, dass du dich besser ausruhen solltest«, sagte sie. »Luca sagt ...«

»Ich weiß, was er sagt, Clarice. Aber wir müssen großen Schaden von Florenz abwenden«, sagte er in scharfem Ton. Seine Frau sah ihn mit einem verwunderten Blick an.

»Verzeih«, bat Lorenzo sofort. »Ich hätte so nicht reagieren sollen.« Er nahm Clarice' Hand in seine, küsste sie und seufzte. »Wir müssen versuchen, die Stimmung in Rom zu unseren Gunsten zu wenden. Und du könntest uns dabei eine große Hilfe sein. Kannst du deinem Vater schreiben? Vielleicht kann sich deine Familie dafür einsetzen, dass der Heilige Vater auf Imola verzichtet. Ich wäre auch bereit, dafür etwas anzubieten. Der Sitz des Erzbischofs in Florenz ist seit einer Weile nicht vergeben. Ich hätte nichts dagegen, dass Pietro Riario, der Neffe Seiner Heiligkeit, den Posten übernimmt.«

Ein kluger Gedanke. Es war allgemein bekannt, dass der Papst nichts unversucht ließ, seine große Familie mit Titeln, Ehren und gewinnbringenden Pfründen zu versorgen.

Clarice wich ein Stück zurück, als sie begriff, aus welchem Grund Lorenzo eingelenkt hatte. »Natürlich kann ich das machen«, gab sie zurück. »Soll ich den Brief selbst aufsetzen, oder willst du mir diktieren, was ich zu schreiben habe?«

Giuliano war von Clarice' bitterer Reaktion überrascht, mischte sich aber wohlweislich nicht ein. »Natürlich kannst du deinem Vater schreiben, was du möchtest«, gab Lorenzo milde zurück.

»Oh ja? Seit wann?«, fragte Clarice und rauschte aus dem Arbeitszimmer.

»Herrgott noch mal, ich kann dieses Drama gerade nicht gebrauchen«, murmelte Lorenzo.

»Was ist denn los zwischen euch?«, fragte Giuliano nun doch.

»Ach, wir streiten uns viel zu viel. Wegen der Erziehung der Kinder, wegen meiner Krankheit, wegen Simonetta, wegen allem Möglichen.«

»Das tut mir leid zu hören«, sagte Giuliano.

»Hm«, machte Lorenzo. »Ich fürchte, dass es hauptsächlich meine Schuld ist.«

Vermutlich, dachte Giuliano, aber er sagte nichts. Einen Moment lang schwiegen sie beide.

Dann fragte Lorenzo: »Wann kannst du nach Mailand aufbrechen?«

KAPITEL 38

Rom, Februar 1473

ALBIERA

Man sollte denken, dass der oberste Hirte aller Christen in weniger zugigen, kalten Gemäuern untergebracht wäre, dachte Albiera, als Francesco und sie Bischof Salviati durch einen finsteren Gang im Vatikan folgten.

Sie waren auf Vermittlung Salviatis hergekommen, der mit den Pazzi verwandt und ihnen freundschaftlich verbunden war. Er hatte Jacopo geschrieben, dass der Heilige Vater eine Unterredung mit ihnen wünschte und sie deshalb nach Rom einlud. Jacopo hatte jedoch Florenz nicht verlassen wollen, insbesondere, da Lorenzo de' Medici gerade ans Krankenlager gefesselt war. Im Moment konnte Jacopo deshalb in der *Signoria* deshalb nahezu tun und lassen, was er wollte. So waren Francesco und Albiera allein aufgebrochen, um herauszufinden, was Sixtus IV. von ihnen wollte.

Rom im Januar hatte sich dabei als eine Erfahrung erwiesen, auf die Albiera gern verzichtet hätte – die Straßen versanken im Morast, selbst die Ratten schienen Hunger zu leiden, und durch die beständige Feuchtigkeit war selbst die großzügige Unterkunft, die ihnen Salviati zur Verfügung gestellt hatte, klamm und muffig.

»Bischof Salviati, Francesco und Albiera de' Pazzi«, verkündete der Sekretär des Heiligen Vaters, als sie ein Arbeitszimmer erreichten, das dank seiner Vertäfelung selbst zur Mittagszeit schon so dunkel war, dass mehrere Kerzen brannten, um es zu erhellen. Der Sekretär öffnete die Tür und zog sich dann mit einer tiefen Verbeugung zurück.

Sixtus IV. blickte von seinem Schreibtisch aus auf seine Besucher. Seine schweren Wangen verliehen ihm ein sorgenvolles Aussehen, selbst wenn er wie jetzt lächelte. Albiera und Francesco küssten nacheinander seinen Ring.

Wenn Seine Heiligkeit sich wunderte, dass Salviati nicht nur Francesco de' Pazzi, sondern auch Albiera mitgebracht hatte, ließ er es sich nicht anmerken, und Albiera gab sich alle Mühe, sich demütig und bescheiden zu präsentieren.

»Es war gut von Euch, so schnell nach Rom zu kommen«, begann Sixtus. »Die gute Tat wahrer Gläubiger, denn Unser Anliegen duldet keinen Aufschub.«

Francesco neigte den Kopf, erwiderte aber nichts. *Er hat gelernt, dass es in einer Verhandlung am besten ist, erst einmal zu erfahren, was überhaupt auf dem Tisch liegt,* dachte Albiera. *Sehr gut. Schweigen ist Gold.*

Der Papst räusperte sich. »Wie Ihr wisst, planen Wir, die Stadt Imola zu erwerben. Dank der brüderlichen Liebe, die zwischen uns herrscht, hat sich Herzog Sforza bereit erklärt, sie Uns zu verkaufen.«

Fast hätte Albiera gelacht. Die »brüderliche Liebe« zu Galeazzo Maria Sforza hatte sich bislang hauptsächlich darin gezeigt, dass Rom und der Herzog keinen offenen Krieg gegeneinander führten.

»Wir hoffen, Imola dem Kirchenstaat hinzuzufügen«, fuhr der Papst erwartungsgemäß fort. »Ein Akt, den jeder Christenmensch begrüßen sollte.«

Albiera hob ihre Stimme, aber nicht ihren Blick. »Wie es Euer gutes Recht ist, Heiligkeit! Aber hat nicht auch Lorenzo de' Medici bereits Rechte auf die Stadt angemeldet?«, fragte sie vorsichtig. »Soll er dem Herzog nicht einhunderttausend Florin dafür geboten haben?« Die Frage war eigentlich nur rhetorischer Natur. Lorenzo hatte seine Pläne in der *Signoria* verkündet, und eigentlich war alles bereits beschlossen gewesen, aber es erschien ihr klüger, das den Heiligen Vater nicht allzu deutlich spüren zu lassen.

Salviati kratzte sich gedankenverloren über das Kinn. Er hatte ein ebenmäßiges Gesicht und trug einen Bart mit langen Koteletten. »Wir haben davon erfahren«, sagte er mit sorgenvoller Stimme.

Der Papst schüttelte mit betroffener Miene den Kopf, ganz so, als sei ihm schweres Unrecht zugefügt worden.»Lorenzo, dem Wir nie etwas anderes als Freundlichkeit erwiesen haben, hat entschieden, sich gegen Uns zu stellen. Er will seinen Anspruch nicht aufgeben, und er bedrängt den Herzog von Mailand, Uns das Gebiet nicht zu überantworten. Er setzt sogar Unsere eigenen Kardinäle unter Druck, Uns zu widersprechen. Wir können das nicht länger hinnehmen.«

»Natürlich, Heiliger Vater«, beeilte sich Albiera zu sagen. »Wie schändlich von den Medici, dergleichen auch nur zu versuchen! In seinem Größenwahn vergisst Lorenzo wohl, dass seine Macht nur auf diese Welt beschränkt ist.«

Sie hoffte, dass sie damit nicht zu weit gegangen war, um dem Papst ihre Unterstützung zuzusichern. Aber wenn es hart auf hart kam, würden die Medici sicher den Kürzeren ziehen. Rom mochte militärisch keine große Gefahr für Lorenzo darstellen, aber der Verlust der päpstlichen Gunst konnte eine sehr mächtige Drohung sein – nicht nur, weil den Medici dann der Einzug ins himmlische Reich verwehrt bleiben würde, sondern vor allem, weil eine Ächtung durch den Heiligen Stuhl weitreichende Folgen für den Handel hatte.

»Vielleicht müssen wir die Bluteisen anlegen und den Medici zeigen, dass sie selbst nur einfache Bürger, Wir aber der Stellvertreter Gottes auf Erden sind«, erklärte der Papst.

Albiera hoffte, dass der Schleier vor ihrem Gesicht ihr Lächeln verbarg.

»Ist denn der Herzog gewillt, das Richtige zu tun und sich Lorenzo entgegenzustellen?«, fragte Francesco.

»Der Herzog hat das Schicksal der Wechsler im Tempel bedacht, wie es die Heilige Bibel beschreibt. Er hat sich darauf besonnen, sein Seelenheil über den Mammon zu stellen«, antwortete Salviati.

»Sforza ist gewillt, Uns Imola für vierzigtausend Florin zu überantworten«, erklärte der Papst. »Aber nun stehen Wir vor dem Problem der Finanzierung. Die Medicibank hat natürlich rundheraus abgelehnt, also brauchen wir einen anderen Geldgeber.«

Das Einlenken Sforzas erschien Albiera rätselhaft. Ob er sich wirklich Sorgen um seine Seele macht?

Aber sie merkte, wie ihre Aufregung wuchs. Dies war womöglich der alles entscheidende Moment, in dem sie das Vertrauen des Heiligen Vaters gewinnen konnten. Wenn sie den Vatikan hinter sich hatten, war alles möglich. Sie warf einen vorsichtigen Blick zu Francesco hinüber. *Ist er so weit? Kann er unter Druck ein solches Netz spinnen und aufrechterhalten?*

Francesco machte einen Schritt nach vorne. Sein Gesicht zeigte nichts als Freundlichkeit und Hingabe.

Vielleicht muss ich einfach darauf vertrauen, dass er genug gelernt hat.

»Gewiss, Heiligkeit«, beeilte sich Francesco zu versichern, und strich sich das dünne, blonde Haar aus der Stirn. »An der Treue des Hauses Pazzi zum Heiligen Stuhl können keine Zweifel bestehen. Wir sind und waren stets Eure treuen Diener, die Euch auch in dieser Stunde unterstützen. Natürlich steht die Pazzi-Bank Euch voll und ganz zur Verfügung. Denn wo könnte Imola besser aufgehoben sein als unter Eurer Verwaltung?«

»Oh, Wir wollen Imola nicht selbst verwalten«, sagte Sixtus und sah noch bekümmerter drein als vorher schon. »Unser Neffe Girolamo Riario soll die Stadt als Hochzeitsgeschenk von Uns erhalten. Und sein Bruder, der neue Erzbischof von Florenz, wird dafür sorgen, dass die Übergabe reibungslos verläuft.«

Riario? Es ist doch kaum möglich, dass er noch immer Verwandte in seiner Sippschaft hat, die er noch nicht mit Pfründen bedacht hat!

Bis zu einem gewissen Grad hatten alle Päpste, die Albiera erlebt hatte, ihre eigenen Familien begünstigt, aber Sixtus ging selbst für die Maßstäbe des Vatikans geradezu zügellos vor. *Oh, Lorenzo wird vor Wut kochen, wenn er sieht, dass der Papst sein großzügiges Ange-*

bot, Pietro zum Erzbischof zu machen, zwar angenommen hat, aber niemals vorhatte, ihm im Gegenzug auch etwas zu geben.

Selbstverständlich schwieg sie und lächelte nur höflich. »Und wen wird Euer Neffe zur Frau nehmen, Heiligkeit?«, fragte sie.

»Caterina Sforza.«

Sie wechselte einen Blick mit Francesco, der genauso überrascht aussah wie sie. *Das ist es also,* dachte sie. *Sforza verzichtet auf das Geld der Medici, um aus seiner Bastardtochter eine Verwandte des Papstes zu machen.*

»Meinen Glückwunsch, Heiligkeit«, sagte Francesco, fast als wollte der Papst selbst heiraten.

Sixtus blickte Francesco direkt an, schien dessen Miene zu studieren und nach Zweifeln darin zu suchen.

»Dennoch«, fügte Albiera rasch hinzu, um Sixtus' Gedanken in eine andere Richtung zu lenken. »Eure Heiligkeit weiß, dass wir Bürger von Florenz sind, die Lorenzos Launen ausgeliefert sind. Und er hat bereits mehrfach gotteslästerliche Drohungen gegen all jene ausgestoßen, die ohne sein Zutun Kredite vergeben wollen.«

Das Gesicht des Papstes sah nun noch sorgenvoller aus.

»Welche Garantien bräuchtet Ihr?«, fragte Salviati nach einer kurzen Pause. »Um Euch dem tyrannischen Gebaren der Medici entgegenzustellen?«, fügte Salviati hinzu.

»Nun, ein Zeichen des Vertrauens, das die Pazzi in Rom genießen …«, sagte Francesco vorsichtig, aber Albiera dachte, dass nun der Moment für klare Worte gekommen war. Zeit, die Maske der demütigen Witwe abzuwerfen.

»Das Geld des Vatikans wäre in Händen der Pazzi besser aufgehoben als bei den Medici«, sagte sie. Sixtus warf ihr einen Blick zu, und sie konnte förmlich spüren, wie er seinen ersten Eindruck von ihr revidierte.

»Nun gut«, sagte er, nun ebenso geschäftsmäßig wie sie. »Wir könnten in Erwägung ziehen, dass fortan die Pazzi-Bank die Konten des Heiligen Stuhls führt.«

Albiera sah, dass Francesco vor Anspannung die Hände zu Fäusten geballt hatte. »Ein weiser Vorschlag. So versetzt Ihr uns in den Stand, der Heiligen Kirche sofort und jederzeit zur Seite zu stehen, und Ihr könnt gleichzeitig Lorenzo in seine Schranken weisen«, sagte er.

Diese Worte schienen den Papst zu verstimmen. *Er lässt sich nicht gerne sein eigenes Vorgehen erklären,* erkannte Albiera.

»Das war meine Absicht, junger Pazzi«, sagte Sixtus kühl.

»Und eine überaus kluge Taktik noch dazu«, erklärte Albiera. »Der Herr hat einen weisen Mann zu seinem Oberhirten gemacht.«

Das brachte den Papst zum Lächeln. *Eine dick aufgetragene Schmeichelei hat noch bei jedem mächtigen Mann gewirkt. Es ist beinahe zu einfach.*

»Dann sind wir uns einig, und die Notare fertigen den Kreditvertrag aus?«, wollte Francesco wissen.

»Wir sind uns einig. Dann erwarte ich nur noch, dass Ihr meinem geliebten Neffen ein großzügiges Geschenk zu seiner Hochzeit macht.«

Als sie in ihre Räume zurückkehrten, stieß Francesco den Atem aus. »Mein Gott«, sagte er. »Das könnte genau die Gelegenheit sein, auf die wir so lange gewartet haben. Wir könnten alles gewinnen! Ich bin so froh, dass du mich begleitet hast.«

Albiera lächelte ihren Neffen an. »Ja, wir könnten alles gewinnen. Oder aber alles verlieren«, sagte sie. »Wenn wir dem Heiligen Stuhl diesen Kredit gewähren, stellen wir uns direkt gegen Lorenzo – das ist endgültig das Ende aller Bündnisse zwischen den Pazzi und den Medici. Wenn Lorenzo klug handelt, und davon müssen wir ausgehen, lässt er es so aussehen, als stellten wir uns auch gegen Florenz. Wir könnten auch im Exil enden, auf die mildtätigen Gaben entfernter Verwandtschaft angewiesen.«

Einen Augenblick sah Francesco nervös aus, aber dann siegte die Freude über die guten Nachrichten.

»Das werden wir nicht zulassen«, verkündete er entschlossen.

»Wir werden die Bankiere des Papstes und erleben endlich, wie Lorenzo gedemütigt im Staub liegt!«

Albiera schüttelte kaum merklich den Kopf. Sie sorgte sich, dass er nur den schnellen Erfolg sah, aber nicht die langfristigen Folgen, die sein Tun haben mochte.

»Wir müssen es so wirken lassen, als verweigern wir nicht der Republik den Kauf von Imola, sondern als retten wir Florenz davor, den Schutz des Papstes zu verlieren«, sagte sie langsam. »Und davor, durch Lorenzos unbedachte Handlungen die Exkommunikation zu riskieren.«

Sie wusste, dass es jetzt galt, besonnen zu bleiben. *So nah vor dem Ziel.*

»Francesco«, fuhr sie fort. »Du musst direkt nach Mailand reisen und sicherstellen, dass Sforza wirklich bereit ist, dieses Geschäft mit dem Papst und nicht mit den Medici zu machen. Wir müssen die Glaubwürdigkeit der Medici um jeden Preis bei Herzog Sforza untergraben, hast du verstanden?«

Francesco nickte, aber seine Miene verfinsterte sich. »Wie soll ich das anstellen?«, fragte er.

»Wir haben reichlich Männer in unseren Diensten, die ein schlechtes Licht auf Lorenzo und Giuliano werfen könnten, lass dir etwas einfallen.«

Bei der Erwähnung Giulianos sah Francesco noch zorniger aus. Albiera hoffte, dass sich Francesco nicht durch seinen Zorn auf den jüngeren Medici zu etwas Unbedachtem würde hinreißen lassen, dafür hing zu viel von ihm ab.

Aber vielleicht war nun wirklich der Moment gekommen, auf den sie schon so lange warteten, der Augenblick, in dem die Medici ihre Macht verloren und die Pazzi an ihrer statt aufstiegen.

KAPITEL 39

Pisa, April 1473

FIORETTA

Als die Sonne aufging, stand Fioretta mit steifen Gelenken vom Boden auf. Sie hatte die ganze Nacht über die Totenwache am Bett ihres Vaters gehalten, tief in ihre Gedanken versunken. Aber nun hatte sie das Gefühl, in dem engen Raum mit dem Toten beinahe zu ersticken. Sie ging in dem Haus umher, das sie mit Antonio bewohnt hatte, und öffnete alle Fenster, um frische Luft hereinzulassen.

Das Wasser des Arnos sah im Licht der ersten Sonnenstrahlen dunkelblau aus. Möwen flogen krächzend über den Fluss hinweg, auf der Jagd nach Überresten, die die Fischkutter zurückließen.

Fioretta fragte sich, wie es wohl wäre, auf einem der Boote davonzufahren, dem Fluss zu folgen, bis er die See erreichte. In ein fremdes Land aufzubrechen, in dem es andere Farben zu entdecken gab. Andere Wunder, die ihr Vater nun nie mehr sehen würde. Sie merkte, dass ihr Tränen in die Augen stiegen, und wischte sie mit dem Ärmel ihrer *Camicia* ab.

Sie würde Antonio heute auf seinem letzten Weg begleiten, der zum *Camposanto* führte.

Er hatte in Pisa nur kurz Medizin unterrichten können, bevor ihn im Winter selbst ein Leiden befallen hatte. Was zunächst wirkte wie ein harmloser Husten, hatte ihn schnell so geschwächt, dass er kaum noch das Bett verlassen konnte, und Fioretta hatte die Arbeit in der Werkstatt von Salvatore Lomi beendet, um ihn zu pflegen.

Wochenlang hatte sie nachts wach gelegen und auf seinen Husten und den rasselnden Atem gelauscht. Als guter Arzt, der er war, hatte Antonio schnell verstanden, dass er sich nie wieder erholen würde.

»Es tut mir leid, Fioretta«, hatte er gesagt, als es auf das Ende zuging, »ich lasse dich ohne jede Sicherheit zurück. Ohne einen Ehemann, ohne eine Mitgift. Was wirst du nur tun?«

»Mach dir keine Sorgen, *Pàpa*«, hatte sie gewispert. Aber natürlich war das sinnlos gewesen – er machte sich die gleichen Sorgen wie sie auch.

Gestern dann war er am Morgen nicht mehr richtig aufgewacht und hatte den ganzen Tag in einem Halbdämmer verbracht. Als die Sonne unterging, hatte er aufgehört zu atmen.

Fioretta hatte eine Weile neben ihm gesessen, ihn betrachtet und zu begreifen versucht, was geschehen war. Es erschien ihr so ungerecht, dass Antonio nie wieder aufwachen sollte, und ein Tag, der auf diesen folgte, erschien ihr unvorstellbar. Dennoch war sie schließlich aufgestanden und zur Universität gegangen. Dort hatte sie den Dekan informiert, dass Antonio tot war, und der hatte versprochen, am nächsten Morgen vier seiner Studenten zu schicken, um den Leichnam in die Kirche zu bringen. Zu Hause angekommen, hatte sie ihren Vater gewaschen und in seine besten Kleider gehüllt. Er war schon zu Lebzeiten nie ein kräftiger Mann gewesen, aber die Krankheit hatte ihn so sehr ausgezehrt, dass sein Körper eher dem eines halbwüchsigen Jungen als eines erwachsenen Mannes glich.

Es half, sich eine Aufgabe zu setzen, ihre Hände beschäftigt zu halten. Aber schließlich war die Nacht hereingebrochen, und es gab nichts mehr zu tun, außer auf die Ankunft der Träger zu warten.

Trotz der Kamille, die sie im Raum verstreut hatte, sah sie, dass bereits Fliegen über die bleiche Haut ihres Vaters krochen. Sie verscheuchte sie, bevor sie sich wieder neben Antonio setzte.

Erst dann brach sie an seinem Lager zusammen.

Die Kirche, in die sie Antonio brachten, lag in der Nähe der Universität und des *Ospedale Santa Chiara,* wo ihr Vater seine Schüler unterrichtet hatte.

Selbst der Weihrauch konnte den Geruch des Todes nicht vollständig überdecken – sobald die warme Jahreszeit begann, versuchte man, die Toten möglichst rasch zu bestatten.

Nicht viele Menschen waren hergekommen, um sich von Antonio zu verabschieden – einige andere Doktoren der Universität und seine Studenten. In der ansonsten leeren Bank hinter ihr entdeckte sie Maestro Lomi.

Fioretta nickte dem Meister dankbar zu, der nur wenige Jahre älter als ihr Vater war. Sie war gerührt, dass er hergekommen war, obwohl sie nur eine kurze Bekanntschaft in der Werkstatt mit ihm verband.

Fioretta war froh, als der kurze Gottesdienst vorbei war und einige der Studenten den Toten in Tücher hüllten und auf ein Brett legten. Sie traten aus der Kirche hinaus und unter einen wolkenverhangenen Himmel. Die vier Träger gingen voran, und sie folgte ihnen, die Via Roma entlang Richtung der Kathedrale und vorbei an dem schiefen Glockenturm, von dem man allgemein annahm, dass ihn nur die Gnade Gottes daran hinderte, umzufallen und die Gläubigen zu erschlagen, die den Dom besuchten.

Der *Camposanto* bestand aus einem großen Kreuzgang, in dessen Innerem antike Sarkophage aufgestellt waren. Sie liefen an den Statuen und Gedenkplatten vorbei, bis sie den südlichen Teil erreichten. Unter einem verblichenen Freskenzyklus, der die Geschichte Hiobs zeigte, war ein geöffneter Steinsarg zu sehen.

Der Blick in die Dunkelheit des steinernen Grabs ließ sie trotz des warmen Wetters frösteln. Die Studenten hoben den Leichnam an und legten ihn hinein. Während der Priester ein Gebet sprach, trat Fioretta an den Sarg heran. Ihr fehlten die Worte, um sich zu verabschieden, und sie konnte nur hoffen, dass Antonio gewusst hatte, dass seine Tochter ihn liebte.

»Kann ich dich kurz sprechen?«, fragte eine Stimme, die sie als die des Dekans erkannte, eines Mannes um die fünfzig, dessen Aussprache verriet, dass er ursprünglich aus dem Süden stammte.

Sie löste sich vom Anblick ihres Vaters und trat mit dem Dekan zur Seite, während die Studenten die schwere Steinplatte auf das Grab hoben. *Das Knirschen von Stein auf Stein werde ich nie wieder vergessen,* dachte Fioretta.

»Die Studenten haben zuletzt Geld für euch gesammelt«, sagte der Dekan. »Ich habe es hier.« Er überreichte ihr einen Beutel, in dem Münzen klapperten, und sie nickte dankbar. Antonio hatte seit Monaten weder unterrichten noch als Arzt arbeiten können, und es gab praktisch kein Geld mehr im Haus. »Du hast bis zum Monatsende, um aus der Unterkunft auszuziehen.«

Diese Nachricht traf Fioretta wie ein Schlag. Sie hatte nicht damit gerechnet, dass er ihr das Dach über dem Kopf nehmen würde, und schon gar nicht so schnell.

»Was, wenn ich weiterhin dafür bezahle?«, fragte sie. »Kann ich nicht dortbleiben?«

»Das ist unmöglich«, erwiderte er salbungsvoll. »Die Universität kann nicht an alleinstehende Frauen vermieten, nicht bei den Gefahren für die Seelen all der jungen Studenten, die hier leben.«

Fast hätte Fioretta gelacht. Ganz sicher brauchten die Studenten nicht ihre Anwesenheit, um ihre Seelen in Gefahr zu bringen. Und hatte sie nicht auch gestern schon hier gelebt, ohne dass es einen Skandal gegeben hätte? Aber sie schwieg. Sie würde nicht betteln. *Wenn der Dekan mich hinauswirft, dann werde ich gehen.*

Die Stimme des Mannes wurde eine Spur weicher. »Gewiss willst du wieder nach Florenz zurückkehren?«, fragte er.

Will ich das?, fragte sich Fioretta. *Könnte ich das überhaupt?* Sandro würde sie vielleicht wieder in der *Bottega* arbeiten lassen, aber das bedeutete auch, wieder in Lorenzos und Giulianos Nähe zu sein.

Sie schüttelte den Kopf, zu müde, um dem Dekan zu antworten.

KAPITEL 40

Mailand, Mai 1473

GIULIANO

Das *Castello Sforzesco* war ein beeindruckender Bau, daran konnte kein Zweifel bestehen. Doch bei näherem Hinsehen fiel Giuliano schnell auf, dass er an vielen Stellen baufällig geworden war. Herzog Sforza wusste offenkundig um die Schwächen der Anlage und ließ die umfangreichen Baumaßnahmen, die sein Vater begonnen hatte, auch jetzt noch fortführen, weshalb an vielen Stellen Handwerker auf Gerüsten zu sehen waren.

Er wurde von einem Abgesandten Sforzas begrüßt, der ihm mitteilte, dass der Herzog leider über Tag verhindert sei, ihn aber bitte, am Abend mit ihm zu speisen. Giuliano fragte sich, ob es ein schlechtes Omen für seinen Besuch war, dass Sforza ihn warten ließ.

Das prunkvolle Schlafzimmer, das man Giuliano zugewiesen hatte, lag in einem Teil der Anlage, in dem gerade alte Mauern eingerissen und neue hochgezogen wurden. *Ein Grund mehr, warum er unser Geld statt das des Papstes annehmen sollte*, dachte er, während er ruhelos durch das Kastell wanderte.

Aber als er schließlich nach Einbruch der Dunkelheit endlich zum Herzog geführt wurde, begrüßte ihn dieser herzlich und mit dröhnender Stimme. Giuliano kannte den Herzog von früheren Treffen her, hatte ihn aber lange nicht gesehen. Er fand, dass die Zeit nicht gut zu seinem Gastgeber gewesen war – oder vielleicht waren es auch die Ausschweifungen, für die er in der ganzen Toskana bekannt war –, seine Gesichtshaut war wächsern und von Adern durchzogen, und sein vorspringendes Kinn verlieh ihm einen grausamen Zug um den Mund.

»Ich habe heute Nacht Gäste, und Ihr müsst uns bei Tisch Gesellschaft leisten!«, rief Sforza laut.

Giuliano verbeugte sich vor ihm. »Nichts, was ich lieber täte. Habt Dank für die Einladung!«

»Aber sagt, warum seid Ihr nicht mit dem Pazzi-Spross gemeinsam gereist, der vorgestern hier angekommen ist?«

Sofort beschlich Giuliano erneut ein mulmiges Gefühl. *Welcher Pazzi-Spross? Wer von ihnen ist hier?*

»Ich wusste leider nicht, dass noch mehr Florentiner zu Euch reisen«, gab er zu, um eine bessere Antwort verlegen.

Sforza lachte und führte ihn in einen Speisesaal, der noch aus den ältesten Tagen der Festung stammen musste. In dem Raum konnten sicher hundert Menschen verköstigt werden, aber heute waren es nur zwei Dutzend Gäste. Sie saßen auf schweren Holzbänken vor Tischen, die sich unter dem Essen schier bogen. In einem gewaltigen Kamin loderte ein Feuer, obwohl es ein warmer Frühlingsabend war.

Der Herzog thronte natürlich am Kopfende der Tafel. An seiner Seite saß eine junge Frau mit lichtblondem Haar, blauen Augen und einer Haut, die so hell war, dass sie beinahe durchscheinend wirkte. Giuliano wusste nicht, wer sie war, beschloss aber sofort, besser nicht nach dem Wohlbefinden der Ehefrau des Herzogs zu fragen.

Zu Sforzas Linken saß Francesco de' Pazzi, der Giuliano mit strahlendem Lächeln zuprostete. Giuliano grüßte ihn höflich und setzte sich auf den freien Platz neben ihm.

Sforza trank einen Schluck Wein und spießte mit seiner Gabel ein dunkles Fleischstück von einer Platte auf. Er nickte Giuliano aufmunternd zu, dann biss er zu und kaute hingebungsvoll mit offenem Mund.

Giuliano entschied sich, die Frage direkt zu stellen, die ihm auf den Nägeln brannte. »Was bringt dich her, Francesco?«

»Die Geschäfte der Pazzi-Bank«, gab Francesco ausweichend zurück.

»Plant ihr in nächster Zeit größere Investitionen in Mailand?«

»Wir planen immer größere Investitionen«, gab Francesco mit einem aufgesetzten Lächeln zurück. »Und natürlich braucht der Herzog immer Geld für seine Bauvorhaben.«

Seine Anwesenheit kann unmöglich Zufall sein! Was würde Lorenzo jetzt tun?, fragte sich Giuliano. Er war noch mit dem Gedanken beschäftigt, als Ludovico Sforza, der jüngere Bruder des Herzogs, aufstand und einen Trinkspruch auf die Gäste ausbrachte. Nach ihm waren Francesco und Giuliano an der Reihe, die beide die Qualität des Essens und die Großzügigkeit ihres Gastgebers lobten.

Giuliano hätte nur zu gern gewusst, wann wohl Gelegenheit sein würde, mit Sforza in einem privateren Rahmen zu reden, aber das Fest schritt immer weiter fort, und Francesco und Giuliano ergingen sich in Nichtigkeiten mit ihren Tischnachbarn.

Schließlich stand Sforza jedoch auf. »Folgt mir, Medici«, sagte er. »Ich möchte Euch etwas zeigen.«

Giuliano stand auf. »Gehen wir allein?«, fragte er überrascht, als Sforza keine Anstalten machte, noch jemanden zum Mitkommen aufzufordern. Das Fest war noch in vollem Gange.

»Ich kann Euch doch vertrauen? Oder etwa nicht? Plant Ihr etwa auch, mir einen Dolch in den Rücken zu stoßen?«, raunte der Herzog unangenehm nah an Giulianos Ohr. Der Alkohol hatte sein Gesicht gerötet; seine Augen glänzten unnatürlich.

»Natürlich nicht!«, beeilte sich Giuliano zu versichern. Die Situation wurde immer schwerer einzuschätzen; weder er noch Lorenzo hatten geahnt, was hier geschah. Aber jetzt blieb ihm nichts anderes übrig, als das Spiel mitzuspielen.

Der Herzog nahm eine Lampe von der Wand und verließ den Speisesaal. Das Lachen und Grölen begleitete sie noch eine Weile auf dem Weg.

Sforza führte ihn eine Treppe hinunter und einen Gang entlang, der sie tief ins Herz der Festung führen musste. Schließlich erreichten sie zwei bewaffnete Männer, die vor einem Durchgang Wache hielten. Sie grüßten den Herzog ehrerbietig und machten ihnen den Weg frei.

»Das ist der Kerker der Sforzesca«, sagte der Herzog voller Stolz. »Kein Mensch, der hier festgehalten wird, verweigert sich der Wahrheit sehr lange.«

Als Giuliano zögerte, das Gewölbe zu betreten, ergriff ihn der Herzog ungeduldig am Arm. »Kommt, kommt.«

Vor ihnen lag ein runder Raum, von dem ein halbes Dutzend niedrige Holztüren abgingen, offenkundig Zellen.

Sforza steuerte eine davon zielstrebig an. »Durch diesen Mann hier habe ich davon erfahren, dass Euer Bruder Lorenzo niemals die Absicht hatte, Mailand die versprochenen hunderttausend Florin zu zahlen«, flüsterte Sforza. Seine Stimme klang erschreckend heiter.

»Offenkundig plante Euer Bruder, mir das Geld mit der Rechten zu geben, und es mir mit der Linken wieder abzunehmen, indem er alle früheren Schulden des Hauses Sforza zugleich einfordert!«

»Aber das ist nicht wahr!«, entfuhr es Giuliano. »Weder mein Bruder noch ich haben jemals geplant, gegen Euch vorzugehen.«

Er erinnerte sich an das Gespräch, das er mit Lorenzo geführt hatte. Hatte sein Bruder sich etwa doch entschlossen, die Ausstände des Herzogs zurückzuordern?

»Vielleicht hat Euer Bruder Euch in diesen Plan gar nicht eingeweiht? Es heißt, dass Lorenzo mittlerweile niemandem mehr wirklich traut, vielleicht gilt das sogar für seine Familie?« Die Worte des Herzogs spiegelten seine Überlegungen. *Was, wenn Lorenzo ihm wirklich nicht alles anvertraut hatte?*

Aber dann schob er den Gedanken beiseite. Lorenzo hatte gewiss Fehler, aber er würde ihn nicht ahnungslos hierher in die Höhle des Löwen schicken.

»Messere, ich bin mir sicher, dass mein Bruder weder mit noch ohne mein Wissen gegen Euch vorgehen würde. Wer ist dieser Mann, der diese Behauptung aufstellt? Und woher will er von einem so ungeheuerlichen Vorgang im Haus der Medici wissen?«

»Das habe ich mich auch gefragt, aber er behauptet, er sei der Vertraute eines Mitarbeiters Eurer Bank. Und er kannte die Summe, die Mailand Eurer Bank schuldet, bis auf den Florin genau. Wenn er also nicht die Wahrheit sagt – woher kennt er dann die Höhe meiner Schulden?«

Darauf wusste Giuliano keine Antwort. Die Schuldbücher wurden in den Räumen der Bank aufbewahrt, was die Zahl der Menschen, in deren Hände sie gelangen konnten, stark einschränkte. Aber die Bücher wurden auch nicht gerade wie ein Schatz gehütet, und im Prinzip konnte jeder Angestellte der Bank darauf zugreifen.

»Ich weiß es nicht«, antwortete er ehrlich. »Aber gebt mir ein wenig Zeit, und ich finde heraus, was hinter dieser ganzen Sache steckt«, bat er Sforza.

»Zeit ist das, was ich nicht habe«, gab Sforza unwirsch zurück. »Der Heilige Vater drängt mich fast jeden Tag mit neuen Boten, endlich meine Unterschrift unter die Verträge zu setzen. Nein, die Entscheidung muss heute Nacht fallen. Wir werden die Wahrheit aus dem Gefangenen herausbekommen.« Er bedeutete einer Wache, die Tür zu öffnen, und trat ein.

Als Giuliano in die Zelle trat, schlug ihm sofort der Gestank von ungewaschener Haut und Exkrementen entgegen. Der Kerker war klein und feucht, und der Mann, der hier festgehalten wurde, konnte sich kaum aufrichten. Seine Füße steckten in einem Holzrahmen fest, sodass er sich nur hoppelnd bewegen konnte. Er hielt sich eine Hand vor die Augen, als das Licht der Lampe in die Zelle drang.

Giuliano sah, dass es sich um einen Mann in seinen Vierzigern handelte. Seine Kleidung mochte einmal teuer gewesen sein, jetzt jedoch waren nur noch Fetzen von ihr übrig. Sein Bart ließ vermuten, dass er bereits einige Tage oder sogar Wochen hier verbracht hatte.

»Was wollt Ihr, Herr?«, stammelte der Mann, als er den Herzog erkannte.

»Oh, ich wollte dich nur meinem Gast hier zeigen«, sagte Sforza. Er ließ das Licht der Laterne noch einmal über den Mann gleiten und leuchtete dann Giuliano ins Gesicht.

»Wer bist du?«, brüllte Giuliano, dem die Nerven durchgingen. »Warum verbreitest du Lügen über die Medici?«

Der Mann sah ihn an, zuerst verständnislos, doch dann erkannte er, wer der Gast des Herzogs war. Er spuckte Giuliano vor die Füße. »Weil Ihr gierige Hunde seid, die gute, christliche Bürger in den Ruin treiben! Deshalb sollten Seine Durchlauchtigste Gnaden von Euren schändlichen Plänen erfahren!«

Der Himmel steh mir bei, dachte Giuliano. *Der Mann glaubt, was er sagt.* Wer mochte er sein? Ein Schuldner, der seine Zinsen nicht hatte bezahlen können?

Aber es war müßig, darüber nachzudenken. Er musste Sforza davon überzeugen, dass der Mann log.

Aber der Herzog hatte bereits einen Entschluss gefasst. »Holt ihn raus«, befahl Sforza den Wachen.

Die beiden Bewaffneten schleppten den Gefangenen durch die Tür. Er sah Sforza und Giuliano an. »Euer Gnaden!«, rief er. »Ich wollte Euch nur warnen!«

»Das werden wir bald wissen«, gab Sforza zurück. »Der *Strappado* wird zeigen, ob der Mann die Wahrheit gesagt hat«, verkündete er.

Giulianos Herz sank.

Sforzas Wachen zerrten den Gefangenen in einen weiteren Raum, dessen Decke höher lag als im Rest des Kerkers. Darunter war ein Balken befestigt worden. Der Kerkermeister band dem Gefangenen die Hände auf den Rücken, dann knüpfte er ein Seil daran, dessen anderes Ende er über den Balken warf.

Sie zogen den schreienden Gefangenen nach oben.

Giuliano kannte diese Methode, einen Menschen zu verhören. Um das Opfer weiter zu quälen, wurde es später aus einiger Höhe fallen gelassen, sodass die Gelenke aus den Schultern rissen.

»Kommt, Medici«, sagte der Herzog ungerührt, als das Opfer an der Decke hing. »Lasst uns nach meinen Gästen sehen. In einer Stunde wird der Sünder hoffentlich bußfertig sein.«

Sie kehrten durch den Gang zur Treppe zurück, während ihnen Schreie folgten, die Giuliano wie ein furchtbarer Fluch in den Ohren hallten.

Die Feier war noch in vollem Gange, und der Herzog ließ sich als Erstes Wein nachschenken, bevor er das Gesicht der jungen Frau an seiner Seite mit beiden Händen ergriff und sie leidenschaftlich küsste.

Giuliano ließ sich wieder auf seinen Platz fallen. *Bei allen Heiligen, was soll ich jetzt tun?*

»Hattest du einen angenehmen Plausch mit dem Herzog?«, wollte Francesco wissen.

Giuliano starrte ihn nur an, das spitze Gesicht, das vom Bratenfett glänzte, die vom Wein geröteten Wangen und das Grinsen, das ihm verriet, dass Francesco wusste, was er eben zu sehen bekommen hatte. *Ich will verdammt sein,* dachte Giuliano. *Hinter alldem stecken die Pazzi!*

»Du verfluchter, dreckiger …«, begann er, aber dann trat ein Mann an ihren Tisch, eine der Wachen aus dem Kerker.

»Er ist tot, Messere«, sagte der Bewaffnete leise, aber laut genug, dass auch Giuliano ihn hören konnte. »Ich fürchte, er war nicht bei bester Gesundheit und starb, als wir ihn vom Gerüst stießen.«

»Verdammt!«, brüllte Sforza und knallte seinen Becher so auf den Tisch, dass der Wein weit herumspritzte. »Warum habt ihr nicht besser aufgepasst?«

Der Mann schwieg.

»An seinen Worten war nichts Wahres, Messere«, rief Giuliano. »Es gibt von unserer Seite keinen Wunsch, Euch zu schaden. Ihr kennt unsere Familie; mein Bruder Lorenzo sprach nie anders als von seinem Freund von Euch!«

»Wir werden die Wahrheit nun wohl nicht mehr erfahren«, sagte Sforza. »Verdammte Scheiße!« Er wandte sich an Giuliano und lachte ein trunkenes Lachen. »Aber heute Nacht seid Ihr mein

Gast!«, rief er. »Egal, was Euer Bruder plant. Feiert, fresst, amüsiert Euch mit den Huren. Euch wird nichts geschehen, das schwöre ich.«

Giuliano sah sich um. Ihm war nach allem Möglichen zumute, aber sicher nicht danach, dieses Bankett fortzusetzen. »Verzeiht mir«, bat er. »Ich ziehe mich lieber zurück.«

Als er aufstand, fing er den Blick von Francesco de' Pazzi ein, der ihm spöttisch zuprostete.

KAPITEL 41

Rom, August 1473

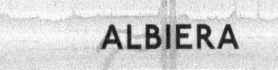

ALBIERA

»Heilige Muttergottes«, sagte Bischof Salviati, der Francescos Brief in den Händen hielt. »Die Situation in Mailand ist völlig aus dem Ruder gelaufen. Sforza hat unserem Mann nicht geglaubt und ließ ihn foltern. Er ist tot.«

Um Zeit für eine Antwort zu gewinnen, trank Albiera zunächst einen Schluck von dem Kräutersud, den ihr der Leibarzt des Heiligen Vaters gegen ihre Kopfschmerzen verordnet hatte. Er schmeckte bitter und fad gleichermaßen. »Sforza ist viel unberechenbarer, als wir dachten«, erwiderte sie schließlich. »Niemand konnte ahnen, dass er sich mittlerweile so sehr von Feinden umzingelt fühlt, dass er einen Mann umbringt, der ihm seine Unterstützung anbietet. Francesco soll sich nicht schuldig fühlen, er hat getan, was er konnte. Aber die eigentliche Frage ist: Was hat der Mann vor seinem Tod gesagt?«

»Wenn ich Francesco richtig verstehe, ist er bis zum Ende bei seiner Geschichte geblieben.«

Albiera stieß den Atem aus. »Dann ist das Ergebnis doch eigentlich sogar besser, als wir hofften – Sforza verdächtigt die Medici, ein falsches Spiel mit ihm zu spielen, und unser Zeuge ist tot, sodass wir keine Angst davor haben müssen, dass er etwas widerruft.«

Salviati schaute sie mit einem seltsamen Blick an, so als sähe er sie gerade zum ersten Mal.

»Was habt Ihr?«, fragte sie und fächelte sich Luft zu. Die römische Hitze setzte ihr stärker zu, als sie gedacht hatte, und die Gemächer von Salviati erschienen ihr besonders stickig und schwül, obwohl die Fenster auf die vatikanischen Gärten hinausgingen. *Ob es hier auch eine angenehme Jahreszeit gibt?*, grübelte sie. Ihr schien es beständig zu heiß oder zu kalt zu sein.

»Habt Ihr denn gar keine Skrupel?«, wollte Salviati wissen. »Keine Angst um Eure unsterbliche Seele, wenn Ihr einen Unschuldigen opfert, nur um den Medici zu schaden?«

Das treibt ihn um, dachte sie. *Meine unsterbliche Seele?*

»Ich gehe gerne den Rest meines Lebens in ein Kloster, wenn ich vorher noch gesehen habe, wie Francesco die *Signoria* führt, wie die Kinder meiner Tochter heranwachsen, um über Florenz zu herrschen, und wie der Name Medici keine Bedeutung mehr hat«, gab sie zurück. »Danach ist immer noch Zeit, mich um mein Seelenheil zu sorgen.«

Salviati nickte langsam und zupfte nachdenklich an seinen Koteletten herum.

Innerlich musste Albiera beinahe lachen. Salviati hatte gewiss selbst mehr als einen Tod befohlen. Dass ihm nun ausgerechnet das Ableben eines unbedeutenden Florentiners so viel ausmachte, an dem er noch dazu unschuldig war, erschien ihr heuchlerisch.

»Jedenfalls kann sich Eure Familie auf keinen Fall mehr bei den Medici blicken lassen«, sagte Salviati.

»Ganz im Gegenteil«, widersprach ihm Albiera. »Lorenzo wird bald seine Tochter Maddalena in Careggi taufen lassen, und zumindest Jacopo sollte die Einladung unbedingt annehmen. Was will uns Lorenzo vorwerfen – dass Francesco zur gleichen Zeit in Mailand weilte wie Giuliano? Alles andere ist wilde Spekulation. Und noch können sie nicht wissen, wer dem Papst das Geld für Imola leihen wird.«

Salviati nickte nachdenklich. »Was macht eigentlich Eure Spionin in den Reihen der Medici?«, wollte er dann wissen.

»Ihr meint Simonetta? Eine Weile lang war es selbst für sie schwer, sich Zutritt zum innersten Kreis der Medici zu verschaffen, weil Lorenzo den braven Ehemann spielen musste und Simonetta traurige Gedichte schrieb, statt sie zu sehen«, erklärte Albiera.

»Wenn alles so geschieht, wie wir es planen, sind wir nicht länger auf ihre Informationen angewiesen«, sagte Salviati. »Wenn wir in Florenz die Oberhand gewinnen, kann Madonna Simonetta ihrem Gatten endlich wieder eine gute Ehefrau sein.«

Ich weiß nicht, ob das ihr Ziel ist, dachte Albiera, sagte aber nichts.

»Ich habe gleich eine Audienz bei Seiner Heiligkeit«, sagte Salviati. »Wollt Ihr mich begleiten? Dann können wir ihm gemeinsam die Nachricht überbringen, dass nun auch das letzte Hindernis beseitigt ist und seinem Kauf von Imola nichts mehr entgegensteht.«

Albiera stand auf. Sie warf einen sehnsüchtigen Blick zu den Fenstern in Salviatis Räumen. *Lieber würde ich eine Weile in die Gärten gehen,* dachte sie. *Aber die Möglichkeit, den Papst zu sprechen, ließ man nicht ungenutzt verstreichen.*

»Ja«, sagte sie. »Lasst uns Seiner Heiligkeit die guten Neuigkeiten verkünden.«

Der Papst schien selbst ebenfalls unter der Hitze zu leiden. Sobald sein Sekretär Albiera und Salviati mit ihm allein gelassen hatte, bat er Salviati darum, die Fenster zu öffnen.

Vergebliche Liebesmüh, dachte Albiera. Die Luft, die hereinströmte, brachte keine Kühlung mit.

»Uns erreichte soeben die Nachricht, dass Herzog Sforza so schnell wie möglich die Verträge zu Imola unterzeichnen will«, berichtete Salviati. »Wie es scheint, ist sein früheres gutes Verhältnis zu den Medici stark getrübt.«

»Das sind exzellente Neuigkeiten«, sagte Sixtus. »Ihr habt dem Heiligen Stuhl einen guten Dienst erwiesen und Unsere Dankbarkeit verdient.«

»Die päpstlichen Konten werden in Eure Hände übergehen, wie Wir es versprochen hatten«, erklärte Sixtus, an Albiera gewandt.

Der Papst fuhr sich mit einer Hand unter dem Kragen entlang. Offenkundig schwitzte er in seinen schweren Gewändern. Heute erschien er ihr deutlich weniger würdevoll als bei ihrem letzten Besuch.

»Lasst mich auch in aller Demut eine Bitte äußern, die Florenz betrifft«, sagte Salviati.

Albiera bewegte vorsichtig ihren Kopf hin und her. Das Gebräu des Arztes schien die Kopfschmerzen eher noch verschlimmert zu haben.

»Wir hören«, erklärte Sixtus. »Welches Interesse habt Ihr an Florenz?«

»Nicht an Florenz selbst, aber an Pisa. Der dortige Erzbischof ist schwer krank, und es heißt, dass er den Sommer nicht mehr erleben wird.«

»Und Ihr seht Euch als sein Nachfolger?«, warf Albiera ein.

»Ganz recht.«

Salviati strebt nach der Erzbischofswürde. Albiera war nicht sonderlich überrascht. *Vermutlich wäre es sogar nützlich, wenn einer unserer Verbündeten dieses Amt bekleidet. Selbst wenn mir Salviati nicht allzu freundlich begegnet.*

Sixtus nickte langsam. »Gewiss würde es nicht schaden, wenn der Oberhirte von Pisa ein Mann wäre, der eher nach Rom schaut als auf Lorenzo de' Medici.«

»Ein solcher Mann wäre ich, Heiligkeit. Ihr wisst, dass ich treu an Eurer Seite stehe.«

Der Papst erhob sich langsam von seinem Stuhl. »Wir brauchen eine Erfrischung«, verkündete er. »Wir werden Euch Unseren Entschluss wissen lassen.«

KAPITEL 42

Careggi, August 1473

GIULIANO

»Ich fasse es nicht, dass du die Pazzi wirklich eingeladen hast«, sagte Giuliano leise zu Lorenzo, als er Francesco und seine Frau Novella im geschmückten Garten von Careggi entdeckte.

Sie feierten die Taufe von Lorenzos kleiner Tochter Maddalena, und die Pazzi machten der Kleinen, die in Clarice' Arm schlummerte, artig ihre Aufwartung.

»Bis wir wissen, was unsere nächsten Schritte sind, sollten wir sie in Sicherheit wiegen«, erwiderte Lorenzo ebenso leise.

Seit Giulianos Rückkehr aus Mailand hatte Lorenzo es vermieden, eine Konfrontation mit den Pazzi zu suchen, womit sich Giuliano nur schwer abfinden konnte. Aber Lorenzos Wort galt, und der Frieden zwischen ihren Familien, den Volterra gestiftet hatte, hielt zumindest nach außen hin immer noch.

Giuliano hatte in der Zwischenzeit alle Hebel in Bewegung gesetzt, um herauszufinden, wer Sforzas Gefangener gewesen war. Aber das erwies sich als schwieriger, als er gehofft hatte, vor allem, weil seit seiner Abreise aus Mailand Schweigen zwischen ihnen und dem Herzog herrschte.

Giuliano ging zu Clarice hinüber und verscheuchte mit seinem Hemdsärmel ein Insekt, das Maddalena umschwirrte. Seine kleine Nichte ließ sich davon nicht stören und schlief weiter, eine winzige Faust fest gegen den Mund gepresst.

Es war ein heißer Augusttag, sodass sich die Familie entschieden hatte, der stickigen Hitze in der Stadt zu entgehen und die Taufe hier in den Gärten zu feiern, wo ein frischer Wind von den Hügeln herabwehte. Sie waren mit einem großen Tross hier herausgekommen.

Giuliano war froh zu sehen, dass Lorenzos Aufenthalt in Pistoia, den er schließlich doch noch angetreten hatte, seinem Bruder offenbar geholfen hatte – Lorenzo war ohne Schmerzen hierhergeritten, und sie planten, morgen gemeinsam auf die Jagd zu gehen.

Es war ein strahlender Tag. Am Himmel zeigte sich kaum eine Wolke, und die Schwalben drehten ihre Runden hoch über dem Dach der Villa. Bei ihrem Anblick musste er an Fioretta denken, und einen Moment lang fragte er sich, ob sie dort, wo sie jetzt lebte, von Zeit zu Zeit auch zu den Vögeln hinaufsah und an ihn dachte, oder ob sie ihn vollständig vergessen hatte.

Plötzlich stand Simonetta vor ihm. »Du wirkst ein bisschen zu nachdenklich für einen so schönen Tag und ein so freudiges Ereignis«, sagte sie. »Sind Tauffeiern allgemein nicht nach deinem Geschmack, oder liegt es an dieser im Besonderen?«

Er musste wider Willen lachen. »Bitte entschuldige, ich wollte niemandem mit meinem Gesichtsausdruck die Laune verderben.«

»Das hast du nicht, keine Sorge. Für gewöhnlich finde ich ein bisschen offenherzige schlechte Laune auf einem solchen Fest weitaus interessanter als das übliche Getuschel und Gerede.«

Giuliano sah sie überrascht an. »Obwohl du ja nicht selten im Zentrum der Aufmerksamkeit stehst«, merkte er an.

Sie öffnete einen goldbestickten Fächer und fächelte sich Luft zu, bevor sie antwortete. »Ja, aber auch das kann ermüdend sein.«

»Ich weiß«, sagte er schlicht. Natürlich wusste er, wovon Simonetta sprach. Auch er und Lorenzo wurden auf jeder Feier und bei jedem Kirchgang genau beobachtet, und jeder hatte eine Meinung dazu, was sie trugen, was sie sagten und wie viel sie tranken. »Ich war nur überrascht, dass du es auch von Zeit zu Zeit anstrengend findest.«

»Natürlich«, sagte sie, mit der Andeutung eines hinreißenden Lächelns. »Wollen wir dem allem noch einen Moment aus dem Weg gehen? Ich würde gerne eure Falken sehen.«

Giuliano sah sich unschlüssig um. *Konnten sie kurz verschwinden, ohne dass es auffiel?* Aber dann fing er plötzlich den Blick seines Bruders auf, der zu ihnen hinübersah. »Ich bin mir sicher, dass Lorenzo das liebend gern tun würde«, sagte er hastig.

Simonettas Blick ging von ihm zu Lorenzo, bevor sie wieder ihn ansah. Dann machte sie einen kleinen Schmollmund. »Du scheinst wieder einmal der einzige Mann auf diesem Fest zu sein, der mich zurückweist«, sagte sie leichthin.

»Würdest du es denn anders wollen?«, gab er zurück.

Sie lachte. »Gut gekontert. Ich strecke meine Waffen.« Sie verbeugte sich leicht und ging zu Lorenzo hinüber, der sie mit strahlenden Augen in Empfang nahm – zum deutlichen Ärger von Clarice, wie Giuliano sofort sah.

Aber dann verabschiedete sich Lorenzo zu Giulianos Überraschung schnell wieder und kam zu ihm herüber.

»Kein kleiner Spaziergang mit Simonetta?«, fragte Giuliano verwundert.

»Heute nicht«, gab Lorenzo zurück. »Clarice sieht mich nicht gern mit ihr zusammen, und im Moment brauche ich die Unterstützung meiner Frau und ihrer Familie dringender als gestohlene Küsse von Simonetta.«

Giuliano wusste, dass er nicht überrascht sein sollte, wie sehr Lorenzo selbst in Liebesdingen Politik betrieb. »Wann hast du das letzte Mal eigentlich einfach etwas zum Vergnügen getan?«, fragte er.

»Oh, ich habe kürzlich mit Angelo Poliziano Schach gespielt, das war ein großer Spaß«, gab Lorenzo zurück, und Giuliano war sich nicht sicher, ob sein Bruder es ernst meinte oder ihn auf den Arm nahm.

Jacopo de' Pazzi kam ihnen mit einem breiten Lächeln entgegen. Er öffnete die Arme vor seiner breiten Brust und rief mit dröhnender Stimme: »Meinen Glückwunsch, Lorenzo! Nichts ist doch so wichtig wie eine starke Familie, die wie ein Baum wächst und gedeiht, nicht wahr?«

»Ich könnte nicht mehr Eurer Meinung sein, Jacopo«, gab Lorenzo höflich zurück. »Wie schön, dass Ihr diesen Segen mit uns feiert.«

»Jacopo hat selten gute Laune«, stellte Giuliano fest, als der Pazzi weitergegangen war.

»Ja«, sagte Lorenzo. »Er hat zu gute Laune. Etwas stimmt nicht.«

Giuliano blickte sich suchend um. Die Feier erschien ihm harmonisch genug. Die Gäste tranken gekühlten Wein. Maddalena erhielt eben großzügige Geschenke von einem entfernten Verwandten, und Sandro verspeiste mit andächtigem Gesichtsausdruck ein Stück Kuchen.

»Die Pazzi sind zu selbstbewusst aufgetreten«, fuhr Lorenzo fort. »Sie wissen etwas, das wir noch nicht wissen.«

Wie um seine Worte zu bestätigen, trat Lucrezia auf ihre beiden Söhne zu. »Ihr müsst mit mir kommen«, sagte sie und sah dabei ausnehmend ernst aus. »Alle beide. Wir haben etwas zu besprechen.«

Giuliano blickte zu Lorenzo hinüber, aber sein Bruder schien ebenso wenig wie er selbst zu wissen, worum es ging. »Ist etwas passiert?«, fragte er.

»Folgt mir einfach«, antwortete seine Mutter und führte sie ins Innere des Hauses.

Im Arbeitszimmer wartete ihre Schwester Bianca auf sie, die heute ohne ihren Ehemann Guglielmo de' Pazzi zu der Tauffeier gekommen war. Sie sah besorgt aus.

»Eure Schwester hat euch etwas Wichtiges zu sagen«, erklärte Lucrezia.

»Francesco hat von Albiera Nachrichten aus Rom erhalten«, sagte Bianca fast flüsternd. »Die Pazzi werden dem Papst das Geld leihen, das ihr ihm verweigert.«

»Diese elenden Bastarde!«, entfuhr es Giuliano.

»Damit ist wohl endgültig klar, dass sie uns in den Rücken gefallen sind«, murmelte Lorenzo. »Ich habe wohl zu sehr gehofft, dass die alte Fehde wirklich beigelegt ist. Ich wollte einfach nicht wahrhaben, wie weit sie gehen würden, um uns zu schaden.«

»Das ist kaum deine Schuld, Lorenzo«, sagte Lucrezia. »Die Pazzi haben sich schon immer für etwas Besseres als die Medici gehalten und schon Euren Vater mit ihrem Hass verfolgt.« Der Gesichtsausdruck ihrer Mutter verriet deutlich, wie zornig sie war.

Bianca rang die Hände. »Diese schlechte Nachricht ist noch nicht alles, fürchte ich«, erklärte sie. »Guglielmo sagt, dass Seine Heiligkeit den Medici dafür die Konten des Heiligen Stuhls entziehen wird.«

»Was soll das heißen?« Giuliano merkte, wie ihn der Zorn packte. »Kann der Papst das überhaupt so einfach beschließen? Wie lange ist das Geld des Heiligen Stuhls unter der Verwaltung der Medici? Hundert Jahre?«

»Sogar mehr als das«, sagte Lorenzo. »Aber jeder Papst kann diese Entscheidung natürlich für sich treffen. Und ich fürchte, das ist genau das, was Sixtus tun wird.«

»Was bedeutet das genau für die Bank?«, wollte Bianca wissen.

»Unsere Unterlagen und die Kontenbücher, alles wird an die Pazzi gehen«, erklärte Lorenzo gepresst. »Und für uns bedeutet das einen gewaltigen Verlust an Einnahmen.«

»Und an Vertrauen«, fügte Lucrezia hinzu. »Die Bankiere des Papstes genießen natürlich in ganz Rom einen guten Ruf. Der nun wohl den Pazzi nutzen wird.«

»Jetzt wissen wir zumindest, was ihre kurze Freundschaft wert war«, gab Giuliano bitter zurück. »Am Ende war ihre Loyalität für die Papstkonten zu haben.«

»Und für eine Erzdiözese«, warf Lucrezia ein.

»Was meinst du, Mutter?«, fragte Lorenzo. Es musste ihn eine nahezu übermenschliche Anstrengung kosten, angesichts der auf sie einprasselnden schlechten Nachrichten so ruhig zu bleiben.

»Der Papst will einen Unterstützer der Pazzi nach Pisa schicken. Salviati soll dort Erzbischof werden, sobald Filippo de' Medici tot ist.«

Bianca nickte bei den Worten ihrer Mutter bestätigend.

Was für eine absolute Katastrophe. Der jetzige Erzbischof von Pisa war mit ihnen verwandt und der Familie gegenüber stets loyal gewesen. Aber es war kein Geheimnis, dass er schon seit einiger

Zeit an einer schweren Krankheit litt und sein Ableben nur noch eine Frage der Zeit war.

Lorenzo schüttelte den Kopf. Giuliano sah, dass er eine Hand fest zur Faust geballt hatte. Er hob die Stimme. »Ohne unser Einverständnis? Das ist unerhört.«

Auch wenn die Kirche offiziell alle Ämter in ihren Gemeinden vergab, wurde die Entscheidung darüber, wer einen so hohen Posten erhielt, natürlich immer mit den jeweiligen Herren der Stadt gefällt. Zumindest hatte es Giuliano zeit seines Lebens noch nicht anders erlebt.

»Das könnte unsere Position in Pisa ernsthaft in Gefahr bringen«, sagte er. »Schlimm genug, dass wir Pietro Riario als Erzbischof von Florenz akzeptiert haben, aber er ist zumindest selten genug in der Stadt.«

Der Papstneffe, der die Erzbischofswürde ohne Gegenleistung aus Rom erhalten hatte, war tatsächlich bislang nur einmal in Florenz gewesen, hatte seine Residenz besucht und die Stadt dann fluchtartig wieder verlassen.

»Er weiß, dass er mir besser nicht unter die Augen kommen sollte.« Lorenzo knirschte vor Zorn beinahe mit den Zähnen.

»Wenn wir zulassen, dass der Papst dieses Amt in Pisa über unseren Kopf hinweg vergibt, könnte daraus geltendes Recht werden«, sagte Lucrezia. Die Sorge grub tiefe Linien in das Gesicht ihrer Mutter.

Normalerweise würde eine solche Entscheidung niemals ohne die Medici getroffen werden, aber so, wie es zwischen uns und Rom steht, müssen wir wohl mit allem rechnen, dachte Giuliano.

Ihm schwirrte der Kopf. »Was planen die Pazzi als Nächstes?«, fragte er Bianca ungeduldig.

Seine Schwester sah ihn mit einem verletzten Gesichtsausdruck an, und ihm taten seine Worte sofort leid. Für sie konnte es nicht leicht sein, die Pläne von Guglielmos Familie hier an ihre Brüder und ihre Mutter zu verraten.

»Bianca, ich ...«, begann er, doch sie winkte ab: »Schon gut.«

»Wie hast du überhaupt von ihren Plänen erfahren?«, wollte Lorenzo wissen.

»Guglielmo hat es von Francesco gehört und es mir erzählt. Ihr müsst mir glauben, dass er das alles auch nicht will.«

Also hatte Francesco es nicht lassen können, auch noch mit seinen Erfolgen anzugeben. Dieser dreimal verfluchte Mistkerl!

»Wird dich das nicht bei den Pazzi in Gefahr bringen?«, fragte Lucrezia.

»Sie wissen nichts davon, dass ich mit euch rede. Guglielmo vermutet es natürlich, aber gesagt habe ich ihm nichts. So muss er nicht für mich lügen.« Sie machte eine kleine Pause. »Und ich sollte jetzt besser wieder nach draußen gehen, damit Jacopo und Francesco keinen Verdacht schöpfen.«

Lucrezia küsste ihre Tochter auf die Stirn. »Ich danke dir, Kind, dass du damit zu uns gekommen bist.«

Bianca sah traurig aus. »Ich hatte so gehofft, dass es kein böses Blut mehr zwischen euch gibt«, sagte sie. »Aber wenn die Pazzi euch angreifen, dann ist für mich keine Frage, auf wessen Seite ich stehe. Ich bin zuerst und immer eine Medici.«

Lorenzo und Giuliano umarmten ihre Schwester, dann verließ sie den Raum.

»Die Lage ist wirklich ernst«, sagte Lorenzo. »Das kann uns sogar die Bank kosten.«

»Was werdet ihr tun?«, verlangte Lucrezia zu wissen.

»Wir können die Pazzi nicht zwingen, dem Papst das Geld nicht zu leihen«, sagte Giuliano.

»Nein. Und wenn Sixtus ihnen die Konten geben will, können wir auch das nicht verhindern«, sagte Lorenzo. »Aber in Pisa können wir ihnen etwas entgegensetzen. Wir müssen Salviati aufhalten.«

»Und wie sollen wir das anstellen?«, wollte Giuliano wissen.

»Die Republik hat das Recht zu bestimmen, wer ihre Grenzen übertritt«, sagte Lorenzo langsam. »Wir werden in der *Signoria* beschließen, dass wir Salviati diese Gunst nicht einräumen.«

»Das ist gewagt. Und wie willst du das durchsetzen?«, fragte Lucrezia, die Sorge in ihrer Stimme unüberhörbar.

»Wenn es sein muss, mit Gewalt. Wenn der jetzige Erzbischof stirbt, werden wir die Stadttore besetzen und verhindern, dass Salviati überhaupt nach Pisa hineinkommt. Du könntest Salviati in Empfang nehmen und unser Recht durchsetzen«, sagte Lorenzo, an Giuliano gewandt.

Ich soll den künftigen Erzbischof mit Soldaten vor den Toren aufhalten? Lorenzo muss einigermaßen verzweifelt sein, das vorzuschlagen, dachte Giuliano.

»Bist du sicher, dass das eine gute Idee ist?«, wollte Lucrezia wissen. »Das könnte endgültig Krieg zwischen uns und Rom bedeuten.«

»Wir müssen Stärke zeigen«, erklärte Lorenzo. »Tun wir es nicht, werden sie versuchen, uns auch Florenz wegzunehmen.« Er räusperte sich. »Ich weiß, dass das ein gefährliches Unterfangen ist, Giuliano. Ich würde dich nicht bitten, wenn ich irgendeine andere Lösung sähe. Aber nur du kannst diese Situation noch für die Medici retten.«

Bei allem, was zwischen uns Risse verursacht hat, wir vertrauen einander noch immer, dachte Giuliano. Er sah, dass der Plan gefährlich war, aber ihm war es viel lieber, etwas gegen die Pazzi unternehmen zu können, als einfach nur die Hände in den Schoß zu legen und auf den nächsten Schlag zu warten. »Natürlich werde ich gehen«, sagte er.

Lucrezia nahm die Hände ihrer beiden Söhne in die ihren und drückte sie.

»Was soll ich genau tun?«, fragte Giuliano. »Soll ich Salviati festsetzen und hierherbringen?«

»Nein, auf keinen Fall, das wäre gegen das Gesetz. Ich fürchte, dass wir einen offenen Krieg mit Rom nicht gewinnen können, und wir wollen dem Kirchenstaat keinen Vorwand liefern, uns mit Waffengewalt anzugreifen. Es reicht, wenn Salviati die Stadt nie betritt. Außerhalb der Kathedrale kann er sein Amt nicht antreten.«

»Aber wie wird man in Pisa darauf reagieren? Werden die Bürger und die *Priori* damit einverstanden sein?«

»Pisa ist den Medici treu ergeben, und ich werde dafür sorgen, dass es genauso bleibt. Sie werden dir in allem folgen«, versicherte ihm Lorenzo.

Giuliano nahm eine Bewegung an der Tür wahr. Clarice betrat den Raum.

»Störe ich?«, fragte sie. Dann sah sie Lorenzo an. »Die Gäste vermissen euch allmählich.«

»Wir kommen gleich«, sagte Lucrezia hastig.

»Warte«, bat Lorenzo. »Wir wollten dich nicht ausschließen. Es gibt sehr schlechte Nachrichten aus Rom, die du auch hören solltest.«

Giuliano war überrascht, aber sein Bruder erklärte Clarice in knappen Worten, was die Pazzi planten. Sie sah bestürzt aus. »Gibt es etwas, das ich tun kann?«, fragte sie schließlich. »Hilfe, die ihr von meiner Familie braucht?«

Lorenzo sah sie an und lächelte. »Nicht in diesem Moment, aber sicher bald«, antwortete er, während Lucrezia ihre Schwiegertochter dankbar umarmte.

»Gut«, sagte Lorenzo schließlich. »Und wir alle sollten jetzt auf das Fest zurückkehren und so tun, als wüssten wir noch nichts.«

KAPITEL 43

Pisa, Oktober 1473

FIORETTA

Fioretta folgte der gewundenen Straße, bis sie das Haus mit dem Zeichen der Lukas-Gilde erreichte. Bevor sie klopfte, zögerte sie einen Moment. Sie hatte den Sommer überstanden, indem sie Stück für Stück die wenigen Habseligkeiten verkauft hatte, die Antonio ihr hinterlassen hatte. Gleichzeitig hatte sie versucht, Auftraggeber für sich zu gewinnen. Aber sie war keine *Maestra*, sie hatte keinen großen Namen, und sie war eine Frau, und dies alles zusammen wirkte sich verheerend auf ihre Aufträge aus. Bis auf einige wenige kleinformatige Kinderporträts hatte sie keine Kommissionen erhalten, und das Geld, das sie noch besaß, würde sie niemals über den Winter bringen, das wusste sie.

Mehrmals war sie in Versuchung gewesen, ihren Florentiner Freunden zu schreiben und sie um Hilfe zu bitten. Aber jedes Mal, wenn sie sich dazu entschieden hatte, war ihr im letzten Moment ihr Stolz im Weg gewesen. Was würde sie dadurch schon gewinnen, wenn sie nicht aus eigener Kraft überleben konnte? Selbst wenn Sandro ihr Geld liehe oder ihr einen Auftrag überließe, der sie bis zum Ende des Jahres brachte, wie sollte es dann im nächsten Frühjahr weitergehen?

Außerdem hatte ein Teil von ihr Sorge, dass über Sandro oder Leonardo auch Lorenzo und Giuliano von ihrer Lage erfuhren, und das wollte sie um jeden Preis vermeiden.

Also hatte sie nach langem Zögern beschlossen, heute zur Werkstatt von Salvatore Lomi zu gehen, in der sie einige Wochen gearbeitet hatte, bis ihr Vater krank geworden war.

Sie nahm ihren Mut zusammen und klopfte. Nach einigen Augenblicken des angespannten Wartens öffnete sich die Tür, und eine Frau, die etwas älter als sie selbst sein mochte, stand vor Fioretta. Sie war klein und trug ihr lockiges, braunes Haar unter einem Tuch.

Sie musterte die Besucherin einen Augenblick. »Ihr wünscht?«, fragte sie.

»Ich bin auf der Suche nach Salvatore Lomi«, gab Fioretta zurück.

Ihr Gegenüber schaute sie noch immer prüfend an, aber dann lächelte sie. »Fioretta Gorini, nicht wahr?«

Fioretta nickte. »Ja, genau. Ich war für kurze Zeit Gehilfin in dieser Werkstatt.«

»Elena Lomi«, stellte sich die Frau vor. »Ich bin Salvatores Tochter.« Sie öffnete die Tür ein Stück, um Fioretta hereinzulassen.

Als Fioretta Elena ins Haus folgte, stellte sie sofort fest, dass es für eine Werkstatt viel zu still im Inneren war. Es waren weder Hämmern noch Sägen, noch ein Meißel zu hören, und auch keine Stimmen.

»Ist heute ein Feiertag in Eurem Haus?«, fragte sie.

Elena schüttelte den Kopf. »Ich fürchte, die Werkstatt ist nicht mehr das, was sie damals war, Fioretta«, erklärte sie. »Mein Vater hat in den vergangenen Monaten fast alle Aufträge verloren, und wir mussten alle seine Gehilfen gehen lassen, weil wir sie nicht mehr versorgen konnten.«

Sie folgte Elena durch die verlassene Werkstatt und eine Treppe hinauf bis in ein helles Schlafzimmer, in dem die zurückgezogenen Vorhänge die Herbstsonne hereinließen. Von draußen konnte sie das Schreien der Möwen hören.

Salvatore Lomi lag auf einem Bett in der Mitte des Zimmers. Als Fioretta ihn damals kennengelernt hatte, war er ein kräftiger Mann gewesen, aber jetzt wirkte seine Gestalt unnatürlich verkrümmt. Sein linker Arm war an die Brust gezogen und fast wie eine Klaue verformt, während seine linke Gesichtshälfte nichts von dem Lächeln erreichte, das er zeigte, als seine Tochter das Zimmer betrat.

»Elena«, nuschelte er undeutlich.

Fioretta sah, dass ihm dabei ein Speichelfaden über das Kinn lief. Sie grüßte ihn höflich, aber er schien sie gar nicht zu bemerken, sondern murmelte den Namen seiner Tochter wieder und wieder schwerfällig vor sich hin.

»Was ist mit ihm?«, wollte Fioretta wissen. Der Anblick war schwer mit dem Mann in Einklang zu bringen, der noch vor wenigen Monaten eine von Pisas größten Werkstätten geführt hatte.

»Ihn hat im Frühsommer der Schlagfluss getroffen«, erklärte Elena, die ihrem Vater die Spucke abwischte und die Decke aufschüttelte. »Drei Tage war er nicht wach, und seitdem ist er immer in diesem Zustand gewesen. Er kann seine linke Seite nicht bewegen und erkennt kaum noch die Menschen um ihn herum. Ich war bis dahin bei der Familie meiner Mutter in Carrara, aber ich kam her, um mich um ihn zu kümmern.«

»Das tut mir leid«, murmelte Fioretta. Sie kam sich verloren vor, und machte sich Vorwürfe, sich nicht vorher nach Lomi erkundigt zu haben, sondern einfach so bei ihm aufgetaucht zu sein. Es war klar, dass der Maestro ihr nicht helfen konnte, und angesichts seines Zustands kam es ihr noch falscher vor, hier überhaupt Hilfe gesucht zu haben.

Elena führte sie wieder aus dem Zimmer. »Was wolltest du denn hier?«, fragte sie Fioretta. »Meinem Vater einen Höflichkeitsbesuch abstatten? Oder bist du im Auftrag von jemandem hier, dem er noch ein Bild schuldet?«

»Ich ...« Fioretta zögerte, entschied sich dann aber, die Wahrheit zu sagen. »Ich hatte ja keine Ahnung. Ich kam auf der Suche nach Arbeit hierher.«

»Arbeit? Was für Arbeit?«

Fioretta hob die Schultern. »Jede Art, eigentlich. Ich hatte natürlich gehofft, mich wieder als Gehilfin nützlich machen zu können, aber mittlerweile wäre ich auch nur zu gern bereit, in der Küche zu arbeiten oder zu erledigen, was immer sonst im Haus zu tun ist. Dein Vater ist außer ein paar *Dottori* an der Universität die einzige Person, die ich in Pisa kenne, und um ehrlich zu sein: Ich bin verzweifelt.«

Sie wusste selbst nicht genau, warum die Worte nur so aus ihr heraussprudelten, obwohl sie Elena nicht kannte. *Vielleicht habe ich einfach nur zu lange allein mit meiner Trauer gelebt.*

Elena sah sie nachdenklich an. »Du siehst ja, dass die Werkstatt gerade geschlossen ist. Aber du sagst, dass du bei meinem Vater gelernt hast? Wie viel?«, wollte sie wissen.

»Bei deinem Vater war ich nur sehr kurze Zeit. Aber ich habe in Verrocchios *Bottega* gelernt, und auch bei Sandro Botticelli.«

»Verrocchio, hm? Mein Vater hat ihn immer sehr bewundert.«

»Er ist ein großer Künstler. Kein angenehmer Meister, aber das merkt man seinen Werken ja nicht an.«

Elena lächelte plötzlich. »Begleite mich«, bat sie.

Sie führte Fioretta in den großen, hellen Werkstattraum, in dem früher ein halbes Dutzend Schüler mit ihrem Meister gearbeitet hatten und der jetzt verlassen war. Auf einer Staffelei stand ein begonnenes Altarbild; es zeigte den heiligen Sebastian, der sein erstes Martyrium durchlitt. Die Figuren waren noch roh und unausgeformt. Fioretta erkannte den Heiligen hauptsächlich daran, in welcher Pose er an den Baum gefesselt war, und an den Pfeilen, die angedeutet waren.

»Würdest du das beenden können?«, fragte Elena, nachdem sie eine Weile geschwiegen hatte.

»Wie meinst du das?«

»Du sagst, du bist eine Malerin. Dieses Bild hatten die Brüder von San Paolo bei meinem Vater bestellt, bevor er krank wurde. Ich kann es nicht fertigstellen, und kein anderer Maler will es anfassen, bevor ich ihn bezahle. Also frage ich dich, ob du das beenden kannst, was mein Vater begonnen hat?«

Fioretta schüttelte ungläubig den Kopf. Sie hatte gerade selbst erlebt, wie schwer es sein konnte, Aufträge zu erhalten, und sie glaubte Elena sofort, dass die früheren Schüler ihres Vaters ihr gegenüber misstrauisch waren.

Sie trat einen Schritt vor und musterte die Linien und die Komposition. »Ich könnte es schon«, sagte sie. »Sebastian ist nicht schwierig, weil es so viele Vorbilder gibt, die sich nutzen lassen. Auch eines von Maestro Verrocchio übrigens, das einen ähnlichen Aufbau hat.«

»Wenn du es kannst, willst du es versuchen?«, fragte Elena direkt.

»Würden die Brüder denn auch für ein Gemälde von meiner Hand bezahlen?«

»Ich bin nicht weniger verzweifelt als du«, gab Elena zu. »Mein Vater und ich müssen essen, und ich muss den Arzt bezahlen, der sich um ihn kümmert. Wir könnten behaupten, er habe sich erholt, und fühle sich nun wieder gut genug, um zumindest vom Krankenlager aus Anweisungen zu geben, nach denen du das Bild gemalt hast.«

»Hm«, machte Fioretta. Das schien ihr eine recht gewagte Vorgehensweise zu sein. *Was, wenn mein Bild schließlich doch ganz anders ist, als Salvatore Lomi es mit den Brüdern besprochen hat?* Selbst bei Sebastian gab es tausenderlei Möglichkeiten, ihn darzustellen.

Dann jedoch kam ihr ein Gedanke. »Gibt es Skizzen zu dem Gemälde? Vorzeichnungen, die dein Vater gemacht hat?«

»Die gibt es sicher. Wir können in seinem Arbeitszimmer danach suchen.«

Fioretta nickte langsam. Wenn sie die Entwürfe hatte, konnte sie das Bild in dem Sinn beenden, in dem Lomi es geplant hatte.

»Was sagst du?«, fragte Elena drängend. »Willst du es versuchen? Gelingt es nicht, hast du nicht viel verloren, wie mir scheint, aber wenn es funktioniert, teilen wir das Geld zur Hälfte und gewinnen beide.«

Das war nicht, weshalb Fioretta hergekommen war, oder etwas, das sie sich vorher auch nur hätte vorstellen können. Aber Elena hatte recht. Sie waren beide verzweifelt, und der Vorschlag der anderen Frau war deutlich besser als das Kloster oder das Armenhaus.

»Wir versuchen es«, sagte sie und erwiderte Elenas Lächeln.

KAPITEL 44

Florenz, Januar 1474

LEONARDO

»Wir müssen zu dieser Feier gehen«, sagte Sandro. »Der neue Erzbischof ist ausnahmsweise einmal in Florenz, und ich habe gehört, dass er nun seine gesamte Residenz neu gestalten lassen will. Wenn wir heute nicht dabei sind, werden uns die werten Kollegen die besten Aufträge einfach wegschnappen.«

Leonardo seufzte. Tatsächlich war der neue Erzbischof bislang erst ein einziges Mal in der Stadt gewesen, und die Feier, die die Borromei heute für ihn gaben, war das erste Ereignis, bei dem es die Möglichkeit gab, sich ihm vorzustellen.

Sandros Begeisterung konnte ihn dennoch nicht anstecken. »Machst du dir keine Sorgen, dass die Medici verärgert sein werden, wenn wir Riario unsere Aufwartung machen?«, wollte er wissen.

Sandro sah ihn an. »Ein bisschen schon«, gab er zu. »Aber Riario ist jung, und seine Residenz ist groß. Er wird vermutlich noch viele Jahre im Amt sein. Jahre, in denen wir durch ihn ein gutes Auskommen haben können. Das ist ein wenig Ärger der Medici schon wert, finde ich.«

»Solange es nur ein wenig ist.«

»Sie können ja schlecht ganz Florenz verbieten, sich mit dem Erzbischof gut zu stellen. Und Simonetta wird auch dort sein, also kann der Zorn Lorenzos nicht allzu schlimm sein.«

Leonardo lächelte. Es stimmte, wenn Simonetta etwas tat, war nicht davon auszugehen, dass Lorenzo de' Medici es öffentlich verurteilte.

»Welchen Auftrag wollen wir denn eigentlich von Seiner Exzellenz Riario erhalten?«

»Üblicherweise würde ich ja sagen, ich male ein Porträt seiner Gattin, aber das verbietet sich hier wohl. Keine Ahnung, eine seiner Geliebten? Ich nehme zumindest an, dass er welche hat. Und du kannst dich um die Pläne für die neue Residenz kümmern. Oder seine nächste Geburtstagsfeier planen, ganz, wie es dir recht ist. Hauptsache, du zahlst weiter deine Miete.«

Sandro lächelte bei diesen Worten; aber Leonardo plagte sofort das Gewissen. Auch wenn er kaum befürchten musste, dass ihn sein Freund wirklich auf die Straße setzen würde, wusste er, dass seine Beiträge zum Unterhalt der Werkstatt eigentlich nicht ausreichend waren.

Hm, dachte er. *Mechanische Spielereien für das nächste Bankett? Das klang tatsächlich nach einer guten Möglichkeit, schnell einige Lira zu verdienen.* Und der Umbau der Residenz konnte ihnen tatsächlich lange Zeit Sicherheit verschaffen. Es war immer gut, mehr als einen Auftraggeber zu haben. Er wünschte, er hätte Luca vorher fragen können, wie die Medici zu Riario standen, aber der junge Arzt war in der Via Larga.

»Nun gut«, sagte er. »Lass uns gehen und unser Glück versuchen, aber ich sage dir gleich, ich bleibe nicht die ganze Nacht dort.«

Sandro strahlte. »Eine gute Entscheidung«, sagte er. »Ich habe gehört, dass der Bischof seinen Koch aus Rom mitgebracht hat, der Kutteln macht, die zum Niederknien schmecken. Schon allein das sollte unseren Besuch wert sein.«

Als die Glocken der nahe gelegenen Kirche von Santa Maria Novella um Mitternacht läuteten, erreichte das Festmahl zu Ehren des Erzbischofs seinen Höhepunkt. Die Speisen waren längst gegessen, aber die zwei Dutzend Gäste sprachen weiter kräftig dem Wein zu, johlten über die Späße einer Gauklertruppe und machten anzügliche Bemerkungen über die Bediensteten.

Leonardo lehnte sich in seinem Stuhl zurück und seufzte innerlich. Er sah zu dem jungen Erzbischof hinüber, Pietro Riario, dem

Neffen des Papstes, dem es sichtlich zu gefallen schien, dass ihm so viele bedeutende Florentiner die Aufwartung machten.

Leonardo kam es so vor, als habe er diese Szene schon ein Dutzend Mal gesehen, nur in anderer Besetzung. Mal waren es die Medici, dann wieder die Vespucci oder, wie heute, ein Kirchenfürst, bei denen gefeiert wurde, aber ihm erschien es, als sei es das immer gleiche Fest, die gleichen Witze, gelehrten Sprüche und lustigen Lieder, mit denen die Gäste bei ihren erlauchten Gastgebern zu punkten hofften. Die gleiche Art, sich selbst darzustellen, um Gefälligkeiten zu erschmeicheln oder Aufträge zu ergattern.

Sandro schien sich hingegen prächtig zu amüsieren. Er hielt einen Weinbecher in der Hand und beschrieb seinem Sitznachbarn Giovanni de' Pazzi, unterstrichen von vielen Gesten, ein Bild der Venus, das er malen wollte. Sein Blick ging dabei sicher nicht zufällig immer wieder zu Simonetta Vespucci, die einen Ehrenplatz an der Seite von Beatrice Borromei, der Tochter des Gastgebers, innehatte.

Giovanni de' Pazzi, Borromeis Schwiegersohn, war gerade erst nach einem jahrelangen Aufenthalt aus Neapel zurückgekehrt und nickte höflich, aber ohne echtes Interesse. Leonardo lächelte. Sandros Begeisterung für seine Kunst war für üblich ansteckend, aber bei seinem Gegenüber schien sie nicht zu verfangen.

Und ich glaube auch nicht, dass ich uns heute Abend noch einen Auftrag sichere, dachte Leonardo. Er war müde und wünschte sich, zu Luca zurückkehren zu können, oder zumindest zu seiner Arbeit. Das Porträt von Ginevra de' Benci war noch immer nicht fertiggestellt.

Der Erzbischof, ein großer, überschlanker Mann, der immer etwas vornübergebeugt zu sein schien, erhob sich und wollte eben einen weiteren Trinkspruch ausbringen, als er plötzlich mit schmerzverzerrtem Gesicht an seine Leibesmitte griff und dann mit einem Schrei zu Boden stürzte.

Einen Augenblick kehrte Stille im Saal ein, während die Gäste zu begreifen versuchten, was gerade vorfiel. Dann sprangen die Ersten auf und stürzten in Richtung ihres Gastgebers. Laute Stimmen versuchten, sich gegenseitig zu übertönen.

»Hilfe!« Riarios Stimme klang schmerzerfüllt.

»Was ist hier los?«, verlangte Giovanni de' Pazzi zu wissen.

»Gift«, schrie ein Mann mit sich überschlagender Stimme.

Eine der Gauklerinnen, die eben noch vor ihnen jongliert hatte, stieß einen spitzen Schrei aus, und begann dann, laut ein *Ave Maria* zu beten.

Leonardo sprang ebenfalls auf. Der Erzbischof war nur wenige Schritte vor ihm mit dem Gesicht zu Boden gefallen und lag nun reglos da. Keiner der Anwesenden machte Anstalten, ihm zu helfen.

Leonardo machte die wenigen Schritte auf den Gestürzten zu, kniete sich neben ihn und drehte ihn vorsichtig um.

Die ganze Gestalt des Kirchenfürsten hatte sich verkrampft, und er hatte die Augen weit aufgerissen.

»Eure Exzellenz?«, fragte er, dann noch einmal lauter: »Exzellenz?«

Aber Erzbischof Riario schien ihn nicht wahrzunehmen. Seine Augen blickten auf einen Punkt an der Wand hinter Leonardo.

»Wir müssen ihn von hier fortbringen«, sagte Borromei, der selbst kalkweiß war. »In die bischöfliche Residenz.«

Er hat Angst, erkannte Leonardo. *Angst, was geschieht, wenn man hört, der Erzbischof sei in seinem Haus vergiftet worden.*

Leonardo schüttelte den Kopf. »Ich glaube nicht, dass er das schafft, Messere«, sagte er leise. »Schaut ihn Euch einmal an.«

Dann sah er zu Sandro auf. »Kannst du Luca holen?«, fragte er.

Sandro nickte. »Sollen wir ihn ins Grüne Kloster bringen?«, schlug er vor. Leonardo nickte bestätigend. Das Kloster war Teil der Kirche von Santa Maria Novella und nur wenige Schritte entfernt. Und auf jeden Fall war es ruhiger als die Menge, die sich in einem Kreis um den Gestürzten versammelt hatte.

Giovanni de' Pazzi scharte eben seine Verwandten um sich und tuschelte aufgeregt mit ihnen.

»Ich gehe in die Via Larga und schaue, dass ich Luca finde«, erklärte Sandro.

»Und Ihr sorgt vielleicht dafür, dass sich Eure Gäste auf den Heimweg machen?«, schlug Leonardo Borromei vor.

»Oh ja«, erwiderte der. Er schien froh zu sein, dass ihm jemand sagte, was zu tun war.

Kurze Zeit später folgte Leonardo zwei Männern der Borromeis den Kreuzgang des Grünen Klosters entlang, die den mittlerweile bewusstlosen Erzbischof zwischen sich schleppten. Die Sohlen ihrer Schuhe klapperten laut auf dem Pflaster. Der Abt des Klosters lief mit einem seiner Brüder vor ihnen her.

Leonardo kannte das große Kloster mit seinen Kreuzgängen und Innenhöfen gut, denn er hatte von Zeit zu Zeit dabei geholfen, die alten Fresken zu erhalten und zu erneuern, die die Bogengänge schmückten. Trotz der Vielzahl an Mönchen, die hier lebten, war dies ein Ort des Friedens für ihn.

Aber nun hatten sie die nächtliche Ruhe des Klosters stören müssen und folgten dem Abt. Er führte sie zu einer Zelle, die direkt neben der Kapelle lag.

Die beiden Männer hievten ihre Last auf das Bett, das in dem kargen Raum stand.

»Können wir dann gehen?«, fragte einer der beiden.

»Gewiss«, sagte der Abt. Er zog sich einen von zwei Schemeln heran, die in dem Raum standen.

»Ein Arzt kommt gleich?«, wollte er wissen, obwohl Leonardo ihm dies bereits versichert hatte.

Plötzlich schlug der Erzbischof die Augen auf. »Wo? ... Was ...?«, begann er, aber dann richtete er sich plötzlich auf und übergab sich. Er hatte eine Hand auf seinen Magen gepresst, und das Erbrochene, das halb auf ihm und halb auf dem Boden landete, zeigte blutige Schlieren.

Der Abt sprang hastig auf. »Ich schicke Euch einen Novizen her«, rief er, bevor er aus der Zelle eilte.

Leonardo ließ die Tür offen stehen, um etwas von der winterlichen Nachtluft gegen den durchdringenden Geruch hereinzulassen.

Er wusste nicht, was er sonst tun konnte, und war mehr als froh, als er sah, dass Luca den Kreuzgang in Begleitung eines jungen Mönches betrat.

»Hol Wasser und Lappen«, ordnete Luca nach einem Blick in die Zelle an, noch bevor er Leonardo begrüßte. Dann setzte er sich vorsichtig auf die Kante des Bettes und tastete den Bauch des Leidenden ab.

Als der Junge zurückkam, begann er, das Erbrochene aufzuwischen. »Am besten lässt du den Eimer hier, falls das heute Nacht noch öfter passiert«, sagte Luca freundlich zu dem Novizen.

Leonardo beschloss, Luca seine Arbeit tun zu lassen, und gesellte sich zu dem Abt, der in der nahe gelegenen, offenen Kapelle auf dem nackten Steinboden betete, obwohl es dort eiskalt war. Leonardo brachte es nicht über sich, sich dazuzugesellen, und setzte sich auf eine der hölzernen Bänke. Er fror, und er hatte keine Ahnung, in was sie hier hineingeraten waren.

Nach einer Weile sah er, dass Luca aus der Zelle trat und sich suchend umschaute.

Der Abt stand auf. Seine Knie knackten hörbar, als er sich erhob.

»Was könnt Ihr uns raten?«, verlangte er zu wissen.

»Gebt ihm reichlich Wasser und Kräuteraufgüsse mit Fenchel und Anis, und Essen nur, wenn es ihn danach verlangt«, wies Luca ihn an. »Ich komme in ein paar Stunden wieder und sehe nach dem Kranken.«

Der Abt nickte. »Wir werden für die Genesung Seiner Exzellenz beten.«

»Das wird sicher auch nicht schaden.«

»Wollen wir gehen?«, fragte Luca, an Leonardo gewandt. »Im Augenblick kann ich nichts weiter tun.«

Leonardo nickte. Auch wenn es noch dunkel war, musste die

Nacht längst vorüber sein, und er merkte, wie die Aufregung der vergangenen Stunden von ihm abfiel und einer bleischweren Müdigkeit Platz machte.

Als sie jedoch durch den Garten in Richtung des Ausgangs liefen, sahen sie, dass eine Gestalt in einem dunklen Mantel auf sie wartete, die Kapuze tief ins Gesicht gezogen. Der Mann trat auf sie zu und schlug die Kapuze zurück. Leonardo erkannte überrascht, dass es Lorenzo de' Medici war. »Lorenzo! Was tut Ihr hier?«

»Leise!«, bat Lorenzo. »Ich muss wissen, wie es dem Erzbischof geht.«

Luca sah sich in dem dunklen Garten um, dann ergriff er Lorenzos Arm. »Geh ein Stück mit uns«, bat er.

Keiner der Brüder schien zu dieser nächtlichen Stunde wach zu sein, aber der Eindruck konnte natürlich täuschen, und Leonardo wusste nicht, ob die Matutin bereits verstrichen war oder noch bevorstand.

»Der Erzbischof lebt, aber ich weiß nicht, wie lange noch. Ich fürchte, dass sein Zustand sehr ernst ist«, sagte Luca leise.

»Und kannst du schon sagen, worunter er leidet?«, wollte Lorenzo wissen.

Luca schüttelte den Kopf. »Ich weiß nicht, ob er so einen Anfall schon vorher einmal hatte, was auf eine schwere Krankheit hindeuten könnte. Aber nach dem wenigen, was ich sagen kann, würde ich Gift vermuten.«

»Verflucht«, murmelte Lorenzo. »Dann wird man ganz sicher die Medici verdächtigen.«

Leonardo konnte die Sorge in Lorenzos Stimme hören. »Wenn Riario hier stirbt, wird der Papst gegen ganz Florenz vorgehen«, sagte er belegt. »Du musst tun, was du kannst, damit er sich erholt und nach Rom zurückkehren kann«, bat er Luca dann.

»Natürlich tue ich mein Bestes, um den Erzbischof zu retten«, sagte Luca. »Aber ob das gelingt, liegt in Gottes Hand.«

Sie hatten die Klosterpforte erreicht. Vor ihnen erstreckte sich der große Platz vor der Kirche, der noch wie ausgestorben dalag, bevor hier mit der Dämmerung die ersten Händler ihre Stände aufbauen würden.

»Hab Dank dafür, dass du dich um ihn kümmerst, Luca«, sagte Lorenzo zum Abschied. »Und gib mir Bescheid, wann immer sich etwas am Zustand des Erzbischofs ändert. Ich muss mich auf den Weg machen.« Er setzte die Kapuze wieder auf und lief in Richtung des Doms und der Via Larga davon.

»Er scheint sich ziemliche Sorgen zu machen«, sagte Leonardo, als sie in die entgegengesetzte Richtung zum *Ognissanti* gingen.

Luca sah nachdenklich aus. »Er sorgt sich zu Recht. Der Erzbischof ist jung, und es ist allgemein bekannt, dass die Medici ihn hassen. Wenn er stirbt, kaum dass er einmal in Florenz ist, wird jeder glauben, dass Lorenzo ihn ermordet hat.«

KAPITEL 45

Pisa, Februar 1474

FIORETTA

»Messere Raimondi sendet Grüße«, sagte Fioretta, als sie in die Werkstatt zurückkehrte. »Er freut sich sehr, dass es deinem Vater besser geht, und sagt, man sehe gleich seine meisterhafte Hand in dem Madonnenbild.« Sie legte einen kleinen Beutel auf den Tisch, in dem sich die Münzen befanden, mit denen Raimondi bezahlt hatte.

Elena warf einen Blick auf das Bett, in dem ihr Vater friedlich schlief. Dann sah sie Fioretta an. »›Die meisterhafte Hand‹? Fühlst du dich zumindest etwas geschmeichelt?«

»Ein wenig schon«, gab Fioretta zu. »Aber nicht zu sehr. Nicht durch das Lob eines Mannes, der ganz offensichtlich den einen Maler nicht von der anderen unterscheiden kann.«

»Wer kann das schon?«, sagte Elena seufzend. Sie wog den Beutel in der Hand. »Aber sein Geld wird uns über die nächsten Wochen bringen.«

Fioretta und Elena waren sehr vorsichtig gewesen, seit sie ihre Verabredung getroffen hatten. Zuerst hatte Fioretta den *Sebastian* fertiggestellt, und als die Brüder ihn akzeptiert hatten, allmählich verbreitet, dass Maestro Lomi zwar noch immer nicht wohlauf, aber auf dem Weg der Besserung sei. Als größtes Hindernis hatten sich dabei Freunde und Nachbarn der Lomis erwiesen, die Salvatore gerne besuchen wollten, und die Elena samt und sonders abgewimmelt hatte. Ewig würde sich ihr Versteckspiel nicht fortsetzen lassen, das wusste Fioretta. Aber erst einmal brachte es sie über die Runden.

An der Haustür klopfte es, und der Nachbarsjunge Dietivi, der ab und an Besorgungen für sie machte, kam aufgeregt in die Küche gelaufen. Er warf das Brot, das er ihnen mitgebracht hatte, achtlos auf den Küchentisch.

»Auf dem Markt ist ein Händler aus Tarragona angekommen«, rief der Junge aufgeregt, »und er soll viele Farben mitgebracht haben.«

»Danke«, sagte Fioretta und warf dem Jungen eine kleine Münze zu, die er geschickt auffing und verschwand.

Sie warf wieder einen Blick auf den Beutel. Neue Farben wären herrlich, da sie bislang mit dem hatte arbeiten müssen, was Salvatore Lomis Lehrlinge zurückgelassen hatten.

»Du willst unser sauer verdientes Geld in Farben investieren?«, fragte Elena ungläubig, die Fiorettas Blick richtig deutete.

»Natürlich nur, um mit neuen Bildern noch mehr zu verdienen! Kommst du mit zum Hafen?«, fragte Fioretta. »Ich will schauen, ob dieser Händler Yspanicum hat.« Spangrün, das aus Kupfer gewonnen wurde, kam hauptsächlich aus Spanien, und sobald etwas davon zu haben war, versuchte eine Vielzahl von Händlern, einen Teil abzubekommen. Auch in Sandros Werkstatt und bei Verrocchio war der Farbstoff sehr beliebt gewesen, denn aus ihm ließ sich ein unvergleichliches, sattes Grün herstellen.

»Nun gut«, sagte Elena. »Dann gehe ich wohl schon allein besser mit, damit du nicht das ganze Geld gleich ausgibst.« Aber ihr Tonfall verriet, dass sie ihren Tadel nicht ernst meinte.

Im Hafen herrschte ein dichtes Gedränge von Menschen und Sprachen. Hier boten Händler Waren an, die auf Schiffen aus Nordafrika, aus Portugal, Frankreich und Persien gekommen waren.

Sie entdeckten den Händler, den ihnen Dietivi beschrieben hatte, hinter einem improvisierten Stand, der aus einem Holzbalken bestand, der über zwei Fässer gelegt war. Darauf hatte er seine Waren aufgebaut. In kleinen Schalen zeigte er, welche Salze, Kristalle und Farben er aus Spanien mitgebracht hatte. Die ersten Kunden hatten sich bereits um ihn geschart.

»Habt Ihr noch Yspanicum?«, fragte Fioretta, als sie an der Reihe waren.

»Ihr sucht eine Farbe, die der Schönheit Eurer Augen entspricht?«, sagte der Händler mit einem schweren Akzent.

Fioretta verdrehte die Augen in Elenas Richtung, lächelte den Händler aber an. »Wofür ich sie brauche, lasst meine Sorge sein. Habt Ihr Spangrün?«

»Natürlich, Madonna. Dieser ungehobelte Florentiner dort drüben wollte bereits alles kaufen, was ich habe, aber natürlich mache ich lieber mit Euch Geschäfte!«

Er griff hinter sich und nahm einen Tonkrug zur Hand, in den er einen Messbecher tauchte. Dann schüttete er die Farbkristalle auf eine Waage. Fioretta konnte sehen, dass sie eine wunderbare grünblaue Färbung hatten.

Elena zog den Geldbeutel hervor. Sie feilschte kurz mit dem Händler, dann übergab er ihr den Inhalt der Waagschale in einem Wachstuch.

»Kommt jederzeit wieder, meine Schönen«, verabschiedete er sie.

»Himmel noch mal, ist jemals eine Frau auf so etwas hereingefallen?«, wollte Elena wissen.

»Ich kann es mir nicht vorstellen«, gab Fioretta zurück. »Aber wer weiß? Wenn Löwen zu Lämmern werden, dann glauben vielleicht auch Frauen den Komplimenten der Spanier.«

Elena bekreuzigte sich. »Dann brechen fürwahr die letzten Tage an!«

»Ist es eigentlich wahr?«, fragte Elena nach kurzem Schweigen. »Was man über dich erzählt?«

Fioretta horchte auf. »Was erzählt man denn über mich?«

»Dass du die Geliebte von Sandro Botticelli warst? Und Florenz deshalb verlassen musstest?«

Fast hätte Fioretta gelacht. »Wer hat dir das gesagt? Nein, ich war nie Sandros Geliebte. Ich war seine Gehilfin, so wie ich es dir gesagt habe. Aber ja, es gab einen Grund, aus dem mein Vater und ich Florenz verlassen haben.«

»Wer war es dann?«, fragte Elena neugierig.

»Ich rede lieber nicht darüber«, gab Fioretta ausweichend zurück. »Aber was ist mit dir? Hast du nie darüber nachgedacht zu heiraten? Vielleicht einen Schüler deines Vaters?«

»Nein«, sagte Elena. »Und so, wie unsere Situation gerade ist, stellt sich die Frage nicht.«

Fioretta wollte Elena gerade antworten, als plötzlich die Kirchenglocken zu läuten begannen, eine nach der anderen.

Die Marktbesucher blieben stehen und wandten die Köpfe in Richtung des Geläuts.

»Etwas muss passiert sein«, stellte Elena fest.

»Der Erzbischof ist tot. Filippo de' Medici ist gestorben«, sagte ein Mann neben ihnen.

KAPITEL 46

Pisa, März 1474

GIULIANO

Giuliano saß am Fenster des Gästezimmers und blickte auf den Arno herab, von dem er wusste, dass er hinter Pisa ins Meer mündete.

Für einen Augenblick wünschte er sich, er wäre aus keinem anderen Grund hergekommen, als um neue Handelsbeziehungen zu schließen und den Medici neue Waren zu besorgen, die aus Spanien, Frankreich oder dem Osmanenreich im vorgelagerten Hafen der Stadt ankamen. Aber er war hier, um zu verhindern, dass Salviati Erzbischof wurde, ohne gleichzeitig einen Krieg mit dem Kirchenstaat zu beginnen, eine Aufgabe, von der er noch nicht wusste, wie er sie lösen sollte.

In einem hatte Lorenzo auf jeden Fall recht behalten – man hatte ihn in Pisa sehr freundlich empfangen. Giulianos Gastgeber war Piero Vaglienti, ein Reeder, mit dem die Bank schon seit Jahren gute Geschäfte machte. Vaglienti behandelte ihn mit großer Höflichkeit und schien erpicht darauf, seine Freundschaft mit den Medici überall dadurch zu beweisen, dass er seinen Gast wie eine Trophäe herumzeigte.

Allerdings hatte er Giuliano gegenüber auch seiner Sorge Ausdruck verliehen, dass Pisa zwar loyal zu den Medici stand, sich aber auch keinen Streit mit dem Vatikan wünschte.

Giuliano war jetzt seit fast einer Woche hier, hatte mit den Pisaner *Priori* und zahlreichen Kaufleuten gesprochen und sich ihrer Unterstützung versichert. Er wusste, dass Fioretta und ihr Vater ebenfalls in der Stadt sein mussten, aber er versuchte, den Gedanken an sie von sich zu schieben. Einerseits hätte er sie gerne gesehen, hätte gerne gewusst, wie es ihr ging. Andererseits wusste er nicht, wie er ihr begegnen sollte. *Meine Aufgabe hier ist auch ohne Fioretta Gorini kompliziert genug.*

Giulianos Männer waren vor der Stadt auf einem Landgut untergebracht, und er ließ die Straßen, die nach Pisa führten, ständig beobachten.

Allerdings hatte er bislang nichts über Salviatis Ankunft gehört, und Giuliano begann sich allmählich zu fragen, ob Lorenzos Informationen falsch gewesen waren und der Papst den Mann doch nicht für dieses Amt berufen hatte.

Von unten wurde sein Name gerufen. Als Giuliano die Treppe hinunterlief, entdeckte er seinen Gastgeber, einen kräftigen Mann mit dunklem, allmählich ergrauendem Haar und Bart, der in helle Farben gekleidet war.

»Medici«, sagte er. »Ich schaue mir gerade neue Schiffskarten an, die heute geliefert wurden. Habt Ihr Lust, mir Gesellschaft zu leisten?«

Giuliano nickte. Vaglienti war ein schier unerschöpflicher Quell des Wissens, wenn es um Karten, Routen und das Meer ging. Der Mann hatte bereits das gesamte *Mare Nostrum* und das Rote Meer befahren, und da er ein guter Erzähler war, hatten die beiden bereits mehr als einen langen Abend mit Gesprächen verbracht.

Vaglienti tippte auf den Himmelsglobus, der in seinem Studierzimmer stand, dann wies er auf eine Karte, die ausgebreitet auf einem Tisch lag. »Der Mann, der sie mir verkauft hat, schwört, dass sich mit dieser Route die Fahrt nach Latakia viel schneller bewältigen lässt.«

»Und, was meint Ihr?«

»Es wäre möglich.«

Giuliano ließ seinen Blick über den Globus schweifen. »Glaubt Ihr daran, dass die Welt noch viel größer sein könnte, als wir jetzt wissen?«, fragte er. Er wusste, dass es Seefahrer gab, die nur darauf brannten herauszufinden, was hinter dem Horizont lag.

Vaglienti sah ihn an. »Ich bin mir dessen sicher, mein Freund. Es gibt viele Seewege, auf denen noch kein Schiff gesegelt ist, und ich habe vor, noch möglichst viele davon zum höheren Ruhm Gottes zu entdecken.«

»Es muss so aufregend sein, eine Schiffsreise ins Unbekannte anzutreten«, sagte Giuliano nachdenklich. »Ich war bislang nur einige wenige Male per Schiff unterwegs, noch dazu bei ruhiger See, und mir ist dennoch schlecht geworden.«

Vaglienti lachte. »Das geht auch vielen Matrosen so«, sagte er. »Ihr müsst länger an Bord bleiben, dann vergeht die Seekrankheit.«

Giuliano wollte gerade eine skeptische Antwort geben, als er von draußen laute Stimmen hörte. Eine davon gehörte Tariq Giuberti, dem Anführer der fünfzig Bewaffneten, mit denen er hergekommen war.

»Sie kommen«, meldete der Veteran, der sein eisgraues Haar kurz geschoren trug. »Unser Posten hat einen Trupp Männer in den Farben Roms auf der Straße nach Pisa gesehen.« Giuliano sprang auf. »Dann sollten wir, so schnell es geht, aufbrechen«, sagte er.

»Ich habe die Männer schon zusammenrufen lassen.«

Sein Gastgeber sah besorgt aus. »Geht mit Gott, Giuliano«, sagte er. »Möge er Euch eine sichere Hand und einen kühlen Kopf schenken. Ich wünsche Euch Glück für Euer Unterfangen.«

Sie schüttelten sich die Hände.

Giuliano rannte die Treppe herauf, zog in Windeseile die Brigantine an, band seine Waffe um und legte schließlich den Umhang mit dem Familienwappen an. *Kein Grund zu verstecken, wer ich bin oder für wen ich spreche.*

»Sammelt die Männer«, befahl Giuliano seinem Hauptmann, als sie schließlich an dem Stadttor eintrafen, das alle Reisenden aus Rom passieren mussten.

»Sofort, Messere«, beeilte Giuberti sich zu versichern, bevor er Giulianos Befehl weitergab. »Ich will zwei ordentliche Reihen sehen!«

Als die Männer Aufstellung bezogen hatten, legte Giuliano eine Hand an sein Schwert und nickte ihnen zu. »Ihr zieht eure Waffen nicht, außer, wir werden angegriffen«, begann er. »Wir sind hier, um einen Mann daran zu hindern, die Stadt zu betreten, nicht, um ein Blutbad anzurichten. Sollte es Gewalt geben, darf diese keinesfalls von uns ausgehen.«

Der Moment war entscheidend. Kam es zu einer bewaffneten Auseinandersetzung, bei der Salviati etwas geschah, würde der Papst die Medici und vielleicht ganz Florenz exkommunizieren, dessen war sich Giuliano sicher.

Er sah von einem zum anderen. Er musste den Männern, die er zusammen mit Lorenzo und Giuberti handverlesen hatte, einfach vertrauen.

Als sie Aufstellung bezogen hatten, blickte Giuliano die Straße entlang. Ein heftiger Wind war aufgekommen, vielleicht würde es später noch regnen. Ein gutes Wetter für Vaglientis Schiffe, um die Segel zu setzen, aber kein besonders gutes, um hier herumzustehen. *Sind die kleinen Punkte auf der Straße schon Salviatis Trupp?* Einige Augenblicke später konnte daran kein Zweifel mehr bestehen. Etwas mehr als ein Dutzend Männer in römischen Farben bewegte sich auf die Stadt zu.

Salviati, ein Mann mit markantem Gesicht und langen Koteletten, zügelte sein Pferd, als er Giulianos Männer sah.

Obwohl sie beide aus Florenz stammten, waren sie sich nie vorher begegnet, denn Salviati lebte schon lange in Rom.

»Medici«, rief Salviati. »Seid Ihr zu meiner Begrüßung gekommen?«

Giuliano setzte sein bestes Lächeln auf. »Ganz genau. Wir begrüßen Euch herzlich und bieten Euch gerne einen Becher Wein nach Eurer Reise an.« Er gab einem Mann ein Zeichen, der dem Erzbischof einen gefüllten Becher reichte, den dieser misstrauisch beäugte.

»Ihr wollt doch nicht noch einen Erzbischof vergiften, wie den armen Pietro Riario, nicht wahr?«, fragte Salviati und lächelte schief.

»Niemand hat Riario vergiftet, wie Ihr sehr wohl wisst, und auch Euch droht keine solche Gefahr. Es ist einfach Wein, und sobald Ihr ihn getrunken habt, werdet Ihr Euch gleich wieder auf den Rückweg nach Rom machen«, erklärte Giuliano sanft, fest entschlossen, sich nicht reizen zu lassen.

Salviati starrte ihn an. »Was soll das bedeuten?«, blaffte er.

»Die *Signoria* von Florenz hat keine Zustimmung zu Eurer Ernennung zum Erzbischof von Pisa erteilt. Deshalb verwehrt sie Euch das Recht, die Stadt zu betreten.«

Hinter Salviati wurde Gemurmel laut. Salviati hörte es vermutlich auch und sah sich wütend um.

Verdammt, dachte Giuliano. *Hoffentlich meint er nicht, seinen Männern etwas beweisen zu müssen.*

Salviati ließ den Becher fallen, als wäre er plötzlich heiß geworden. Der Wein spritzte vom Boden auf. »Wie anmaßend von Florenz und von Euch«, sagte er aufgebracht. »Aber ich brauche weder die Erlaubnis der *Signoria* noch die der Medici, um mein Amt in Pisa anzutreten. Seine Heiligkeit persönlich hat mich hergeschickt.«

»Das mag so sein, aber auch der Wille des Papstes steht nicht über allem. Jede Stadt hat das Recht, selbst zu bestimmen, wer sie betritt. Und da Pisa Teil der Republik von Florenz ist, haben die *Priori* darüber zu befinden. Und das haben sie getan.«

»Ihr verfluchter Mistkerl wollt Euch wirklich gegen den Heiligen Vater stellen?«

»Der Heilige Vater hätte sich mit meinem Bruder darüber einig werden sollen, wer der nächste Erzbischof von Pisa wird. Hätte er das getan, hätten wir jetzt kein Problem.«

Vielleicht, nur vielleicht, möchte Salviati auch nicht, dass die Situation aus dem Ruder läuft, dachte Giuliano.

Aber die Hoffnung darauf verflog mit Salviatis nächsten Worten. »Und wenn ich nicht die Absicht habe, zu gehen? Werdet Ihr mich dann erschlagen und verscharren?«

»Ich stehe hier mit meinen Männern, in den Farben meiner Familie, im Auftrag der *Signoria* von Florenz«, sagte Giuliano. »Ich bin kein Attentäter, der im Dunkeln einen Dolch zückt. Reitet jetzt zurück nach Rom, und seid Euch der Freundschaft der Medici gewiss. Aber wenn Ihr versucht, einen Fuß in die Stadt zu setzen, werdet Ihr sehen, dass die *Signoria* mir diese Bewaffneten mitgegeben hat, damit ich ihre Beschlüsse erfülle.«

»Seid Ihr wahnsinnig, Medici? Wollt Ihr mich wirklich bedrohen?«, fragte Salviati entgeistert. »Einen Mann der Kirche und geweihten Bischof?«

»Oh, ich bedrohe Euch nicht!«, gab Giuliano zurück. »Eure Unversehrtheit liegt mir sogar sehr am Herzen. Mir wäre es wirklich weitaus lieber, Ihr hättet ein Einsehen und kehrtet nach Rom zurück. Aber Ihr werdet diese Stadt nicht betreten, solange mein Bruder es nicht erlaubt.«

»Ihr könnt mich nicht behandeln wie einen Eurer Lakaien! Lasst mich sofort durch das verdammte Tor«, brüllte Salviati. Er warf einen Blick über die Schulter. Ein Dutzend Mann in den Farben des Kirchenstaates hatten ihn hierher begleitet, aber ihm musste klar sein, dass sie gegen die vierfache Übermacht der Medici keine Chance hatten.

»Ich werde Euch mit dem Respekt behandeln, der Euch zusteht«, erwiderte Giuliano. »Aber in die Stadt kann ich Euch erst lassen, wenn ich aus Florenz dazu Nachricht erhalte«, wiederholte er.

Er wagte es nicht, sich umzudrehen, um zu sehen, wie seine Männer auf Salviatis Drohungen reagierten.

Salviati schnaubte. »Das werdet Ihr bereuen, Medici. Ihr und Euer Bruder, der sich für mächtiger als den Heiligen Vater selbst hält. Aber die Mutter Kirche wird Eurer Arroganz ein Ende machen, das schwöre ich bei Gott!«

»Ihr solltet den Namen des Allmächtigen nicht leichtfertig im Munde führen«, sagte Giuliano freundlich. »Das habe selbst ich in der kurzen Zeit gelernt, in der ich in den Dienst der Kirche eintreten sollte. Und wenn Ihr noch ein paar Drohungen ausspracht, nehme ich Euer Pferd und Eure Gewänder und lasse Euch in Unterwäsche zu Seiner Heiligkeit zurückkehren.«

Salviati erbleichte und starrte Giuliano an. Offenkundig wusste er nicht, wie ernst dieser seine Drohung meinte. Giuliano wusste es nicht einmal selbst, aber er ahnte, dass es nicht gut für die Moral seiner Männer und der Pisaner sein würde, wenn er die Drohungen Salviatis einfach unerwidert ließ oder gar Angst zeigte.

»Also gut«, sagte Salviati schließlich. »Männer«, rief er. »Wir kehren nach Rom zurück. Aber seid gewiss, Medici«, sagte er, nun wieder an Giuliano gewandt. »Dies wird für Euch nicht folgenlos bleiben. Macht Euch darauf gefasst, exkommuniziert zu werden und in der Hölle zu braten.«

»Ich werde dort Eure Sippschaft schon einmal von Euch grüßen«, sagte Giuliano und tippte sich spöttisch grüßend an die Stirn.

Als Salviatis Männer wendeten und den Weg zurück antraten, seufzte Giuliano tief. Inzwischen hatte es zu regnen begonnen, aber er war trotz der Abkühlung nass geschwitzt.

»Wir müssen sehen, dass wir unsere Männer gleichmäßig an den Toren verteilen, falls er es sich noch anders überlegt«, sagte er leise zu Giuberti.

Die erste Runde hatte er gewonnen, aber er ahnte, dass Salviati keinesfalls ohne Widerstand das Feld räumen würde.

KAPITEL 47

Pisa, September 1474

FIORETTA

War es ein Fehler gewesen, Sandro zu schreiben? Fioretta sah noch immer ungläubig in Sandros offenes Gesicht, der mit ihr im Werkraum der Lomis saß und eine heiße Suppe aß. Sie hatte Sandro in einem Moment der Schwäche doch noch einen Brief geschickt, als alle Welt von Giulianos Auftritt vor den Toren von Pisa sprach, und sie ihre Heimatstadt plötzlich mit aller Macht vermisst hatte.

Sandros Antwort auf ihr Schreiben hatte nicht lange auf sich warten lassen, und sie war mehr als überrascht gewesen, als er ihr seinen Besuch in Pisa ankündigte. Sie wusste, wie sehr Sandro in Florenz verwurzelt war und wie ungern er es auch nur kurz verließ. Es musste also einen wichtigen Grund geben, wenn er die Reise hierher auf sich genommen hatte. Aber nun war er unzweifelhaft hier und lächelte, bevor er auf seinen Löffel pustete.

»Es tut gut, dich zu sehen, Fioretta.«

»Wie ist es dir ergangen?«, wollte sie wissen und musterte ihn. Sandro war in den letzten Jahren noch ein wenig fülliger geworden und trug sein rotblondes Haar jetzt kürzer.

»Ich kann eigentlich nicht klagen. In der Werkstatt geht es gut, und ich konnte meinen Kredit bei den Medici zurückzahlen. Aber es ist mittlerweile hochpolitisch, an Aufträge zu gelangen, denn mit jeder Kommission, die du annimmst, nimmst du entweder Partei für die Medici oder für die Pazzi, und wir alle machen uns ständig Sorgen, von der anderen Partei dann nicht mehr berücksichtigt zu werden. Außer Leonardo natürlich, der wie immer tut, was er will. Ich soll dich übrigens grüßen.«

Sie versuchte, sich Leonardo vorzustellen, der versuchte, sich der komplizierten Florentiner Politik zu stellen, und musste lächeln. »Danke«, sagte sie. »Aber was hat dich eigentlich bewogen, den Ritt nach Pisa auf dich zu nehmen? Hat mein Brief doch noch das Fernweh in dir geweckt?«

Sandro lachte. »Du hast ja kaum etwas über Pisa geschrieben, und was du geschrieben hast, klang nicht eben verlockend. Es würde mich zwar reizen, einmal das Meer zu sehen, aber ich fürchte, ich bin nicht hergekommen, um die Stadt zu bewundern oder die Landschaft zu genießen.«

»Warum dann?«

»Ich habe einen Auftrag bekommen, der mich zwar auf ewig an die Medici binden wird, aber er ist so gut, dass ich ihn einfach annehmen muss.«

»Das klingt aufregend. Was ist es?«

»Ein Altarbild für eine Grabkapelle in Santa Maria Novella«, begann Sandro. »Das allein wäre nicht weiter bemerkenswert, aber der Auftraggeber ist Guaspare di Zanobi, und er wünscht sich eine Anbetung der Heiligen Drei Könige. Zanobi ist in den letzten Jahren ebenso reich wie ehrgeizig geworden. Er hofft darauf, dass es seine Familie künftig in den erlauchten Kreis schafft, aus dem die Mitglieder der *Signoria* gewählt werden. Um dieses Ziel zu erreichen, muss er sich natürlich mit den Medici gut stellen, weshalb er sie alle in seinem Altarbild abbilden lassen will, von Cosimo dem Alten über den gichtigen Piero bis hin zu Lorenzo und Giuliano.«

Fioretta nickte anerkennend. »Das ist allerdings ein ehrgeiziger Plan. Und für dich ein exzellentes Geschäft. Zanobi wird sicher nicht sparen wollen, wenn dabei so viel für ihn auf dem Spiel steht.«

»Ja, genau. Aber damit stellt er mich auch vor eine Menge Probleme. Hauptsächlich dadurch, dass das eigentlich ein Auftrag für eine größere Werkstatt ist, über die ich aber nicht verfüge. Das ist auch der Grund, warum ich hergekommen bin.« Er holte tief

Luft. »Komm mit mir nach Florenz zurück«, bat er dann. »Ich brauche dich. Ohne dich können Filippino und ich das nicht schaffen.«

Fioretta sah ihn ungläubig an. *Sandro ist hier, um mich zurück nach Florenz zu holen?* »Was ist mit Leonardo?«, fragte sie. »Kann er dir nicht helfen?«

»Du kennst ihn doch. Leonardo bleibt nie lange bei einem Auftrag, und im Moment hat er noch dazu nur Augen für Luca Tornabuoni.«

»Wirklich? Leonardo denkt an etwas anderes als die Arbeit? Das ist schwer vorstellbar.«

»Und trotzdem ist es wahr«, sagte Sandro. »Bei jedem anderen würde ich sagen, er ist bis über beide Ohren verliebt, aber bei Leonardo weiß man natürlich nicht, ob er solche Gefühle schnöder Sterblicher teilt.«

Fioretta musste lachen. »Und kannst du sonst keine Gehilfen oder Lehrlinge bekommen? Florenz ist voll von angehenden Künstlern, und ich bin mir sicher, dass ein paar von ihnen mehr als dankbar wären, wenn du sie von Verrocchio befreitest und für dich malen ließest.«

»Ja, das stimmt wahrscheinlich«, sagte er. »Aber die sind nicht du. Du weißt, wie ich arbeite, und wir ergänzen uns so gut, das haben wir immer getan. Und du kennst die Medici, die ganze Familie. Wenn es jemanden gibt, der sie zur Not aus dem Gedächtnis malen kann, dann du.«

Fioretta schloss für einen kurzen Moment die Augen. »Meinst du das ernst?«, fragte sie. Der Gedanke war beängstigend und verführerisch zugleich. Sie hatte bei Elena ein Zuhause gefunden und würde ihr immer dankbar sein, dass sie sie aufgenommen hatte, aber das Vollenden von Salvatore Lomis begonnenen Arbeiten ließ sich nicht mit dem vergleichen, was Sandro ihr da vorschlug. In keiner Hinsicht. Das Altarbild klang wie eine große Herausforderung, die Möglichkeit, ein echtes Meisterwerk zu schaffen. Ein wunderbarer Gedanke.

Auch, wenn das sicher bedeutet, Giuliano und Lorenzo wiederzusehen? Sie konnte sich nicht entscheiden, ob es das war, was sie am meisten reizte, oder wovor sie sich am meisten fürchtete.

»Was sagst du?«, wollte er wissen. »Kommst du mit?«

Sie warf einen vielsagenden Blick in Richtung des Schlafzimmers, in dem Elena bei ihrem Vater saß.

»Ich kann sie nicht allein lassen«, sagte sie.

»Aber Maestro Lomi könnte doch ...«

»Maestro Lomi ist schwer krank«, unterbrach Fioretta Sandro, bevor er mehr sagen konnte. »Was immer du gehört hast, stimmt vermutlich nicht. Er liegt eigentlich nur im Bett und ist kaum ansprechbar. Elena und ich leben davon, dass ich einige seiner letzten Aufträge fertig male.«

»Oh«, sagte Sandro. »Das tut mir leid zu hören. Es muss hart sein.«

Fioretta nickte, dankbar, dass Sandro sie nicht dafür verurteilte. »Es ist viel besser, als zu hungern«, sagte sie. »Aber Elena kann allein nicht weitermachen.«

Sandro sah mit grüblerischer Miene auf seine Suppenschüssel.

»Und wenn du sie mitbringst? Ihr könntet beide bei meinem Bruder und meiner Schwägerin wohnen. Bei uns im Haus ist genug Platz. Und wie du weißt, führen wir ohnehin mehr ein Wirtshaus als eine Werkstatt«, sagte er mit einem Augenzwinkern.

Fioretta sah ihn skeptisch an. »Weiß dein Bruder schon davon?«, wollte sie wissen.

»Er wird nichts dagegen haben. Die Werkstatt versorgt seine Familie jetzt schon mit, und wenn die *Anbetung* so erfolgreich wird, wie ich denke, dann gilt das noch einmal doppelt.«

Eine Weile schwiegen sie beide.

»Elenas Vater ist hier. Sie kann und wird ihn nicht im Stich lassen«, erklärte Fioretta schließlich.

Sandro drehte fragend die Hände nach oben. »Ich kann die Entscheidung nicht für dich treffen. Aber dieses Altarbild mag dafür sorgen, dass wir ebenso bekannt wie Verrocchio werden, weit über

Florenz hinaus. Es ist bislang bei Weitem mein größter Auftrag. Reicht es dir denn wirklich, hier die Heiligenbilder eines anderen zu vollenden?«

»Du kennst mich zu gut«, sagte sie. »Nein, das reicht mir nicht. Aber ich habe auch Angst davor, zurückzukehren.«

»Ist es wegen Giuliano?«

Sie nickte. »Ich habe ihn seit über zwei Jahren nicht gesehen.«

»Ihr habt euch in Pisa nicht getroffen?«

»Nicht ein einziges Mal.«

»Giuliano ist jedenfalls öfter hier als zu Hause, und nach allem, was man hört, hat er ja alle Hände voll zu tun. Ist es eigentlich wahr, dass er zu Bischof Salviati gesagt hat, er würde ihn nackt zurück nach Rom schicken?« Sandro konnte sich vor Lachen kaum halten, als er Fioretta nach Giulianos Zusammenstoß mit dem neuen Erzbischof fragte.

Fioretta schüttelte gequält den Kopf. *Es reichte ja noch nicht, dass ganz Pisa davon spricht,* dachte sie. *Musst du es mir auch noch erzählen?*

Sie versuchte, sich Giuliano vorzustellen, wie er Salviati herausgefordert hatte. Fast konnte sie seine Stimme hören. Es war seltsam, aber ihr erschien es, als vermisse sie ihn nun noch mehr als in den letzten Monaten, jetzt, da sie wusste, dass er nur einen Steinwurf von ihr entfernt war.

Ich würde dich so gerne wiedersehen. Der Gedanke war plötzlich in ihrem Kopf, ungebeten, und doch unmöglich zu verdrängen. »Denkst du, dass er noch lange hierbleiben wird?«, fragte sie.

»Vermutlich noch eine ganze Weile. Schon allein, falls es die Römer noch mal probieren sollten, ihren Mann hier einzusetzen. Und wenn ihr euch hier in Pisa nicht begegnet seid, dann könnt ihr euch doch auch in Florenz aus dem Weg gehen.«

»Sandro«, sagte sie lachend. »Du hast mich gefragt, ob wir die Medici zusammen malen. Das wird wohl kaum möglich sein, ohne dass wir sie sehen.«

Er stimmte in das Lachen ein. »Nun gut. Aber ich hoffe, das

zeigt, wie viel mir daran liegt, dass du zurückkommst. Du fehlst uns einfach.«

»Ihr fehlt mir auch«, sagte sie. »Und ja, ich verstehe, was du in diesem Auftrag siehst.«

»Und, wirst du mit ihm zurück nach Florenz gehen?«, fragte Elena, als Sandro sich schließlich verabschiedet hatte, um in einem nahe gelegenen Gasthaus zu übernachten.

Fioretta schüttelte den Kopf. »Ich habe ihm gesagt, dass ich dich nicht im Stich lasse. Du hast mich aufgenommen, mir Arbeit gegeben. Ich lasse dich jetzt nicht allein.«

»Aber er hat dir angeboten, dich mitzunehmen?«

»Ja. Sandro hat einen großen Auftrag und will, dass ich mit ihm daran arbeite.«

»Ein Auftrag, hm? Bist du ganz sicher, dass du nicht doch seine Geliebte gewesen bist?«, fragte Elena misstrauisch.

»Ganz sicher. Außerdem hat er vorgeschlagen, dass du mit uns kommst, aber ich weiß ja, dass das nicht geht.«

Elena sah sie überrascht an. »Ich sollte mit nach Florenz kommen? Wirklich?«

»So ist Sandro«, gab Fioretta zurück. »Ich bin überzeugt davon, dass er den Vorschlag nicht gemacht hätte, wenn er es nicht zumindest versuchen wollen würde.«

Elena griff nach Fiorettas Hand. »Du solltest gehen«, sagte sie. »Du hast ein großes Talent, und du bekommst nun die Gelegenheit, es zu nutzen. Es wäre scheußlich von mir, dich davon abhalten zu wollen.«

Fioretta wusste nicht, was sie sagen sollte, also umarmte sie ihre Freundin. »Das kann ich nicht annehmen«, sagte sie.

»Weißt du was?«, fragte Elena. »Wie wäre es, wenn du noch einige Wochen bleibst und noch die letzten Aufträge fertig machst? Dann könnte ich diese nach und nach verkaufen, und mein Vater und ich hätten noch eine Weile lang Sicherheit und Ruhe.«

»Und danach?«

»Liegt es in Gottes Hand. Ewig können wir ohnehin nicht so weitermachen, das wissen wir beide.«

Fioretta ließ sich langsam auf einen Stuhl sinken. Die Neuigkeiten des Tages schienen sie schier zu überwältigen. »Ich muss darüber nachdenken. Aber wenn ich gehe, dann nur unter einer Bedingung: Wenn du mir versprichst, dir Sandros Angebot durch den Kopf gehen zu lassen. Wenn dein Vater nicht mehr ist, kommst du zu uns nach Florenz.«

KAPITEL 48

Pisa, Oktober 1474

GIULIANO

Mein lieber Bruder,

Erzbischof Salviati wird in den nächsten Tagen nach Pisa zurückkehren. Du kannst ihn in die Stadt lassen. Papst Sixtus hat eingewilligt, nur mit unserer ausdrücklichen Zustimmung einen neuen Erzbischof von Florenz zu benennen, und er hat dieses hohe Amt Clarice' Bruder übertragen. Ich bin glücklich, dass nun zwischen Rom und Florenz neuer Frieden herrschen kann und besonders auch, dass du nicht länger in Pisa in Gefahr gerätst. Ich hoffe, dass du so schnell wie möglich nach Florenz zurückkehren kannst.

Giuliano schaute Lorenzos Brief an. *Dann ist es also wirklich vorbei.*

Er war beinahe ein halbes Jahr in Pisa geblieben, und zuletzt hatte er deutlich bemerkt, wie sich die Stimmung in der Stadt verändert hatte. Die Bürger Pisas wollten keinen Krieg mit dem Papst und keinen Krieg mit den Medici, aber sie trieb die Sorge um, dass Ersterer die Stadt exkommunizieren würde, wenn der schwelende Streit noch länger anhielt.

Aber jetzt war eine Lösung gefunden, und für die Pisaner vielleicht sogar die beste: Sie erhielten ihren neuen Erzbischof, und die Gunst der Medici war ihnen weiterhin gewiss.

»Lorenzo und der Papst haben eine Einigung erzielt«, sagte er zu Vaglienti, der ihm den Brief überbracht hatte. »Salviati wird Erzbischof in Pisa, und mein Schwager Rinaldo Orsini übernimmt diese Ehre in Florenz.«

Vaglienti nickte anerkennend. »Das kann kein leichter Abschluss für Euren Bruder gewesen sein.«

Giuliano schüttelte den Kopf. »Aber wenn es jemand schaffen konnte, dann Lorenzo.«

»Seid Ihr zufrieden mit diesem Ausgang? Oder habt Ihr das Gefühl, Ihr wärt ganz umsonst hier gewesen?«

»Es war nicht umsonst. Ohne dieses Druckmittel hätte Sixtus niemals eingewilligt, unseren Kandidaten zum Erzbischof von Florenz zu machen. Aber so hat er gesehen, was geschehen könnte, wenn er versucht, noch einmal seinen Favoriten durchzudrücken.«

»Was plant Ihr nun?«, wollte Vaglienti wissen.

»Ich denke, ich werde so schnell wie möglich packen und nach Hause reiten. Ich habe Eure Gastfreundschaft schon viel zu lange ausgenutzt.«

»Ihr seid mir jederzeit willkommen, Giuliano«, gab Vaglienti zurück.

»Ich danke Euch. Ich werde Eure Großzügigkeit nicht vergessen. Wäre ich noch länger geblieben, hättet Ihr vielleicht sogar noch einen Seemann aus mir gemacht.«

Sein Gegenüber lachte. »Ich würde Euch gerne den Globus mitgeben, den Ihr so gern betrachtet habt. Ihr seid noch jung, wer weiß, wohin Euch das Schicksal noch treibt.«

Bevor sich der Händler zum Gehen wandte, beschloss Giuliano, noch eine Frage zu stellen, die er immer wieder vor sich hergeschoben hatte. Aber nun endete seine Zeit in Pisa, und wenn er sie jetzt nicht stellte, würde er keine Gelegenheit mehr dazu haben.

»Sagt, wisst Ihr, wo Maestro Lomi seine Werkstatt hat?«

Als Giuliano schließlich das Haus erreichte, das ihm Vaglienti beschrieben hatte, blieb er unter dem verblichenen Schild mit dem Gildenzeichen stehen.

Sie war mir die ganze Zeit so nah, dachte er. *Aber will ich sie wirklich sehen? Vielleicht wusste sie, dass ich hier bin, und ist mir mit Absicht aus dem Weg gegangen.*

Aber dann beschloss er, dennoch zu klopfen. Er würde sich davon überzeugen, dass es ihr gut ging, und sich selbst davon, dass sie ihm nichts mehr bedeutete. Und wenn er zurück in Florenz war, würde er all die Vorschläge seiner Mutter prüfen und endlich eine Braut auswählen, die die besten politischen Verbindungen mitbrachte und überdies von großer Schönheit war.

Das hier war nur ein Abschluss, nicht mehr, und eine Geste für eine alte Freundin, die er zumindest ihrem Vater schuldete, versuchte er sich einzureden.

Als er klopfte, öffnete ihm eine junge Frau mit braunen Locken die Tür.

»Salve«, begann er. »Ist dies die Werkstatt von Maestro Lomi?«

»Ja. Ich bin seine Tochter, Elena. Mein Vater ist leider krank, wenn Ihr ihn besuchen wollt, müsst Ihr an einem anderen Tag wiederkommen.«

»Das tut mir leid zu hören. Aber ich bin nicht auf der Suche nach Eurem Vater, sondern hier, um jemand anderen zu sehen, Fioretta Gorini? Ich habe gehört, dass sie hier arbeitet.«

Als die junge Frau ihn noch immer fragend musterte, sagte er rasch: »Verzeiht, ich habe mich nicht vorgestellt. Giuliano de' Medici.«

Ihre Augen weiteten sich für einen Moment, als sie seinen Namen hörte.

»Fioretta hat hier gearbeitet«, erwiderte Elena langsam. »Aber sie ist inzwischen abgereist.«

»Abgereist? Wohin?«

Vielleicht war ihm die Enttäuschung anzusehen, aber ihr misstrauischer Gesichtsausdruck wurde etwas weicher.

»Sie ist nach Florenz zurückgekehrt. Gemeinsam mit ihrem Meister, Sandro Botticelli.«

Plötzlich hatte er den Geschmack von kalter Asche im Mund. *Um meinetwillen konnte sie nicht in Florenz bleiben, aber um seinetwillen kehrt sie zurück?*

KAPITEL 49

Florenz, Dezember 1474

ALBIERA

Die Kälte des Wintertages war auch im Dom zu spüren, und Albiera fror trotz der Menschenmenge um sie herum. Der Duft von Weihrauch lag schwer in der Luft und überlagerte den Geruch nach Holzfeuern und ungewaschenen Körpern, den die Besucher mit in das Gotteshaus gebracht hatten.

Sie wartete, dass der Gottesdienst begann, und sah zur Kuppel hinauf. »Ein solches Wunder kann keinen Menschen kaltlassen«, hatte Cosimo der Alte über das gewaltige Bauwerk gesagt, als es eingeweiht worden war. Ein steinernes Zeugnis dafür, was der Mensch zum höheren Ruhme Gottes schaffen kann.

Damals war Albiera ein kleines Mädchen gewesen und ebenso überwältigt von der Baukunst Brunelleschis wie die meisten anderen Besucher der Kathedrale auch. Aber heute wusste sie, dass selbst die Kuppel nicht allein dem Lob Gottes diente, sondern eher ein steinernes Zeugnis dafür war, dass die Medici glaubten, sich sogar ihren Einzug ins Paradies mit Florin erkaufen zu können.

Albieras Tochter Vittoria, die neben ihr saß, legte ihr eine Hand auf den Arm, als die Medici den Dom betraten. Zuerst kamen Lorenzo und Giuliano, die sich auf die gegenüberliegende Seite des Kirchenschiffs setzten, wo auch Jacopo und Francesco Platz genommen hatten. Sie waren beide in feierliche *Lucci* gekleidet, aber ohne viel Gold oder Juwelen zur Schau zu stellen. *Vermutlich glauben sie sogar noch, bescheiden zu wirken.*

Als ob ein paar Juwelen mehr oder weniger einen Unterschied machten. Der Gottesdienst im Dom begann nicht, bevor die beiden ihren Platz eingenommen hatten, das war die eigentlich wichtige Botschaft, die sie aussandten.

Albiera warf einen Blick auf ihren Enkelsohn, der friedlich im Arm seiner Mutter schlief. *Wenn du erwachsen bist, wird die Herrschaft der Medici nur noch eine schlechte Erinnerung sein, dafür bete ich.*

Eigentlich hatte Albiera nicht die geringste Lust verspürt, zur Messe herzukommen, denn heute sollte der neue Erzbischof in Florenz begrüßt werden, den Lorenzo de' Medici dem Papst abgerungen hatte.

Deshalb wurden die Medici auch von Lorenzos Schwiegervater Conte Orsini begleitet, der mit seinem Sohn Rinaldo nach Florenz gekommen war. Der alte Orsini hielt sich aufrecht und ging mit so viel zur Schau gestelltem Selbstvertrauen den Mittelgang entlang, als wäre er selbst der neue Seelenhirte.

Hinter dem Conte folgte Clarice mit ihren Kindern. Sie würdigte Albiera keines Blickes, als sie vorüberging und direkt in der Reihe vor ihnen neben Simonetta Vespucci Platz nahm.

Es war wirklich eine Schande. Pietro Riario hatte Florenz schwer krank verlassen, und er war nach Rom gebracht worden, wo er kurze Zeit später verstorben war. Eine schwere Magenkrankheit, vielleicht ein Geschwür, so hieß es, habe seinen frühen Tod verursacht. Aber Albiera war überzeugt davon, dass Gift im Spiel gewesen sein musste. So viel Glück konnten die Medici doch gar nicht haben?

Sie hatte alles dafür getan, dass diese Überzeugung auch das Ohr Seiner Heiligkeit erreichte. Auch wenn sie es nicht beweisen konnten, musste Sixtus doch ein Interesse daran haben, dass der Tod seines Neffen nicht ungesühnt blieb? Aber der Herr aller Christen hatte sich in seiner Weisheit entschieden, dennoch eine Einigung mit den Medici zu finden, was die Nachfolge Riarios anging, anstatt sie zur Rechenschaft zu ziehen und zu exkommunizieren, wie es rechtens gewesen wäre.

Alle Anwesenden erhoben sich, als zuletzt der neue Erzbischof unter dem Gesang der Versammelten aus der Sakristei trat. Rinaldo Orsini war ein Junge von knapp neunzehn Jahren, der einen unregelmäßigen Bartwuchs und einen ungelenken Gang hatte, aber ansonsten seiner Schwester Clarice erstaunlich ähnlich sah. Er wirkte, als wäre er froh, auf dem Weg zum Altar zumindest nicht zu stolpern.

Der Gottesdienst zog sich hin. Albieras Enkelkind wurde unruhig, und sie merkte, dass sich zu der Kälte auch noch die Müdigkeit gesellte. Aber schließlich verklang der letzte Choral, und es war vorbei.

Nachdem sie den Leib Christi empfangen hatte, ging sie mit Vittoria aus der Kirche, um vor dem Dom auf ihren Bruder und Francesco zu warten.

Als sie Simonetta entdeckte, die allein aus dem Gotteshaus kam, ging sie auf sie zu. »Auf ein Wort?«, fragte sie.

Simonetta sah sich verstohlen um. »Marco und ich sind zu dem Bankett ins Palazzo Medici geladen«, sagte Simonetta. »Es wäre besser, wenn man uns hier nicht zusammen sieht, Madonna.«

In Albiera stieg Ärger auf. Als ob sie das nicht selbst gewusst hätte! Simonetta hatte ihre Bewunderung für sie in den letzten Jahren immer mehr abgelegt und sich unabhängiger von ihr gemacht. Albiera war sich nicht sicher, wie sehr ihr diese Entwicklung gefiel.

»Natürlich«, sagte sie schmallippig. »Aber ich muss wissen, wie es in der Via Larga steht.« Bereits seit einiger Zeit hatte es keine Besuche der Pazzi mehr bei den Medici gegeben und umgekehrt, sodass Simonetta als Quelle für Neuigkeiten noch kostbarer war als zuvor. »Ich vermute, dass sich die Medici über die Schwäche Seiner Heiligkeit wie die Heiden ins Fäustchen lachen?«

»Sie sind natürlich froh, dass der Weg für den jungen Orsini frei geworden ist«, gab Simonetta diplomatisch zurück. »Aber vergesst nicht, dass Euer Verwandter dafür seinen Posten in Pisa antreten konnte. Das war kein leichter Schritt für Lorenzo und Giuliano.«

Diese Worte verschafften Albiera eine gewisse Genugtuung. Es war unerträglich gewesen, zu hören, mit welcher Arroganz Giuliano in Pisa aufgetreten war. Sie hoffte, dass er nun, da er Salviati das Feld hatte überlassen müssen, vor Wut keine Nacht mehr ruhig schlief.

Francesco und Jacopo traten aus dem Gotteshaus, sahen sich suchend um und gesellten sich dann zu ihnen.

»Es ist unglaublich«, murmelte Jacopo, ein Echo von Albieras Gedanken. »Dass Seine Heiligkeit diese Wahl unterstützt hat.«

»Lorenzo hätte sicher keinen anderen Kandidaten durchbekommen«, sagte Francesco. »Aber die Orsini haben ihren nicht unerheblichen Einfluss in Rom genutzt, um ihrem jüngsten Spross zu diesem Amt zu verhelfen.«

»Konnte Sixtus nicht ein wenig Stärke zeigen?«, wollte Albiera wissen. »Nach dem, was mit seinem Neffen passiert ist?«

»Der Papst hat Angst davor, sich ganz mit den Medici zu überwerfen«, meinte Francesco. »Auch wenn die Konten inzwischen von uns geführt werden, gibt es doch noch eine Reihe von Krediten, die über die Medici-Bank laufen.«

»Verflucht sei das unheilige Gebaren, mit dem sie diesen Reichtum angehäuft haben«, murmelte Jacopo.

»Verzeiht mir, aber ich muss wirklich gehen«, sagte Simonetta, der anzusehen war, dass ihr bei dem Gespräch in Hörweite des Doms nicht wohl war.

Sie lächelte einmal in die Runde, was von Francesco und Jacopo strahlend erwidert wurde.

»Lasst uns auch aufbrechen«, schlug Albiera den anderen vor.

Sie bogen um die Ecke des Domes, um sich auf den Weg zur Via Proconsolo zu machen, als sie genau in den Tross der Medici hineinliefen, die sich vor dem Portal versammelt hatten, vermutlich, um gemeinsam den kurzen Weg zur Via Larga zu gehen. Nur der junge Erzbischof fehlte noch.

Einen Augenblick lang herrschte betretenes Schweigen. »Meinen Glückwunsch, Conte Orsini«, rief Francesco dann mit lauter Stimme. »Sicher seid Ihr froh, dass Euer Sohn diese Pfründe erhalten hat.«

Orsini verzog leicht das Gesicht, als hätte er plötzlich einen unangenehmen Geruch in der Nase. »Unsere Familie hat sich seit jeher der Verantwortung gestellt, der Mutter Kirche zu dienen, ja«, sagte er dann. »Vielleicht sollten wir alle häufiger an diese Pflichten erinnert werden, Messere!«

Er betonte den Titel so deutlich, dass an dem Tadel in seinen Worten kein Zweifel bestehen konnte. *Wofür hält sich der aufgeblasene Römer?*

»Trefft ihr euch inzwischen in finsteren Ecken, um eure Intrigen zu schmieden?«, fragte Giuliano voll Verachtung und schaute von einem zum anderen. Bei Simonetta stutzte er. »Du hast dir diese Gesellschaft sicher nicht ausgesucht. Komm, begleite uns schon einmal nach Hause, dann musst du nicht hier auf Marco warten.«

Simonetta lächelte ihn an und trat neben ihn. »Das ist so aufmerksam von dir, Giuliano«, sagte sie. »Aber vielleicht kann Marco heute überhaupt nicht mit zu euch kommen, er hat so viel Arbeit, der Arme.«

Lorenzo warf Giuliano einen mahnenden Blick zu. *Immer noch dasselbe. Der aufbrausende Giuliano, der sich von seinen Gefühlen steuern lässt, und Lorenzo, stets planend wie eine Spinne im Netz.*

Lorenzo lächelte gezwungen. »Ich denke, wir sind alle froh, dass Florenz wieder einen Oberhirten hat. Einen gesegneten Sonntag wünsche ich.«

»Ihr heuchlerischen …«, brauste Francesco auf, aber Albiera legte ihm eine Hand auf den Arm, um ihn zu beruhigen. Auch wenn sie am liebsten gesehen hätte, wie Lorenzo tot auf den Stufen lag, half es nicht, wenn sie jetzt etwas Unbedachtes taten.

»Wir sollten gehen«, murmelte Jacopo, ungewohnt zurückhaltend. »Ich habe keine Lust, hier herumzustehen und begafft zu werden, weil wir keine Einladung erhalten haben.«

Albiera nickte. Ihre Tochter kam eben auf sie zu, und das Kind auf ihrem Arm erinnerte sie daran, wozu sie all dies tat.

»Auch Euch einen gesegneten Tag«, rief sie den Medici nach.

KAPITEL 50

Florenz, Dezember 1474

FIORETTA

Fioretta starrte auf ihre rechte Hand, die den Silberstift so fest umklammerte, als wollte sie jemanden damit erdolchen. *Und eigentlich will ich das auch,* dachte sie. *Wenn Lorenzo noch einmal »Wie schön!« sagt, ramme ich ihm den verdammten Stift zwischen die Rippen.*

»Es ist wirklich so schön, dich wiederzusehen, Fioretta!«, sagte Lorenzo strahlend, und es kostete Fioretta ihre ganze Selbstbeherrschung, ihren blutigen Plan nicht in die Tat umzusetzen. Ihre Hand schmerzte bereits von dem Griff um den Stift.

Seit die beiden Medici die Werkstatt betreten hatten, schien Lorenzo aus nichts als Liebenswürdigkeit und Lächeln zu bestehen, während Giuliano kaum einen vollständigen Satz gesagt, geschweige denn sie angesehen hatte.

Lorenzo wandte sich an Sandro. »Gut, dass du unsere Fioretta nach Hause gebracht hast, Maestro!«

Unsere Fioretta? Sie wusste nicht, was sie von Lorenzos Auftritt halten sollte. *Er kann sich doch nicht freuen, mich zu sehen? Immerhin war er es, der mich fortgeschickt hat!*

Verstohlen sah sie zu Giuliano hinüber, in dessen verschlossenem Gesicht sie nicht den kleinsten Anflug von Wärme entdecken konnte.

»Sollen wir damit beginnen, weshalb wir hergekommen sind?«, fragte er knapp und blickte dabei Lorenzo an. »Schließlich haben wir nicht den ganzen Tag Zeit. Die Venezianer warten nur ungern, und die Verhandlungen sind sicher etwas wichtiger als dies hier.« Bei den letzten Worten deutete er mit der Hand auf die Werkstatt.

Dann sah er sich suchend um. »Wird Simonetta heute noch herkommen?«

»Bedauerlicherweise nicht«, erwiderte Sandro. »Sie ist verhindert, lässt aber ihre Grüße ausrichten. Deshalb werden wir heute erst einmal eine Studie der beiden Figurengruppen zur Linken und zur Rechten der Madonna anfertigen, und vor allem davon, wo Ihr stehen werdet. Ich hoffe aber natürlich, dass sie uns bei den späteren Gelegenheiten noch Modell sitzen wird.«

»Damit scheint der heutige Tag noch mehr wie eine Verschwendung«, gab Giuliano bissig zurück.

Fioretta wusste, dass ihr seine Kühle und seine Worte nichts ausmachen sollten. Aber sie schmerzten sie dennoch.

»Wenn Ihr es eilig habt, sollten wir wirklich direkt mit den Zeichnungen beginnen, Messere Medici«, sagte sie, um eine ruhige Stimme bemüht. »Die erste Studie sollte nicht zu lange dauern und schnell angefertigt sein.«

Sie warf einen Blick zu Sandro hinüber, der fragend die Hände hob. *Ich weiß auch nicht, was los ist,* übersetzte sie für sich.

»Filippino, bitte bring unsere Gäste schon einmal in die Werkstatt«, bat Sandro seinen Lehrling. »Wir kommen sofort nach.«

»Natürlich, Sandro«, gab Filippino ruhig zurück. »Bitte, meine Herren, hier entlang.« Ihr fiel wieder einmal auf, dass er Sandro nicht *Maestro* nannte, sondern seinen Taufnamen nutzte.

Sandro will Verrocchios Fehler nicht wiederholen, dachte Fioretta. *Und Filippino hat sich von uns allen vielleicht am meisten verändert.* Aus dem schüchternen Jungen war in ihrer Abwesenheit ein breitschultriger junger Mann geworden, der in der Werkstatt jede Art von Arbeit übernahm.

»Wunderbar«, sagte Lorenzo entzückt und schickte sich an, Filippino zu folgen. »Ich muss Zanobi wirklich dafür danken, dass er uns diese Gelegenheit gegeben hat, zu der wir alle wieder zusammengekommen sind. Es ist viel zu lange her, und ich habe das Gefühl, dass ich selbst dich, Sandro, viel zu selten in deiner Werkstatt besucht habe, weil mich die Arbeit so sehr beschäftigt.«

»Das ist wirklich schade, Lorenzo«, erwiderte Sandro höflich.

Sobald die drei den Raum verlassen hatten, wandte sich Sandro Fioretta zu. »Das ist viel schlimmer, als ich es mir vorgestellt habe«, sagte er. »Was bei der Heiligen Jungfrau ist zwischen dir und Giuliano vorgefallen?«

Fioretta sah ihn kopfschüttelnd an. »Ich hätte nicht gedacht, dass er mir meinen Weggang aus Florenz so sehr nachträgt«, sagte sie hilflos.

»So kann es nicht weitergehen. Wie sollen wir dieses Gemälde jemals fertigbekommen, wenn ihr euch nicht einmal in die Augen schauen könnt?«

»Ich versuche, mit ihm zu sprechen«, sagte Fioretta, obwohl sie nicht die geringste Neigung verspürte, das zu tun. »Sonst musst du vielleicht doch auf mich verzichten und das Bild mit Filippino und Leonardo malen.«

»Kommt nicht infrage«, murmelte Sandro. »Du hast Lorenzo doch gehört, er konnte ja gar nicht genug von dir bekommen.«

Er war ein Fehler, nach Florenz zurückzukehren, dachte Fioretta.

Giuliano schüttelte den Kopf, als Filippino ihm ein Glas Wein reichen wollte, nachdem er den größeren Teil einer Stunde unbewegt wie eine Statue dagestanden hatte, damit Sandro und sie eine Studie anfertigen konnten. Lorenzo hingegen schien blind gegenüber der Laune seines Bruders zu sein, machte weiterhin Späße und warf sich in Pose. »Was denkst du, Sandro, wäre es nicht ein Gewinn, wenn ich im Kontrapost stehen würde? So wie der David in unserem Hof?«

»David hat soeben Goliath erschlagen«, gab Sandro trocken zurück. »Aber du näherst dich der Madonna mit dem Christuskind auf dem Arm. Das eine erfordert mehr Demut als das andere.«

»Demut ist nicht wirklich die starke Seite meines Bruders«, ließ sich Giuliano vernehmen, gerade als Fioretta sich schon fragte, ob er seine Sprache komplett verloren hatte.

Lorenzo lachte. »Ich fürchte, dass ich dir darin nicht widersprechen kann. Aber der Mangel daran liegt in der Familie.«

Er brachte einen gut gelaunten Trinkspruch aus, dann drängte Giuliano ihn zum Aufbruch.

Sandro hat recht, dachte Fioretta. So kann es nicht weitergehen. Die Ausführung des Gemäldes würde Monate dauern, vielleicht sogar noch länger. Zeit, in der sie immer wieder auf die Medici treffen würden. *Und wenn wir so weitermachen, muss Filippino bald dem jeweils anderen unsere Meinung sagen.*

Sie begleitete die beiden Brüder zusammen mit Sandro bis zum Tor, dann nahm sie ihren Mut zusammen. »Warte«, bat sie, als Lorenzo schon nach draußen getreten war.

Giuliano sah zu Lorenzo hinüber, der vor dem Tor stand und wortlos nickte. Giuliano blieb stehen, verschränkte die Arme vor der Brust und sah sie fragend an, ohne selbst etwas zu sagen. Sandro zog sich hastig zurück.

»Ich ... Giuliano, was ist los mit dir?«, begann sie.

»Was mit mir ist, willst du wissen?«, fragte er. »Du bist diejenige, die ohne ein Wort des Abschieds aus Florenz verschwunden ist, und die jetzt plötzlich wieder hier vor mir steht, wegen dieses lächerlichen Bildes, auf das Lorenzo so viel Wert legt.«

Seine Worte trafen sie wie ein Schlag. »Es ist Sandros bislang wichtigster Auftrag«, entgegnete sie. »Er hat mich nur hinzugeholt, weil ich euch so gut kenne.«

»Ja, natürlich. Du kennst die Medici ganz genau, nicht wahr?«

Seine kaum verhohlene Wut machte sie hilflos. »Es tut mir leid, dass ich so plötzlich verschwunden bin«, sagte sie schließlich. »Wenn es dir noch etwas bedeutet, nimm bitte meine Entschuldigung an.«

Er hob die Stimme. »So einfach willst du es dir machen? Mit einer Entschuldigung ist alles vergeben und vergessen? Ich habe an all deine Lügen geglaubt. Ich habe mich meinem Bruder gegenüber zum Narren gemacht und es nicht einmal gemerkt.«

Innerlich schrie sie. *Meine Lügen? Ich habe dich nie belogen!* Sie merkte, dass nun auch sie wütend wurde. Als ob er der Einzige wäre, der unter der Trennung gelitten hat. *Wo warst du, als mein*

Vater starb? Wo warst du, als du in Pisa warst, um den Helden zu spielen? Nicht einmal einen Besuch war ich dir wert!

»Welche Lügen habe ich dir denn aufgetischt?«, fragte sie mit lauter Stimme.

»Dass du mich liebst«, sagte er, plötzlich wieder ganz ruhig. »Aber vermutlich bin ich nicht der Einzige, der das von sich geglaubt hat, nicht wahr? Kein Wunder, dass du fortgelaufen bist, sobald ich dich beim Wort nehmen wollte.«

Für einen Moment fehlten ihr die Worte. *Himmel, hilf.* So hatte er ihren Weggang aufgefasst? Er glaubte, es gebe einen anderen?

Ihr blieben die Worte im Hals stecken. Sie hätte so gerne die Arme nach ihm ausgestreckt, hätte so gerne *Nein* geschrien. Aber es gab für sie keinen Weg, die Kluft zwischen ihnen zu überbrücken.

»Ich muss gehen«, sagte er abrupt. »Bitte richte Sandro aus, dass ich leider in nächster Zeit verhindert bin und ihm nicht Modell stehen kann. Von mir aus könnt ihr euch einen anderen für euer verdammtes Gemälde suchen.«

KAPITEL 51

Florenz, Dezember 1474

LEONARDO

Die Spitze seines Silberstifts glitt über das Papier und hinterließ den Umriss eines Drachenflügels. Er ließ die Spitzen elegant auslaufen und verband sie in einer gedachten Linie mit dem geschwungenen Nackenschutz.

Das ist vermutlich der prachtvollste Helm, der je gezeichnet wurde, dachte er und ließ den Stift sinken. Er hatte durch eine Empfehlung die Möglichkeit erhalten, sich um einen Auftrag aus Urbino zu bemühen. Herzog Montefeltro wünschte sich ein Porträt seiner selbst zusammen mit seiner Frau Battista Sforza und hatte offenbar mehrere Künstler beauftragt, ihm dafür Entwürfe zukommen zu lassen.

Leonardo wusste, dass er sich mit dieser Zeichnung Mühe geben sollte, denn ihm ging allmählich das Geld aus, und andere Aufträge waren kaum in Sicht. Während Sandros Ruhm ständig wuchs und er am größten Auftrag seiner Laufbahn arbeitete, fiel es Leonardo immer noch schwer, selbst seine wenigen Kommissionen pünktlich abzuliefern, und er konnte froh sein, dass er nach wie vor in der Werkstatt in der Via Nuova wohnen und arbeiten konnte.

Aber ihm fehlte jede Idee dafür, wie er den Herzog darstellen konnte, ohne ihn als den groben, brutalen Mann zu zeigen, als der er sich bei der Eroberung Volterras präsentiert hatte. Deshalb hatte er ihm eine wahrhaft prunkvolle Rüstung angelegt, verziert mit Löwenköpfen, Blumenornamenten und Drachenflügeln, während das Gesicht bislang hauptsächlich aus hängenden Wangen, einer vorspringenden Nase und einem grausamen Mund bestand. *Aber so will doch niemand gemalt werden.*

Zusätzlich hatte sich Leonardo noch nicht getraut, Luca zu sagen, woran er gerade arbeitete, denn er fürchtete, dass er seinen neuen möglichen Arbeitgeber ganz und gar nicht gutheißen würde.

Leonardo seufzte und legte den Stift beiseite. Er warf einen Blick in den kleinen Spiegel, der in seiner Kammer hing, und strich sich über den dunklen Bart. Er musste wirklich einen Barbier aufsuchen, sonst würde er bald aussehen wie ein Einsiedler aus dem Wald.

Er beschloss, die Zeichnung erst einmal ruhen zu lassen und sein Vorhaben gleich in die Tat umzusetzen.

Als er die Treppe zum Werkraum hinunterlief, hörte er die Stimmen von Sandro und Fioretta, die wieder einmal lautstark über die *Anbetung* diskutierten, und er beschloss, zuerst bei ihnen vorbeizuschauen.

»Du willst den Gichtigen wirklich knien lassen? Als Einzigen auf dem Bild? Madonna Lucrezia wird das ganz und gar nicht gefallen, und der Komposition tut es auch nicht gut«, hörte er Fioretta sagen.

»Gut«, lenkte Sandro ein. »Dann wird eben noch ein weiterer Medici knien. Wir haben noch genug Onkel und Cousins zur Verfügung.«

»Salve, Leonardo«, sagte Fioretta, als er den Werkraum betrat. »Vielleicht kannst du uns helfen, ein Problem bei der Figurengruppe zu lösen?«

Nicht zum ersten Mal dachte er, dass Fioretta sich in der Zeit in Pisa verändert hatte; Leonardo hätte nicht sagen können, ob es an ihrem Gang oder an ihrer Haltung lag oder an der Art, wie sie ihr Kinn beim Sprechen hob, aber die junge Frau war nicht mehr dieselbe, die Florenz vor über zwei Jahren verlassen hatte.

Sie war in Pisa auf sich allein gestellt. Sie hat gelernt, für sich selbst einzustehen.

Er trat näher und warf einen Blick auf die Entwürfe, die schon recht weit gediehen waren. Sandro und Fioretta hatten einen harmonischen Aufbau für das Bildnis gewählt. Die Jungfrau thronte in der Mitte des Bildes, zu ihrer Rechten und Linken standen zwei Gruppen von Menschen, die ihr die Ehre erwiesen. Noch waren die Figuren nur skizziert, und ihre Namen standen in dünner Schrift über den Köpfen.

»Die drei Weisen werden die alten Medici sein«, erklärte Sandro, »Cosimo wird direkt vor der Madonna stehen, und in der Mitte des Bildes postieren wir Piero. Seine Söhne stehen dann rechts und links von ihm. Lorenzo wird die linke Gruppe anführen und Giuliano die rechte.«

»Und ihr wollt, dass Piero zwischen den Gruppen kniet?«

»Ja, aber ich denke, es wirkt seltsam, wenn nur er kniet und seine Söhne stehen.«

Leonardo sah noch einmal genau hin. Fioretta hatte recht, aber die Figuren von Lorenzo und Giuliano waren schon recht weit gediehen, und er konnte sich nicht vorstellen, dass sie noch anders postiert werden konnten.

»Wie wäre es, wenn ihr Cosimo auch kniend darstellt? Ein schöner Beweis für seine Hingabe an die Gottesmutter?«

»Hm«, machte Sandro. »Das ist ein ziemlich guter Vorschlag. Haben wir noch einen Entwurf, auf dem Cosimo noch nicht steht?«

Fioretta kramte im Papierhaufen herum und rollte schließlich eine weitere Zeichnung auf. »Ja«, sagte sie triumphierend. »Hier.«

»Habt ihr euch schon Gedanken gemacht, welchen Hintergrund ihr wählen wollt?«, fragte Leonardo.

»Vermutlich eine Ruine«, sagte Fioretta und zeigte auf eine Reihe weiterer Zeichnungen, die sie angefertigt hatte, von Tempeln und römischen Bogenkonstruktionen und Fassaden.

»Ich war vor ein paar Tagen mit Filippino in Volterra«, erklärte sie. »Dort kann man fast noch spüren, wie das Leben zur Zeit der Cäsaren gewesen sein muss.«

Leonardo nickte anerkennend. »Das ist eine poetische Aufteilung.«

Fioretta strich mit den Fingern sacht über die Ränder der Zeichnung, um sie zu glätten. »Und das Beste ist, dass wir momentan eine Anfrage nach der anderen erhalten, weil praktisch jedes Mitglied der *Signoria* mit auf das Bild will. Sandro ist auf die geniale Idee gekommen, sie alle an den Kosten zu beteiligen.«

Leonardo musste lachen; das war wirklich ein guter Einfall, auf den er selbst vermutlich nie gekommen wäre.

»Wer wird die Jungfrau darstellen?«, wollte er wissen. »Zanobis Ehefrau?«

»Die ist dafür nicht zu gebrauchen, fürchte ich«, erwiderte Sandro. »Ich habe Simonetta gebeten, uns Modell zu stehen, und finde es ganz passend, wenn sie von allen Medici verehrt wird.«

Leonardo sah, dass Fioretta bei diesen Worten nicht glücklich aussah.

»Woran arbeitest du eigentlich gerade?«, fragte Sandro ihn.

Leonardo erwog kurz, eine ausweichende Antwort zu geben, beschloss dann aber doch, die Wahrheit zu sagen.

»Der Condottiere Montefeltro wünscht sich ein Porträt, und ich habe mich an der Ausschreibung beteiligt, aber ich habe noch keinen Weg gefunden, sein scheußliches Gesicht so darzustellen, dass ich es ihm schicken könnte.«

»Wirklich? Lass es uns sehen«, bat Fioretta.

»Nun gut«, sagte Leonardo und lief die Treppen wieder hinauf, um sein Zeichenbuch zu holen.

»Ich sehe, was du meinst«, sagte Sandro, nachdem er einen Blick auf das aufgedunsene, grausame Gesicht geworfen hatte. »Aber die Rüstung ist fantastisch geworden.«

»Vielen Dank«, gab er spöttisch zurück. »Ich wünschte, ich wäre etwas mehr wie Verrocchio und könnte einfach malen, was man mir sagt.«

»Du willst auf keinen Fall mehr wie Verrocchio sein«, gab Fioretta bestimmt zurück. »Du erinnerst dich doch noch an seine Launen, oder?«

»Ich weiß.« Leonardo seufzte. »Aber gerade ist es wirklich schwierig, neue Arbeit zu bekommen.«

»Die Stimmung in der Stadt ist nicht die beste«, stimmte Sandro zu. »Die Leute haben Angst, dass es dem Handel schlecht ergeht, wenn Neapel sich tatsächlich einen neuen Bündnispartner sucht. Das hindert viele Bürger daran, jetzt Geld auszugeben.«

»Aber soll es dann nicht neue Verträge mit Venedig geben, die Giuliano gerade aushandelt? Luca hat mir davon erzählt.«

»Das können wir nur hoffen«, sagte Sandro.

»Wenn es so kommt, gibt es bestimmt wieder einige große Feierlichkeiten, bei denen die Medici unsere Hilfe gebrauchen können«, sagte Fioretta tröstlich. »Dann wirst du auch wieder mehr Aufträge haben.«

»Du meinst, zur Not kann ich wieder Stellwände mit Blumen bemalen?«

»Gelernt ist gelernt«, bemerkte Sandro aufgeräumt. »Du kannst nicht erwarten, dass dir die Medici einfach so unsterblichen Ruhm verschaffen.«

Leonardo musste lachen. Vielleicht sollte er wirklich darauf vertrauen. Er warf einen Blick auf seinen *Condottiere. Dann bräuchte ich dieses Prachtstück hier weder dem Herzog von Urbino noch Luca zu zeigen.*

KAPITEL 52

Florenz, Dezember 1474

GIULIANO

War Fioretta eigentlich schon immer in Sandro verliebt gewesen?, grübelte Giuliano, als er am Fluss entlanglief, um zum Palazzo Rucellai zu gelangen, wo sein Schwager ein Festmahl für die Gesandten aus Venedig ausrichtete. *Warum sonst ist sie für ihn nach Florenz zurückgekommen? Ich war es ihr nicht wert zu bleiben, aber er...*

Er erinnerte sich daran zurück, als Fioretta ihm auf dem Dach des Palazzo Medici versichert hatte, dass sie und Sandro nichts außer Freundschaft verbinde. *Sie muss damals schon insgeheim darüber gelacht haben, wie leichtgläubig ich bin.*

Er dachte an Lorenzo, an die offenkundige gute Laune seines Bruders, als sie gemeinsam in Sandros Werkstatt gewesen waren. War Lorenzo so vergnügt, weil Giuliano nun endlich mit eigenen Augen sehen konnte, dass es Fioretta nie um ihn gegangen war?

Warum fiel es ihm überhaupt immer noch so schwer, Fioretta anzusehen? *Ich sollte sie längst vergessen haben, die Erinnerung an sie ertränkt in zahllosen Bechern Wein, ihr Bild in meinem Kopf längst ersetzt durch ein anderes.*

Vor ihm tauchte der Palazzo der Rucellai auf, die prachtvolle, von Fackeln erleuchtete Fassade mit den zahlreichen Bogenfenstern. Auf dem Weg hinein hörte er bereits heitere Stimmen.

Als er den großen Speisesaal erreichte, begrüßte Giuliano zunächst die Gastgeber, Bernardo Rucellai und seine Schwester Nannina, dann sah er sich im Saal um.

Lorenzo war wieder einmal der Mittelpunkt der Gesellschaft. Er erzählte gerade offenbar eine heitere Geschichte, denn der Kreis der Bewunderer, der sich um ihn gebildet hatte, lachte lauthals.

Giuliano lehnte sich an die Wand neben dem großen Kamin, verschränkte die Arme und beobachtete seinen Bruder.

»Ah, Giuliano«, rief Lorenzo, als er ihn endlich entdeckte. »Komm zu uns. Wir überlegen gerade, was wir tun können, um die Feier von der wohlgesitteten Langeweile zu befreien, ohne dass unsere Schwester ihre gute Meinung von uns verliert. Ein Sängerwettstreit vielleicht? Oder einige der neuen Tänze, die Angelo uns gezeigt hat? Falls Nannina die nicht für zu unsittlich hält.«

»Ist dir die gute Meinung deiner Geschwister denn so wichtig?«, gab Giuliano zurück.

Lorenzo runzelte irritiert die Stirn. »Natürlich, das solltest du doch wissen«, antwortete er. »Also, was schlägst du vor?«

Giuliano hob unschlüssig die Schultern. Er fühlte sich auf einmal unendlich müde und hatte keine Kraft mehr, sich einem Schlagabtausch mit Worten zu stellen. »Mir ist heute nicht nach Feiern«, sagte er. »Ich gehe nach Hause, genießt euren Abend.«

Lorenzo hob die Hände. »Nun, ich denke, selbst Giuliano kann einmal von der Müdigkeit bezwungen werden«, sagte er leichthin. »Schlaf gut, Bruder.«

Als Giuliano durch den Korridor lief, der zum Hof führte, und sich dabei in seinen Mantel wickelte, hörte er hinter sich Schritte.

Er blickte sich um und entdeckte Simonetta Vespucci, die ihm offenbar gefolgt war.

»Du gehst schon?«, wollte sie wissen.

»Ja, ich habe für heute genug von Lorenzos Weisheiten«, sagte er, direkter, als er es eigentlich vorgehabt hatte.

Sie zog eine geschwungene Augenbraue nach oben. »Oh?«, sagte sie. »Das hört man nicht oft über Lorenzo.«

»Vielleicht sprichst du zu selten mit mir?«, gab Giuliano zurück. »Aber was ist mit dir? Zieht es dich nicht wieder in den Saal zurück?«

»Ich verrate dir ein Geheimnis: Auch mir würde es nicht schwerfallen, eine Nacht ohne die immer gleichen Lieder und Lorenzos gelehrte Scherze zu verbringen.«

Er lachte. Es tat gut, sich einmal über seinen immer perfekten Bruder lustig machen zu können. »Das wusste ich wiederum nicht.« »Vielleicht sprechen wir wirklich zu selten miteinander?«

Sie kam so nah an ihn heran, dass er jede Linie ihres Gesichts sehen konnte. Wieder einmal bewunderte er ihre geradezu unmögliche Schönheit, das goldene Haar, das selbst in der Dunkelheit zu leuchten schien, und die Art, wie sie sich bewegte.

»Dir ist kalt«, stellte er fest. »Du solltest nicht hier draußen mit mir stehen. Hier, nimm meinen Mantel. Wollen wir lieber doch wieder hineingehen?«

Er reichte ihr den Mantel. Sie schlang ihn sich mit einer eleganten Bewegung um die Schultern.

»Damit ist mir ganz warm«, sagte sie. »Und eigentlich habe ich gar keine Lust mehr, zurück auf die Feier zu gehen. Wollen wir nicht lieber einen Moment hierbleiben?«

»Das klingt viel angenehmer«, gab er zu.

»Ich war heute zum ersten Mal wegen des neuen Gemäldes bei Sandro«, sagte sie. »Ich stehe ihm Modell für die Madonna.«

»Ja, ich weiß. Gut, dass du ihm zugesagt hast. Ich fürchte, er würde die Malerei ganz aufgeben, wenn er dich nicht mehr als Modell hätte.«

Sie lächelte. »Wenn das so ist, ist er ein größerer Tor, als ich dachte.«

»Sei nicht so hart zu ihm. Er verehrt dich vor allem anderen.«

»Ich weiß; aber Männer verhalten sich nun einmal manchmal wie Narren, wenn sie eine Frau zu sehr bewundern.«

»Nun, dich zu bewundern, ist eine Torheit, die er mit halb Florenz teilt«, sagte Giuliano. »Praktisch jeder Mann in der Stadt würde sich doch darum schlagen, dir deine Wünsche zu erfüllen.«

Sie wandte ihm ihr Gesicht zu und sah ihn an. »Ich würde gerne darauf verzichten«, sagte sie nachdenklich. »Denn selbst wenn es stimmen würde, was du sagst, wie lange wird das so sein? Bis ich wie Clarice bin und jedes Jahr ein Kind bekomme? Oder bis die Jahre ihre Linien in mein Gesicht graben? Noch liegt mir die Stadt vielleicht zu Füßen, aber ich kann bereits spüren, was es bedeutet, wenn ich diese Gunst verliere. Dann gibt es für mich nichts mehr als einen Ehemann, dem ich gleichgültig bin, und den Zorn der Ehefrauen all der Männer, die mich gerne in ihrem Bett gesehen hätten. Dann werden mich alle fallen lassen.«

Fast wäre er vor ihren Worten ein Stück zurückgewichen. Dachte sie wirklich, dass das ihr Schicksal sein würde?

Ohne nachzudenken, hob er eine Hand und strich über ihre Wange; ihre Haut war kalt und weich.

»Es tut mir leid«, murmelte er.

»Das muss es nicht«, flüsterte sie. »Du kannst nichts dafür. Und du warst immer anders. Ich hatte nie das Gefühl, dass es dich um den Verstand bringt, wenn ich nur einmal lächele. Eigentlich bist du mir sogar recht häufig ausgewichen.«

»Ich glaube nicht, dass es Lorenzo gerne gesehen hätte, wenn ich dir zu nahe gekommen wäre«, sagte er leise.

»Zwischen Lorenzo und mir ist nichts mehr«, gab sie zurück. »Schon lange. Er musste Rücksicht auf Clarice nehmen, und ich stehe nicht gerne im Schatten einer anderen.«

Sie hob ihm lächelnd ihr Gesicht entgegen, und er wusste, dass es eine Einladung war, sie zu küssen.

»Ich bin dir ausgewichen«, gab er zu. »Aber heute Nacht nicht mehr.« Er berührte ihre Lippen mit seinen. Sie schmeckte nach dem gesüßten Wein, den es auf dem Bankett gegeben hatte, und nach einem Versprechen, das endlich eingelöst werden wollte.

»Ich habe keine Lust mehr auf Versteckspiele«, sagte sie, als er sie für einen Moment losließ, um seine Hände unter den Mantel zu schieben.

»Ich ebenfalls nicht«, murmelte er. Er wusste, dass es stimmte. Sein Bruder, Marco Vespucci, Sandro, Fioretta … er hatte zu lange Rücksicht auf sie alle genommen.

»Lass uns gehen«, sagte er.

KAPITEL 53

Florenz, Dezember 1474

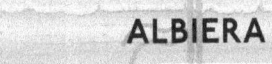
ALBIERA

Das Haus der Vespucci im *Ognissanti* war zwar weder besonders groß noch besonders prachtvoll, hatte aber eine farbenfroh bemalte Fassade, die es von den anderen Häusern in der Straße abhob.

Als sie das Haus erreichten, verabschiedete sich Albiera von Francesco, der sie bis hierher begleitet hatte, zögerte dann aber, nach dem schweren Türklopfer zu greifen. Sie hoffte, dass es sich als richtig erweisen würde, heute herzukommen, aber Simonetta hatte sich in den letzten Wochen verändert und war Begegnungen mit den Pazzi so weit wie möglich aus dem Weg gegangen. Wenn Albiera sie getroffen hatte, war sie einsilbig und abweisend geblieben. Selbst Vittoria hatte gesagt, dass sie schon lange nichts von Simonetta gehört hatte. Albiera gefiel diese Entwicklung nicht im Mindesten.

Die Entscheidung, ob sie klopfen sollte, wurde ihr abgenommen, als sich die Tür plötzlich öffnete. Simonetta stand vor ihr, in eine pelzverbrämte *Mantellina* gehüllt, offenkundig bereit, auszugehen.

»Madonna Pazzi!«, rief sie. »Was tut Ihr hier?«

Albiera trat einen Schritt zurück. »Ich wollte dich besuchen, Simonetta«, sagte sie. »Wir haben uns so lange nicht gesehen, dass ich mir allmählich Sorgen mache.«

»Ist es wirklich schon so lange her?«, fragte Simonetta.

Albiera nickte. Sie spähte neugierig in den Flur hinter der jungen Frau, sah aber niemanden. Eigenartig. Wollte sie ganz alleine ausgehen? »Ja. Aber du wolltest wohl gerade aufbrechen? Dann lass mich dich ein Stück begleiten. Wohin geht es denn?«

Simonettas Gesichtsausdruck wirkte plötzlich verschlossen. »Ach, nur eine unwichtige Besorgung. Das hat Zeit. Kommt doch herein«, sagte sie und ging zurück ins Haus.

Eine unwichtige Besorgung? Interessant.

Albiera folgte Simonetta ins Innere und bis zu ihren Räumen, wo Simonetta den Mantel auszog und über einen Stuhl legte. Die Casa Vespucci war deutlich weniger als ihr eigenes Heim darauf ausgerichtet, Gäste zu beeindrucken, und Albiera erschien der Raum mit den zusammengewürfelten Stühlen und unordentlichen Kissen und Decken weitaus gemütlicher als die meisten Zimmer im Palazzo Pazzi. »Setzt Euch doch! Möchtet Ihr eine Erfrischung?«

Sie schüttelte den Kopf. »Nein, ich wollte wirklich nur hören, wie es dir geht.«

»Mir geht es gut. Marco ist zwar wieder einmal mit seinem Cousin auf einer Reise, aber ich will nicht klagen.«

»Ich vermute, dass du noch immer ein gern gesehener Gast bei den Medici bist?«

Simonetta nickte langsam, es wirkte fast widerwillig.

»Und worüber spricht man dort derzeit?«

»Über ein Turnier«, antwortete Simonetta einsilbig.

»Ein Turnier? Was für ein Turnier?«

»Ein Lanzenstechen, soweit ich weiß. Es soll in vier Wochen auf dem Campo Santa Croce stattfinden.«

Albiera runzelte die Stirn. »Was beabsichtigt Lorenzo denn damit?«

Simonetta hob die Schultern. »Ich glaube, er will Giuliano eine Freude machen«, sagte sie zögerlich.

»All das Geld für ein großes Turnier, und das nur, um diesem Taugenichts eine Freude zu machen?«

»Manche Menschen tun so etwas, Madonna. Es können ja nicht alle stets nur Verrat und Untergang planen.«

Das verschlug Albiera kurz die Sprache. Sie musterte die junge Frau, versuchte herauszufinden, woher dieser plötzliche Widerstand kam. Aber wenn sie Simonetta jetzt für ihre Worte rügen würde, wie sie es verdient hatte, würde sie sich vielleicht noch weiter von sich wegstoßen – eine gefährliche Situation.

»Du weißt, dass es nicht der Untergang der Medici ist, den wir planen, sondern die Rettung von Florenz, nicht wahr? Lorenzo ist ein Tyrann, in nichts besser als der grausame Herzog von Mailand«, sagte sie also stattdessen. »Er mag nach außen hin stets betonen, wie sehr ihm die Republik am Herzen liege, aber eigentlich ist es nur die Macht seiner Familie, die er beschützen will. Die *Priori* sind kaum mehr als Marionetten, ausgewählt aus einer Handvoll Familien, die den Medici treu sind.«

Simonetta nickte. »Das weiß ich, Madonna«, sagte sie. »Aber ist das, was Ihr wollt, wirklich etwas anderes? Wenn die Medici ihre Macht verlieren und die Pazzi an ihre Stelle treten, was wäre denn anders für die Weber und Wollspinnerinnen, für die Färber, für die Marktfrauen? Oder für mich?«

Albiera sah sie entgeistert an. *Wer setzt ihr nur solche Gedanken in den schönen Kopf?*, fragte sie sich. *Wenn Simonetta beginnt, solche Fragen zu stellen, dann verlieren wir sie bald ganz.*

»Solltest du dir nicht lieber Sorgen machen, was geschieht, wenn die Medici gewinnen und die Pazzi untergehen?«, gab sie zurück. »Das Wohl und Wehe deines Gatten hängt von unserem Schicksal ab, und du glaubst doch nicht, dass die Medici dich retten würden, wenn unser Haus untergeht?«

Simonetta hob eine Hand und strich behutsam über einige Schneeglöckchen, die in einem Glas auf ihrem Frisiertisch standen.

»Madonna, ist all das denn wirklich nötig?«, fragte sie dann, fast flehentlich. »Kann es denn nur darauf hinauslaufen, dass die eine Familie gewinnt, die andere verliert? War die Zeit, in der Ihr zusammengearbeitet habt, nicht viel besser für Florenz? Und für uns alle? Könnt Ihr Euch nicht versöhnen? Giuliano sagt, dass sich die Medici einen solchen Frieden wünschen würden.« Bei ihren letzten Worten wurde ihre Stimme weich.

Giuliano? Ich will verdammt sein! Ich hätte diese Gefahr längst erkennen müssen. Die häufigen Aufenthalte in der Via Larga, der ständige Umgang mit den Medici-Brüdern – natürlich musste sich Simonetta irgendwann in einen von beiden verlieben. Ausgerechnet Giuliano!

Sie musste ihre Taktik wechseln. »Kind«, sagte sie mit einer sanften Stimme, die normalerweise allein ihrer Tochter und ihren Enkelkindern vorbehalten war. »Ich bezweifele, dass ein solcher Frieden noch möglich wäre. Dieser Streit ist doch längst größer als die Pazzi oder die Medici, immerhin geht es hier auch um die Treue zum Heiligen Stuhl! Die Marktleute und Weber sind ebenso wie wir am besten beraten, wenn sie ihr Vertrauen auf Gott setzen, und unser größter Fürsprecher vor unserem Herrn ist nun einmal der Papst. Du weißt, dass Lorenzo sich mehr als einmal angemaßt hat, den Heiligen Vater herauszufordern? Und dass Sixtus ihm dies nicht so schnell verzeihen wird? Ich bin mir sicher, wenn der Segen der Kirche erst wieder vollständig auf Florenz ruht, dann werden auch all seine Bürger davon profitieren, und natürlich auch du.«

Simonetta sah sie nicht an, ihr Blick war noch immer auf die Winterblumen gerichtet. »Und die Medici? Was wird aus ihnen, wenn Eure Pläne gelingen?«

Albiera seufzte, als trüge sie eine schwere Bürde. »Das werden wir nicht allein zu entscheiden haben«, sagte sie. »Aber von mir aus können sie sich auf ihre Landgüter zurückziehen und dort ein gutes Leben leben, wenn sie schwören, nie mehr nach Florenz zurückzukehren.«

Simonetta schwieg eine Weile, dann hob sie doch den Blick. »Habt Dank, Madonna. Das beruhigt mich. Ich wollte nicht an Euch zweifeln, aber dieser Streit währt nun schon so lange, dass ich mich frage, wie gottesfürchtig es sein kann, ihn noch weiter fortzusetzen.«

»Das verstehe ich. Deshalb solltest du uns dabei helfen, ihn ein für alle Mal zu beenden, Simonetta«, sagte Albiera eindringlich und legte der jungen Frau eine Hand auf den Arm.

Sie fragte sich, ob Simonetta davon träumte, ihren gleichgültigen Ehemann zu verlassen und mit Giuliano ins Exil zu gehen. Eigentlich würde sie Simonetta solche Unvernunft nicht zutrauen, aber die Liebe ließ selbst die Klügsten zu Toren werden, und keine Frau war davor gefeit.

Albiera beschloss, den Gedanken weiterzuverfolgen.

»Je schneller wir die Oberhand in Florenz gewinnen, umso wahrscheinlicher ist es, dass der Heilige Vater Milde kennen wird, davon bin ich überzeugt. Wenn dein Gewissen es also verlangt, dass du dir um die Medici Sorgen machst, und sie vor einem schlimmeren Schicksal als der Verbannung bewahren willst, dann solltest du mir sagen, was du weißt. Begonnen mit diesem Turnier. Was ist der Grund dafür?«

Simonetta biss sich unschlüssig auf die Lippen. »Die Verhandlungen mit Venedig sind abgeschlossen, und die Verträge werden noch in diesem Jahr unterzeichnet«, sagte sie schließlich. »Das Turnier soll das neue Bündnis zwischen Mailand, Venedig und Florenz feiern.«

Also stimmt es. Sie wusste, dass Giuliano im Herbst in Venedig gewesen war und dort mit dem Dogenrat verhandelt hatte, aber noch hatte es keine offizielle Bekanntmachung in der *Signoria* zu den Ergebnissen gegeben.

»Warum hat Lorenzo das den *Priori* noch nicht gesagt? Ist das nicht ein Erfolg der Medici?«

»Er hofft darauf, dass Neapel noch einlenken und sich dem Bund anschließen wird. Deshalb will er nicht, dass der Papst zu früh davon erfährt, und dann Neapel womöglich selbst ein Angebot macht.«

Albiera lächelte. »Danke. Es war richtig, mir das zu erzählen.« Sie stand auf. »Aber jetzt will ich dich nicht länger von deinen Besorgungen abhalten.«

Simonetta sah verloren aus, und beinahe hätte sie Albiera leidgetan. *Es ist ein Spiel, das wir nicht alle gewinnen können*, dachte sie dann. *Und sich zu verlieben, ist ein entscheidender Nachteil dabei.*

KAPITEL 54

Florenz, Januar 1475

FIORETTA

Wenn die Preise weiterhin so steigen, müssen wir die *Anbetung* mit Bleiweiß und minderwertigem Rot beenden«, sagte Sandro düster, als sie Verrocchios Werkstatt erreichten. Fioretta wusste, dass Sandro sich nur schweren Herzens dazu entschieden hatte, herzukommen und Verrocchio um Unterstützung zu bitten. Aber sein früherer Meister hatte noch genug Farben in seinem Vorrat, während der lange, harte Winter bei ihnen dafür gesorgt hatte, dass ihnen alle Pigmente, die einen weiteren Weg hinter sich hatten, allmählich ausgingen oder unbezahlbar geworden waren.

»Wenn der Frühling beginnt, werden die Preise hoffentlich wieder fallen«, erwiderte Fioretta. »Sobald wieder mehr Schiffe ankommen.« Für einen Moment dachte sie an ihre Freundin Elena, die ihr erst kürzlich geschrieben hatte, dass der Hafen von Pisa noch immer wie ausgestorben sei und jeder in der Stadt das Frühjahr herbeisehne.

Als ein junger Lehrling, den Fioretta nicht kannte, Sandro und sie zu Verrocchio führte, sah sie, dass der Meister bereits einen Gast hatte. Lorenzo de' Medici saß bei einem Krug Wein mit Verrocchio in der Küche. Er hatte sich in einen schwarzen Mantel gehüllt und trug eine schwarze Kappe auf dem Kopf.

Ihr Mut sank augenblicklich.

»Kommt herein«, begrüßte Verrocchio sie verdächtig leutselig. »Es ist wirklich verflucht kalt heute, nicht wahr?« Ob seine Freundlichkeit dem Wein oder Lorenzos Anwesenheit geschuldet war, konnte Fioretta nicht sagen.

»Stören wir?«, wollte Sandro wissen. »Wenn dies ein schlechter Augenblick ist, können wir gerne später wiederkommen.«

»Nein, gar nicht«, sagte Lorenzo. »Ich freue mich, dass ihr hier seid! Was ich mit Maestro Verrocchio zu besprechen habe, geht euch auch an. Ich wäre sonst als Nächstes in die Via Nuova gekommen.«

Verrocchio warf Lorenzo einen überraschten Blick zu und griff dann zu dem Weinkrug, um seinen Becher neu zu füllen, bevor er auf zwei leere Stühle deutete. Fioretta sah, dass seine Hände bei der Bewegung leicht zitterten. Es stimmte also, was man sich in Florenz erzählte. *Es kann nicht mehr leicht für ihn sein, überhaupt noch zu malen.* Der Meister werde darüber immer verbitterter, hieß es.

»Ihr seid wegen der Farben hier, nicht wahr?«, sagte Verrocchio. »Vielleicht können wir uns gegenseitig helfen.«

Sandro sah seinen alten Meister fragend an, sagte aber nichts.

»Würdet Ihr erklären, was Ihr vorhabt?«, wandte sich Verrocchio an Lorenzo.

Lorenzo setzte sein gewinnendstes Lächeln auf. »Florenz wird in vier Wochen ein Turnier ausrichten, zu Ehren unseres neuen Abkommens mit Venedig und Mailand. Mein Bruder hat sich bei den Verhandlungen in der Lagune offenbar selbst übertroffen, und ich möchte, dass die Stadt ihn dafür feiert. Und natürlich ebenso den Erfolg der Medici.«

Fioretta hatte bereits gehört, dass es hauptsächlich Giuliano zu verdanken war, dass der Dogenrat in das neue Bündnis eingewilligt hatte, ein erster großer diplomatischer Erfolg für ihn.

»Das sind wunderbare Neuigkeiten!«, sagte Sandro sofort. »Was können wir tun, um diese Pläne zu unterstützen?«

»Zum einen braucht Giuliano eine Rüstung. Keinen Plattenpanzer, wie ihn ein Waffenschmied anfertigen würde, sondern einen Harnisch, der eines Cäsaren würdig wäre, verziert mit Edelmetallen und Juwelen. Und dazu passend natürlich einen Helm und eine Standarte. Können eure Leute es übernehmen, so etwas anzufertigen?«

Fioretta versuchte, sich Giuliano mit einer solchen Prunkrüstung vorzustellen. Kein Wunder, dass Lorenzo allein und ohne ihn hergekommen war, sie konnte sich kaum vorstellen, dass das seine Idee gewesen war. Giuliano würde zwar das Turnier gewinnen wollen, wollte dabei aber vermutlich nicht wie eine geschmückte Heiligenstatue aussehen.

Verrocchio neigte den Kopf. »Domenico ist ein hervorragender Goldschmied. Er könnte unter meiner Anleitung mit ein paar Lehrlingen eine solche Rüstung herstellen, wenn du, Sandro, die Standarte übernimmst.«

»Das kann ich tun. Zusammen mit Fioretta«, gab Sandro zurück, und sie war ihm dankbar dafür. Seit sie hier angekommen waren, hatte Verrocchio praktisch noch keine Notiz von ihrer Existenz genommen.

»Natürlich«, murmelte Verrocchio. »Zusammen mit dir, Fioretta.«

»Was soll die Standarte zeigen?«, fragte sie. Vier Wochen waren eine kurze Zeit für einen solchen Auftrag.

Lorenzo legte zwei Finger der Linken an sein Kinn und schien zu überlegen, eine elegante Geste, die Fioretta vorher noch nie bei ihm gesehen hatte. »Das Banner sollte die ritterlichen Tugenden repräsentieren«, sagte er. »Iustitia, virtus, amor.«

»Gerechtigkeit, Stärke, Liebe«, murmelte Fioretta. Der Leitspruch war nicht ungewöhnlich. Die Wettkämpfe auf dem Feld vor Santa Croce standen immer im Zeichen höfischer Traditionen, und von den Teilnehmern wurde erwartet, dass sie ihre Siege einer Dame widmeten, deren Farben sie trugen.

»Was für ein wunderbares Motto für eine *Giostra!*«, rief Sandro. »Da kommt mir sofort eine Idee für das Banner, von dem du sprichst. Wie wäre es mit Pallas Athene als Motiv? Die Eros widersteht?«

»Die Göttin des Kampfes? Das ist hervorragend!«, sagte Lorenzo begeistert. Dann sah er sie beide besorgt an. »Könnt ihr das Banner überhaupt so schnell fertigbekommen? Geld spielt keine Rolle, wenn ihr andere Aufträge verschieben müsst, komme ich dafür auf.«

Sandros Lächeln wurde bei Lorenzos Worten vielleicht noch etwas breiter. »Tatsächlich würde sich hauptsächlich die Arbeit an der *Anbetung* verschieben. Aber vor allem anderen brauchen wir neue Farben ...«

»Natürlich wäre es kein Problem, euch die Farben zur Verfügung zu stellen«, beeilte sich Verrocchio zu sagen, bevor er noch einen Schluck Wein trank. »Wenn Ihr mir ihren Wert ersetzt.«

»Natürlich!«, bekräftigte Lorenzo. »Was immer notwendig ist, damit mein Bruder als der strahlende Ritter von Florenz bei dem Turnier auftreten kann.«

Fioretta glaubte, einen bitteren Unterton in seiner Stimme zu hören, aber vielleicht bildete sie sich das auch nur ein.

»Wir werden mindestens einmal an Giuliano Maß nehmen müssen«, sagte Verrocchio. »Schickt ihn bitte so schnell wie möglich zu uns. Und willst du, Sandro, gleich hierbleiben, damit wir mit Domenico sprechen können?«

»Giuliano wird sicher gern zu euch kommen«, versicherte ihnen Lorenzo. »Ich werde mich auf den Weg machen. Fioretta, willst du mich begleiten?«

Sie seufzte innerlich, nickte aber, als Sandro sie warnend ansah. »Selbstverständlich«, sagte sie und konnte Sandros Erleichterung fast spüren.

»Geht es dir gut?«, wollte Lorenzo wissen, als sie gemeinsam die Via della Scala entlangliefen, während der schneidende Wind an ihren Mänteln und Haaren zog.

»Sehr gut«, gab sie reserviert zurück.

»Sehr gut? Mehr kannst du mir nicht verraten?«

Was will er denn wissen? »Es ist schön, wieder in Florenz zu sein«, gab sie zu.

»Ich freue mich ehrlich, dass du zurückgekommen bist«, erwiderte Lorenzo. »Ich weiß nicht, ob du das hören willst, aber es tut mir leid, dass ich dich gebeten habe, fortzugehen«, fuhr er leiser fort, so leise, dass seine Worte beinahe vom Wind verschluckt worden wären.

Seine Worte trafen sie unvorbereitet, und sie sah ihn zweifelnd von der Seite an. »Sagst du das, weil Giuliano ohnehin kein Wort mehr mit mir spricht?«, fragte sie. »Jetzt, wo er seine Zuneigung ganz Simonetta schenkt, nach allem, was man sich erzählt?«

Lorenzo senkte den Blick. »Es stimmt, dass Giuliano eine Affäre mit Simonetta begonnen hat«, sagte er. »Mein Bruder wird wohl nicht mehr zu großer Weisheit gelangen, was Frauen angeht.«

»Vielen Dank«, gab Fioretta trocken zurück.

»So war das nicht gemeint«, sagte Lorenzo und hob entschuldigend die Hände. »Ich dachte dabei nicht an dich.«

Sie ging nicht weiter darauf ein. »Zumindest kann Giuliano nicht auf die Idee kommen, Simonetta heiraten zu wollen, nicht wahr?«, fragte sie stattdessen.

»Das ist ohne Zweifel einer von Simonettas vielen Vorzügen. Ich glaube aber auch nicht, dass Giuliano das wirklich wollen würde, selbst wenn sie nicht schon verheiratet wäre. Simonetta ist eine perfekte Geliebte für ihn. Die schönste Frau von Florenz, um die ihn alle Männer beneiden, auch ich. Und gleichzeitig besteht keine echte Gefahr für sein Herz. Ich glaube, er liebt mehr den Gedanken, Simonettas Geliebter zu sein, als sie selbst.«

Sie wusste nicht, was sie dazu sagen sollte. Lorenzos Worte klangen aufrichtig, aber welchen Grund konnte er haben, ihr einen solchen Einblick in seine Gedanken zu gewähren? *Was bezweckt er damit?* Wollte er sie auf seine verdrehte Art trösten? Was immer es war, es schien ihr besser, ihre eigenen Gedanken für sich zu behalten.

»Wie immer dies endet, ich wünsche ihm nur das Beste«, sagte sie also, mit so viel Überzeugung in der Stimme, wie sie aufbringen konnte.

»Das ehrt dich, denn er benimmt sich dir gegenüber wirklich wie ein Narr«, sagte Lorenzo. »Du weißt, ich habe dich immer bewundert«, fuhr er dann langsam fort. »Du hast immer mehr gewollt, als das Schicksal für dich vorgesehen hatte, und du hast dich nicht darin beirren lassen, zu versuchen, deine Ziele zu erreichen – darin sind wir sind uns nicht unähnlich, Fioretta, denn das sind Eigenschaften, die ich auch in mir selbst sehe.«

Fioretta senkte den Blick. *Stimmte das? Hatte sie mit Lorenzo mehr gemein, als sie wahrhaben wollte?*

»Die Wahl unserer Mittel ist allerdings unterschiedlich«, sagte sie dann. »Ich kann weder eine Armee ins Feld führen noch mir meine Wünsche mit der angemessenen Menge Goldes erfüllen.«

»Auch meine Wünsche sind nicht alle mit Gold käuflich«, gab er zurück. »Aber es stimmt dennoch, ich kann andere Mittel einsetzen, um meine Ziele zu erreichen. Aber leiste ich in deinen Augen denn gar nichts selbst?«, fragte er.

Himmel, hilf, dachte Fioretta. *Stehe ich hier wirklich mit Lorenzo Magnifico, der von mir eine Aufzählung seiner Tugenden hören möchte?*

»Du weißt, dass das nicht stimmt«, sagte sie nach kurzem Nachdenken. »Aber wäre nicht einer eurer Hofdichter geeigneter als ich, um all deine guten Eigenschaften zu preisen?«

Sie wusste, dass sie ihre Worte viel klüger hätte wählen müssen, und als sie Lorenzos getroffenen Gesichtsausdruck sah, taten sie ihr bereits leid.

»Deine Zunge ist in Pisa offenbar noch spitzer geworden, und dein Witz schärfer«, gab Lorenzo zurück.

»Du bist der klügste Mensch, den ich kenne«, sagte sie versöhnlich. »Du arbeitest unermüdlich für das Wohl von Florenz und das Wohl deiner Familie. Ich kann das sehen, und ich bewundere es.«

Er blieb stehen und sah sie forschend an. »Wirklich?«

Sie nickte.

»Wenn alles einen anderen Weg genommen hätte, wenn mein Vater noch lebte und ich nicht immer nur sein Erbe gewesen wäre, hätte es anders sein können?«, wollte er dann wissen. »Hätte es ein Leben geben können, in dem du mich Giuliano vorgezogen hättest?«

Fast hätte sie gelacht. Warum fragte er das? War er wirklich gekränkt gewesen, weil sie sich in Giuliano verliebt hatte? Weil er nicht ertragen konnte, dass Giuliano etwas besaß, das er nicht haben konnte?

Wie konnte es zwischen diesen beiden Brüdern nur so viel Liebe geben, und gleichzeitig so viel nie enden wollende, sinnlose Rivalität?

Hätte es denn geschehen können, dass du dich in Lorenzo verliebt hättest?, fragte sie sich für einen Moment, und war selbst überrascht, dass sie die Antwort nicht wusste.

»Die Frage ist sinnlos, Lorenzo«, sagte sie dann schließlich leise. »Und weder du noch ich können etwas gewinnen, wenn wir sie beantworten.«

Er lächelte wieder und senkte den Blick. »Wie immer die kluge Fioretta«, antwortete er.

»Das bin ich nie wirklich gewesen«, gab sie zurück. »Wäre ich es, hätte ich mich von euch ferngehalten, als ich alt genug dazu war.«

»Wenn du das denkst, bin ich froh, dass du nicht so klug warst. Und Giuliano sicher ebenfalls.«

Das wage ich zu bezweifeln. Einen Augenblick lang schwiegen sie beide.

»Wir sind da«, erklärte Fioretta dann, als San Salvatore vor ihnen auftauchte.

»Gut, dann leb wohl und gib auf dich acht«, sagte Lorenzo.

»Richte Clarice meine Grüße aus«, bat Fioretta. »Ich hoffe, es geht ihr gut.«

»Das werde ich. Wir sehen uns auf dem Turnier«, sagte Lorenzo und sah sie wieder mit diesem schwer zu deutenden Blick an. »Clarice würde sich sicher freuen, dir einen Platz auf unserer Tribüne anzubieten. Und ich mich ebenfalls.«

»Nein danke«, gab Fioretta zurück. »Ich gehöre nach wie vor nicht zu den Medici.«

»Das ist schade«, sagte er. »Falls du deine Meinung änderst, ist dir dein Platz sicher.«

KAPITEL 55

Florenz, Januar 1475

GIULIANO

Ich komme mir lächerlich vor«, sagte Giuliano, als Lorenzo das letzte Stück der silbern glänzenden Rüstung an seiner Schulter befestigte. Der Harnisch war die prächtigste Rüstung, die er je gesehen hatte, über und über verziert. Allerdings war die Brustplatte überraschend leicht und nicht unbedingt dazu geeignet, um in eine Schlacht zu ziehen, aber auf jeden Fall dafür, um alle Blicke auf ihn zu lenken. *Was Lorenzos Absicht gewesen sein dürfte, als er die Arbeit in Auftrag gegeben hat.*

Auf Giulianos Brust prangte das Wappen der Medici. Fünf der Kugeln darauf wurden durch rote Edelsteine dargestellt, die sechste, oberste, war ein geschliffener Saphir, der selbst im fahlen Licht der Wintersonne glitzerte, das in das Zimmer fiel. Giuliano strich mit der behandschuhten Hand über die Juwelen. »Wirklich, ich bin herausgeputzt wie eine Braut. Das ist doch eher eine Mitgift als eine Rüstung!«

»Ach, Unsinn, Bruder!«, sagte Lorenzo gut gelaunt. »Wir haben heute etwas zu feiern, nämlich dich. Du hast das neue Abkommen für uns geschlossen, und wir wollen vor unseren neuen Verbündeten doch nicht dastehen wie arme Verwandte vom Land, oder?«

Bevor das geschieht, friert die Hölle zu, dachte Giuliano. Obwohl sein Bruder mit seiner schwarzen, goldbestickten *Veste* ein gutes Stück unauffälliger gekleidet war als er selbst, zeigten die schwere Goldkette und die mit Edelsteinen besetzten Ringe an seinen Fingern doch ebenso seinen Status an, auch ohne Rüstung.

»Es ist schade, dass du heute nicht auch antrittst«, sagte Giuliano zu ihm.

»Meine Tage beim Lanzenstechen sind vorbei«, gab Lorenzo zurück. »Heute wirst du auf Morello zum Sieg reiten.« Obwohl die Worte in einem heiteren Tonfall vorgetragen wurden, wusste Giuliano, wie sehr es seinen Bruder schmerzte, dass seine Krankheit mehr und mehr Raum in seinem Leben einnahm und er mit seinem Lieblingspferd Morello nur noch Ausflüge machen konnte, statt Wettkämpfe mit ihm zu bestreiten.

Giuliano strich noch einmal über die Edelsteine. »Ich glaube nicht, dass die Venezianer denken würden, dass wir verarmt sind, wenn Verrocchio es etwas weniger übertrieben hätte.«

»Ach was. Du siehst wie ein Held aus den Mythen und Legenden aus, bereit, die Stadt gegen jeden Feind zu verteidigen. Die Leute werden dich lieben.«

»Wenn du es sagst«, erwiderte Giuliano, immer noch skeptisch. »Ich bin mir nicht sicher, was Vater dazu gesagt hätte.«

»Oh, ich bin mir sicher, dass er es gehasst hätte«, sagte Lorenzo und grinste ihn an. »Aber dann denke ich daran, dass heute ein Medici gewinnen wird, dem niemand einen Sieg kaufen musste.«

»Wie kannst du dir so sicher sein, dass ich gewinne?«, fragte Giuliano, das Echo einer Frage vergangener Tage.

»Ich weiß, was du kannst«, sagte Lorenzo schlicht. »Und ich glaube an dich.«

Noch bevor er etwas erwidern konnte, betrat seine Mutter das Zimmer. Lucrezia war ebenfalls in ihre besten Gewänder gekleidet; natürlich würde sie ihre Söhne nach Santa Croce begleiten und wie all ihre Verwandten beim heutigen Turnier zugegen sein.

»Du siehst königlich aus«, stellte sie zufrieden fest, nachdem sie Giuliano gemustert hatte. »Die Rüstung ist ein Meisterwerk und genau richtig für meinen schönen Sohn.« Sie stellte sich auf die Zehenspitzen und küsste ihn auf die Wange.

»Wir müssen uns auf den Weg machen, Mama«, sagte Lorenzo. »Auf der Straße wartet schon die halbe Stadt, um ihren Helden zu begrüßen!«

Tatsächlich hatte sich vor dem Haus schon ein ganzer Zug versammelt, der aus Anhängern der Medici bestand und von einem Trupp Musikanten begleitet wurde. Giuliano schwang sich auf das schwarze Pferd, das für ihn an der Spitze des Zuges bereitgehalten wurde und das sein Bruder ihm extra für den heutigen Tag überlassen hatte.

Lorenzo, Lucrezia, Clarice und Piero und ein halbes Dutzend weiterer Verwandter schlossen sich ihm an. Unter dem Jubel der Umstehenden setzte sich der Tross langsam in Richtung Santa Croce in Bewegung.

Auf der Piazza, die sich vor der Kirche Santa Croce erstreckte, hatte sich hinter einigen hölzernen Balustraden bereits eine große Menschenmenge versammelt, die den abgesteckten Turnierplatz säumte. Vor den Häusern zur Linken und Rechten waren Zeltplanen gespannt worden und Tribünen aufgebaut, auf denen die vornehmen Bürger und Bürgerinnen saßen, während alle anderen dem Turnier stehend zusehen würden. Die meisten Schaulustigen waren gegen die Kälte in dicke Mäntel und Tücher eingewickelt. Aus ihren Mündern stieg weißer Atem auf.

Als der Zug der Medici den Platz erreichte, erhob sich eine Vielzahl von Stimmen. »Palle, palle«, riefen die Menschen, »Medici«, aber auch »Giuliano«.

Er nahm den Helm ab und grüßte die Menge, die ihm mit begeisterten Rufen antwortete. *Sie setzen auf mich,* erkannte er. *Sie wollen, dass ich gewinne.*

An den beiden Schmalseiten des Platzes waren kleine Zelte für die Kontrahenten aufgebaut. Giuliano lenkte sein Pferd zu dem Zelt, das der Kirche gegenüberlag und das mit ihrem Banner geschmückt war.

Plötzlich entdeckte er Fioretta in der Menge, in einer Gruppe, in der sich auch Leonardo und Domenico Ghirlandaio befanden. Er wollte sie schon grüßen, aber dann besann er sich eines Besseren.

Der Großteil ihres Trosses verteilte sich langsam unter den Schaulustigen. Lucrezia ritt zu der für sie reservierten Tribüne.

Lorenzo und er stiegen erst vor dem Zelt ab. Im Inneren wartete Sandro Botticelli bereits auf ihn. Er wirkte nervös. Der junge Maler hielt ein Gestänge in der Hand, auf dem das Banner befestigt war, mit dem Giuliano heute in das Turnier reiten sollte.

Hinter Sandro trat zu Giulianos Überraschung Simonetta hervor. »Da bist du ja«, sagte sie, mit Wangen, die die Kälte gerötet hatte. »Du siehst ... prachtvoll aus.«

»Das höre ich heute öfter«, gab Giuliano zurück. »Was für eine schöne Überraschung, dass du hier bist.«

Simonetta berührte Sandro leicht an der Schulter. »Zeig Giuliano, was wir für ihn gemacht haben«, sagte sie. Die Aufregung in ihrer Stimme war nicht zu überhören.

Sandro überreichte ihm das Banner. »Simonetta als Pallas Athene«, sagte der Maler. »Etwas Größeres konnte ich nicht schaffen.«

Giuliano stockte der Atem. Das Bild war ein Meisterwerk. Die Rüstung der Pallas Athene hob Simonettas Schönheit noch hervor. Ihre rotgoldenen Locken quollen unter dem Helm hervor, und ihr Gesichtsausdruck war entschlossen, sich nicht von Eros besiegen zu lassen. *La Sans Pareille,* stand darunter. *Die Unvergleichliche.*

»Es ist perfekt«, sagte er.

Simonetta lächelte. »Sandro hat mir versprechen müssen, dass er es dir nicht vorher zeigt.«

»Und wer widerspricht ihr schon, nicht wahr?«, fragte er, an Sandro gewandt. »Soll ich das Banner wirklich heute tragen?«

Für einen Moment schoss ihm durch den Kopf, dass er damit ihre Affäre endgültig für alle Augen sichtbar machte. Mit ihrem Banner in den Wettkampf zu ziehen, würde vielleicht auch ihren Ehemann verärgern, der sich bislang alle Mühe gegeben hatte, Simonettas Tun zu ignorieren. Aber bei einem so öffentlichen Liebesbeweis würde er sich vielleicht gezwungen sehen, Stellung zu beziehen?

Er warf Lorenzo einen Blick zu. Sein Bruder sah ebenfalls nicht allzu erfreut aus, er verzog den Mund auf eine kaum merkliche Weise, die alle anderen vermutlich nicht bemerkten – aber Giuliano kannte ihn zu gut.

»Natürlich«, sagte Lorenzo laut. »Es ist ein Werk, das selbst den größten Künstlern der Antike zur Ehre gereicht hätte, und es wird dem Turnier mehr als nur gerecht.«

Davon war auch Giuliano überzeugt. Er hätte Simonetta in diesem Moment gerne geküsst, wusste aber natürlich selbst, wie unpassend das gewesen wäre.

Er zögerte kurz.

»Was ist los, Bruder?«, fragte Lorenzo lachend. »Bekommst du etwa Angst?«

Er schüttelte den Kopf.

»Ich bringe Simonetta und Sandro zu unserer Tribüne«, sagte Lorenzo, als das Trompetensignal ertönte, das den Kampf ankündigte.

Giuliano trat vor das Zelt und stieg wieder auf sein Pferd, das ein Knappe für ihn bereithielt. Er klappte das Visier nach unten und hakte die Lanze ein.

»Mach die Medici stolz«, rief Lorenzo und gab Giulianos Pferd einen Klaps auf die Hinterhand. Das Tier setzte sich in Bewegung, und ihm blieb keine Zeit mehr, nachzudenken. Jetzt gab es nur noch das Turnier und seinen ersten Gegner.

Die Menge schrie und wurde zu einem undeutlichen Strudel aus Gesichtern, den er dank des Helms kaum wahrnahm. Er hakte die Lanze ein, und das Donnern der Hufe auf dem mit Sand ausgestreuten Boden tönte laut in seinen Ohren. Durch den schmalen Sehschlitz des Visiers sah er seinen Gegner herannahen, der nicht weniger entschlossen schien, als er es selbst war.

Er hielt sein Pferd gerade, stürmte auf den Angreifer zu, dann ertönte ein Knall, von dem er erst einen Augenblick später erkannte, dass es der Zusammenprall der gegnerischen Lanze mit seiner Rüstung gewesen war. Der Treffer, den er selbst gelandet hatte.

Der Stoß fuhr ihm durch den ganzen Körper, aber er hielt sich im Sattel, aufrecht. Die Rufe der Menge wurden noch lauter, als sein Gegner zu Boden fiel.

Die Menge schrie seinen Namen, und es war, als kreiste Feuer in seinen Adern. Heute konnte er nicht verlieren.

TEIL IV

KAPITEL 56

Florenz, März 1476

ALBIERA

Ein Blitz erhellte die Dunkelheit vor ihrem Fenster, und der Donner folgte fast sofort darauf. Das Gewitter, das sich über der Stadt entlud, hatte Albiera früh geweckt, und sie konnte nicht wieder einschlafen. *Ich kann genauso gut aufstehen und einige Briefe schreiben, solange es im Haus noch ruhig ist,* dachte sie.

Sie hatte sich gerade erst an ihren Schreibtisch gesetzt, als aus dem Stockwerk unter ihr laute Stimmen ertönten, gefolgt von einem Schrei.

Sie seufzte. So viel zu einem Moment der Ruhe, um endlich ihre Korrespondenz abarbeiten zu können. Hinter ihren Schläfen begann es zu pochen, als die Stimmen weiter anschwollen, und sie beschloss, nachzusehen, was den Aufruhr verursachte.

Sobald sie den Fuß der Treppe erreichte, sah sie Francesco, der offenbar gerade erst nach Hause gekommen war. Seine Kleidung war völlig durchnässt, und er sah aus wie ein Streuner. Sein Hemd war halb aufgeschnürt, er hatte seine Kappe verloren, und das dünne blonde Haar klebte ihm nass am Kopf. Er war in Begleitung zweier junger Frauen, die noch unpassender gekleidet waren als er, und deren Schminke und Aufmachung keinen Zweifel daran ließen, was sie waren.

Vor den dreien stand Francescos Ehefrau Novella. Sie trug nur ihr Unterhemd, und ihr Haar war wohl noch vom Schlaf zerzaust. »Auf keinen Fall werde ich dich mit den beiden Huren in unser Schlafzimmer lassen«, schrie sie eben.

»Du kannst ja gehen, wenn es dir nicht passt«, erwiderte Francesco mit schwerer Zunge. Offenbar war er betrunken, was zu seinem Aufzug passte. Eines der beiden Mädchen, wohl ebenfalls nicht nüchtern, begann zu kichern, und Francesco legte ihr besitzergreifend eine Hand auf die Brust.

Francesco hielt kurz inne, als er Albiera auf der Treppe entdeckte. »Ciao Tante«, lallte er. »Kannst du meine lästige Frau wegschaffen? Ich muss … ins Bett.«

Novella hob zu einer Erwiderung an, brach aber stattdessen in Tränen aus.

Albiera spürte, wie ihr Kopfschmerz mit jedem Augenblick stärker wurde. *Warum war Jacopo nie da, wenn sie ihn einmal brauchte?* »Ich würde ja fragen, was hier los ist, aber das ist ja offensichtlich. Also frage ich lieber, was du dir bei diesem unwürdigen Auftritt denkst?«

Francesco sah sie mit glasigen Augen an. »Was? Ich will nur ins Bett, verflucht noch mal, und dort endlich zu meinem Recht kommen. Und mein tugendhaftes Eheweib steht mir dabei im Wege. Also entweder kommst du mit ins Bett, Novella, oder du kannst verdammt noch mal auf der Straße schlafen.«

»Warum tust du das nur, Francesco?«, stieß Novella zwischen zwei Schluchzern hervor. »Fühlst du dich jetzt endlich Manns genug?«

Unbedacht, einen Betrunkenen zu reizen, dachte Albiera noch, dann stieß Francesco mit einer überraschend schnellen Bewegung die beiden Mädchen weg, machte einen Satz auf Novella zu und schlug ihr mit der Faust ins Gesicht. Novella stieß einen Schrei aus und taumelte zurück. Francesco setzte ihr nach und schlug sie erneut, erst gegen einen Arm, dann gegen die Brust. »Halt dein Maul!«, schrie er, mit vor Wut verzerrten Zügen.

»Das reicht«, brüllte Albiera aus vollem Hals, lief die letzten Treppenstufen hinunter und ergriff Francescos Arm. Er stank nach Schweiß und Wein, und sein Gesicht war knallrot angelaufen. Einen Augenblick lang fürchtete Albiera, dass er auch sie schlagen würde, aber sie zwang sich, nicht zurückzuweichen, und hielt seinem Blick stand.

Schließlich ließ Francesco die Fäuste sinken und stieß hörbar den Atem aus. »Gott verdamme euch Weiber«, sagte er. »Ihr wurdet wahrlich als Geißel des Mannes erschaffen.«

»Das mag so sein, Francesco«, gab Albiera so ruhig wie möglich zurück. Aus den Augenwinkeln konnte sie sehen, dass das Spektakel mittlerweile einige Diener angezogen hatte, die oben von der Treppe aus zu ihnen hinuntersahen.

Ein Grund mehr, das hier so schnell wie möglich zu beenden.

»Aber du solltest jetzt auf jeden Fall zu Bett gehen und deinen Rausch ausschlafen.«

Francesco sah unsicher zu der am Boden kauernden Novella, dann zu den beiden jungen Frauen, die zur Eingangstür zurückgewichen waren. Er ließ die Schultern sinken und wirkte plötzlich überhaupt nicht mehr bedrohlich, sondern eher jämmerlich, ein kleiner Mann in durchweichten Kleidern. Er nickte und ging ohne ein weiteres Wort die Stufen hinauf.

Albiera wartete, bis er verschwunden war. Dann drehte sie sich zu den beiden jungen Frauen um. »Verschwindet von hier!«, herrschte sie sie an.

»Madonna, Euer Sohn hat noch nicht gezahlt«, gab eine von ihnen zurück, die Albiera offenbar für Francescos Mutter hielt.

»So wie es aussieht, hat er ja auch noch nichts für sein Geld bekommen«, sagte Albiera eisig. »Raus hier. Sofort.«

Eine weitere Aufforderung brauchten die Frauen nicht. Sie verließen das Haus, leise Verwünschungen murmelnd.

Als Albiera zur Treppe hinaufsah, war die Dienerschaft verschwunden. *Wenigstens das.*

Sie setzte sich neben Novella auf den Boden, die aber außer einem Schluchzen kaum etwas herausbrachte. Schließlich reichte Albiera ihr ein Tuch, damit Novella sich die Nase schnäuzen konnte.

Sie seufzte. In den letzten Monaten hatte sich Francesco immer häufiger gehen lassen, aber so schlimm wie heute war es noch nie gewesen. Er fühlte sich in der Pazzi-Bank unnütz und in der *Signo-*

ria zu wenig gewürdigt, während den Medici seit einiger Zeit alles zu gelingen schien. Seitdem Lorenzo das Bündnis mit Venedig verkündet hatte und Giuliano von der ganzen Stadt als Turniersieger gefeiert worden war, hatte Albiera ihren Neffen deutlich häufiger betrunken als nüchtern gesehen. Er hatte Giuliano schon früher nur schwer ertragen können, aber mittlerweile war er wie ein rotes Tuch für Francesco, und immer häufiger folgte eine durchzechte Nacht in den Hurenhäusern der Stadt, wenn Francesco ihn getroffen hatte.

»Was soll ich denn jetzt machen?«, nuschelte Novella neben ihr. Francesco hatte sie an der Wange getroffen, die nun anzuschwellen begann.

»Du solltest dich zunächst einmal anziehen«, gab Albiera mit einem Blick auf Novellas *Camicia* zurück. »Wasch dir das Gesicht und dann iss etwas. Wenn Francesco aufwacht und sich die Seele aus dem Leib gekotzt hat, werde ich mit ihm sprechen, und dafür sorgen, dass er keine Huren mehr herbringt.«

Novella starrte sie an, mit einem von Tränen und Rotz verschmierten Gesicht.

Albiera zog die Schultern hoch. »Was dein Mann in der Stadt tut, kannst du nicht beeinflussen. Du kannst nur versuchen, dir hier im Haus dein Recht zu verschaffen.«

Novella nickte und stand auf, so langsam, wie man es von einer dreimal so alten Frau erwartet hätte.

Albiera brachte sie zu ihrem Zimmer, dann ging sie ruhelos im Haus umher. *Ich muss etwas unternehmen.* Die jüngsten Erfolge der Medici begannen, ihre Familie zu zermürben. *Wir brauchen einen Erfolg. Einen Sieg oder besser noch: eine Niederlage der Medici.*

Was haben wir, woraus sich ein schneller Nutzen ziehen ließe?

Sie kehrte an ihren Schreibtisch zurück und sah auf die Briefe, die sie in den letzten Wochen erhalten hatte. Unschlüssig ließ sie Papier zwischen ihren Händen hin- und hergleiten, trennte Berichte von Gerüchten, und Bittbriefe von blumigen Schmeicheleien säumiger Schuldner. Schließlich fiel ihr die Nachricht eines Vertrauten in die Hand, der für die *Ufficiali di notte* arbeitete und ihr in unregelmäßigen Abständen davon berichtete, was in den Nachtbriefkästen angezeigt worden war. Meist waren die Informationen für sie nicht weiter von Belang, aber heute blieb ihr Blick daran hängen, dass jemand offenbar eine Anklage gegen die Werkstatt Sandro Botticellis erhoben hatte. Unzucht und Sodomie seien dort gang und gäbe. Der Verfasser der Anzeige hatte einige Namen genannt, die in der *Bottega* gottlosen Praktiken frönen sollten, darunter auch Leonardo da Vinci und Luca Tornabuoni. Bislang, so schrieb ihr Cousin, habe die Justiz in dieser Sache jedoch noch nichts unternommen.

Luca Tornabuoni, Lucrezia de' Medicis Neffe. Wenn die Anzeige auch nur einen wahren Kern hatte, sollte sich daraus etwas machen lassen. Mindestens ein Skandal für die Medici und vielleicht sogar ein Prozess und eine harte Strafe für die Beschuldigten.

Aber dafür musste sie erst einmal mehr über die Sache in Erfahrung bringen – stimmten die Beschuldigungen so, wie sie ausgesprochen worden waren? Oder steckte weniger oder vielleicht sogar mehr dahinter?

Sie dachte kurz an Simonetta. Früher hätte sie sich sofort an die junge Frau gewandt, um herauszufinden, was es mit Lucas Umtriebigkeit auf sich hatte. Aber Simonetta hatte ihr Neuigkeiten und Klatsch aus der Via Larga in den letzten Monaten nicht mehr weitergetragen und mied sie, so gut es nur ging.

Ich habe ihr Verhalten zu lange ignoriert, dachte Albiera. *Sie ist mir entglitten, und ich habe nichts unternommen. Vielleicht ist es an der Zeit, ihre Liebschaft mit Giuliano zu einem Ende zu bringen, und sie daran zu erinnern, wo sie und ihr Ehemann ohne die Gunst der Pazzi wären. Bevor es so weit kommt, dass sie uns an die Medici verrät.* Es war ein Jammer, Simonetta zu verlieren, die ihr in den letzten Jahren so nützlich gewesen war, aber sie musste der Tatsache ins Auge sehen, dass sie ihr ohnehin nicht mehr vertrauen konnte.

Albiera sah zum Fenster hinaus. Das Gewitter war vorübergezogen, und der Regen war zu einem beruhigenden Nieseln geworden. *Simonetta und Leonardo. Zwei Skandale, um den Ruf der Medici zu untergraben.*

Sie griff zur Feder und begann zu schreiben.

KAPITEL 57

Florenz, März 1476

GIULIANO

»Ihr habt siebzehn Zeugen in Eurer Sache mitgebracht, Signore? Das allein spricht für Eure Schuld«, zitierte Lorenzo lachend Angelo Poliziano, als sie den Palazzo della Signoria verließen, und schlug dem jungen Gelehrten dabei spielerisch gegen die Schulter.

Giuliano stimmte in das Lachen ein. »Du hast deine Sache wirklich gut gemacht, Angelo«, sagte er. Sie hatten in der *Signoria* über einen komplizierten Streit zwischen zwei Handelshäusern beraten, und Angelos Argumente hatten die Versammlung schließlich überzeugt, im Sinne der Medici abzustimmen.

»Habt Dank!« Poliziano verneigte sich höflich. Er war ein stämmiger junger Mann mit einer vorspringenden Nase, und ein scharfer Denker, der ebenso gut Spottgedichte wie elegante Sätze schrieb; Giuliano war nicht überrascht, dass Lorenzo den Gelehrten mochte und ihn zum Hauslehrer seiner Kinder gemacht hatte.

»Wir gehen zur *Arte del Cambio* hinüber und kümmern uns darum, dass alles gleich so in die Listen der Gilde eingetragen wird, wie es heute beschlossen wurde«, sagte Lorenzo.

»Dann werde ich mich hier verabschieden«, sagte Angelo und verneigte sich ein weiteres Mal.

Giuliano und Lorenzo schlugen den kurzen Weg über die Piazza vor dem Palazzo della Signoria ein, um zum Sitz der Gilde, der *Arte del Cambio* zu gelangen. Als sie näher kamen, sah Giuliano, dass sich vor dem Gebäude eine Gruppe von Männern versammelt hatte. Die meisten von ihnen waren heute auch in der *Signoria* gewesen, aber er entdeckte auch Marco Vespucci in ihrer Mitte, der nicht zu den *Priori* oder dem Rat der Einhundert gehörte. Er gestikulierte aufgeregt mit den Händen und schien Jacopo de' Pazzi etwas zu erklären, der neben ihm stand.

Pazzi und Vespucci? Was tun sie da miteinander?, dachte Giuliano, als Jacopo den Arm ausstreckte und in ihre Richtung deutete. »Da sind sie!«, rief er und warf ihnen einen feindseligen Blick zu.

Lorenzo verging sofort die gute Laune. »Was ist da los?«, wisperte er Giuliano zu.

»Ich habe keine Ahnung«, gab Giuliano ebenso leise zurück.

Giuliano sah, dass Marco Vespucci vortrat, und ihn überkam plötzlich ein ungutes Gefühl. Er hatte sich seit Monaten bemüht, Vespucci aus dem Weg zu gehen, seitdem er die Liebschaft mit Simonetta begonnen hatte.

»Du!«, brüllte Vespucci und trat auf Giuliano zu. »Erklär dich, du Hundesohn!«

Lorenzo hob abwehrend die Hände und trat vor, um sich vor Giuliano zu stellen. »Marco!«, rief er. »Was meinst du?«

»Was ich meine? Dein Hurenbock von einem Bruder hat meine Frau verführt!«

Merda!, dachte Giuliano. Er war völlig überrumpelt. In all der Zeit mit Simonetta hatte er nie das Gefühl gehabt, dass sich Marco Vespucci sonderlich dafür interessierte, was seine Frau tat, und er hatte nur wenig Gedanken an ihn verschwendet.

»Natürlich, die Medici«, rief Jacopo de' Pazzi verächtlich. »Es gibt in dieser Familie keinen Respekt für die Heiligkeit der Ehe und auch keinen Sinn für die Ehre anständiger Männer.«

Selbst Lorenzo schienen für den Moment die Worte zu fehlen. Er sah von einem zum anderen. Die übrigen Männer, die sich vor der *Arte del Cambio* versammelt hatten, sahen sich das Schauspiel neugierig an. Giuliano war sicher, dass sich die Gerüchte darüber wie ein Lauffeuer in der Stadt verbreiten würden.

»Marco, ich …«, begann Giuliano.

»Ich habe den Medici immer meine Freundschaft bekundet«, fuhr Vespucci fort, ohne ihn anzuhören. »Aber so seid ihr nun einmal. Wenn euch etwas gefällt, dann denkt ihr, dass es auch euch gehören muss.«

»Genau! Gesetze gelten immer nur für andere!«, ertönte eine Stimme aus dem Kreis der Umstehenden.

»Schande über dich und die Medici, Giuliano«, erklärte Jacopo de' Pazzi.

Giuliano sah Vespucci an. Er musste etwas sagen, *irgendetwas*. Er wusste nur nicht, was er zu seiner Verteidigung vorbringen konnte.

»Ich bin sicher, hier liegt nichts als ein Missverständnis vor«, erklärte Lorenzo an seiner Stelle. Aber selbst in Giulianos Ohren klangen die Worte hohl. »Warum gehen wir nicht alle hinein und sprechen wie zivilisierte Männer über das, was du Giuliano vorwirfst, Marco?«, fragte er.

»Ich habe deine Frau nicht verführt«, versuchte Giuliano noch anzubringen, aber Vespucci hatte sich so sehr in Rage geredet, dass es kein Halten mehr gab.

»Ach nein? Madonna Pazzi sagt etwas anderes. Jacopo hier kann es bezeugen.« Jacopo sah Marco unwillig an.

Albiera de' Pazzi?, dachte Giuliano, dessen Gesicht sich plötzlich taub anfühlte. *Was hat sie damit zu tun? Was soll das alles hier?*

Lorenzo erkannte offenbar ebenfalls, dass es nichts brachte, weiter hier zu stehen und sich öffentlich anschuldigen zu lassen. »Lass uns gehen«, raunte er Giuliano zu und ergriff dessen Arm.

»Marco, komm zu uns und rede mit uns, wenn du dich beruhigt hast«, bat er noch, bevor er sich umdrehte und Giuliano mit sich zog.

»Ja, verschwindet nur«, schrie Marco. »Aber ganz Florenz sieht inzwischen eure Schandtaten. Die Pazzi werden ...«

»Marco, sag nichts weiter«, herrschte Jacopo Marco Vespucci plötzlich an.

»Wir werden ...«

»Schweig!«

Offenkundig ist da etwas, das Vespucci nicht herausbrüllen soll, dachte Giuliano noch, bevor Lorenzo ihn von der Piazza in eine Seitenstraße zog, um sie beide vor den neugierigen Blicken und dem Tuscheln der Umstehenden in Sicherheit zu bringen.

»Ich habe keine Ahnung, was in Vespucci gefahren ist«, erklärte Giuliano, als sie in der Via Larga angekommen waren. »Warum um alles in der Welt sollte er uns ausgerechnet jetzt eine öffentliche Szene machen?«

»Ich weiß, dass du und Simonetta nie wirklich vorsichtig wart«, sagte Lorenzo grüblerisch. »Aber vielleicht hat er ja einen guten Grund, mit einem Mal nicht mehr in eine andere Richtung zu schauen? Habt ihr in letzter Zeit etwas getan, das Vespucci nicht länger ignorieren kann?«

Die Stimme seines Bruders klang neutral, aber Giuliano konnte die Missbilligung darin dennoch hören, ein Echo der Vorwürfe, die er sich in den dunklen Stunden der Nacht auch selbst machte. Er hatte immer gewusst, dass die Affäre mit Simonetta keine Zukunft hatte, aber dennoch Konsequenzen haben mochte.

Er dachte an sein letztes Treffen mit ihr zurück, das bereits zwei Wochen zurücklag. Dabei hatte sie Marco nicht einmal erwähnt, soweit er sich erinnerte. Seitdem hatte er sie nicht mehr getroffen, weil sie sich nicht wohlgefühlt hatte und einen hartnäckigen Husten auskurieren wollte.

»Wir haben uns nicht anders verhalten als sonst auch«, sagte er schließlich. »Ich kann mich an nichts erinnern, was geeignet gewesen wäre, Vespucci zu provozieren. Jedenfalls nicht seit dem Turnier.«

Es stimmte, er traf Simonetta meist an Orten, an denen er für die Verschwiegenheit bezahlte. Aber natürlich waren sie gemeinsam auf mehr als einem Bankett, mehr als einer Feier gewesen, und er wusste, dass weder sie noch er sich allzu große Mühe gegeben hatten, ihre Beziehung zu verbergen. *Verdammt, verdammt, verdammt!*

»Bist du sicher?«, hakte sein Bruder nach.

»Himmel, ja, Lorenzo, ich bin ganz sicher«, gab Giuliano gereizt zurück. »Frag dich lieber, woher Marcos plötzliches Interesse für seine Frau rührt. Und was die Pazzi damit zu tun haben.«

»Wenn die Pazzi davon wissen, könnten sie Marco unter Druck gesetzt haben«, überlegte Lorenzo. »Ich weiß nur nicht, welche Rolle Simonetta dabei spielt?«

»Das wüsste ich auch zu gerne.« Plötzlich wurde ihm klar, dass Simonetta möglicherweise in Gefahr war. Wer wusste schon, was Vespucci unternehmen würde, wenn er auf einmal seine eifersüchtige Seite entdeckt hatte?

Er stand entschlossen auf. Er musste zu ihr, musste Antworten auf seine Fragen finden.

»Was hast du vor?«, wollte Lorenzo wissen. Seine Stimme klang alarmiert.

»Ich gehe zu Simonetta. Ich will wissen, ob es ihr gut geht und was das alles zu bedeuten hat.«

»Bist du von Sinnen? Du musst dich ab jetzt völlig von ihr fernhalten, hörst du? Was sollen wir machen, wenn Vespucci dich jetzt bei seiner Frau antrifft?«

»Ich werde vorsichtig sein«, erklärte Giuliano. Dann stürmte er aus der Tür, bevor Lorenzo ihn aufhalten konnte.

Obwohl seine Gedanken in Unordnung waren, wusste er, dass Lorenzo insofern recht hatte, dass er unbedingt vermeiden musste, Marco Vespucci heute noch einmal zu begegnen. Also wartete er in einer Gasse im *Ognissanti* ab und beobachtete das kunstvoll bemalte Haus, in dem Simonetta und ihr Mann lebten.

Die Zeit schien ihm unmöglich langsam zu vergehen, aber als es vollständig dunkel geworden war, sah er Vespucci, der aus der Haustür trat und in Richtung des *Mercato* davonging. Er wartete einige Minuten, bevor er sich fester in seinen Mantel wickelte und zur Tür ging.

Es ist falsch, hierherzukommen. Der Gedanke hielt sich hartnäckig in seinem Hinterkopf, aber Giuliano ignorierte ihn dennoch, als er an der Tür klopfte.

Es dauerte nicht lange, bis ihm geöffnet wurde, und er gab der Frau, die ihn hereinließ, kaum Gelegenheit, ihn bei Simonetta anzukündigen, sondern folgte ihr direkt zu ihren Räumen.

Die Türe war nicht verschlossen, und er sah, dass Simonetta an ihrem Frisiertisch saß und sorgfältig ihr langes Haar bürstete. Offenbar machte sie sich gerade für die Nacht fertig. *Es geht ihr gut. Ihr ist nichts geschehen,* dachte er erleichtert.

Sie fuhr herum, als sie ihn hörte »Giuliano!«, rief sie überrascht. »Was tust du hier? Du musst sofort wieder gehen!«

Ich weiß, dachte er. Aber er lehnte sich stattdessen gegen eine Wand. Ihm war schwindelig. In seinem Inneren rangen die verschiedensten Gefühle miteinander: Der Zorn auf Marco und der Ärger über sich selbst, der Wunsch zu glauben, dass dies alles nur ein Missverständnis war, und die sichere Gewissheit, dass die Liebschaft, die sie verbunden hatte, so oder so vorbei war, und das Gefühl des Verlustes, das damit einherging.

Wie kann sie so ruhig hier sitzen? »Dein Mann hatte heute vor der *Arte del Cambio* einen großen Auftritt«, sagte er schließlich, um Worte und um seine Fassung ringend. »Er hat mir schwere Vorwürfe wegen uns gemacht. Sein Ausbruch traf mich ohne Vorwarnung. Wusstest du davon?« Er sah Simonetta an.

Sie antwortete zunächst nicht und ließ sich wieder auf den Stuhl sinken, von dem sie halb aufgestanden war. Sie hustete einige Male und sagte dann seltsam atemlos: »Nein, ich wusste nichts davon, dass er vorhatte, euch öffentlich anzugreifen.« Sie stieß den Atem aus. »Aber ich wusste, dass er es nicht länger dulden wird, dass wir uns sehen.«

Giuliano senkte die Augen. *Warum wirkt sie, als ob sie das alles gar nichts anginge? Marcos Auftritt konnte doch nicht in ihrem Interesse gewesen sein!*

»Marco hat sich bei seinen Worten auf Albiera de' Pazzi berufen«, erklärte er dann. »Ich wusste nicht, dass du ein so enges Verhältnis zu ihr hast.«

Sie sah ihn einen Moment lang schweigend an, und für einen

Augenblick glaubte er, Tränen in ihren Augen zu sehen, aber dann wandte sie sich von ihm ab und begann, wieder ihr Haar zu bürsten. »Es gibt vieles, was du nicht über mich weißt«, sagte sie brüsk. »Und was du vielleicht nie wissen solltest.«

»Was meinst du?«, fragte er, vollends verwirrt. »Wieso hast du nicht mit mir gesprochen, mich nicht vorgewarnt? Was habe ich dir getan, damit du mich an die Pazzi verrätst? Was haben die Medici dir getan?«

Jetzt sah sie ihn doch wieder an, mit all ihrer verwirrenden Schönheit, aber ihr Gesicht gab nicht preis, was sie dachte.

»Ihr habt mir nichts getan, Giuliano«, sagte sie. »Ich hege keinen Groll gegen dich, und ich wünsche dir nichts Böses.«

»Dann sag mir: warum?«

»Warum nicht?«, fragte sie dann. »Ist das nicht die Art, wie in Florenz geliebt wird? Bedeutungslose Affären, die irgendwann enden? Wie lange wäre das zwischen uns noch gut gegangen? Wie lange, bis du meiner überdrüssig wirst?«, fragte sie im Plauderton, aber ihre Stimme hatte einen Unterton, der ihm verriet, dass die Leichtigkeit sie anstrengte.

Giuliano schloss die Augen. *Ich wusste doch, wie Simonetta ist, oder? Sie hat immer mit allen gespielt, mit Lorenzo, mit ihrem Mann, warum also nicht mit mir? Weil meine Eitelkeit mich hat glauben lassen, dass es bei mir anders sein müsse.* Fast hätte er gelacht, als er seinen Fehler erkannte.

»Giuliano, du musst jetzt wirklich gehen.«

Er löste sich von der Wand. »Du hast recht«, sagte er. »Ich habe hier nichts mehr verloren.«

Simonetta hustete noch einmal und sah in den Spiegel, der über ihrem Frisiertisch hing. Sie drehte sich nicht zu ihm um, als er den Raum ohne Abschied verließ.

KAPITEL 58

Florenz, April 1476

LEONARDO

Vorsichtig zog Leonardo mittels eines Holzstabs und eines Rötelstifts Linien auf Papier, deutete eine Christusfigur an und daneben einen ausgemergelten Johannes. Die Figur des Täufers interessierte ihn mehr als die des Christus, weshalb er sich nicht damit begnügte, nur die Umrisse zu zeichnen. Er begann, einen Torso zu skizzieren, bei dem die Rippen und die Schlüsselbeine deutlich hervortraten, die Folgen eines entbehrungsreichen Lebens.

Maestro Verrocchio hatte Leonardo überraschend ein Friedensangebot gemacht und ihn gebeten, an einer großformatigen *Taufe Christi* mitzuarbeiten, für die Verrocchios Werkstatt den Auftrag erhalten hatte. Leonardo war überrascht gewesen, wie freimütig sein früherer Meister zugegeben hatte, dass er Hilfe brauchte. Aber er war froh über seine Bitte gewesen. All seine anderen Aufträge ruhten entweder oder langweilten ihn so sehr, dass er sich nicht damit beschäftigen wollte. Und jetzt bekam er sogar noch Geld dafür, Verrocchios Problemen mit der *Taufe* auf den Grund zu gehen.

Er war noch ganz darin versunken, den Täufer mit sehnigen Armen und einer dynamischen Pose auszustatten, als Luca den Raum betrat. Er beugte sich über Leonardo und gab ihm einen flüchtigen Kuss.

»Du bist heute früh aus der Via Larga zurück?«, fragte Lorenzo, unsicher, welchen Glockenschlag er zuletzt gehört hatte. »Ist alles in Ordnung?«

Luca seufzte. »Ja, der Palazzo Medici ist bloß kein Ort, an dem man momentan gerne sein möchte. Lorenzo ist nach Cafaggiolo aufgebrochen, nachdem er tagelang in seinem Arbeitszimmer saß und wie ein Besessener ausrechnete, ob die Bank es sich leisten kann, das Alaunmonopol zu verlieren, so wie es der Papst angekündigt hat. Allein das würde schon für schlechte Stimmung im Haus sorgen, aber zusätzlich hat auch Giuliano gerade eine ziemlich düstere Laune. Simonetta war schon seit Wochen nicht mehr bei den Medici zu Gast, und Giuliano selbst verlässt das Haus kaum noch und ist völlig ungenießbar.«

»Sandro sagt, Simonetta sei krank«, erklärte Leonardo. »Er ist untröstlich, weil Giuliano ihm ja endlich den Auftrag für ein Porträt von ihr verschafft hat, von dem er seit Jahren träumt, und nun kommt sie nicht zu den vereinbarten Sitzungen.«

Luca rieb sich mit der Hand über die Stirn. »Lass uns etwas trinken gehen«, bat er. »Die ganzen Intrigen und Ränkespiele in der Via Larga verursachen mir Kopfweh.«

Leonardo sah auf seine mit feinem Rot verschmierten Fingerspitzen. »Ich kann nicht, ich stecke mitten in der Arbeit!«

Luca sah ihn an und verzog den Mund. »Doch, du kannst. Du brauchst doch ohnehin immer mehr als einen Anlauf, um ein neues Bild anzufangen.« Er warf einen Blick auf den so genau gezeichneten Körper des Johannes und die angedeuteten Striche. »Heute Abend wird das doch sicher nicht mehr fertig?«

»Vielen Dank für dein Vertrauen in meine Fähigkeiten«, gab Leonardo gekränkt zurück. »Ich wusste nicht, dass ich in deinen Augen zu langsam arbeite.«

Luca sah ihn kopfschüttelnd an. »Das habe ich nicht gesagt. Aber du kannst doch nicht leugnen, dass du nur ungefähr die Hälfte deiner Aufträge auch beendest?«

Leonardo merkte, wie die Wut in ihm aufstieg. »Deine Arbeit ist eben anders als meine«, sagte er laut. »Du machst Lorenzo Umschläge und ziehst seinen Knechten Splitter aus den Füßen, dann ist dein Tagwerk getan. Aber so funktioniert die Malerei nun einmal nicht.«

»Habe ich gesagt, dass du dich mehr beeilen sollst, deine Heiligen zu zeichnen?«, fragte Luca scharf. »Ich habe nur das Offensichtliche festgestellt, nämlich, dass sie noch reichlich unvollendet wirken.«

Leonardo wollte schon *Dann lass mich in Ruhe weiterarbeiten* schreien, aber dann merkte er plötzlich, dass er eigentlich mehr auf sich selbst als auf Luca zornig war.

»Du hast ja recht«, murmelte er. »Ich finde kaum den Antrieb, all diese ermüdenden Aufträge abzuarbeiten, mit denen Sandro mich beschäftigt. Nichts davon ist eine echte Herausforderung.«

Luca trat auf ihn zu und umarmte ihn. »Dann weißt du, wie es mir geht«, sagte er. »Ich würde gerne noch viel mehr studieren. Lernen, wie der menschliche Körper funktioniert. Stattdessen ist es ja wirklich so, dass ich Lorenzo kalte Umschläge auf die entzündeten Gelenke lege und Madonna Lucrezia Weidenrinde gegen ihre Unpässlichkeiten verabreiche.«

Leonardo musste lachen. »Hör uns nur an mit unserem schweren Schicksal«, sagte er. »Wir leiden keinen Hunger, wir haben ein Dach über dem Kopf, und wir jammern dennoch, weil wir nicht mit den Aufgaben gesegnet sind, die wir uns wünschen würden.«

Einen Moment lang sah Luca aus, als ob sein Ärger zurückkehren würde, doch dann stimmte er in Leonardos Lachen ein.

»Lass uns heute Nacht trinken und alles vergessen«, bat er. »Wir können Bartholomeo und Jacopo treffen, sie sind in der *Lumaca*. Und wenn du dich wirklich nicht von der Arbeit losreißen kannst, könntest du Jacopo ja später als Engel malen. Nackt«, flüsterte er Leonardo ins Ohr.

»Luca! Du bist unmöglich!«

Jacopo Saltarelli, ein hübscher Junge mit außergewöhnlich gut proportionierten Gliedmaßen, war bei den meisten Malern in Florenz als Modell beliebt. Er hatte schon für praktisch jeden Heiligen und für Christus selbst Modell gestanden, aber es war ein offenes Geheimnis, dass er auch nichts gegen eine käufliche Nacht einzuwenden hatte.

»Schuldig«, erwiderte Luca. »Aber auch durstig. Und ich könnte ein wenig Ablenkung gut gebrauchen.«

»Es ist momentan nicht ungefährlich, in die *Schnecke* zu gehen, das weißt du. Angeblich sind die *Ufficiali di notte* in den letzten Wochen einige Male dort gewesen, nachdem jemand eine Anzeige in einen Nachtbriefkasten eingeworfen hat.«

Die Nachtbriefkästen, in denen Bürger sündhaftes und widernatürliches Verhalten anzeigen konnten, waren bei vielen ihrer Freunde gefürchtet.

»Ich weiß, aber wir werden vorsichtig sein«, entgegnete Luca. »Und überhaupt, warum sollte es jemand gerade auf uns abgesehen haben? Wir sind doch Niemande.«

Du bist mit Lucrezia de' Medici verwandt, dachte Leonardo. *Du bist alles, aber kein Niemand.* Aber er wusste selbst, dass er heute Abend ohnehin nicht mehr arbeiten würde, und er wollte Luca gerne einen Gefallen tun.

»Na gut. Ich hole meinen Mantel und wir machen uns auf den Weg.«

Der Marktplatz war um diese Zeit menschenleer und die Buden mit Brettern verschlossen, aber in den angrenzenden Straßen und Gassen herrschte in zahlreichen Häusern noch Betrieb, denn hier waren viele der Tavernen und Bordelle der Stadt zu finden.

Als sie die *Schnecke* erreichten, sah Leonardo, dass die Taverne nur spärlich besucht war. Die Kundschaft bestand ausschließlich aus Männern. Für Frauen galt es ohnehin nicht als schicklich, allein in Gasthäuser zu gehen, aber die *Lumaca* war ganz speziell ein Ort, an dem Männer auf Männer zu treffen hofften.

Bartholomeo di Pasquino winkte ihnen aus einer Nische zu, als sie sich umsahen, und sie gesellten sich zu ihm und seiner Begleitung.

Der Salzhändler war wenige Jahre älter, Jacopo etwas jünger als Leonardo. Als er sich neben Luca auf die Holzbank setzte, sah er, dass der Ältere dem Jüngeren einen Arm um die Schultern gelegt hatte und ihm eben etwas zuflüsterte. Auf dem Tisch vor ihnen standen zwei Karaffen, sie hatten dem Wein offenbar schon reichlich zugesprochen.

»Ihr kommt spät«, sagte Bartholomeo gut gelaunt. »Aber es heißt ja: Je später der Abend, desto schöner die Gäste.«

»Früher ging es leider nicht. Wie ihr wisst, verlangen die Medici meiner Aufmerksamkeit.«

Leonardo konnte an Lucas Ton erkennen, dass er den Gedanken, den er früher am Abend gehabt hatte, noch immer nicht ganz überwunden hatte.

»Dann verstehe ich eure Verspätung. Zu den beiden Medici würde ich auch nicht *nein* sagen«, sagte Jacopo mit schon schwerer Zunge und zwinkerte Luca zu.

Luca nahm einen großen Schluck Rotwein aus einem Becher, den Bartholomeo ihm hinhielt. Leonardo nippte vorsichtiger an seinem Wein, der ihm zu bitter schmeckte.

»Nun, sollte in Giulianos Bett nicht eigentlich wieder Platz herrschen?«, fragte Bartholomeo. »Ich hörte, Simonetta hat ihn verlassen, nachdem ihr Ehemann plötzlich erkannt hat, dass man ihm Hörner aufsetzt?« Marco Vespuccis Zusammenstoß mit Giuliano war schon seit Wochen Stadtgespräch.

Luca zuckte mit den Schultern. »Vielleicht«, gab er ausweichend zurück. Leonardo wusste, dass sein Freund noch nicht annähernd genug getrunken hatte, um Klatsch über seine Arbeitgeber zu verbreiten. »Aber wollen wir nicht lieber über etwas anderes reden als über die Liebeleien der Herren von Florenz?«

Jacopo nickte zustimmend. »Ich würde lieber über deine neuesten Aufträge sprechen, Leonardo«, sagte er. »Du brauchst demnächst nicht zufällig ein Modell mit einem engelhaften Gesicht?«

Er strich sich selbst mit der Außenseite der Hand über die Wange und wandte ihnen sein Profil zu, damit sie es bewundern konnten. *Vermutlich hat er bereits von Verrocchios Auftrag gehört.*

Leonardo trank noch einen Schluck Wein, der an Bitterkeit zu verlieren schien, je mehr er von ihm kostete. »Ich hätte tatsächlich zwei Engel bei der *Taufe Christi* anzubieten«, sagte er. »Dafür könnte ich mir dich sehr gut vorstellen.«

Jacopo strahlte, und Leonardo spürte, wie Luca ihm eine Hand auf den Oberschenkel legte. Er ließ seine Hand unter den Tisch wandern und drückte Lucas Finger.

Aber Bartholomeo schien das vorherige Gespräch noch nicht abgeschlossen zu haben. »Ich habe mich immer gewundert, wieso Madonna Vespucci mit den Medici so vertraut ist«, sagte er nachdenklich. »Zumal ihr Ehegatte doch eigentlich von den Pazzi abhängig ist.«

»Ist das so?«, wollte Leonardo wissen.

Als Bartholomeo nickte, wurde Leonardo klar, dass dieser Umstand wirklich seltsam war.

»Es ist nicht sehr offensichtlich, aber all seine Handelsreisen werden von den Pazzi finanziert. Ohne sie stünden die Vespucci nicht halb so gut da, wie sie es jetzt tun.«

»Wenn es nicht offensichtlich ist, vielleicht wussten es die Medici auch nicht?«, sagte Luca nachdenklich.

»Marco Vespucci und seine Frau stehen sich nicht sehr nahe, oder?«, fragte Leonardo.

Jacopo schüttelte den Kopf. »Nein. Das könnte wohl daran liegen, dass sich Vespucci hier in der *Schnecke* sicher wohler fühlen würde als im Bett seiner Ehefrau.«

»Oh, er ist auch …«, begann Luca.

»Oh ja«, sagte Jacopo. »Ich hatte bereits das Vergnügen.«

Noch bevor Leonardo darauf etwas erwidern konnte, wurde plötzlich die Tür aufgerissen. Die Tritte von mehreren Männern waren zu hören, und Kettenhemden klirrten.

»Verfluchter Mist, die Nachtwache«, rief Bartholomeo. Die vier Männer fuhren auseinander und sprangen auf. Auch an den anderen Tischen stoben die Gäste auseinander.

Die fünf Gerüsteten versperrten den Ausgang; ihr Anführer ging zur Theke und sprach mit gesenkter Stimme mit dem Wirt. Furcht stieg in Leonardo auf, als er sah, dass beide in ihre Richtung blickten.

»Du da!«, rief der Anführer schließlich und zeigte auf Luca. »Du bist Luca Tornabuoni?«

Leonardos Gedanken rasten. *Was hatte das alles zu bedeuten?*

Luca blickte sich Hilfe suchend um, doch sie hatten hier keine Unterstützung zu erwarten. Er strich sich das blonde Haar aus der Stirn, dann nickte er. »Der bin ich.«

»Du und deine Begleiter, ihr seid alle verhaftet. Ihr werdet der Sodomie angeklagt.«

»Was…«

»Warum sollen…« Jacopo und Bartholomeo schrien durcheinander.

Der Anführer des Trupps kam auf sie zu und bedeutete ihnen, zum Ausgang zu gehen. Leonardo setzte sich in Bewegung, doch sobald er sich umgedreht hatte, versetzte ihm eine der Wachen einen Stoß. Er fiel unter dem Gelächter der Männer zu Boden. Luca streckte die Hand aus und wollte ihm aufhelfen, aber ein anderer Gerüsteter stieß ihn zur Seite. Ein Tritt traf Leonardo in die Rippen. »Hoch mit dir«, raunzte der Bewaffnete.

Leonardo kam wieder auf die Füße. Er ging mit gesenktem Kopf hinter Jacopo her und traute sich kaum, sich nach Luca umzublicken. Seine Furcht wurde zu Panik, als er erkannte, dass sie wirklich verhaftet worden waren.

»Wo bringt ihr uns hin?«, verlangte Luca zu wissen.

»Wohin schon?«, gab der Anführer zurück. »Natürlich in den *Alberghetto*. Und ab jetzt haltet ihr alle die Schnauze.«

KAPITEL 59

Florenz, April 1476

FIORETTA

Fioretta war eben dabei, gemeinsam mit Sandros Schwägerin Luisa und Filippino Lippi zu frühstücken, als Sandro in die Küche stürmte. »Luca und Leonardo sind verhaftet worden«, rief er atemlos. »Gestern Abend in der *Lumaca*. Man hat sie ins Gefängnis gebracht.«

»Was?«, rief Fioretta ungläubig. »Wieso?«

»Jemand hat ihre Namen in einen der Nachtbriefkästen geworfen. Ihnen wird vorgeworfen, sich der Sodomie schuldig gemacht zu haben.«

Luisa bekreuzigte sich. »Um Himmels willen!«, sagte sie. »Und, ist es wahr?«

Sandro verdrehte kaum merklich die Augen. »Das solltest du doch wissen. Die beiden leben praktisch zusammen unter diesem Dach. Natürlich ist es wahr.«

Fiorettas Gedanken rasten. Offiziell war die Sodomie ein Vergehen, das mit dem Tod bestraft werden konnte, auch wenn viele Verurteilte mit dem Pranger oder der Peitsche davonkamen. Anklagen erfolgten oft aus politischen Gründen, und weniger deswegen, weil sich jemand wirklich Sorgen um Anstand und Moral in der Stadt machte. Eine solche Anzeige war ein erprobtes Mittel, um Ruf und Ehre eines Mannes und seiner Familie zu zerstören.

»Weißt du, wer sie angezeigt hat?«, wollte sie wissen.

Sandro schüttelte den Kopf. »Ich komme gerade erst aus der Frühmesse in San Salvatore, dort hat es mir der Wirt erzählt. Er dankt Gott, dass er verschont geblieben ist, aber die *Schnecke* wurde geschlossen.«

»Glaubst du, dass die Medici es schon gehört haben?«

»Nicht von mir«, gab Sandro zurück. »Aber sobald es sich herumspricht, werden sie es sicher von jemandem erfahren, auch wenn vermutlich niemand Lust hat, Madonna Lucrezia zu sagen, dass ihr Neffe im Kerker sitzt.«

»Wir müssen mit ihnen reden«, erklärte Fioretta. »Wenn jemand die beiden aus dem *Alberghetto* herausholen kann, dann Lorenzo.«

Sandro hob abwehrend die Hände. »Ich kann diese Nachricht nicht überbringen. Ich habe Sorge, dass die Medici mich dafür verantwortlich machen, was passiert ist, weil Leonardo praktisch zur Werkstatt gehört.«

Eigentlich glaubte Fioretta nicht, dass die Medici in Sandro einen Sündenbock suchen würden, aber andererseits brachte sie Lucas Verhaftung vermutlich in eine schwierige Lage, und wer konnte schon sagen, wie sie darauf reagieren würden?

»Nun gut«, sagte sie also, obwohl sie kein bisschen Lust verspürte, die Via Larga zu besuchen. »Ich werde gehen.«

Als sie den Palazzo erreichte und im Hof darauf wartete, dass man ihren Besuch anmeldete, wurde ihr klar, wie seltsam es war, nicht mehr einfach die Treppe hinauflaufen zu können, um mit Lorenzo oder Giuliano zu sprechen, sondern wie jeder andere Besucher erst einmal vorgelassen werden zu müssen.

Vier Jahre waren vergangen, seit sie hier zu Hause gewesen war, aber es erschien ihr viel länger, obwohl sich der Hof und der Palazzo selbst kaum verändert hatten.

Schließlich war es Giuliano, der die Treppe herunterkam.

»Fioretta«, begrüßte er sie kühl. »Bist du im Auftrag von Sandro hier? Wegen der *Anbetung*?«

Sie schüttelte den Kopf. »Nein, es geht um etwas anderes. Ich wollte eigentlich zu Lorenzo.«

Kurz schien es ihr, als ob bei ihren Worten ein Schatten über seine Züge glitt, aber dann zeigte er wieder einen unbeteiligten Gesichtsausdruck. »Lorenzo ist nicht hier, er ist in Cafaggiolo. Wenn du mit jemand anderem sprechen möchtest, kann ich dir noch Clarice oder Mutter anbieten.«

Lucrezia oder Clarice ... sosehr sie beide Frauen schätzte, zuerst das Gespräch mit ihnen zu suchen, schien ihr angesichts der Neuigkeiten in diesem Moment keine gute Wahl zu sein. Deshalb schüttelte sie den Kopf. »Kann ich mit dir über etwas reden? Es ist sehr wichtig.«

Er sah sie misstrauisch an. »Worum geht es?«

»Luca und Leonardo sind gestern Nacht verhaftet worden, man hat sie bei den *Ufficiali di Notte* angezeigt. Wegen Sodomie. Sandro hat es heute früh in der Kirche gehört. Sie sitzen im *Alberghetto* ein.«

Giuliano legte erschrocken eine Hand auf den Mund und strich sich über die Lippen. »Verdammt«, murmelte er.

»Wusstest du davon?«

»Nein, natürlich nicht. Aber ich fürchte, dass dies weniger ein Angriff auf die beiden als ein Angriff auf die Medici ist. Nach meiner Torheit mit Simonetta nun also noch ein Sodomit in der Familie. Das wird ein gefundenes Fressen für unsere Feinde sein.«

Die Torheit mit Simonetta? Also ist es wohl wahr, dass die beiden nicht länger ein Paar sind.

»Es ist natürlich möglich, dass irgendjemand vor allem euch schaden wollte«, sagte sie. »Aber zuallererst müssen wir jetzt an Luca und Leonardo denken.«

»Du hast recht.« Er schwieg und schien einen Moment zu überlegen. »Ich werde zum *Alberghetto* gehen und schauen, ob ich herausfinden kann, was ihnen genau vorgeworfen wird, und wie ernst man die Vorwürfe nimmt. Und mich vor allem davon überzeugen, dass es beiden so weit gut geht, und dass sie etwas zu essen bekommen.«

Die Versorgung von Gefangenen oblag deren Familien. Wer nicht das Glück hatte, von Verwandten besucht zu werden, musste oft genug im Gefängnis hungern.

»Wann willst du es deiner Mutter sagen?«

»Am liebsten gar nicht«, gab er unumwunden zu. »Sie macht sich ohnehin gerade große Sorgen. Der Papst wirft den Medici Knüppel zwischen die Beine, wo er nur kann, und Lorenzo muss sehr wahrscheinlich das Haus in Cafaggiolo verkaufen, damit die Bank zahlungsfähig bleibt.«

Sie sah betreten zu Boden. »Das wusste ich nicht. Es tut mir leid.«

Giuliano seufzte. »Auf mich ist Mutter gerade auch nicht allzu gut zu sprechen«, fügte er hinzu.

»Soll ich es Lucrezia sagen?«, fragte sie.

»Würdest du das tun?«

Fioretta nickte.

»Das ist gut; dann kann sie sich schon einmal an den Gedanken gewöhnen, bis ich wieder da bin. Und sie kann Lorenzo schreiben.«

»Kannst du uns in der Werkstatt Nachricht geben, wenn du im *Alberghetto* warst und weißt, wie es den beiden geht? Sandro macht sich große Sorgen.«

»Natürlich. Ich komme zu euch, sobald ich mehr weiß.« Er zögerte kurz. »Ich danke dir«, sagte er dann. »Dass du deswegen hergekommen bist und ich nicht erst in der *Signoria* davon erfahren habe. Auch wenn es dir sicher nicht um uns geht.«

»Traust du mir wirklich zu, die Medici so ins Messer laufen zu lassen?«, fragte Fioretta verärgert. *Das würde ich nicht einmal tun, wenn ich Luca gar nicht kennen würde!*

Giuliano sah sie verunsichert an. »Nein, ich wollte nur … Ach, vergiss es«, sagte er dann knapp.

KAPITEL 60

Florenz, April 1476

GIULIANO

Porca miseria! Giuliano fluchte in Gedanken, als er in Richtung des Arnolfo-Turms beim Sitz der *Signoria* lief. Das Gefängnis befand sich im Fuß des Turms und wurde von den Florentinern spöttisch *Alberghetto*, die *kleine Herberge*, genannt.

Die Nachricht von der Verhaftung von Luca und Leonardo hätte kaum zu einem schlechteren Zeitpunkt kommen können. Während der Papst alles daransetzte, die Medici zu ruinieren, versuchten die Pazzi und ihre Anhänger, den Ruf seiner Familie zu zerstören. Er wusste, dass er ihnen mit seiner Affäre mit Simonetta die perfekte Vorlage dafür geliefert hatte, und haderte deswegen seit Wochen mit sich selbst.

Und jetzt dieser neuerliche Skandal. Irgendjemand musste von Luca und Leonardo gewusst haben und hatte beschlossen, sie genau jetzt anzuzeigen, um mit einem Prozess den größtmöglichen Schaden anzurichten, davon war er überzeugt.

Die Piazza vor der *Signoria* war kurz vor der Mittagsstunde voller Menschen. Er kannte viele von denen, die hier unterwegs waren, und wurde häufig gegrüßt. Gleichzeitig fragte er sich immer wieder, *Wo stehst du wohl?*, wenn er mit Bekannten einige Worte wechselte. *Bist du ein Freund, ein Verbündeter, ein Feind?*

Fühlte es sich so an, in Lorenzos Haut zu stecken?

Als er das Gefängnis erreichte, hielt ihn ein Wachmann auf, dessen Waffenrock das Wappen der Stadt zeigte. »Messere, ich kann Euch nicht hineinlassen«, antwortete der Mann auf Giulianos Frage nach Luca. »Ich habe Anweisungen, niemanden zu ihnen zu lassen, bevor sie nicht befragt wurden.«

»Anweisungen? Von wem?«, wollte Giuliano wissen.

»Vom *Gonfalioniere di Giustizia* persönlich.«

Am liebsten hätte Giuliano geschrien. Der Mann, der das Amt des *Gonfalioniere* momentan innehatte, war in der *Signoria* bislang eher unauffällig geblieben und schien weder den Medici noch einer anderen Partei sonders nahezustehen. Bislang. *Jetzt hat er seine Gesinnung wohl gezeigt.*

Er konnte sich hier nicht einfach fortschicken lassen und noch mehr von dem Boden aufgeben, den seine Familie in Florenz gerade verlor. Giuliano richtete sich auf. »Du weißt, wer ich bin, oder?«

»Giuliano de' Medici«, murmelte der Mann.

»Dann weißt du vielleicht auch, dass der *Gonfalioniere* in zwei Monaten ein anderer sein wird, genau wie die ganze *Signoria*. Aber ich bin dann immer noch ein Medici. Und du kannst dir jetzt überlegen, welche Seite du verärgern willst.«

Der Mann schluckte trocken. »Ein kurzer Besuch wird sicher nicht schaden«, sagte er dann und nahm einen Schlüssel vom Haken. Er führte Giuliano einige wenige Stufen hinauf zu den Zellen, die mit schweren Türen verschlossen waren.

Als der Mann eine Zelle aufschloss, warf Giuliano ihm eine Münze zu. »Für deine Mühen. Lass uns allein.«

Die Zelle war eng und kahl. Auf dem Boden lag Stroh. Luca saß mit angezogenen Beinen unter dem schmalen Fenster. Er sah blass und übernächtigt, ansonsten aber unversehrt aus. Er sprang auf, als Giuliano den Raum betrat, und sie umarmten sich.

»Was ist passiert?«, wollte Giuliano wissen.

Luca strich sich mit den Händen durch das ungekämmte blonde Haar. »Wir wurden in der *Schnecke* verhaftet, aber das weißt du wahrscheinlich schon? Leonardo hatte mich noch gewarnt, dass wir nicht dorthin gehen sollten, aber ich habe nicht auf ihn gehört. Es tut mir leid, dass ich euch alle da mit hineinziehe.«

»Wir sind verwandt, und Blut ist nun einmal dicker als Wasser«, sagte Giuliano und versuchte, zuversichtlich zu klingen. »Wir bekommen euch hier schon heraus.« Er dachte einen Moment nach. »Luca, gibt es Zeugen dafür, was zwischen dir und Leonardo ist?«

Luca trat einen Schritt zurück und überlegte. »Sandro weiß natürlich Bescheid. Fioretta ebenfalls, und vermutlich auch die Familie von Sandros Bruder ...«

»Hmm«, machte Giuliano. »Ich kann mir aber kaum vorstellen, dass sie gegen euch aussagen würden.«

Luca schüttelte den Kopf. »Ich mir auch nicht. Aber Jacopo Saltarelli kennen viele Künstler in Florenz und auch viele regelmäßige Gäste der *Schnecke*. Ich fürchte, wer ihm ans Leder will, könnte einige Zeugen finden.«

»Einen Wirt und ein paar Betrunkene, im besten Fall«, murmelte Giuliano. »Da sollte es hoffentlich nicht allzu schwierig werden, sie zum Schweigen zu bewegen.«

»Was hast du vor?«

»Genau weiß ich das noch nicht«, gab Giuliano zu. »Wir müssen erst einmal schauen, was sie euch genau vorwerfen, und worauf sie das begründen. Wenn sie nicht mehr haben als nur ein schmutziges Papier in einem Nachtbriefkasten, solltet ihr schon sehr bald wieder frei sein.«

»Weiß Lorenzo schon von unserer Festnahme?«, fragte Luca vorsichtig. »Und meine Tante?«

»Ja«, sagte Giuliano ehrlich. »Ich habe Lorenzo geschrieben, er wird es wissen wollen.«

»Er wird mich umbringen«, mutmaßte Luca.

»Schon möglich. Aber darum solltest du dir erst Sorgen machen, wenn du wieder auf freiem Fuß bist.«

»Hast du eine Idee, wer uns angezeigt hat?«

Giuliano schüttelte den Kopf. »Aber ich werde alles tun, um es herauszufinden.«

»Ich danke dir.«

»Wusstest du, dass mein Großvater auch schon hier im Turm eingesperrt war? Während seiner Fehde mit den Albizzi. Du bist also nicht der Erste aus unserem Haus, der im *Alberghetto* landet.«

Luca lächelte. »Das ist tatsächlich tröstlich«, erwiderte er. »Wirst du auch nach Leonardo sehen?«

»Bei meinem nächsten Besuch«, versprach Giuliano. »Jetzt muss ich mich erst mal auf den Weg machen, um mit meiner Mutter zu sprechen und euch etwas zu essen und ein paar Decken bringen zu lassen.«

»Und Papier und Stifte für Leonardo«, bat Luca. »Wenn er hier drin nicht zeichnen kann, verliert er den Verstand.«

Giuliano nickte. »Ich komme bald wieder«, versprach er.

Die Wache stand noch immer im Gang, als er die Zelle verließ. Als Giuliano die Treppe hinunterging, hörte er, wie der Mann die Tür erneut verschloss.

Als er die Werkstatt in der Via Nuova erreichte, war es bereits Nachmittag. Er hatte lange mit seiner Mutter gesprochen, Vorräte auf den Weg ins *Alberghetto* gebracht und Angelo Poliziano gebeten, zu versuchen, die Anklage einzusehen.

Hinter der Küchentür hörte er bereits Stimmen: Sandro, der in aufgeregtem Tonfall sprach, und Fiorettas schönen Alt.

Es war mutig von ihr, sofort zu uns zu kommen und uns Bescheid zu geben, dachte er. Er ärgerte sich darüber, seinen Dank ihr gegenüber falsch ausgedrückt zu haben. *Vermutlich musste sie mich falsch verstehen.* Insbesondere, weil ihr letztes Zusammentreffen so unerfreulich gewesen war.

Aber an Mut hat es Fioretta noch nie gefehlt. Außer, um mir zu sagen, dass sie mich nicht liebt.

KAPITEL 61

Florenz, April 1476

LEONARDO

Leonardo war in ein Gebet versunken, als die Zellentür geöffnet wurde. Er ließ die Perlen des hölzernen Rosenkranzes durch seine Finger gleiten und hatte das *Ave Maria* bereits dreimal wiederholt, um sich zu beruhigen, aber in seinen Geist wollte kein Frieden einkehren. Er hatte in der Nacht schlecht geschlafen und war von Albträumen heimgesucht worden, die sich nun auch in seinen wachen Geist schlichen. Heute war der Tag des Prozesses, nachdem er zehn Tage lang in dieser Zelle eingesperrt gewesen war, und er fürchtete den möglichen Ausgang.

Als er das Geräusch an der Tür hörte, stand er auf und strich sich das frische Hemd glatt, das die Medici ihm geschickt hatten. Er wusste, dass es nur wenig half, sein Erscheinungsbild aufzubessern. Er hatte weder Wasser zum Waschen noch einen Kamm bekommen. Sein Bart wucherte wild, und er spürte das Jucken des Ungeziefers auf seiner Kopfhaut.

Es war nicht zu ändern. Sein Blick fiel auf die Zeichnungen, mit denen er sich in den vergangenen Tagen die Zeit vertrieben hatte: den Ausblick aus seinem Zellenfenster, die Muster, die andere Gefangene vor ihm in den Stein gekratzt hatten, Lucas Gesicht, und seine eigenen Finger mit dem Schmutz, der sich in den Linien der Kuppen abgesetzt hatte.

Soll ich sie hierlassen?, fragte er sich.

»Du da, raus, das Gericht wartet schon«, rief der Wächter. Also ließ Leonardo die Zeichnungen liegen, schlang sich den Rosenkranz um die linke Hand und folgte dem Mann den kurzen Weg bis zum Palazzo della Signoria.

Er wurde in einen kleinen Saal geführt, in dem zwei Reihen von Bänken vor einem Richtertisch standen. In der vordersten, rechten Reihe entdeckte er Luca, der zwischen zwei Wachen saß, und er wurde sofort noch unruhiger. Giuliano hatte ihm versichert, dass es Luca gut ging, aber er hatte seit der Nacht ihrer Verhaftung keine Gelegenheit gehabt, sich davon zu überzeugen. Er hatte offenkundig ebenfalls frische Kleidung erhalten, wohingegen Jacopo Saltarelli, der neben Luca saß, noch in die Hose und *Veste* gekleidet war, die er auch in der *Lumaca* getragen hatte.

Außer Luca waren auch Lorenzo, Giuliano, Sandro und Fioretta hier, ebenso wie Andrea del Verrocchio und einige seiner Schüler. Sie alle starrten ihn an, als er in den Raum geführt wurde, und er senkte verunsichert den Blick. Er wurde auf die linke Seite des Raumes geführt, zusammen mit Bartholomeo di Pasquino.

Der Prozess lockte mehr Zuschauer an, als er erwartet hatte. Er kannte einige von ihnen, Künstler und Händler aus der Stadt, mit denen er zusammengearbeitet hatte, aber auch Menschen, die er bisher nur flüchtig gesehen hatte.

Als schließlich alle Plätze belegt waren, erhob sich der Richter.

»Folgender Brief wurde am zweiten Tag des April in einen der Nachtbriefkästen eingeworfen. *Ich informiere Euch, meine Herren Nachtoffiziere, dass es wahr ist, dass Leonardo di ser Piero da Vinci, ein Schüler des Andrea del Verrocchio, sowie Luca Tornabuoni und Bartholomeo di Pasquino sich der Sodomie schuldig gemacht haben. Diese alle sind der Fleischeslust mit Jacopo Saltarelli schuldig.*«

Der Richter ließ das Papier sinken. »Die Wache hat die Beschuldigten am selben Abend zusammen in der Taverne *Lumaca* beieinander gefunden, einem Ort, an dem diese Art unsittlichen und widernatürlichen Verhaltens nicht nur geduldet, sondern auch gefördert wird.«

Ein Raunen ging durch den Saal, und Leonardo wäre am liebsten im Boden versunken. *Himmel.*

Der Richter hob die Stimme. »Wollen die Angeklagten etwas dazu sagen?«

»Das ist lächerlich«, sagte Luca.

»Wir haben nichts getan«, murmelte Leonardo.

Auch Bartholomeo und Jacopo sagten aus, dass sie sich nichts hätten zuschulden kommen lassen, und Leonardo stieß erleichtert den Atem aus. Giuliano hatte befürchtet, dass insbesondere Jacopo dafür empfänglich sein könnte, für eine milde Strafe ein erfundenes Geständnis abzulegen.

»Möchte jemand im Saal etwas dazu sagen?«, fragte der Richter. »Gibt es Zeugen oder jemanden, der für den Leumund der Angeklagten sprechen will?«

Zuerst erhob sich ein Mann an einem Stock, der sich als Vertreter der Gilde der Salzhändler vorstellte. Er gab an, ein Geschäftspartner und Vertrauter von Bartholomeo di Pasquino zu sein, und bescheinigte diesem einen untadeligen Charakter.

Als Nächster stand zu Leonardos Überraschung Andrea del Verrocchio auf. Leonardo sah, dass sein Haar unter der dunklen Kappe in den letzten Monaten deutlich grauer geworden war, aber ansonsten schien ihm der *Maestro* unverändert.

»Signori«, sagte er mit fester Stimme. »Für Leonardo di ser Piero aus Vinci kann ich sagen, dass er immer ein unbotmäßiger Schüler war, der gerne Widerworte gibt und oft alles besser weiß. Das weiß ich, weil er tatsächlich lange in meiner Werkstatt gelebt hat, wie diese unwürdige Anzeige es sagt. Aber in all dieser Zeit bin ich niemals Zeuge solcher Handlungen geworden, wie sie dort beschrieben werden.«

Fast hätte Leonardo gelacht; es sah Verrocchio ähnlich, ihn auch hier noch der mangelnden Disziplin und des Widerspruchsgeists zu beschuldigen, ihn aber dennoch zu verteidigen. Er war seinem alten Meister mehr als dankbar.

Fioretta sah zu ihm hinüber. Sie lächelte ihm zu und hob zwei Finger, um ihm Glück zu wünschen.

Zu aller Überraschung erhob sich als Nächste Lucrezia de' Medici, die auf einer Bank mit ihren Söhnen gesessen hatte. Ihre Haare waren unter der Haube streng nach hinten gebunden, und sie ließ den Blick über die Versammelten im Saal wandern, als wolle sie sicherstellen, dass jeder und jede Einzelne ihren Worten folgte. »Mein Neffe Luca Tornabuoni hat viele Jahre in einem Kloster gelebt, in der *Certosa* auf dem *Monte Santo*«, begann sie. »Er ist ein frommer und gottesfürchtiger junger Mann, der in unserem Haus als Arzt dient. Sein Lehrer war Dottore Gorini, der leider nicht mehr unter uns weilt, zu Lebzeiten aber nie anders als lobend von ihm gesprochen hat. Meine Familie verlässt sich auf Luca, und wir verbürgen uns für ihn. Nichts von dem, was man ihm vorwirft, ist wahr.«

Leonardo wusste, dass es ein unschätzbarer Vorteil war, dass Madonna Lucrezia sich entschieden hatte, selbst hier zu sprechen. Sie genoss in Florenz hohes Ansehen, und da es so selten war, dass Frauen vor Gericht aussagten, hatten ihre Worte noch einmal die doppelte Wirkung.

»Gibt es noch jemanden, der für die Angeklagten sprechen will?«, fragte der Richter. »Nein?«

Niemand setzte sich für Jacopo Saltarelli ein, und der Junge ließ resigniert den Kopf hängen. Er tat Leonardo leid. Er konnte nur hoffen, dass ein Freispruch für sie alle gelten würde, wenn es denn so weit kam.

Schließlich stand Lorenzo auf, der bislang geschwiegen hatte. *Ob er für diesen Prozess extra aus Cafaggiolo zurückgekehrt ist?*

»Es gibt keine Zeugen, die bestätigen, dass einer dieser vier etwas Unrechtes getan hat, nur eine Anklage, die nichts beweist. Wollt Ihr wirklich einem anonymen Zettel mehr Glauben schenken als diesen hoch angesehenen Bürgern von Florenz?«, fragte er, mit einem so besorgten, ehrlichen Blick, dass Leonardo sich fast selbst davon überzeugen ließ, dass sie »nichts getan hatten«.

»Noch hatte das Gericht kaum Zeit, Zeugen zu finden«, rief ein Mann aus der Menge der Zuhörer. »Wieder einmal tun und lassen die Medici, was sie wollen!«

»Gerechtigkeit«, rief ein Dritter. Dann stimmten weitere in den Chor ein.

Leonardo schloss kurz die Augen. *Jetzt kann uns der Richter kaum noch freisprechen, wollte er sich nicht dem Vorwurf aussetzen, parteiisch zu sein,* dachte er.

Giuliano schaute in die Menge, als wolle er sich die Gesichter der Zwischenrufer besonders gut einprägen.

Der Richter sah sich im Saal um. »Eure Magnifizenz.« Er wandte sich zuerst an Lorenzo und dann an Lucrezia. »Madonna di' Medici, ich kann Eure Sorge verstehen. Wir werden Luca Tornabuoni und Bartholomeo di Pasquino auf freien Fuß setzen. Leonardo di ser Piero und Jacopo Saltarelli hingegen verbleiben im Turm, bis wir uns nach dem Ablauf von acht Wochen erneut zusammenfinden und ein endgültiges Urteil in dieser Angelegenheit sprechen werden.«

Leonardo merkte, wie ihm der kalte Schweiß ausbrach. Er musste zurück in die Zelle? Für *zwei Monate?*

»Was?« Giuliano fuhr auf. »Das kann nicht sein.«

»Leonardo! Leonardo!«, er hörte Lucas Stimme wie aus weiter Ferne seinen Namen rufen. Ihm war übel. Dann stand plötzlich Lorenzo de' Medici neben ihm, der sich zu ihm hinüberbeugte. »Es wird keine Verurteilung geben«, flüsterte er. »Verlass dich darauf.«

Dann war Lorenzo verschwunden. Leonardo sah sich suchend nach Luca um, der eben von seiner Tante umarmt wurde und von Anhängern der Medici umringt war, dabei aber aussah, als ob er gleich zusammenbrechen würde.

Fioretta versuchte, zu ihm zu gelangen, wurde aber von den Wachen aufgehalten. Sie nahmen Leonardo zwischen sich und führten ihn ohne ein weiteres Wort hinaus.

KAPITEL 62

Florenz, April 1476

GIULIANO

Dieser ganze Prozess ist eine Posse«, sagte seine Mutter. »Dass der Richter Jacopo und Leonardo nicht hat gehen lassen, dient nur dazu, uns noch länger zu demütigen.«

Lucrezia saß am Kopfende des Tisches im Speisezimmer und hatte ihr Abendessen noch nicht angerührt. Der heutige Besuch in der *Signoria* und ihre Aussage hatten sie offenbar sehr aufgewühlt.

Luca saß neben seiner Tante und schwieg. Ob es an dem Erlebten lag oder daran, dass er Leonardo im Kerker hatte zurücklassen müssen, konnte Giuliano nicht erkennen.

»Sie haben absolut nichts in der Hand«, sagte er. »Das hat sich heute doch gezeigt. Und zumindest haben wir Luca schon einmal mitnehmen können. Egal, wie voreingenommen der Richter auch ist, im Juni werden sie Leonardo freilassen *müssen*.«

Luca nickte, erwiderte aber nichts.

»Ich bin mir nicht sicher, ob unsere Feinde nicht noch versuchen werden, Zeugen zu kaufen«, sagte Lorenzo nachdenklich und griff nach einem Stück Brot. »Diese Verzögerung mag eine Verzweiflungstat gewesen sein, aber wir können uns nicht darauf verlassen, dass sie die Zeit bis zur nächsten Verhandlung nicht nutzen.«

»Sollte Luca dann Florenz nicht besser verlassen?«, fragte Lucrezia.

Das war der Moment, in dem Luca auffuhr. »Was? Nein! Ich kann Leonardo nicht allein lassen.«

»Außerdem würde es aussehen, als sei er geflohen«, antwortete

Lorenzo. »Das geht auf keinen Fall. Er muss bis zum nächsten Gerichtstag hierbleiben.«

Von der Tür her ertönte ein Klopfen, und ein Mädchen, das Giuliano nicht kannte, steckte den Kopf herein.

»Ich habe einen Brief von meiner Herrin, Madonna Vespucci«, sagte sie, offenkundig ängstlich, ihr Abendessen gestört zu haben.

Giuliano wechselte einen Blick mit seinem Bruder und winkte sie dann zu sich heran. Er nahm das Papier und drehte es unschlüssig zwischen den Fingern.

»Vielen Dank, dass du hergekommen bist«, sagte Lorenzo höflich, und das Mädchen floh beinahe aus ihrem Esszimmer. *Was will Simonetta?*, dachte Giuliano. *Ist das eine Falle?*

Er öffnete das gefaltete Papier und las die wenigen Zeilen, die darauf standen.

»Simonetta schreibt, dass sie mich sehen möchte«, erklärte er dann. »Sie bittet mich, so schnell wie möglich zu ihr zu kommen.«

Lucrezia zog fragend die Augenbrauen in die Höhe. »Ich denke, deine Besuche bei Simonetta haben genug Schaden angerichtet«, sagte sie kühl. »Was, wenn ein Besuch bei den Vespucci die Gerüchte wieder befeuert?«

Der Gedanke ging Giuliano ebenfalls durch den Kopf. »Nach allem, was ich gehört habe, ist sie wirklich schwer krank«, erklärte er. »Das sollte zumindest dem Gerede Einhalt gebieten.«

»Wenn du es sagst«, Lucrezia seufzte. »Ich ziehe mich zurück. Ich glaube, der heutige Abend ist zum Beten besser geeignet als zum Essen.«

Sie schob ihren Stuhl zurück und verließ den Raum.

Giuliano blickte seiner Mutter nach. »Es ist nicht so, als ob ich sie nicht verstehe, aber ich glaube, ich kann Simonettas Nachricht nicht unbeantwortet lassen.«

»Du könntest Luca mitnehmen«, sagte Lorenzo. »Das schützt dich, und vielleicht kann er sogar etwas für sie tun, wenn es ihr wirklich so schlecht geht, wie man sagt.«

»Bist du sicher, dass das eine gute Idee ist?«, fragte Luca.

»Sicher bin ich mir nicht. Aber ich glaube, es könnte sogar helfen, wenn du wieder arbeitest«, antwortete Lorenzo. »Dann sehen die Leute, dass wir völlig von deiner Unschuld überzeugt sind.«

»Gut, dann komme ich natürlich mit«, antwortete Luca.

Sie machten sich auf, kurz nachdem die Glocken von Santa Maria del Fiore sieben Mal geläutet hatten. Giuliano war auf dem Weg in seine eigenen Gedanken versunken, und er fragte sich, ob er Marco Vespucci begegnen würde, und wenn ja, wie er sich verhalten sollte.

Luca klopfte an die Tür, als sie das Haus der Vespuccis erreichten, und stellte sich als Arzt vor, den Lorenzo de' Medici gesandt hatte. Zu Giulianos Erleichterung wurden sie ohne weitere Fragen direkt zu Simonettas Zimmer geführt.

»Willst du erst einmal allein zu ihr gehen?«, fragte Luca, als sie an der Tür standen. »Ich kann hier warten und dann nach ihr sehen.«

Giuliano zögerte nur kurz, dann nickte er, klopfte und öffnete die Tür, in Gedanken noch halb bei seinem letzten Besuch hier.

Simonetta lag inmitten von Decken und Kissen, die so hoch auf dem Bett aufgetürmt waren, dass sie dazwischen fast verschwand. Durch die zugezogenen Vorhänge fiel nur spärliches Licht in den Raum.

Vielleicht hatte sie gedöst, bevor er hereinkam, aber als er eintrat, öffnete sie die Augen und lächelte.

»Messere Medici. Du hast meine Nachricht also erhalten.«

Ihre Stimme klang wie immer, aber als er näher trat, sah Giuliano, dass Simonettas Gesicht eingefallen und von einem Schweißfilm überzogen war. Ihr goldenes Haar lag zu einem dicken Zopf geflochten auf den Kissen. An ihren dünnen Händen traten die Adern hervor wie bei einer alten Frau.

Es war auf den ersten Blick zu sehen, dass sie nicht gesund war.

Giuliano nickte. Er blickte sich um und sah einen Stuhl in der Nähe des Bettes stehen. »Darf ich mich zu dir setzen?«

»Natürlich«, sagte sie. »Es ist schön, dass du hergekommen bist.« Sie hustete einige Male angestrengt.

Giuliano sah sich nach etwas zu trinken für sie um, aber Simonetta winkte ab, als er ihr den Wasserbecher reichen wollte. »Es tut mir leid, Giuliano«, begann sie. »Es tut mir leid, dass es so zwischen uns geendet ist.«

Es war schwer, den Zorn, den er in den letzten Monaten gespürt hatte, aufrechtzuerhalten, wenn er sie so sah. »Warum hast du es getan?«, fragte er also, statt ihr die Vorwürfe zu machen, die er sich so lange im Kopf überlegt hatte.

»Das ist der Grund, warum ich dich sprechen wollte«, sagte sie heiser, bevor sie erneut zu husten begann. »Mein Mann ist den Pazzi viel schuldig, und sie wissen Dinge über ihn, die es ihm unmöglich machen, sich ihnen zu widersetzen. Also ist er ihnen bedingungslos ergeben. Und sie hatten von Anfang an den Wunsch, dass ich versuche, euch nahezukommen.«

»Von Anfang an?«, fragte Giuliano verwirrt. »Seit wir…«

Simonetta ließ ihn nicht aussprechen. »Nein. Seit ich nach Florenz gekommen bin. Sie wollten, dass Lorenzo sich in mich verliebt und er eine Affäre mit mir beginnt. Verliebt hat er sich, aber dein Bruder hat auch immer mit seiner Ehre als Ehemann gerungen und sich selbst zerfleischt, wenn er mich auch nur geküsst hat.«

Wieder einmal schalt sich Giuliano einen Narren, dass er nicht früher herausgefunden hatte, wie sehr Vespuccis Schicksal mit den Pazzi verbunden war.

»Also hat Lorenzo nicht genau getan, was ihr euch gewünscht habt«, fasste er Simonettas Worte zusammen. »Und deshalb habt ihr beschlossen, es bei mir zu probieren?« Ihm stieg ein bitterer Geschmack in die Kehle. *Die Brüder Medici, vorgeführt wie Marionetten auf dem Marktplatz.*

Sie lachte leicht, was sofort wieder von Husten abgelöst wurde. »Nein. Du … warst, was ich wollte. Das hatte mit den Pazzi nichts zu tun.«

Und doch hast du auch mich hintergangen. In seinem Kopf überschlugen sich die Gedanken. Ärger über das, was er eben gehört hatte, mischte sich damit, dass ihn das schlichte Geständnis Simonettas rührte. All die Spiele, die sie miteinander gespielt hatten, all die Missverständnisse und Halbwahrheiten, weil sie beide ein Leben lebten, in dem eine schöne Lüge immer mehr zählte als eine schmerzhafte Wahrheit.

»Ich hätte mir wirklich gewünscht, dass es mit uns anders hätte sein können«, sagte sie leise.

Er wusste nicht, was er darauf erwidern konnte. Ihm erschien es, als hätten sie beide immer so getan, als seien sie Teil eines Gedichts über die höfische Liebe, aber er kannte keinen Vers, der beschrieb, was er in diesem Augenblick fühlte. Giuliano ergriff Simonettas Hände.

»Das wünschte ich auch«, sagte er. Er hatte nie ernsthaft darüber nachgedacht, wie eine Zukunft mit Simonetta hätte aussehen können. Ihre Ehe allein hatte dafür gesorgt, dass ihm immer klar gewesen war, dass ihre Liebschaft ein Ende finden würde. *Aber kein solch furchtbares Ende.*

Simonettas Husten setzte wieder ein und schien gar nicht mehr aufzuhören. Giuliano sah, dass sich kleine rote Bläschen in ihren Mundwinkeln bildeten, desto mehr, je heftiger sie hustete. Schließlich wurde es etwas besser, und sie akzeptierte nun doch das angebotene Wasser.

»Ich habe Luca mitgebracht, er kann dir helfen«, sagte Giuliano schließlich, als der Anfall vorüber war, ihre Brust sich aber noch immer viel zu schnell hob und senkte.

Sie sah ihn mit ihren bernsteinfarbenen Augen an. »Du warst immer so gut darin, dich selbst zu belügen, und so schlecht, was andere angeht«, sagte sie. »Du kannst Luca gleich hereinschicken, aber vorher muss ich dir noch etwas sagen. Die Pazzi hassen euch viel mehr, als ihr es ahnt. Francesco und Albiera werden niemals aufhören, gegen euch zu arbeiten, egal, was ihr tut. Und sie würden alles tun, um euch zu schaden, wirklich alles. Ihr müsst ihnen gegenüber vorsichtig sein. Vorsichtiger als jetzt.«

Er sah sie fragend an. »Wie meinst du das?«

»Dein Bruder ist klug, aber auch er sieht meist nur, was er sehen will. Weil er nicht glaubt, dass eine lange Fehde irgendjemandem nützt, denkt er, dass das auch alle anderen so sehen müssen. Er kann nicht verstehen, wie weit Menschen aus Hass gehen würden. Oder aus Liebe.«

Er drückte ihre Hand. »Ich werde daran denken, Simonetta, und ich danke dir für deine Offenheit.« Dann zog er ihre schmalen Finger an seine Lippen und küsste sie.

Sie lächelte kraftlos. »Sandro will mich unbedingt besuchen«, sagte sie dann, beinahe im Plauderton. »Aber ich will nicht, dass er mich so sieht. Er soll mich in Erinnerung behalten, wie ich war.«

Giuliano merkte, wie sich ihm die Kehle zuschnürte. *Sie stirbt und sie weiß es.*

»Du wirst immer seine Muse sein«, sagte er. »Für ihn gibt es keine andere, und wie ich ihn kenne, werden noch viele Göttinnen dein Gesicht tragen. Dich als Venus zu malen, ist sein höchstes Ziel.«

Sie zeigte die Andeutung ihres früheren, unwiderstehlichen Lächelns, den Schatten ihres früheren Selbst. »Das ist ... gut«, erwiderte sie, als er schließlich aufstand. »Gute Nacht, Giuliano.«

KAPITEL 63

Florenz, Juni 1476

FIORETTA

»Was denkst du, wie es heute ausgehen wird?«, fragte Sandro, während er seine *Tabarro* zurechtzupfte. »Kommt Leonardo frei?«

»Die Medici glauben es zumindest«, sagte Fioretta. Sie band ihre Haare zusammen und legte ein Tuch darüber. Ob es eine Rolle spielte oder nicht, aber sie hatte sich für den heutigen Prozess ihre besten Kleider angezogen. »Ich glaube, sie haben alles getan, was sie konnten«, fuhr sie fort. »Schon allein Luca zuliebe.«

»Dann wird es heute keine neuen Zeugen geben?«

»Schwer zu sagen. Giuliano ist sich sicher, dass er mit jedem gesprochen hat, der auch nur entfernt aussagen könnte, aber wer weiß das schon? Ich glaube, es geht inzwischen bei niemandem mehr darum, was Leonardo, Luca und Jacopo getan oder nicht getan haben. Sondern nur darum, welche Partei sich durchsetzen kann.«

»Ja, ich weiß«, sagte Sandro. »Aber ich weiß nicht, ob ich es aushalte, wenn Leonardo heute verurteilt wird.«

Sandro hatte der Tod von Simonetta sehr zugesetzt. Halb Florenz war bei ihrer Beerdigung gewesen, an einem Tag Anfang Mai. Viele Menschen trauerten um die wunderschöne junge Frau, aber Sandro schien durch ihren Verlust jedes Interesse am Leben und an der Kunst verloren zu haben. Seitdem hatte er kaum noch an seinen Aufträgen gearbeitet; das halb vollendete Porträt von Simonetta, das Giuliano in anderen Zeiten in Auftrag gegeben hatte, war mit einem Tuch abgedeckt, und Sandro hatte es nicht einmal mehr angesehen, seit sie in der Familiengruft der Vespucci in San Salvatore lag.

Ein Grund mehr, warum Leonardo heute einfach zu uns zurückkehren muss, dachte Fioretta. *Wird er verurteilt, geht die Werkstatt vielleicht gleich mit zugrunde.*

Sie hatten in der vergangenen Nacht bis spät mit Lorenzo, Giuliano und Luca zusammengesessen und Pläne gemacht, versucht, vorauszusehen, wie der heutige Tag verlaufen würde. Aber letztlich wussten sie alle, dass Leonardos Schicksal nicht in ihren Händen lag.

Sie konnten nur hoffen und beten, dass alles, was sie im Namen von Luca und Leonardo getan hatten, ausreichen würde, um diese Geschichte endlich zu beenden.

»Lass uns gehen«, sagte Fioretta. »Wir sollten nicht zu spät kommen.«

Der Saal, in dem der Prozess stattfinden sollte, war derselbe, in dem das Gericht vor zwei Monaten getagt hatte, und auch der Richter war derselbe Mann, der schon bei der ersten Verhandlung den Vorsitz geführt hatte. Ebenso wie im April waren viele Bürgerinnen und Bürger erschienen, um der Urteilsverkündung beizuwohnen, wenn auch nicht ganz so viele wie beim ersten Mal, als bei den Gegnern der Medici noch die Hoffnung geherrscht hatte, Luca Tornabuoni in Ketten zu sehen.

Sandro und sie setzten sich in den hinteren Teil des Raumes, zu Maestro Verrocchio und dessen Schülern.

Lorenzo und Giuliano saßen ganz vorn, direkt hinter den beiden Angeklagten. Luca saß ebenfalls bei ihnen, aber Madonna Lucrezia hatte sie heute nicht begleitet.

Auf der anderen Seite des Saales sah Fioretta Francesco de' Pazzi neben seinem Bruder Guglielmo sitzen, ein seltener Anblick, da die beiden Brüder sich entfremdet hatten.

Als Stille im Saal eingekehrt war, befragte der Richter die beiden Angeklagten erneut, ob sie ihre Schuld eingestehen wollten.

Leonardo erhob sich und schüttelte den Kopf. »Ich habe nichts Unrechtes getan, Eure Exzellenz, so wenig wie Jacopo Saltarelli hier neben mir. Das schwöre ich vor Gott.«

Jacopo stand auf und beteuerte ebenfalls seine Unschuld. Beiden sah man die Zeit in der Haft an, aber der Jüngere bot mit seinen langen ungekämmten Haaren und dem ungleichmäßig gewachsenen Bart noch mehr ein Bild des Jammers als Leonardo.

»Dem Gericht wurde zugetragen, dass es einen Zeugen für die widernatürlichen Beziehungen geben muss, die die Angeklagten miteinander pflegten: Maestro Sandro di Filipepi, in dessen *Bottega* Leonardo di ser Piero wohnt, und in dem auch Jacopo Saltarelli zu Gast gewesen sein soll. Seid Ihr anwesend, Maestro?«

Sandro war offenbar von der Frage des Richters völlig überrascht. Er sah Fioretta Hilfe suchend an. Sie nickte ihm zu. *Der Arme.* Sie konnte nur ahnen, wie nervös ihn diese überraschende Aussage machen musste.

Sandro stand zögerlich auf. »Ja, Exzellenz, wie Ihr seht, bin ich hier.«

»Ausgezeichnet. Der Angeklagte Leonardo di ser Piero wohnt in Eurer Werkstatt, obwohl er ein Schüler Verrocchios ist?«

Fioretta fragte sich, was der Richter damit unterstellen wollte. *Will er Sandro etwa mit in das Ganze hineinziehen?*

Sandro räusperte sich nervös. »Ja, er wohnt bei mir und der Familie meines Bruders. Aber eigentlich ist Leonardo niemandes Schüler, weder meiner noch der von Maestro Verrocchio.«

Der Richter runzelte die Stirn. »Was meint Ihr damit?«

»Leonardo ist ein Künstler wie kein Zweiter, Exzellenz. Gott hat ihn mit einem reichen Talent gesegnet, und ich wüsste nicht, was ich ihm beibringen könnte, das er sich nicht allein schneller und besser aneignen würde.«

»Ich will verdammt sein, wenn Leonardo nicht der sturste Schüler ist, den ich je hatte«, rief Verrocchio. »Aber Botticelli hat recht, was sein Talent angeht. Ich kenne keinen anderen, der so malt.«

Ein Raunen lief durch den Raum. Fioretta war erstaunt. Es sah Verrocchio nicht ähnlich, solches Lob auszusprechen. Sie war sich sicher: Unter anderen, weniger furchtbaren Umständen hätte sich Leonardo darüber gefreut.

»Das sei, wie es sei«, sagte der Richter. »Leonardo wohnt also bei Euch. Was könnt Ihr uns dann über die Vorwürfe sagen, die gegen ihn erhoben werden? Kam Jacopo Saltarelli oft zu Gast? Oder andere Männer?«

Fioretta schloss kurz die Augen. Was immer Sandro jetzt sagen würde, es verlangte ihm ab, die Wahrheit zumindest zu beugen.

Aber Sandro schien seine Ängste abgelegt zu haben. Er grinste sogar, als er sagte: »Andere Männer? Nun, Exzellenz, ich führe eine *Bottega*. Ja, es kommen viele Männer zu uns, denn wir leben von ihnen. Es sind unsere Kunden. Sie kaufen unsere Bilder und Statuen.«

Im Saal ertönte leises Gelächter.

»Ich bin einer dieser Männer, Exzellenz«, rief Lorenzo.

»Und ich auch«, unterstützte Giuliano seinen Bruder. Jetzt wurde das Lachen im Raum lauter.

Der Richter wirkte nicht erfreut, dass seine Autorität infrage gestellt wurde. »Ruhe!«, rief er zornig in die Menge. »Ihr habt meine Frage nicht beantwortet, Maestro Filipepi. War Jacopo Saltarelli oder einer der anderen Angeklagten häufig zu Gast bei Euch und Leonardo?«

Sandro sah den Richter ernst und offen an. »Nein, Exzellenz«, erwiderte er. »Nicht häufiger als andere Besucher.«

»Wenn Ihr keine weiteren Zeugen habt, Exzellenz, solltet Ihr nun das einzig gerechte Urteil sprechen«, forderte Lorenzo.

Der Richter sah sich Hilfe suchend im Saal um. »Ist hier noch jemand, der in dieser Sache sprechen will?«, fragte er.

Als sich niemand erhob, seufzte er resigniert.

»Dann schließe ich mich Euch an, Messere Lorenzo«, sagte er. »Ich entlasse die beiden Gefangenen aus der Haft und beende diesen Prozess.«

Aufseiten der Medici brach Jubel aus. Luca schien den Tränen nah, als er Leonardo ansah.

Fioretta und Sandro sprangen auf und liefen nach vorne zu ihrem Freund.

Leonardo sah aus, als ob er den Ausgang des Prozesses noch gar nicht fassen konnte. Er ließ die Schulterschläge und Glückwünsche fast teilnahmslos über sich ergehen.

Giuliano lächelte Fioretta an. »Geschafft«, murmelte er. »Das hat Leonardo zu einem nicht kleinen Teil dir zu verdanken«, erwiderte sie. »Weil du den Wirt und die Besucher der *Schnecke* ausfindig gemacht hast.«

»Ich bin überzeugt davon, dass sie nichts Verdächtiges gesehen haben«, gab Giuliano unschuldig zurück. »Ich habe lediglich mit etwas Gold dafür gesorgt, dass sie nicht plötzlich falschen Erinnerungen aufsitzen.«

»Ja, genau«, sagte sie und erwiderte sein Lächeln. »Du stehst Lorenzo in nichts mehr nach.«

»Oh doch, in vielen Dingen«, gab er zurück.

Zu ihrer Überraschung kam Francesco de' Pazzi auf sie zu. »Ich möchte Euch gratulieren, Lorenzo«, sagte er. »Und vor allem natürlich Euch, Leonardo! Unsere Familien mögen in der *Signoria* nicht immer einer Meinung sein, aber was diesen falschen Vorwurf angeht, stehe ich klar auf Eurer Seite, und ich wollte, dass Ihr das wisst.«

Lorenzo musterte ihn, dann streckte er die rechte Hand aus. »Das ehrt Euch, Francesco«, sagte er, und die beiden Männer schüttelten einander die Hände. Als Francesco gegangen war, blieb sein Bruder Guglielmo zurück. »Es tut ihm aufrichtig leid«, sagte er. »Er hat mich in den vergangenen Wochen oft aufgesucht. Ich glaube, er will wirklich Frieden mit Euch schließen, egal, was Albiera und Jacopo dazu sagen.«

»Wenn dem so ist, soll es mir mehr als recht sein«, sagte Lorenzo. »Ich bin dieses Streits so müde, und ich habe genug andere Sorgen.«

Kaum, dass Guglielmo gegangen war, nahm Giuliano Lorenzo zur Seite. »Obacht, Bruder«, bat Giuliano. »Ich traue dem Pazzi nicht, nur weil er einmal etwas Richtiges getan hat. Seine hinterhältige Art hat in der Vergangenheit viel Schaden angerichtet.«

»Ich weiß. Aber dennoch …« Lorenzo ließ den Satz unbeendet. »Was den Schaden angeht, müssen wir noch über eine andere Sache sprechen. Ich fürchte, dass Luca Florenz eine Weile verlassen muss. Vielleicht kann er mit dir nach Mailand reisen.«

Fioretta sah von dem einen Medicibruder zum anderen. »Du willst sie wirklich gerade jetzt trennen?«, fragte sie. *Das wird Leonardo das Herz brechen.*

»Ich bin mir sicher, Leonardo ist es lieber, Luca sicher in Mailand zu wissen als wieder im Gefängnis«, gab Lorenzo zurück. »Und wir müssen jetzt an unseren Ruf denken, der ohnehin schon Schaden davongetragen hat. Wenn ich mir die zwei ansehe, bezweifele ich, dass sie nun viel vorsichtiger als vor ihrer Verhaftung sein würden.«

Mit diesen Worten ging er zu Luca hinüber und zog ihn ein Stück von Leonardo weg.

»Du reist nach Mailand?«, fragte Fioretta Giuliano.

»Ja. Der Verkauf von Cafaggiolo hat uns zwar kurzzeitig geholfen, aber wir müssen mehr tun, damit die Bank sicher ist. Auch wenn ich keinerlei Neigung verspüre, Herzog Sforza zu begegnen.«

»Steht es wirklich so schlimm?«

Er hob die Achseln. »Du kennst Lorenzo; ihm wird schon etwas einfallen. Aber ja. Die Situation ist wirklich ernst.«

KAPITEL 64

Florenz, Juni 1476

ALBIERA

Albiera saß mit gefalteten Händen in der Kapelle ihrer Familie in Santa Croce, aber sie betete nicht. Sie betrachtete die Schönheit und schlichte Eleganz von Brunelleschis Architektur, ganz frei von protzigen Verzierungen und zur Schau gestelltem Gold. Ein wahrer Ort der Andacht und Besinnung, der auch das veranschaulichte, wofür die Pazzi einstanden: Macht, die ihnen vor vielen Generationen verliehen worden war, zu Gottes höherem Ruhm.

Ihre Familie gehörte dem Ritterstand seit den Tagen an, in denen das Heilige Grab zum ersten Mal aus der Hand der Heiden befreit worden war. Sie besaßen die Erfahrung, die Weisheit und Entschlossenheit, eine Stadt zu führen. Die Pazzi waren keine Sippe von Kaufleuten, deren Urgroßväter noch barfuß auf dem Markt ungefärbte Wolle verkauft hatten.

Als Jacopo die kleine Kapelle betrat und sich neben sie setzte, schreckte sie aus ihren Gedanken hoch.

»Saltarelli und Leonardo sind auch freigekommen«, sagte ihr Bruder leise. Francesco, der ihn begleitet hatte, blieb hinter ihnen stehen und legte seine Hände auf die Holzbank. »Der Richter hat Sandro Botticelli aufgerufen, wie wir es ihm geraten haben, aber der Maler hat frech darüber gelogen, dass in seinem Haus nie etwas Unsittliches geschehen sei«, sagte er.

»Ich habe nichts anderes erwartet«, erwiderte Albiera ruhig. »Die Medici sind Botticellis größte Gönner, und von der *Anbetung* hängt vermutlich die ganze Werkstatt ab. Botticelli konnte also kaum etwas anderes sagen. Aber das ist nicht schlimm. Der Ruf der

Medici hat dennoch gelitten, und jetzt ist auch noch die ganze, ihnen treu ergebene Werkstatt mit in die Sache hineingeraten.«

Natürlich hätte Albiera es lieber gesehen, wenn der arrogante Tornabuoni und seine Spießgesellen durch die Straßen gepeitscht worden wären, aber sie hatte nie wirklich daran geglaubt, dass es unter den Medici zu einer Verurteilung kommen würde. *Eher hätte Lucrezia selbst den Richter bestochen. Aber die Gerüchte sind in der Welt und werden mit dem heutigen Tag nicht enden.*

»Aber wie ist es dir ergangen, Francesco?«, wollte sie wissen. Dieser Teil ihres Plans interessierte sie viel mehr. Seit Simonettas Tod hatte sie sich gefragt, wie sie wieder Zugang zu den Medici erhalten konnten. Der Versuch, Francesco als reuigen Sünder darzustellen, war gewagt, aber momentan hatten sie kaum Alternativen. *Simonetta hat so viel Potenzial besessen. Was für eine Verschwendung, in der Blüte ihrer Jahre aus dem Leben gerissen zu werden.*

»Es hätte nicht besser laufen können«, erwiderte Francesco und beugte sich vor. »Guglielmo ist davon überzeugt, dass ich nach Simonettas Tod ein Einsehen hatte und mich meiner alten Freundschaft zu den Medici erinnere.«

»Gut gemacht, Junge«, sagte Jacopo leutselig und schlug Francesco auf die Schulter.

»Lorenzo hat mir sogar die Hand geschüttelt«, sagte Francesco und sah auf seine Finger, als haftete ein übler Geruch an ihnen.

»Das ist ein Anfang«, sagte Albiera. »Aber du darfst jetzt nicht nachlassen. Heute muss es das letzte Mal sein, dass wir uns für alle Welt sichtbar treffen. Du darfst weder zu uns kommen, noch dürfen wir uns hier verabreden. Wenn wir etwas zu besprechen haben, müssen wir uns einen diskreteren Ort suchen. Nur dann wird es glaubwürdig, dass du mit uns gebrochen hast und die Freundschaft der Medici suchst.«

Francesco nickte. »Einverstanden. Ich werde erst einmal häufiger bei Guglielmo und Nannina vorbeischauen und sie bitten, bei Lorenzo und Giuliano ein gutes Wort für mich einzulegen.«

»Vertraut Guglielmo dir denn?«, fragte Jacopo.

»Natürlich vertraut er mir. Er ist mein Bruder.« Francesco machte eine Pause und fuhr sich nachdenklich mit zwei Fingern über den dünnen, blonden Bart. »Giuliano hingegen könnte zu einem Problem werden. Er schien mir heute weit misstrauischer als Lorenzo.«

»Vermutlich ist er im Kopf zu langsam, um eine neue Entwicklung zu verstehen«, erwiderte Albiera abfällig.

Sie war froh, dass Francesco in jüngster Zeit Vernunft angenommen hatte. Er trank weniger und verbrachte seine Nächte seltener in Hurenhäusern. Sein Hass auf die Medici war dennoch ungebrochen, und sie wusste, dass Francesco alles tun würde, um Giuliano zu demütigen. Aber ihr Neffe war Gott sei Dank wieder bereit, seine Ziele langfristiger zu setzen und auf ihre Ratschläge zu hören.

»Du musst nur eine kurze Zeit freundlich zu Giuliano bleiben«, erklärte sie. »Er darf nicht merken, was du wirklich über ihn denkst. Umso befriedigender wird es sein, wenn er fällt.«

Francesco nickte. »Die Medici werden doch sicher auch zur Beerdigung des alten Borromei kommen, oder? Dann werde ich mir dort besondere Mühe geben.«

Der Tod von Giovannis Schwiegervater war zwar tragisch für seine Gattin Beatrice, für die Pazzi aber ein wahrer Glücksfall, denn Beatrice war die einzige Erbin des gewaltigen Vermögens der Borromei.

Dieses Geld kommt genau zur rechten Zeit, dachte Albiera. *Während die Medici in Schwierigkeiten stecken, können wir uns noch mehr Unterstützung kaufen.* »Wir müssen sie zur Beisetzung einladen, und sollten es auch«, sagte sie. »Und es ist klug von dir, dort Giulianos Nähe zu suchen. Vielleicht kannst du sogar erfahren, wie sie die Verluste der letzten Zeit verkraften?«

»Ich versuche es, auch wenn es mir nicht leichtfallen wird«, gab Francesco zurück.

»Wenn Lorenzo seine Stärke und seinen Einfluss verliert, dann kann bald auch Giuliano betteln gehen«, erklärte Albiera noch einmal nachdrücklich. »Wenn wir noch ein wenig warten, sollte Lorenzos Macht von ganz allein bröckeln. Unter seiner Führung hat Florenz Imola und Citta de Castello verloren. In Pisa sitzt Salviati als Erzbischof fest im Sattel. Die Medici verwalten die Bankkonten des Heiligen Stuhls nicht mehr, und jetzt haben sie auch noch das Alaunmonopol aufgeben müssen. Wie lange, glaubst du, kann die Bank das finanziell durchhalten?«

»Nicht lange«, sagte Jacopo. »Wir wissen, dass sie bereits diskret versuchen, Außenstände einzufordern und Geld umzuwidmen. Gelingt ihnen das nicht im nötigen Maß, werden sie schon sehr bald zugeben müssen, dass sie nicht mehr zahlungsfähig sind.«

»In der *Signoria* tut Lorenzo noch immer so, als ob er keine Sorge in der Welt hätte, seitdem das neue Bündnis mit Venedig existiert«, gab Francesco zu bedenken.

»Ich bin mir sicher, das ist mehr seiner Schauspielkunst als seinen wahren Gedanken geschuldet«, versicherte ihm Jacopo. »Und wie lange werden seine neuen Verbündeten aus Venedig an seiner Seite bleiben, wenn sie merken, dass sie auf das falsche Pferd gesetzt haben? Die Venezianer sind nicht gerade dafür bekannt, allzu loyal zu sein, wenn sie sich von einer Verbindung keine Vorteile mehr versprechen.«

Albiera vermutete, dass Venedig noch darauf hoffte, dass das angeblich so reiche Florenz und die angeblich noch reicheren Medici Kriegsschiffe ausrüsteten, die der Seerepublik helfen würden, ihren Kampf gegen die Osmanen zu bestreiten. Aber sie war sich sicher, dass der Dogenrat sich schnell abwenden würde, wenn sie merkten, dass Lorenzo gar nicht mehr die Mittel dazu hatte.

»Wenn Lorenzo erst am Boden liegt, können wir den Medici den Rest geben«, sagte Francesco zufrieden.

»Am Ende sind sie doch nur Emporkömmlinge«, erwiderte Albiera. »Sie können ebenso schnell fallen, wie sie aufgestiegen sind. Während unser Vorfahre das Heilige Grab befreit hat.«

»Wir sollten uns dieses Erbes immer bewusst sein«, mahnte Jacopo. »Es ist nicht nur unser Recht, sondern unsere Pflicht, über Florenz zu herrschen.«

KAPITEL 65

Florenz, September 1476

GIULIANO

Als Giuliano das Arbeitszimmer seines Bruders betrat, um ihn zu einer Sitzung der *Signoria* abzuholen, schien Lorenzo ihn zuerst gar nicht zu bemerken. Wie so oft war der Schreibtisch vor ihm mit Kontobüchern und Papieren bedeckt, aber Lorenzo sah die Schriftstücke nicht an, sondern starrte stattdessen auf einen Punkt an der Wand, an dem Giuliano beim besten Willen nichts Hinsehenswertes finden konnte.

»Lorenzo?« Er schnippte mit zwei Fingern vor dem Gesicht seines Bruders, um dessen Aufmerksamkeit auf sich zu lenken.

»Was ist denn los?«, Lorenzo fuhr erschreckt zusammen.

»Ich wollte dich gerade dasselbe fragen. Du scheinst mit deinen Gedanken ganz woanders zu sein, aber wir müssen uns auf den Weg zum Palazzo della Signoria machen, wenn wir rechtzeitig zur Sitzung der *Priori* dort sein wollen.«

Aber Lorenzo machte keine Anstalten aufzustehen. »Ich weiß nicht, ob ich dich heute begleiten kann«, sagte er. »Willst du nicht allein gehen?«

Das klang nicht gut. Lorenzo verpasste nie eine Sitzung des Stadtrates, außer, seine Gesundheit war beeinträchtigt oder er weilte nicht in Florenz.

Also zog sich Giuliano einen Stuhl heran und setzte sich ihm gegenüber. »Was ist mit dir?«, wollte er wissen. »Geht es dir nicht gut?«

»Wir sind nahezu bankrott«, sagte Lorenzo leise und deutete auf die Zahlenkolonnen in dem ledergebundenen Buch, das direkt vor ihm lag, umgeben von Papieren, die mit Lorenzos lang gezogener

Schrift bedeckt waren. »Ich habe es wieder und wieder überprüft, aber uns geht das Geld aus.«

»Wie kann das sein?«, rief Giuliano. »Wir müssen doch noch Reserven haben?«

»Wir haben noch ein paar Sicherheiten, aber auch diese werden nicht mehr lange reichen. Die Alaunpreise sind stark gefallen, seit der Papst das Monopol aufgehoben hat. Volterra und Tolfa werfen ihr Alaun auf den Markt, als ob sie bis morgen ihre Speicher leeren müssten«, sagte Lorenzo bitter.

Lange Zeit hatten die Medici die Preise für das kostbare Kristall durch das Privileg, das der Papst ihnen verliehen hatte, nahezu frei bestimmen können. Doch jetzt sorgte erbitterte Konkurrenz dafür, dass der Preis verfiel.

»In Rom blockiert Sixtus jeden unserer Schritte«, fuhr Lorenzo fort. »Momentan erhalten wir von dort weder Rückzahlungen noch neue Aufträge. Die Einnahmen aus den übrigen Darlehen decken kaum unsere Ausgaben. Und in wenigen Tagen wird der Abgesandte des Dogen hier zu Gast sein, um über einen neuen Kredit zu verhandeln, mit dem Venedig seine Flotte ausbauen will. Ich habe keine Ahnung, wo ich dieses Geld hernehmen soll.«

Giuliano schluckte. »Wenn es mit dem Kredit nichts wird, besteht die Gefahr, dass Venedig gleich wieder aus dem Bündnis ausschert?«, fragte er nach kurzem Nachdenken.

»Ganz genau«, erwiderte Lorenzo, und Giuliano sah, dass die Hände seines Bruders zitterten. »Und mein verdammter Ellbogen tut weh, und ich weiß nicht, ob es daran liegt, dass ich in den letzten Tagen zu viel geschrieben habe, oder ob ich jetzt auch noch einen Gichtanfall bekomme.«

Giuliano legte ihm beruhigend eine Hand auf den Arm. »Es sind sicher die Briefe«, sagte er. »Aber was machen wir jetzt? Es muss doch noch etwas geben, das wir tun können, um einen Bankrott abzuwenden?«

»Das gibt es«, antwortete Lorenzo. »Wir haben noch drei Wege, die wir beschreiten können.«

»Und welche wären das?«

»Wir können unsere Außenstände einziehen, unterschiedslos. Dann müssten alle Schuldner – vom Herzog von Mailand bis zum kleinen Krämer am *Mercato* – auf einmal ihre Kredite zurückzahlen.«

»Würde das denn überhaupt funktionieren?«, fragte Giuliano zweifelnd. »Viele unserer Schuldner können doch gar nicht so schnell das geliehene Geld zurückgeben, oder?«

»Wohl wahr. Aber wenn wir wirklich alles zurückfordern, werden natürlich auch ein paar dabei sein, die es sich leisten können und die bislang lediglich aus Bequemlichkeit nicht gezahlt haben. Ich gehe davon aus, dass es genug wären, damit wir kurzfristig wieder liquide wären, zumindest, bis wir uns an anderer Stelle gefestigt haben, aber langfristig …«

»Verlieren die Leute komplett das Vertrauen in die Bank«, vollendete Giuliano den Satz seines Bruders. »Und die Florentiner würden uns dafür hassen.«

»Ja«, gab Lorenzo unumwunden zu. »Das ist lediglich eine schnelle Lösung. Langfristig würden mit Sicherheit viel weniger Menschen bei uns Kredite nehmen, und es ist gut möglich, dass wir in wenigen Monaten wieder am gleichen Punkt stehen wie jetzt.«

»Was ist der zweite Weg?«, wollte Giuliano wissen.

»Wir gestehen vor der *Signoria* ein, dass wir in finanziellen Schwierigkeiten sind, und leihen uns selbst Geld. Allerdings ist es dann wahrscheinlich, dass die Pazzi das bald neu hinzukommende Vermögen von Beatrice Borromei nutzen, um unsere Schuldverschreibungen zu kaufen. Immerhin fallen bei ihnen jetzt die Vermögen der beiden größten Bankhäuser außer dem unseren zusammen. Für sie ist das eine so gute Gelegenheit, dass ich sie mir auch nicht entgehen lassen würde, wäre ich an ihrer Stelle. Tun wir das, werden wir vermutlich überleben, wären aber auf absehbare Zeit abhängig, ob von ihnen oder jemand anderem.«

»Und die dritte Möglichkeit?« *Es musste doch noch einen anderen, besseren Ausweg geben?*

»Der dritte Weg ist mir heute Morgen eingefallen«, begann Lorenzo langsam. »Als wir die Einladung der Pazzi erhielten, zur Trauerfeier des alten Borromei zu kommen.« Er suchte fahrig auf dem Tisch herum und deutete auf ein Schriftstück, das das zerbrochene Siegel der Pazzi zeigte. »Du weißt, dass er keine männlichen Nachkommen hatte, nicht wahr?«

Giuliano nickte. Beatrice Borromei war schon bei ihrer Heirat mit Giovanni de' Pazzi eine ausgemacht gute Partie gewesen, da sie aus einer sehr reichen und angesehenen Familie stammte. Durch ein ungnädiges Schicksal hatte sie früh ihre Mutter und alle Geschwister verloren, weshalb sie das erhebliche Vermögen ihrer Familie nun allein erben würde.

»Es gibt viele in der *Signoria*, denen die Vorstellung nicht gefällt, dass die Pazzi nun so viel reicher werden«, sagte Lorenzo langsam. »Ich denke, wir könnten eine Mehrheit dafür zusammenbekommen, um in aller Eile ein Gesetz durchzubringen, das es Töchtern künftig verbietet, über eine bestimmte Summe hinaus zu erben, wenn ein Mann keine Söhne hat. Dann würden die Millionen der Borromei an den nächsten männlichen Erben fallen, in diesem Fall einen Cousin Beatrice'. Der zufällig kein Verbündeter der Pazzi ist, sondern den Tornabuoni nahesteht. Wir wären gerettet, und wir könnten den Venezianern sofort den Kredit bewilligen.«

Giuliano sog scharf die Luft ein. »Das würde bedeuten, Beatrice Borromei übel mitzuspielen«, sagte er. Er kannte die Frau nicht, die offenkundig das zurückgezogene Leben vieler Florentiner Patrizierinnen führte, aber sie hatte ihnen auch nie etwas getan. Der Vorschlag seines Bruders erschien ihm ehrlos zu sein.

»Ich weiß«, sagte Lorenzo und kniff die Lippen zusammen. »Wir könnten aber dafür sorgen, dass Beatrice dennoch etwas Geld aus dem Erbe erhält.«

Giuliano schüttelte den Kopf. »Es geht aber nicht nur um sie, sondern um alle Töchter von Florenz, die in diese Lage kommen können. Stell dir vor, es wären unsere Schwestern? Oder deine Töchter? Kein Mann kann mit Sicherheit vorhersagen, welches

Schicksal ihm zugedacht ist. Nur, weil er nicht genug Glück hat, um Söhne zu zeugen, oder genug Pech erleidet, um sie früh zu verlieren, willst du den Rest der Familie mittellos machen?«

»Was heißt ›ich will‹?«, sagte Lorenzo brüsk. »Es ist doch eher so, dass wir das tun *müssen*, weil wir keine andere Möglichkeit haben. Ich habe mir deine Fragen auch gestellt – was, wenn es hier um Bianca ginge oder um Maddalena? Meine Lösung ist, das Gesetz so zu erlassen, dass die Summe, die nicht von Töchtern geerbt werden kann, so hoch ist, dass es kaum jemanden betrifft. Würde das dein Gewissen beruhigen?«

Giuliano erkannte in diesem Moment, dass sein Bruder mittlerweile fest zu diesem Schritt entschlossen war und das vielleicht auch schon zu Beginn ihres Gesprächs gewesen war. Lorenzo suchte nicht seinen Rat, sondern nur noch Giulianos Bestätigung.

»Deine Töchter würde es noch immer treffen, egal, wie hoch du die Summe ansetzt«, gab er zurück.

»Damit dieses Gesetz meine Kinder treffen könnte, brauche ich erst einmal weiterhin Geld, das ich ihnen vererben kann«, erklärte Lorenzo geradeheraus. »Was glaubst du, für wen ich das tue?«

Für dich und für die Ehre der Medici, dachte Giuliano, *aber sicher nicht für deine Töchter.*

Lorenzo sah ihn direkt an, als Giuliano weiter schwieg. »Bitte, Giuliano. Wenn du nicht willst, dass wir unsere Kredite zurückfordern müssen, oder uns in ewige Abhängigkeit zu den Pazzi begeben, dann stimme diesem Vorschlag zu. Und wenn es dich in ein paar Wochen oder Monaten immer noch stört, können wir das Gesetz auch eines Tages wieder rückgängig machen.«

»Was ist, wenn ich ›nein‹ sage?«, wollte Giuliano wissen.

»Dann würde ich es nicht tun«, versicherte ihm Lorenzo. Wenn du es willst, gehen wir jetzt gleich in die *Signoria* und erklären, wie es um die Bank steht. Aber wir müssen vorher noch mit Mutter sprechen. Ihr wird es das Herz brechen.«

Giuliano seufzte. *Himmel, warum nur gelang es Lorenzo immer wieder, ihn zu überreden? Weil er ihm scheinbar die Wahl ließ, das war die Antwort. Würde sein Bruder wirklich lieber die Bankrotterklärung auf sich nehmen, als seinen Wünschen entgegenzuhandeln? Oder hatte er darauf spekuliert, dass er unter diesen Umständen niemals auf seiner Meinung beharren würde?*

»Schon gut«, sagte Giuliano langsam. »Ich verstehe. Wenn es wirklich keine andere Möglichkeit gibt, dann lass uns gehen und dieses Gesetz einbringen. Aber wenn die Bank gerettet ist, gibst du Beatrice Borromei mehr als ein Almosen zurück, ob sie eine Pazzi ist oder nicht!«

»Versprochen.« Lorenzo lächelte sichtlich erleichtert und stand auf. »Ich sorge dafür, dass Beatrice trotz allem aus dem Erbe bedacht wird.«

»Dann lass uns gehen.« Giuliano war schon fast aus der Tür hinaus, als sein Bruder noch einmal seinen Namen rief. »Giuliano? Du solltest dir selbst auch Gedanken darüber machen, wer dich einmal beerbt«, sagte Lorenzo. »Wie du selbst es gesagt hast, kein Mann kennt sein Schicksal. Mir wurde kürzlich Semiramide d'Appiano von ihrem Vater vorgestellt. Sie ist eine Cousine von Simonetta, ebenso schön, kultiviert, ihr Vater hat viel Einfluss...«

»Übertreibe es nicht, Lorenzo«, sagte Giuliano. »Für heute hast du alles bei mir erreicht, was du konntest. Du wirst mich nicht auch noch verheiraten.«

»Natürlich«, beeilte sich Lorenzo zu versichern, und dann folgte er Giuliano endlich zur *Signoria*.

KAPITEL 66

Florenz, Dezember 1476

LEONARDO

*Leonardo,
etwas Entsetzliches ist am heutigen Tag geschehen: Seine Exzellenz Herzog Galeazzo Maria Sforza ist ermordet worden. Der gesamte Hof, darunter auch ich, war mit ihm in der Früh in der Christmette in Santo Stefano Maggiore, und wir alle sind Zeugen davon geworden, wie der Herzog von drei Männern umringt und von seiner Familie getrennt wurde. Dann stachen die Angreifer wie von Sinnen auf Sforza ein, bis er blutüberströmt am Boden lag, bevor sie die Kirche seelenruhig verließen. Als ich dem Herzog helfen wollte, war schon alles Leben aus ihm gewichen.
Die Menschen flohen voller Panik aus Santo Stefano. Seitdem hat sich eine beinahe unnatürliche Ruhe über die Stadt gelegt. Ganz Mailand scheint stillzustehen. Die Garde des Herzogs hat verfügt, dass niemand das Haus verlassen darf. Sforzas Gattin, so heißt es, stehe noch zu sehr unter dem Eindruck der Ereignisse, um ihren ältesten Sohn zum Nachfolger zu erklären. Die Stadt hält den Atem an, so als wartete man nur darauf, wer sich zum nächsten Herrn von Mailand ausruft.
Ich frage mich, ob dieser Angriff überhaupt ein Versuch war, die Stadt zu übernehmen, denn die Täter haben noch keine Anstalten gemacht, sich selbst zu den neuen Herren Mailands zu erklären.
Die drei Männer, die den Herzog erschlugen, sind Adelige, die Sforza gut kannte, die wir alle gut kannten! Sie handelten nicht im Verborgenen. Es heißt, den einen habe der Herzog zum*

Hahnrei gemacht, den anderen um Land und Besitz geprellt, den Dritten immer wieder öffentlich gedemütigt. Du weißt, dass nichts davon unmöglich ist, denn der Herzog war ein unberechenbarer Mann, und das galt an seinen besten Tagen.
Bete für mich und für die Stadt, Leonardo. Ich fürchte das, was die nächsten Tage bringen, und habe Sorge, was nun folgen wird.

Luca

Leonardo ließ den Brief sinken, den er eben im *Bargello* abgeholt und gleich gelesen hatte. Er war schon am frühen Vormittag in dem düsteren alten Bau gewesen, der einen Gutteil der Florentiner Verwaltung beherbergte, und hatte darauf gewartet, ob Boten aus Mailand eintreffen würden.

Seit gestern hatte es in der ganzen Stadt Gerüchte gegeben, dass sich in Mailand etwas Furchtbares ereignet hatte, doch niemand schien Genaueres zu wissen. Ebenso wie Leonardo waren deshalb heute zahlreiche Angehörige verschiedener Florentiner Familien hierhergekommen, um auf Nachrichten zu warten.

Leonardo warf einen Blick auf Lucas regelmäßige Handschrift. Er schrieb, dass der Herzog am selben Tag ermordet worden war, an dem er das Schreiben aufgesetzt hatte. Das bedeutete, dass der Angriff bereits einige Tage her war. Er konnte nur hoffen, dass Luca in der Zwischenzeit nichts passiert war.

Der junge Arzt war seit einem halben Jahr in Mailand. Lorenzo de' Medici hatte darauf bestanden, Luca zeitweilig fortzuschicken, bis der Skandal, den sie verursacht hatten, in Vergessenheit geraten war. Leonardo wusste nicht, ob er Lorenzo dafür verfluchen oder danken sollte. Er verstand, dass Lucas Abwesenheit sie beide schützte, aber er vermisste ihn sehr.

In Gedanken versunken verließ er den alten Palazzo, der ihm mit seinen dicken Mauern und kleinen Fenstern wie geschaffen dafür schien, schlechte Neuigkeiten zu erhalten.

Als er in die Via Nuova zurückkehrte, hörte er bereits vom Eingang her Stimmen. Fioretta unterhielt sich laut mit Sandro und Filippino auf der Treppe.

»Hast du schon gehört, was in Mailand geschehen sein soll?«, fragte sie sofort, als sie Leonardo sah.

Er deutete auf den Brief. »Luca hat mir geschrieben«, sagte er. »Der Herzog ist ermordet worden.«

»Uns hat es jemand auf dem Markt erzählt. Die Stadt schwirrt nur so vor Gerüchten«, gab sie zurück. »Geht es Luca gut?«

Leonardo nickte. »Zumindest als er den Brief geschrieben hat, war das noch so.«

»Es weiß wohl niemand, wer dort als Nächstes herrschen wird«, sagte Filippino. »Der älteste Sohn des Herzogs ist erst sechs Jahre alt, jemand wird die Vormundschaft übernehmen müssen.«

»In der Gilde hieß es, dass Lorenzo sofort die *Priori* einbestellt hat«, sagte Sandro. »Auch der Rat der Einhundert soll so bald wie möglich tagen.«

Natürlich, dachte Leonardo. *Der Tod des Herzogs bringt gewiss ungeahnte politische Verwicklungen für Florenz mit sich.*

»Sicher hoffen die Medici darauf, dass der neue Regent das alte Bündnis achtet, wer immer es ist«, warf Fioretta ein.

Mittlerweile war die Freundschaft zwischen Fioretta und den Medici wieder aufgelebt, jedenfalls war Giuliano ein häufiger Gast in der Werkstatt, und Fioretta übernahm gelegentlich Aufträge für Madonna Lucrezia oder fertigte Porträts von Clarice' und Lorenzos Kindern an, wenn sie nicht mit Sandro an der *Anbetung* arbeitete.

»Hat einer von euch gehört, ob es einen Versuch gab, die Sforza ganz zu vertreiben?«, fragte Leonardo. »Luca schrieb, dass die Angreifer offenbar keine Angst vor den Folgen ihres Tuns hatten. Sie haben den Herzog vor aller Augen umgebracht und hatten keine Sorge, dass man sie erkennt. Das ergibt keinen Sinn, außer, sie haben geglaubt, dass niemand mehr da sein wird, der sie für ihr Handeln bestraft.«

»Meinst du, dass Rom oder Neapel hinter dem Anschlag stecken?«, fragte Filippino atemlos.

»Vielleicht hätte der Vatikan etwas weniger auffällig gehandelt?«, fragte Sandro und warf Filippino einen tadelnden Blick zu. »Außerdem hat der Papst keinen Streit mit den Sforza, und schon gar nicht, seit der Herzog ihm Imola so billig verkauft hat.«

»Hm«, machte Fioretta. »Es heißt ja schon seit Jahren, dass Sforza ein Tyrann sei, der vor keiner Grausamkeit zurückschreckt. Ich bin sicher, dass er viele Feinde hatte.«

»Dann wird es umso mehr Menschen geben, die den Herzog beerben wollen«, sagte Leonardo. »Und natürlich können die Medici nicht mit den Mördern paktieren.«

»Ich fürchte, wir werden so nicht herausfinden, was hinter alldem steckt«, sagte Sandro. »Ich für meinen Teil werde jetzt erst einmal zu Mittag essen und dann schauen, ob meine *Confraternitas* mehr wissen.«

»Ich gehe später in die Via Larga«, erklärte Fioretta. Sie wandte sich an Leonardo. »Möchtest du mich begleiten und Madonna Lucrezia von Lucas Brief erzählen?«

Er rieb sich über den Bart. »Meinst du, ich sollte?«

Sie nickte. »Sie wird sicher wissen wollen, dass es ihm gut geht. Vielleicht wissen die Medici ja auch schon mehr?«

Das überzeugte ihn. *Möglicherweise wissen sie nicht nur mehr, sondern machen sich auch ebensolche Sorgen wie ich. Was, wenn in Mailand ein Bürgerkrieg ausbricht? Wäre es da nicht am besten, wenn Luca jetzt heimkäme?*, dachte er.

KAPITEL 67

Florenz, März 1477

GIULIANO

Als Giuliano sich auf den Weg ins *Ognissanti* machte, war es noch früh am Morgen. Der Himmel färbte sich von den ersten Strahlen der Sonne gerade erst orange und hellrot, und die Wolken hatten so scharfe, dunkle Ränder, als hätte Fioretta sie mit ihrem Kohlestift umrandet.

Das Pflaster unter seinen Füßen glänzte noch von dem Regen, der in den frühen Morgenstunden auf die Stadt niedergegangen war. Das Frühjahr hatte Einzug gehalten. Die Bäume am Arno wurden jeden Tag grüner, und die Tage wurden allmählich wärmer.

Die Handwerker und Kaufleute, die ihren Geschäften am Arno nachgingen, nutzten die frühe Stunde, um Stände aufzubauen und Waren vor ihre Läden zu räumen. Die ersten Frühaufsteherinnen wuschen Wäsche im Fluss, und hoch beladene Boote legten vom Ufer ab und trieben dem Sonnenaufgang entgegen das Wasser entlang.

Das ist das Herz von Florenz, dachte er. *Nicht die* Priori, *nicht der Palazzo della Signoria, und auch nicht die Via Larga, mochten dort noch so viele Fürsten, Bankiere und Bischöfe ein und aus gehen.*

Die Menschen hier waren das, was Florenz einzigartig machte. Ihre Liebe zu ihrer Stadt, ihre Sturheit, ihr Geschäftssinn, ihre kleinen und großen Leben. Sie waren das, wofür es sich lohnte, von einer besseren Zukunft zu träumen. Auch Lorenzo glaubte daran, das wusste Giuliano. Aber anders als sein Bruder ahnte Giuliano, dass selbst wenn die Medici alles verlören und besiegt am Boden lägen, die Stadt dennoch überleben würde. Er fand den Gedanken tröstlich. In den letzten Wochen und Monaten war es mit den Geschicken seiner Familie so oft auf und ab gegangen, hatten sie mehrmals so dicht vor dem Ruin gestanden, dass er daran glauben wollte, dass das Schicksal von Florenz nicht an das der Medici gebunden war.

Wie wird es hier wohl in hundert Jahren aussehen?, fragte er sich. *Sollte das Jüngste Gericht nicht vorher eintreten, welche Wunder werden hier noch entstehen?*

Mit der Sonne im Rücken erreichte er die Via Nuova und bog in Richtung von Sandros Werkstatt ab. Er hatte Fioretta versprochen, heute ein letztes Mal wegen der *Anbetung der Könige* in die *Bottega* zu kommen. Das Gemälde war fast abgeschlossen, und sie wollte mit ihm nur noch letzte Einzelheiten besprechen, was die Darstellung seiner Familie, aber auch der übrigen Ratsherren und Patrizier der Stadt anging. Giuliano freute sich auf den Besuch bei Fioretta, auch wenn er es schade fand, dass es vorerst der letzte sein würde. Was zwischen ihnen gestanden hatte, lag in der Vergangenheit, und mittlerweile genoss er die Zeit, die er mit ihr verbrachte, wieder sehr, aber in den nächsten Tagen sollte er erneut nach Mailand aufbrechen. Es hatte etliche Wochen gedauert, aber nun war klar, dass der jüngere Bruder des ermordeten Herzogs die Regentschaft übernehmen würde, bis der kleine Erbe Galeazzo Maria Sforzas volljährig war.

Er wusste nicht, was er von Ludovico Sforza zu erwarten hatte, aber schlimmer als sein Vorgänger würde er kaum sein. Vielleicht würde Luca ihm schon mehr berichten können.

Fioretta erwartete ihn bereits, als er in der Werkstatt ankam. Sie hatte ihr helles Haar mit einem Tuch aufgebunden, die Ärmel ihrer *Camicia* aufgerollt und war bereit, sich direkt ans Werk zu machen.

»Sandro und ich haben nur noch ein paar Fragen«, sagte sie. »Filippo Strozzi wollte ursprünglich, dass sein Wappen zu sehen ist. Er wäre aber der Einzige, der ein Wappen tragen würde, deshalb haben wir es weggelassen. Glaubst du, dass das Probleme geben wird?«

»Sicher nicht mit Zanobi«, gab Giuliano zurück. »Er kann Strozzi nicht ausstehen und würde bestimmt nicht wollen, dass er eine allzu hervorgehobene Stellung auf dem Bild einnimmt.«

Sie lächelte leicht und griff nach einem dünnen Pinsel, den sie zwischen den Lippen befeuchtete. Dann begann sie vorsichtig, das Blau des Gewandes von Filippo Strozzi zu verwischen, sodass sich die Stelle, die sie vorher für das Wappen frei gelassen hatte, mit Farbe füllte. Er folgte ihren Bewegungen mit seinem Blick, bis zum Bildrand, an dem Sandro selbst abgebildet war, in einen rotgoldenen Mantel gehüllt, und den Betrachter direkt ansah.

»Willst du dich nicht selbst auch in dem Bild verewigen?«, fragte er Fioretta.

Sie schüttelte den Kopf. »Ich fürchte, auf dem Bild ist neben Maria kein Platz für eine weitere Frau«, sagte sie.

»Zu schade. Du wärst ein so viel hübscherer Anblick als die sauertöpfischen Kaufleute und Patrizier, die du abbilden musstest.«

Sie lachte. »Oh, danke, sehr freundlich.« Dann wurde sie wieder ernst und deutete auf die Figur in der unteren Bildmitte, einen Mann mit strengen Gesichtszügen, im roten Mantel und mit einer Hermelinschärpe, eine wahrhaft königliche Aufmachung. *Mein Vater.*

»Denkst du, wir haben ihn gut getroffen?«, fragte sie leise.

Er schwieg und betrachtete Piero. Sein Vater war als zweiter Weiser aus dem Morgenland abgebildet, schräg unterhalb von Giulianos Großvater Cosimo, der direkt vor der Madonna mit dem Kind kniete.

Pieros Gesichtsausdruck war streng, aber auch gütig. Er wirkte wie ein Herrscher, der manche Bürde zu tragen hatte, aber dies mit Würde tat.

Das war nicht der Mann, an den er sich erinnerte, aber er wusste, dass dieses Bild ja dazu dienen sollte, die Familie zu ehren, und nicht, ihre Schwächen aufzuzeigen.

»Ja«, sagte er schließlich. »Ihr habt ihn gut getroffen. Mutter wird sich sehr freuen.«

»Ich wollte, dass er dich ansieht. Ich glaube, er hat das zu Lebzeiten zu wenig getan.«

Als er noch einmal genauer hinschaute, sah er, dass sie recht hatte. Zuerst hatte er geglaubt, dass Piero den Mann auf seiner Augenhöhe anschaute, aber sein Blick ging über ihn hinaus und zu seinem zweiten Sohn.

»Es stimmt. Meistens hat er nur Lorenzo gesehen«, sagte Giuliano. »Sein ältester Sohn war ihm wichtiger als alles andere.«

Giuliano selbst führte auf dem Bild die rechte Pilgergruppe an. Während Lorenzo in helle Farben gekleidet war und barfuß Kraft und Selbstbewusstsein ausstrahlte, schaute Giuliano in seinem schwarzen Wams nachdenklich zu Boden.

»Ich sehe nicht gerade heiter aus«, stellte er fest.

»Es trifft dich ganz gut, denke ich«, sagte sie. »Du bist viel grüblerischer geworden in den letzten Jahren. Während Lorenzo immer mehr so wirkt, als ob er eine Rolle in einem Theaterstück spielte. Seine *Magnifizenz*.«

Giuliano verdrehte die Augen bei der Erwähnung des Titels, mit dem einige Bürger mittlerweile seinen Bruder ansprachen – *Magnifizenz, der Prächtige*. Tatsächlich hatte die Aufmachung Lorenzos auf dem Bild etwas von einem Gaukler, und er konnte nur hoffen, dass seinem Bruder das nicht auch auffiel.

»Du hast einen klaren Blick auf uns. Den hattest du immer schon.«

»Ich habe zwar dich gemalt, aber für Lorenzo gebührt Sandro die Ehre«, gab Fioretta zurück. »Ich bin froh, dass er überhaupt wieder arbeitet. Eine Weile habe ich mir wirklich Sorgen gemacht, dass er Simonettas Tod nicht verkraften wird. Sie war seine Muse, und ich bezweifele, dass er jemals wieder etwas finden wird, das ihn so sehr inspiriert wie sie.«

Plötzlich hielt sie inne und sah ihn mit einem fragenden Blick an.

»Was ist?«, wollte er wissen.

»Simonetta«, sagte sie zögerlich. »Fehlt sie dir sehr?«

»Ich vermisse sie natürlich, wir alle tun das ja. Aber wir hatten uns schon eine Weile nicht mehr gesehen, bevor sie krank wurde.«

»Eure Trennung muss hart für euch beide gewesen sein.«

Er hob die Achseln. »Ja, das war sie. Aber inzwischen weiß ich, dass keiner von uns wirklich frei in diesem Spiel war, das wir gespielt haben. Ich nicht, Lorenzo nicht und Simonetta und Marco Vespucci wohl ebenso wenig.«

»Ich habe mir nach ihrem Tod nicht nur um Sandro Sorgen gemacht. Sondern um dich ebenfalls«, sagte Fioretta leise.

Giuliano sah sie an. Mittlerweile war ihm längst klar geworden, dass sie zwar wegen Sandro Botticelli nach Florenz zurückgekommen war, aber nicht als dessen Geliebte, sondern um wieder als Malerin zu arbeiten. Je häufiger Giuliano sie sah, umso mehr fand er bei ihr die alte Nähe, die frühere Vertrautheit, und ihn trieb die Frage um, ob noch immer etwas zwischen ihnen war.

Er wusste, dass er die Antwort auf diese Frage durch Grübeln niemals herausfinden würde. »Fioretta?«, fragte er also. »Wenn ich dich jetzt küssen würde, würdest du mich aus der Werkstatt werfen?«

Sie zeigte nur die leiseste Andeutung eines Lächelns. »Das würde ich nicht.«

Giuliano beugte sich vor und küsste sie auf den Mund. Sie schmeckte genauso, wie er es erinnerte. Sie machte einen Schritt auf ihn zu, öffnete ihre Arme und ihre Lippen, und es war, als wären sie nie getrennt gewesen.

Er war aufgeregt wie ein Schuljunge, als ihre Hände unter sein Hemd schlüpften und er an den Bändern ihres Kleides nestelte. Er kannte ihren Körper und sie den seinen. Ihre Berührungen vermochten noch immer, ihn in Feuer zu versetzen. Es war lange her, dass er mit einem Mädchen zusammen gewesen war, und als sie endlich zusammenlagen, war es vorbei, kaum dass es begonnen hatte.

»Es tut mir so leid«, sagte er verlegen. Aber Fioretta lachte leise. »Das muss es nicht. Es sei denn, du hast vor, dich jetzt anzuziehen und zu gehen. Denn dann werde ich dafür sorgen, dass es dir wirklich leidtut, indem ich dich auf dem Bild vollkommen verschandele.«

Er stimmte in ihr Lachen ein. »Ich habe nicht vor zu gehen«, erklärte er. »Eigentlich möchte ich nie wieder aufstehen, wenn ich ehrlich bin. Willst du arbeiten?«

»Auf keinen Fall«, gab sie zurück und zog mit ihren Fingern eine brennende Spur über seine Brust. »Ich will nicht einmal reden«, bat sie. »Gerade ist alles perfekt so, wie es ist.«

Er nickte. Er hatte so viele Fragen, und doch keine einzige, die ihm noch wichtig war. Was wirklich zählte, war, dass sie mit ihm hier war.

Er küsste sie erneut und merkte, dass er wieder hart wurde.

Diesmal ließen sie sich alle Zeit der Welt. Als Giuliano Fioretta ansah, die auf ihm saß und vom Licht der Florentiner Morgensonne beschienen wurde, fühlte er sich mehr zu Hause, mehr bei sich selbst, als es seit Jahren der Fall gewesen war.

KAPITEL 68

Florenz, am selben Tag

FIORETTA

Fioretta war für einen Moment eingeschlafen, aber als sie die Augen wieder aufschlug, lag sie noch immer neben Giuliano. Er war also kein Trugbild gewesen, das sich in ihr Bett geschlichen hatte.

Sie wusste nicht, wie spät es war, aber es konnte nicht lang nach dem Mittagsläuten sein. Ein Teil von ihr wusste, dass Sandros Familie und die anderen Mitglieder der *Bottega* sie irgendwann vermissen würden. Dann würde unweigerlich jemand bemerken, dass sie nicht allein hier war. Aber darum würde sie sich später Gedanken machen. Jetzt wollte sie den Moment genießen.

Auch Giuliano hatte die Augen geschlossen. Ob er schlief oder nur nachdachte, konnte sie nicht sagen.

Sie schaute aus dem Fenster ihrer Dachkammer. Die Wolken, die heute früh noch den Himmel bedeckt hatten, waren verschwunden und hatten nichts als strahlendes Blau zurückgelassen. Über den Florentiner Dächern kreisten die Schwalben hoch in der Luft.

Giuliano küsste sie auf die Wange. »Sie sind so elegant wie immer, findest du nicht?«, fragte er.

»Ich habe die Schwalben wirklich vermisst, als ich in Pisa war«, murmelte sie. Giulianos Körper war so warm neben ihr. »Sie gehören mindestens ebenso zu Florenz wie die Medici.«

Er lächelte und zog sie an sich. Seine Hand ruhte auf ihrer Schulter, und er strich mit den Fingerspitzen sacht über ihr Schlüsselbein. »Hast du die Medici auch vermisst?«, fragte er. »Oder nur die Schwalben?«

»Natürlich habe ich euch vermisst. Wie könnte ich nicht? Pisa war mir fremd, und nachdem mein Vater starb, war ich ganz allein in der Stadt, bis Elena mich aufnahm.«

»Das ist die Frau, mit der du die *Bottega* geführt hast, nicht wahr?«

Fioretta nickte. »Sie ist mir eine gute Freundin geworden.«

»Dafür bin ich ihr dankbar, ohne sie zu kennen«, sagte Giuliano. »Wurde es danach besser?«

»Viel besser, ja. Aber ich bin Florentinerin. Und so faszinierend ich das Meer finde, ich habe mich immer nach den toskanischen Hügeln gesehnt. *Und* nach euch«, fügte sie hinzu.

»Könntest du dir vorstellen, mit mir fortzugehen?«, fragte er plötzlich.

Fioretta sah ihn an, studierte seine Züge. »Willst du das wirklich wissen?«

»Sonst würde ich nicht fragen. Stell dir vor, wir packen ein paar Sachen zusammen und brechen auf.« Er sah so ernst dabei aus, als wollte er sich gleich auf den Weg machen.

»Wohin würden wir denn gehen?«

»Zuerst zur Küste, zu einem Hafen. Ich bin sicher, wir finden dort einen Kapitän, der uns mitnehmen kann. Piero Vaglienti würde uns sicher helfen.«

»Und was dann? Wohin würde dieses Schiff uns bringen?«

Er zuckte die Achseln. »Ich weiß noch nicht. Nach Frankreich oder Spanien vielleicht? Irgendwohin, wo man meinen Namen nicht kennt.«

»Und wer wärst du dann, wenn du nicht länger Giuliano de' Medici bist?«, wollte sie wissen.

»Dann wäre ich einfach nur noch Giuliano. Frei zu tun und zu lassen, was immer wir wollen.«

Einen Augenblick konnte sie es fast vor sich sehen. Sie beide auf dem Weg in ein fremdes Land, in dem der Name »Medici« keine Bedeutung hatte. Aber wo sollten sie ein solches Land finden? Egal, ob London oder Paris oder Alexandria – die Medici-Bank hatte überall Niederlassungen. Vermutlich sogar in Ungarn, obwohl sie keine genaue Vorstellung davon hatte, wo dieses Land lag, oder wer es beherrschte.

Sie legte ihren Kopf wieder an seine Schulter. »Das klingt wie ein Märchen«, sagte sie ehrlich.

Der Gedanke war reizvoll. Momentan, in ihrer winzigen Kammer mit dem Bett, das so dicht unter der Dachschräge stand, dass sie jedes Mal darauf achten musste, sich nicht den Kopf zu stoßen, wenn sie aufstand, war sie glücklich. Giuliano war bei ihr, den sie so sehr vermisst hatte. Aber er hatte natürlich recht. Sobald sie diese Kammer verließen, standen sie vor einem Berg von Problemen. Denn es hatte sich nichts daran geändert, und es würde sich nichts daran ändern, dass er ein Medici war, und sie keine Soderini, Tornabuoni oder Rucellai.

Sie seufzte. Der Gedanke, vor allem davonzulaufen, war verführerisch, aber es zu versuchen, wäre sinnlos. Giuliano war der, der er war, und allen Träumereien zum Trotz würde er seine Familie niemals im Stich lassen.

»Ich fürchte, du kannst kein anderer sein«, sagte sie. »Wohin wir auch gehen würden, Lorenzo würde dich wahrscheinlich höchstpersönlich zurückschleppen.«

Er lachte. »Vielleicht hast du recht. Er würde es auf jeden Fall versuchen.«

»Es ist ein Teil von dir, dass du ihn nicht enttäuschen willst. Und diese Treue ist etwas, das ich an dir liebe.« Sie hatte es gesagt, ohne darüber nachzudenken. Aber sie wusste ja schon lange, dass es stimmte. Sie liebte ihn, und sie sah keinen Grund mehr, das vor ihm zu verbergen.

Er beugte sich zu ihr hinunter und küsste sie lange. Dann sah er sie an, und ihr Herz sank, als sie seinen Gesichtsausdruck sah, den verletzten Stolz in seinen dunklen Augen. Sie wusste, was nun kommen würde.

»Warum hast du mich damals verlassen?«, wollte er wissen.
»Hattest du Angst, dass du die *Bottega* verlassen musst, wenn wir

geheiratet hätten? Oder wolltest du nur einfach keine Medici werden? Oder hast du mich damals noch nicht geliebt?«

Sie schluckte. Sah auf ihre Füße, die über seinen Beinen lagen, betrachtete ihre Körper, die sich so gut aneinanderfügten.

Er verdiente die Wahrheit, und sie war es leid, für Lorenzo zu lügen.

Sie erwiderte seinen Blick. »Ich habe dich nicht verlassen«, sagte sie. »Lorenzo wollte, dass ich gehe.«

KAPITEL 69

Florenz, am selben Abend

GIULIANO

Als er die belebten Straßen entlang zur Via Larga entlanglief, war Giuliano noch immer so voller Zorn, dass es ihm schwerfiel, nicht die erste Person anzuschreien, die ihm aus Versehen in den Weg lief. Er hatte sich angezogen, war aus Sandros Haus gestürzt und hatte sich sofort zum Palazzo Medici aufgemacht, sobald er Fiorettas Worte wirklich verstanden hatte. *Lorenzo wollte, dass ich gehe.* Sie hatte ihn nicht abgewiesen, ihn nicht unter irgendeinem Vorwand verlassen. Sein eigener Bruder hatte Fioretta fortgeschickt, nachdem Lorenzo ihm eingeredet hatte, es wäre am besten, wenn er alles mit Fioretta besprechen würde, was eine Heirat anging.

Dreimal verflucht seist du, Lorenzo, dachte er.

Er stürmte durch den Garten seines Zuhauses, ohne die freundlichen Grußworte der Wachen, Schreiber und Angestellten der Bank auch nur zu beachten. Der kurze Weg aus dem *Ognissanti* hatte seine Wut nicht abkühlen können.

Schließlich stand er vor der Tür zu Lorenzos Arbeitszimmer. Seine Gedanken wirbelten durcheinander. Er hatte kein klares Ziel vor Augen, keinen Plan, was er mit Lorenzo tun wollte, aber in seinem Kopf hallte die Frage »Warum« wider.

Er atmete einmal tief ein, dann stieß er, ohne anzuklopfen, die schwere Tür auf und ging direkt auf den Schreibtisch zu, hinter dem Lorenzo saß.

»Giuliano!«, rief Lorenzo leutselig, von seiner Arbeit aufsehend. »Ist das Gemälde…«

Weiter kam er nicht. Giuliano machte einen Satz auf ihn zu, ergriff den Kragen seines Wamses und zog ihn zu sich heran. »Warum hast du es getan?«, schrie er.

»Was ist los mit dir!« Lorenzo hob die Hände, versuchte, ihn wegzuschieben. »Bist du besessen? Warum habe ich was getan?«

»Fioretta. Du hast sie aus Florenz fortgeschickt. Du hast mich angelogen, und ich will wissen, wieso, verdammt noch mal!«

Lorenzo ließ die Arme sinken. »Dann lass mich los«, sagte er, mit vor Aufregung gepresster Stimme. »Dann erkläre ich es dir.«

Giuliano sah ihn an, das vertraute Gesicht mit den schwarzen Haaren und den dunklen Augen, die sie beide besaßen. *Aber kenne ich dich überhaupt?*, fragte er sich. Dann ließ er Lorenzo los, der zurück auf seinen Lehnstuhl sank.

Giuliano setzte sich auf die Kante des Schreibtischs und sah seinen Bruder auffordernd an.

»Was glaubst du denn, warum ich es getan habe?«, wollte Lorenzo wissen, nun wieder mit gefestigter Stimme. Er zog sich Hemd und Wams zurecht.

»Ich kann an nichts anderes als an diese Frage denken, also spann mich nicht länger auf die Folter«, entgegnete Giuliano mit aller Verachtung, die er aufbringen konnte.

»Kannst du dir das nicht denken? Du weißt, dass wir eine Verantwortung unserer Familie gegenüber haben. Das bedeutet auch, dass wir nicht einfach heiraten können, wen wir wollen, sondern gottverdammt noch mal taktische Bündnisse schließen, statt einen Ring an den Finger der erstbesten Frau zu stecken, die dich in ihr Bett gelassen hat.«

»Wenn es dir um die Familie geht, solltest du besser auf deine nächsten Worte achten. Beleidige mich noch einmal, und du siehst mich nie wieder«, entgegnete Giuliano. »Ich meine es ernst.«

»Gut«, gab Lorenzo zurück. »Ich entschuldige mich für diese Worte. Aber mir ging es nie um Fioretta. Ich schätze sie mehr, als du mir glauben würdest. Aber dir muss doch klar sein, dass sie nie als deine Frau infrage kam? Wo, zur Hölle, hast du all die Jahre gelebt, wenn du geglaubt hast, dass ich dich damit durchkommen lasse? Ich dachte, ich mache es dir einfach. Du hattest dich in etwas verrannt, und weil du nun einmal ein Mann von Ehre bist, konntest du der Situation nicht selbst entkommen. Ich habe das Problem für dich gelöst. Ich habe angenommen, dass du das weißt und mir dankbar bist.«

»Du hast geglaubt, dass ich dir *dankbar* bin? Meinst du das ernst?«

Lorenzo sah ihn an und schüttelte den Kopf. Giuliano konnte erkennen, dass die Wut jetzt auch von ihm Besitz ergriff und seine Wangen rot färbte.

»Manchmal hasse ich dich, Giuliano«, sagte sein Bruder leise, fast flüsternd. »Du konntest doch immer tun, wonach dir der Sinn stand. Schon als wir Kinder waren. Niemand hat dir irgendwelche Verpflichtungen aufgebürdet, die du nicht übernehmen wolltest. Hauptsache, der kleine Sonnenschein hat seinen Spaß. Während es für mich immer nur das eine gab: die Familie. In allem der Beste sein, immer alles richtig machen für unseren großen Namen, egal, wie es mir dabei ging. Du bist gesund, bei allen beliebt, und niemand schreibt dir je etwas vor. Während ich zeit meines Lebens an allem schuld war und immer sein werde, was mit der Familie passiert. Wenn wir eines Tages wirklich ruiniert sind, wird es heißen, ›Das haben wir Lorenzo zuzuschreiben‹.«

»Bist du von Sinnen?«, fragte Giuliano ungläubig. »Du glaubst wirklich, dass ich es leichter hatte als du? Vielleicht erinnerst du dich noch daran, dass ich immer hinter dir zurückstehen musste. Damit du als Erstgeborener immer im rechten Licht erschienst, musste ja jemand im Schatten stehen, nicht wahr? ›Verlier das Turnier, Giuliano. Dein Bruder muss gewinnen‹, ›Werde Priester, Giuliano. Dein Bruder braucht einen Mann in Rom‹, ›Oh, der Papst will das nicht? Dann wirst du jetzt Botschafter in Venedig. Dein Bruder sucht Unterstützung in der *Serenissima*.‹ Ich habe getan, was ich konnte, aber es war nie genug. Aber die eine Sache, die ich selbst entscheiden wollte, war, wen ich zur Frau nehme.«

»Was mir ebenso verwehrt blieb wie dir. Aber während ich Clarice geheiratet habe, hast du ja darauf verzichtet, auch nur eine Frau in Betracht zu ziehen, die den Medici nützlich sein könnte.« Lorenzos Stimme wurde bei diesen Worten immer lauter. Er sprang von seinem Stuhl auf und schlug mit der Faust auf den Tisch. »Während ich Tag und Nacht gearbeitet habe, mich um die Familie und die Bank kümmere und pflichtbewusst vier Kinder gezeugt habe, wolltest du erst ins Hauspersonal einheiraten und hast uns dann zum übelsten Zeitpunkt einen Skandal aufgebürdet, weil du dich quasi öffentlich zu Simonetta ins Bett gelegt hast. Also stolzier hier bitte nicht herum wie ein verdammter Märtyrer!«

Giulianos Faust traf seinen Bruder mitten ins Gesicht, und es verlieh ihm eine ungeheure Befriedigung, Lorenzo taumeln zu sehen.

»Ich habe Fioretta geliebt und liebe sie noch, Lorenzo«, schrie er. »Und tu bloß nicht so, als ob du stets der tugendhafte Ehemann gewesen wärst!«

Lorenzo wich zurück, fing sich dann aber und hieb seinerseits nach ihm. Er traf Giuliano an der Schulter, der noch so überrascht von sich selbst war, dass er nicht auswich. Ohne nachzudenken, setzte er erneut an und erwischte Lorenzo an der Seite, der sich gegen ihn warf und ihn gegen den Tisch stieß. Hinter ihm fielen Papiere und Schreibutensilien zu Boden, doch das kümmerte keinen von beiden.

Giuliano blockte seinen Bruder mit dem Unterarm und schob ihn von sich weg. Doch Lorenzo hakte seinen Fuß hinter Giuliano ein und versuchte, ihn zu Fall zu bringen.

Gleichzeitig schlug Lorenzo ihm zweimal gegen die Brust und trieb ihm so die Luft aus den Lungen. Giuliano tastete mit der Linken nach dem Tisch, um sich abzustützen, dann holte er mit der Rechten weit aus und schlug sie seinem Bruder gegen die Schläfe.

Lorenzo geriet ins Straucheln, knickte um und fiel auf ein Knie. Giuliano sah, dass er sich das rechte Bein mit beiden Händen hielt.

Einen Moment blickten sich beide nach Luft ringend an.

Dann sah Lorenzo zu Boden. »Es tut mir leid«, murmelte er dann. »Ich hätte das nicht sagen sollen.«

Plötzlich wich alle Kraft aus Giuliano. *Was tun wir hier bloß?*

»Ich weiß, dass dir die Familie nicht weniger wichtig ist als mir«, sagte Lorenzo. »Wir können nicht ändern, wer wir sind, und ich fürchte, keiner von uns kann haben, was er will.«

»Ich weiß«, sagte Giuliano. Sein Bruder sah mit einem Mal so angreifbar aus, wie er es noch vor wenigen Momenten nicht für möglich gehalten hätte. Nicht der Herr von Florenz, nicht der *Magnifico*. Nur Lorenzo, mit hektischen Flecken im Gesicht und einem angeschlagenen Bein.

Er streckte ihm langsam die Hand hin. Lorenzo ergriff sie und zog sich hoch.

Sie sahen sich einen Augenblick an, dann drehte sich Giuliano um und lief aus dem Arbeitszimmer.

KAPITEL 70

Montunghi, November 1477

ALBIERA

Die einzige Möglichkeit, Florenz zu retten, besteht darin, Lorenzo de' Medici zu töten!« Albiera richtete sich zu voller Größe auf und schlug mit der flachen Hand auf den Tisch.

Nun war es ausgesprochen, und es gab kein Zurück mehr. Sie konnte nur hoffen, dass sie nicht zu weit gegangen war, aber in den Gesichtern der drei Männer, die ihr an dem schweren Holztisch gegenübersaßen, sah sie nichts als Zustimmung und grimmige Entschlossenheit. Sie musste sich darauf verlassen, dass ihr Vertrauen in jeden von ihnen gerechtfertigt war. *Ist es das nicht, bedeutet das mein Ende.*

Sie zog den Pelzkragen ihres Mantels fester um den Hals. Es war kalt in Montunghi, und das spärliche Feuer im Kamin konnte den hohen Raum kaum heizen. Aus Angst vor einer Entdeckung hatten sie vor Ort so wenig Aufwand wie möglich getrieben, damit das Landhaus verlassen und unbewohnt wirkte.

Jedes Wort, das sie ab jetzt hier sprachen, war Hochverrat. Zumindest, solange Lorenzo noch lebte, der meinte, Florenz wie der Fürst regieren zu können, der er nicht war und niemals sein würde. Seit es Lorenzo gelungen war, Beatrice Borromei – und damit den Pazzi – ihr Vermögen zu nehmen, war Albiera klar geworden, dass sie die Medici niemals politisch besiegen würden; nicht, solange die *Signoria* nur aus Lorenzos Lakaien bestand, die nichts anderes taten, als demütig dessen Willen zu erfüllen.

In Mailand hatten mutige Adelige gezeigt, wie man mit einem Tyrannen verfuhr, indem sie Herzog Sforza erschlugen. Je länger sie darüber nachdachte, desto mehr glaubte sie, dass dies auch die einzige Lösung für ihre Stadt war. Seither hatte sie das Ziel verfolgt, eine Allianz zu schmieden, die dasselbe für Florenz tat.

»Der Heilige Vater unterstützt Eure Pläne voll und ganz, die Stadt aus den Klauen der Medici zu reißen und in Eure fähigen Hände zu legen«, erklärte Erzbischof Salviati langsam, der eigens für ihr Treffen aus Pisa angereist war. »Allerdings besteht er darauf, dass kein Blut fließt, wenn wir die Herrschaft von Florenz übernehmen.«

»Was?«, fuhr Jacopo auf. »Hat er auch gesagt, wie er sich das vorstellt? Lorenzo wird uns kaum die Schlüssel übergeben und auf sein verdammtes Pferd steigen, wenn wir ihn höflich darum bitten!«

»Ich sehe keinen Sinn in diesem Treffen, wenn dies die Vorbedingung des Heiligen Vaters ist«, sagte Albiera so höflich, wie sie konnte. »Aber ihm muss doch bewusst sein, dass er das Unmögliche fordert?«

Salviati senkte die Stimme. »Natürlich kann er einen Mord nicht öffentlich gutheißen; aber er hat mir im vertraulichen Gespräch versichert, dass ein Mann, der keinen anderen Ausweg sieht, als einen gottlosen Despoten zu erschlagen, von der Mutter Kirche auf Milde hoffen kann.«

Albiera atmete auf. Das war eine diplomatische Art zu sagen, dass sie hier freie Hand hatten, solange der Papst selbst seine Hände in Unschuld waschen konnte.

Dann soll es so sein. »Würde also auf die eine oder andere Art und Weise Lorenzo nicht länger in der Lage sein, die Geschicke von Florenz zu lenken, was geschähe dann?«, fragte sie.

»Sobald Lorenzo tot ist, wird der Heilige Vater die verbliebenen Medici exkommunizieren und Eure Familie als die neuen Herren von Florenz anerkennen«, erwiderte Salviati rasch.

Francesco schüttelte den Kopf. »Das reicht nicht«, gab er entschieden zurück. »Wir können Lorenzo nicht erschlagen und seinen Bruder am Leben lassen. Dann könnt ihr genauso gut gleich auch Lorenzo verschonen. Giuliano wird ihn beerben und zumindest so lange Lorenzos Platz einnehmen, bis dessen Söhne alt genug sind, um in die Fußstapfen ihres Vaters zu treten – denn das werden sie tun. Wenn auch nur ein Medici überlebt, wird es früher oder später einen Bürgerkrieg geben.«

Albiera sah ihren Neffen an. *Da war er wieder, dieser ungezügelte Hass auf Giuliano.*

Der Erzbischof hob aufgebracht die Stimme. »Aber wir können Lorenzos Kinder nicht anrühren. Der Heilige Vater würde das niemals gutheißen.«

»Derselbe Heilige Vater, der Imola, Senigallia und Ferrara eingenommen hat, nur damit seine Neffen fette Pfründe bekommen?«, fragte Albiera, die starke Zweifel daran hatte, ob es überhaupt etwas gab, das Sixtus IV. Gewissensbisse verursachte. In den letzten Jahren hatte der Papst wahrlich nur wenig Skrupel gezeigt.

»Es ist etwas anderes, zum Wohl der Mutter Kirche gefährliche Sünder ihrer gerechten Strafe zuzuführen, oder sich an Kindern zu vergreifen«, gab Salviati scharf zurück.

»Keine Sorge, Exzellenz, weder Ihr noch der Heilige Vater müsst Euch mit dieser Sünde beflecken«, erwiderte Jacopo. »Ihr wisst so gut wie ich, dass keines dieser Kinder erwachsen wird, wenn Lorenzo erst einmal nicht mehr ist«, erklärte er ruhig.

Das waren vielleicht zu deutliche Worte, dachte Albiera, die sah, dass der Adamsapfel des Erzbischofs auf und ab hüpfte, als der Mann nervös schluckte.

»Sobald unser Werk vollbracht ist, wird Federico de Montefeltro mit seiner Söldnerarmee nach Florenz kommen und für Ordnung sorgen, im Auftrag des neuen *Gonfalioniere de Giustizia*«, erklärte sie rasch.

»Montefeltro?«, fragte Salviati. »Davon wusste ich nichts.«

Albiera zog einen Brief aus ihrem Beutel hervor und legte ihn auf den Tisch. »Ich kann das nicht lesen«, murmelte Salviati. »Was für eine Sprache soll das sein?«

»Es ist ein Code«, gab Albiera zurück. Sie war stolz auf sich, dass es ihr gelungen war, die Verhandlungen mit Montefeltro so lange völlig geheim zu halten. »Eine Verschlüsselung, die der Herzog und ich entwickelt haben, um uns zu schützen, selbst wenn ein Brief abgefangen werden sollte. Wir brauchen seine Söldner, um sicherzustellen, dass niemand in der Stadt aufbegehrt.«

»Solange wir den Montefeltro danach wieder loswerden, bin ich einverstanden.«

»Das wird vom Geld abhängen«, gab Albiera zurück. »Schließlich kommandiert er Söldner. Bezahlen wir sie, sollten sie Florenz schnell wieder verlassen.«

»Bist du dir dessen sicher? Hast du Volterra vergessen?«, fragte Francesco skeptisch.

»Volterra ist der Grund dafür, warum Montefeltro so leicht zu überzeugen war, mit uns gemeinsame Sache zu machen«, antwortete Albiera.

»Aber wie wollt Ihr die beiden Medici ...«, begann Salvati, schien dann aber doch unfähig, den Satz zu Ende zu bringen. Es war dennoch klar, was er meinte.

»Es muss bei einer Gelegenheit sein, bei der sowohl Lorenzo als auch Giuliano anwesend sind«, sagte Jacopo. »Am besten bei einem Bankett oder einem anderen Fest.«

»In letzter Zeit waren die Brüder nicht mehr sehr oft zusammen unterwegs«, gab Albiera zu bedenken.

»Aber wenn sie es sind, sollte es für mich ein Leichtes sein, davon zu erfahren. Ich habe meine Rolle als reuiger Sünder und verlorener Sohn so lange gespielt, dass sie mir wieder ihre Pläne anvertrauen«, sagte Francesco. »Ich könnte sie sogar zu mir einladen.«

»Und sie dann vergiften?«, wollte Salviati wissen.

»Gift birgt viele Unwägbarkeiten«, erklärte Albiera. »Und uns könnte man einen feigen Mord vorwerfen. Wir wollen aber, dass die Florentiner sehen, dass wir sie befreien! Was wäre, wenn wir es den Mailändern nachtun und sie im Dom angreifen? Vor aller Augen, um zu zeigen, dass wir das Urteil Gottes nicht fürchten?«

»Das wäre mehr nach meinem Geschmack als weibisches Gift«, entgegnete Francesco. »Ich möchte diesem Bastard Giuliano direkt in die Augen sehen, wenn er erkennt, wer ihn ans Messer liefert.« Albiera sah, dass er bei diesen Worten eine Hand hob, um sein Grinsen zu verbergen.

Salviati sog scharf den Atem ein.

Ein lautes Knirschen, das von der Tür des Speisezimmers her ertönte, riss sie alle aus der Anspannung des Augenblicks.

»Was war das?«, fragte Jacopo aufgeschreckt. Er zog langsam seine Klinge, deutete auf die Tür und winkte Francesco, ihm zu folgen.

Albiera merkte, dass sie unwillkürlich den Atem anhielt, als die beiden Männer mit leisen Schritten aus dem Raum gingen. Sie blickte den Erzbischof an, der trotz der Kälte in dem verlassenen Landhaus stark schwitzte. Sein Haar klebte ihm förmlich an der Stirn, und in seinem Bart zeigten sich Schweißperlen.

Von draußen ertönten zuerst schnelle Schritte, dann ein lauter Schrei. *Aber kein Waffenklirren*, schoss es Albiera durch den Kopf.

Nur einen Augenblick später kamen Francesco und Jacopo zurück, einen Mann mit rötlichem Bart und Haar zwischen sich.

»Er trieb sich auf dem Gang herum, um zu lauschen«, sagte Jacopo grimmig und zwang den Unglücklichen, der wie ein Bauer gekleidet war, sich auf den Boden zu knien.

»Bist du ein Spion der Medici?«, herrschte ihn Francesco an.

Der Mann sah ihn mit wildem Blick an. »Nein, nein, Herr ... ich schwöre ... «

Jacopos Faust traf ihn mitten ins Gesicht.

»Was hast du gehört, Bursche?«, fragte Albiera, die hoffte, dass Jacopos massige Gestalt und sein finsterer Gesichtsausdruck ausreichen würden, um den Knienden zum Reden zu bringen. *Wir können keine Gefangenen machen.*

»Nichts ... nichts ... Ich habe nichts gehört«, nuschelte der Mann flehentlich mit blutverschmierten Lippen.

Ein weiterer Schlag brach seine Nase mit einem hörbaren Knacken. »Was hast du auf dem Gang gemacht?«

Der Mann heulte auf und schüttelte den Kopf. Tränen liefen über seine Wangen.

Ein dritter Schlag traf seinen Hinterkopf und ließ ihn bewusstlos zusammensacken.

Francesco durchsuchte mit fahrigen Händen die Kleidung des Mannes. »Er hat nichts bei sich«, erklärte er dann.

»Und er ist nicht mit uns gekommen, also muss er uns wohl gefolgt sein. Was soll er hier gewollt haben, außer uns auszuspionieren?«, fragte Salviati.

»Er könnte einer der Stallburschen aus dem Dorf sein, die hier ab und an nach dem Rechten sehen«, erklärte Albiera langsam.

»Was sollen wir mit ihm machen?«, verlangte Jacopo zu wissen. Die drei Männer sahen erst einander und dann Albiera fragend an.

Natürlich. Am Ende wollen sie doch immer, dass ein anderer die Verantwortung für ihre Sünden trägt. Dabei wissen sie ebenso gut wie ich, was wir tun müssen.

Sie schüttelte kaum merklich den Kopf. Sie verspürte Mitleid mit dem Mann, der ebenso gut ein Bauer sein konnte wie ein Spion. Aber dann dachte sie an ihre Tochter und an ihren Enkel, dem alle ihre Pläne galten. Er sollte einmal über Florenz herrschen. Das Risiko, den Gefangenen am Leben zu lassen, war einfach zu groß.

Jacopo verstand sie als Erster, so wie immer. Er zog den Kopf des Bewusstlosen an den Haaren nach oben und fuhr mit seiner Klinge über den Hals des Mannes. Eine dünne rote Linie erschien auf dem weißen Fleisch der Kehle. Blut sprudelte hervor, erst einige Tropfen, dann immer mehr, ein Schwall mit jedem letzten verzweifelten Pumpen des Herzens.

Der Erzbischof taumelte zurück und schlug sich eine Hand vor den Mund. Jacopo hielt den Kopf des Mannes eisern fest, bis noch die letzten, gurgelnden Laute verklungen waren und alles Leben aus ihm wich. Erst dann ließ er den Toten zu Boden gleiten. Der Kirchenmann murmelte etwas, das sowohl ein Gebet als auch ein

Fluch hätte sein können. Dann drehte er sich einmal um die eigene Achse und übergab sich geräuschvoll.

»Dieses Blut besiegelt unseren Pakt«, sagte Albiera, die sich zwang, nicht von dem Toten zurückzuweichen. »Nun gibt es für keinen von uns mehr einen Weg zurück.«

Sie ließ ihren Blick von einem zum anderen schweifen – zu ihrem Bruder, der ihr schon immer in allem gefolgt war und auch nun grimmig zustimmte, zu ihrem ehrgeizigen Neffen, der eben sein Schwert an den Kleidern des Toten abwischte, und zu dem Erzbischof, der zwar sichtlich um seine Fassung rang, schließlich aber doch nickte.

»Dann ist es beschlossene Sache«, erklärte sie. »Spätestens am Tag der Auferstehung unseres Herrn feiern wir die Befreiung Florentias aus den Händen der Medici.«

KAPITEL 71

Florenz, November 1477

FIORETTA

Auf dem Tisch vor Fioretta türmte sich ein Berg klein geschnittener Karotten, Rüben, Zwiebeln und Erbsen, der immer größer wurde. Neben ihr war Filippino damit beschäftigt, ein Stück Schweinebauch in Würfel zu schneiden. Dann stand er auf und warf den Speck in einen Kessel über dem Feuer. Der starke Geruch des bratenden Fleisches stieg Fioretta in die Nase, und die Übelkeit kam so plötzlich, dass sie es gerade noch bis zu dem Fass schaffte, in dem sie die Küchenabfälle sammelten, bevor sie sich übergab.

»Ist alles in Ordnung?«, fragte Filippino hinter ihr besorgt.

»Ja«, murmelte sie, trank einen Schluck Wasser und schloss kurz die Augen. *Um Himmels willen, soll das jetzt noch monatelang so weitergehen?*

Sie fragte sich, ob Filippino aus der Szene, die er gerade gesehen hatte, die richtigen Schlüsse zog, aber er sagte bloß: »Willst du dich kurz hinsetzen? Ich bin mir sicher, ich bekomme diesen Eintopf auch ohne dich hin.«

»Danke, aber es geht gleich wieder.« Sie wischte sich den Mund ab und presste die Lippen zusammen. Sobald sie etwas Gebratenes auch nur roch, wurde ihr sterbenselend, das war jetzt schon seit einigen Wochen so.

Fioretta hatte sich die Frage, ob sie schwanger war, sofort gestellt, als ihre Monatsblutung nicht eingesetzt hatte, und die Übelkeit hatte ihr bestätigt, was sie bereits vermutet hatte. Sie konnte sich nur zu gut daran erinnern, wie Clarice in den ersten Monaten ihrer Schwangerschaften kaum Essen bei sich behalten konnte, und Fioretta hoffte inständig, dass es bei ihr im Lauf der Zeit ebenso wie bei Clarice besser werden würde.

Aber die Übelkeit war eigentlich ihr kleinstes Problem. Ihre Zukunft und die Frage nach der Zukunft ihres Kindes wogen weit schwerer.

Sobald zu sehen sein würde, dass sie schwanger war, konnte sie nicht mehr in Sandros Haushalt leben, das wusste sie. Malerwerkstätten genossen ohnehin nicht den besten Ruf, aber eine unverheiratete Frau mit Kind in der *Bottega* würde einen handfesten Skandal bedeuten.

Sandro war allerdings erstaunlich ruhig geblieben, als Fioretta ihm ihren Zustand gebeichtet hatte. »Kannst du dieses Kind nicht einfach auf dem Land bekommen?«, hatte er gefragt. »Wir könnten es bei deiner Rückkehr als jüngsten Spross meines Bruders ausgeben.«

»Ich weiß nicht, was deine Schwägerin dazu sagen würde, Sandro.«

»Ich habe ohnehin mittlerweile so viele Nichten und Neffen, dass ich den Überblick verloren habe. Würde ein weiteres wirklich auffallen?«

»Meinst du das ernst?«

»Hm. Es erscheint mir zumindest nicht ganz abwegig. Aber bevor du weitere Pläne machst, solltest du zuallererst mit Giuliano reden, das weißt du.«

Natürlich wusste sie das. Dennoch hatte sie den Moment hinausgezögert, sich eingeredet, dass sie auf den günstigsten Zeitpunkt wartete.

Fioretta war selbst erstaunt, wie schwer ihr die Worte fielen, als Giuliano am Abend vor ihr stand. Mehrmals hatte sie einen Satz begonnen, und doch wieder abgebrochen, bevor sie endlich »Ich bin schwanger!« herausbrachte. Sie sah ihn an, versuchte, in seinem Gesicht zu lesen, was er dachte.

»Bist du sicher?« Giuliano trat auf sie zu und blickte sie von oben bis unten an. »Wirklich?«, fragte er schließlich mit einem strahlenden Lächeln.

Erleichterung stieg in ihr auf. Sie hatte natürlich gehofft, dass er sich freuen würde, aber es war klar, dass diese Nachricht ihrer beider Leben schwieriger machte, und sie war unsicher gewesen, wie er darauf reagieren würde.

»Ich bin sicher«, antwortete sie. »Aber ich weiß nicht, was ich jetzt tun soll. Ich kann nicht mehr lange in der *Bottega* bleiben.«

»Du kannst natürlich zurück in die Via Larga kommen«, sagte er, ohne zu zögern. »Das ist sicher besser, als hierzubleiben. Und Lorenzos neuer Arzt Moses ben Josef ist ein guter Mann, der auch schon meine jüngste Nichte auf die Welt geholt hat.«

»Aber was würden deine Mutter und Lorenzo dazu sagen? Würden sie es dulden, wenn deine schwangere Geliebte einzieht?«

»Meine Mutter wäre wohl schon allein deswegen glücklich, weil ich dann auch zurück in die Via Larga käme. Außerdem kennt sie dich und mochte dich immer.«

»Und Lorenzo?« Fioretta wusste, dass Giuliano seit vielen Wochen kaum mit seinem Bruder gesprochen hatte, und wenn, dann nur in der *Signoria* oder bei offiziellen Anlässen im Palazzo Medici.

»Ich glaube nicht, dass er es wagt, etwas dazu zu sagen. Nicht nach unserem letzten Streit. Und dieses Kind ist schließlich auch ein Medici, ob er es will oder nicht.«

Fioretta nahm seine Hand und drückte sie. *Ein Medici.* Sie wusste nicht, ob sie Giulianos Worte tröstlich oder erschreckend fand. Sie konnte sich noch nicht vorstellen, wie es sein würde, unter diesen Umständen in die Via Larga zurückzukehren. »Wenn wir unter einem Dach wohnen sollen, wäre es besser, wenn Lorenzo und du euch versöhnt«, meinte sie schließlich.

»Uns *versöhnen*? Meinst du das ernst? Nach allem, was er angerichtet hat?«

Fioretta nickte. »Ich weiß. Aber ich glaube ihm, dass er zumindest dein Bestes wollte, und immer noch will. Und wenn wir in

Florenz bleiben, dann müssen wir einen Weg finden, mit ihm auszukommen.«

Giuliano schwieg einen Moment. »Nun gut«, murmelte er dann. »Ich spreche mit ihm. Wenn er akzeptiert, dass er mir keine weiteren Patriziertöchter oder französische Adeligen mehr als Ehefrauen vorschlagen muss.«

Sie lachte. »Ich weiß nicht, ob du damit nicht zu viel von ihm verlangst.«

»Das kann schon sein, aber das wird meine Bedingung dafür sein, dass wir Frieden schließen. Dann bin ich auch bereit, mich bei ihm zu entschuldigen, weil ich ihn geschlagen habe.«

»Was falsch war, aber auch nicht unverdient.«

»Ganz und gar nicht unverdient. Ich werde gleich heute Abend mit Lorenzo reden, wenn er von dem Bankett bei Francesco de' Pazzi zurückkommt.«

»Francesco steht Lorenzo inzwischen wieder richtig nahe, oder?«, wollte Fioretta wissen. »Hat er denn komplett mit den Pazzi gebrochen? Trotz des neuen Erbschaftsgesetzes?«

»Es scheint so«, gab Giuliano nachdenklich zurück.

»Du glaubst nicht daran?«

»Simonetta hat mich davor gewarnt, Francesco zu vertrauen«, erklärte Giuliano. »Auf dem Totenbett. Ich denke, sie hatte sicher einen Grund dafür.«

»Menschen können sich ändern«, gab Fioretta zu bedenken. »Vielleicht ist er einfach anders als der Rest der Pazzi.«

»Vielleicht«, sagte Giuliano, aber es klang nicht überzeugt. »Aber diese neue Freundschaft ist natürlich gut für die Bank, und Francesco ist mittlerweile einer der *Priori,* und er stimmt für üblich mit uns, das hilft uns in der *Signoria* sehr.«

»Dann hoffe ich, dass das Bankett ein voller Erfolg wird und Lorenzo bester Laune ist.«

Giuliano zog Fiorettas Hand zu sich und küsste ihre Finger.

»Vertrau mir«, sagte er. »Diesmal werde ich es besser machen als damals in Careggi.«

»Ich weiß, dass du das tun wirst«, sagte sie. »Ich rede unterdessen mit Sandro und Leonardo.«

Sie blickte sich in der Kammer um, die seit mehr als zwei Jahren ihr Zuhause gewesen war. Ein Bett, eine Truhe, einige Haken an der Wand, eine Waschschüssel. Viel mehr hätte auch nicht in das Zimmer hineingepasst.

Sie fragte sich, was sie erwartete, wenn sie in den Palazzo Medici zurückkehrte, nicht mehr als Tochter des Leibarztes, sondern als Giulianos Geliebte. *Er ist vermutlich nicht der erste Medici, der eine Frau mitbringt, die nicht die seine ist. Wird der Haushalt auf mich herabsehen? Wie wird Clarice reagieren?*

»Wenn es nicht anders geht, können wir auch erst einmal nach Careggi«, sagte Giuliano, der ihr offenbar ansah, welche Gedanken sie sich machte. »Du kannst unser Kind dort zur Welt bringen.« Bei diesen letzten Worten begann er plötzlich zu lachen.

»Was ist so lustig daran?«, fragte sie misstrauisch.

»Gar nichts. Aber vielleicht muss ich es noch ein paar Mal sagen, bevor ich es ganz verstanden habe.«

KAPITEL 72

Florenz, 26. April 1478

GIULIANO

Als Giuliano erwachte, herrschte noch Halbdämmer in seinem Schlafzimmer und nahm der Welt alle scharfen Kanten. Draußen fiel ein sanfter Regen, der mit einem beruhigenden Rhythmus gegen die Fenster tropfte. Er wusste nicht, was ihn geweckt hatte, spürte aber einen dumpfen Schmerz in der Schulter, an der Stelle des alten Bruchs.

Fioretta lag neben ihm auf der Seite. Sie konnte kaum noch anders schlafen. Giuliano zog die Decke, die nach unten gerutscht war, über sie beide und lag eine Weile einfach nur ruhig da. Er streckte die Hand aus und legte sie auf Fiorettas Bauch, der mittlerweile kugelrund geworden war. Wenn er seine Finger lange genug liegen ließ, konnte er spüren, wie sich das Kind in ihr bewegte. Moses, der Arzt, vermutete, dass es nur noch eine kurze Zeit bis zur Geburt sein würde. *Wir sollten bald nach Careggi aufbrechen,* dachte er. *Und sobald das Kind auf der Welt ist, werden wir dort heiraten, damit es den Namen seines Vaters erhält.*

Lorenzo hatte seinen Widerstand gegen eine Ehe mit Fioretta inzwischen aufgegeben. »Wenn du dich mit Clarice und Mutter verbündest, habe ich dem ja nur wenig entgegenzusetzen«, hatte er kürzlich zu Giuliano gesagt. »Ich brauche in unserem Haus Frieden. Wenn ich Ärger suche, gehe ich in die *Signoria*.« Aber er hatte dabei gelächelt.

Mehr Zustimmung würde er von Lorenzo vermutlich nicht bekommen.

Giuliano war selbst überrascht gewesen, wie froh er war, dass sie ihren Streit beigelegt hatten. Es fiel ihm noch immer schwer, Lorenzo zu verzeihen, aber auch er konnte inzwischen sehen, dass sein Bruder tatsächlich geglaubt hatte, das Richtige für die Familie zu tun.

Fiorettas Umzug in den Palazzo Medici hatte einen viel kleineren Aufruhr verursacht, als er zunächst befürchtet hatte. Er wusste, dass sie sich viele Sorgen darum machte, was noch auf sie zukommen mochte, aber er hatte sich geschworen, dass es ihnen gelingen würde, gemeinsam eine Zukunft für sich und ihre Kinder aufzubauen.

Draußen begannen die Glocken von Santa Maria del Fiore zu läuten, und er nahm gedämpft die so vertrauten Geräusche des erwachenden Hauses wahr. In der Küche herrschte vermutlich bereits Hochbetrieb, denn dort wurden alle Vorbereitungen für das heutige Festessen getroffen. Er wusste, dass sich später nicht nur der gesammelte Haushalt, sondern auch die halbe Stadt auf den Weg zum Gottesdienst in die Kathedrale machen würde.

»Stehst du auf?«, fragte Fioretta schlaftrunken neben ihm.

»Ich denke gerade darüber nach. Ich habe keine Lust, Salviati und Riario zu begegnen, und meine Schulter tut weh.« Der Papst hatte zu Beginn der Osterfeierlichkeiten gleich zwei seiner Günstlinge nach Florenz entsandt, seinen erst sechzehnjährigen Neffen Raffaele Riario, der bereits Kardinal war, und Erzbischof Salviati, den Giuliano nicht mehr gesehen hatte, seit er ihm den Zutritt zu Pisa verwehrt hatte. »Außerdem ist es so viel angenehmer, hier mit dir zu liegen. Möchtest du die Messe hören?«, fragte er.

»Nein«, gab Fioretta zurück. »Ich gehe nur, wenn du deiner Familie einen ordentlichen Schreck einjagen willst. Sie würden sich alle Sorgen machen, dass ich dieses Kind direkt auf dem Kirchenboden bekomme, und noch dazu an Ostern.«

Er musste lachen. »Ich fürchte, das würde der Ruf der Medici dann wirklich nicht überstehen. Also lass uns lieber hierbleiben.«

»Kannst du die Messe einfach versäumen? Was ist mit dem kleinen Kardinal?«

»Ich beichte meine Sünden später«, sagte er und legte seine Arme um sie, sog ihren Duft und ihre Wärme ein. »Und was Raffaele Riario angeht, ist die Familie ja ansonsten vollzählig versammelt.«

Es klopfte an der Tür. Er vergrub seinen Kopf im Kissen und stöhnte. »Ich komme«, rief er dann. »Bleib liegen«, sagte er zu Fioretta. »Ich sage Lorenzo nur kurz Bescheid, dass sie nicht auf uns warten sollen.«

»Ich muss sowieso den Nachttopf benutzen.«

Er stieg aus dem Bett und zog Hemd und Hose über, bevor er mit nackten Füßen auf den Flur trat.

Als Lorenzo und alle anderen gegangen waren, wurde das Haus wieder still. Er musste noch einmal eingenickt sein, denn als ein weiteres Klopfen ertönte, schreckte er aus einem leichten Schlaf auf.

Diesmal stand ein Junge, der in der Küche aushalf, vor der Tür. »Signor Francesco de' Pazzi ist hier«, sagte er verschreckt, um dann leiser hinzuzufügen: »Er wollte nicht warten, sondern steht schon im Flur.«

Auf dem Korridor erklangen Schritte, und Giuliano hörte die Stimme von Francesco. »Giuliano! Ist alles in Ordnung? Ich habe mir Sorgen gemacht, weil du nicht zur Messe kommst.«

Giuliano verdrehte die Augen in Fiorettas Richtung. »Es gibt keinen Grund zur Sorge, ich fühle mich nur nicht wohl.«

»Du klingst aber gar nicht krank, und man vermisst dich vor dem Dom! Du solltest unbedingt mitkommen.«

»Um Himmels willen«, sagte Fioretta leise vom Bett her. »Wird er Ruhe geben, wenn du Nein sagst?«

»Ich fürchte nicht.«

»Dann muss ich vielleicht doch das Kind auf dem Kirchenboden bekommen«, erklärte sie. »Ich begleite dich.«

»Wir kommen«, rief Giuliano durch die Tür. »Wir brauchen nur noch einen Moment.«

Er küsste Fioretta noch einmal, bevor sie aufstand und sich anzuziehen begann.

»Beeilt euch«, sagte Francesco. »Der Gottesdienst wartet nicht.«

Nein?, überlegte Giuliano. Aber er sagte nichts weiter und zog dunkle Hosen, ein weißes Wams und Stiefel an. Dann warf er einen letzten wehmütigen Blick auf das zerwühlte Bett und die warmen Laken.

Fioretta setzte eben eine *Beretta* auf und schob ihr Haar darunter zurecht. »Ich bin fertig«, erklärte sie.

»Giuliano! Und Madonna Fioretta«, rief Francesco liebenswürdig, als sie am Fuß der großen Treppe eintrafen.

Er sah Giuliano an. »Du bist wirklich ein bisschen blass«, stellte er fest.

»Ich sagte doch, ich fühle mich nicht ganz wohl.«

»Ich freue mich dennoch, dass du uns begleitest«, sagte Francesco. Er umarmte den von der plötzlichen Herzlichkeit überraschten Giuliano. »Frohe Ostern, mein Freund.«

Die Glocken des Doms läuteten, als sie den kurzen Weg zurücklegten. Der Regen hatte aufgehört, und die Sonne schob sich durch die Wolken und beleuchtete Leonardos Goldkreuz auf der Kuppel des Doms.

Als sie die Piazza erreichten, strömten eben die letzten Nachzügler in den Dom. Giuliano, Fioretta und Francesco schlossen sich ihnen an.

Die Kirchgänger hatten sich schon erhoben. Ein Choral erklang, während Messdiener mit Weihrauchschwenkern den Mittelgang entlangliefen.

Fioretta strebte auf die linke Seite zu, auf der die Frauen saßen. Sie wollte sich offenkundig einen Platz am hinteren Ende suchen, aber Clarice entdeckte sie und winkte sie zu sich.

Giuliano ging nach rechts und stellte sich in dieselbe Reihe, in der sich auch sein Bruder befand. Lorenzo beugte sich vor und lächelte, als er Giuliano sah.

Dann erhob sich das *Ave Maria* aus einem Chor von vielen Hundert Stimmen, und Giuliano stimmte in den Gesang ein, während die Glocken des Doms verklangen.

KAPITEL 73

Florenz, am selben Tag. Die Ostermesse.

FIORETTA

Die frischen Blumen, mit denen der Altar und alle Säulen der Kathedrale geschmückt worden waren, dufteten so stark, dass sie sogar den Weihrauch überdeckten. Zahlreiche Kerzen tauchten den Altarraum in ein feierliches Licht.

Habe ich den Dom jemals so voller Menschen gesehen?, fragte sich Fioretta, die neben Clarice inmitten einer Gruppe von Frauen stand, die alle zum Haushalt der Medici gehörten. Madonna Lucrezia war zu Fiorettas Überraschung nicht anwesend. Vermutlich war sie in der Via Larga geblieben, um die Vorbereitungen für das Bankett zu überwachen. Nannina war mit ihrer Familie hergekommen, aber Fioretta konnte Bianca und ihren Ehemann Guglielmo Pazzi nirgends entdecken.

Im Altarraum waren Fahnen aufgehängt worden, die neben dem Florentiner Wappen auch das römische Banner und das der päpstlichen Familie zeigten.

Der junge Ehrengast Kardinal Riario hatte einen Platz direkt vor dem Altar erhalten und schaute gebannt zu dem gekreuzigten Christus auf, der von dem Licht beschienen wurde, das durch die Kuppel drang. Fioretta sah, dass sich der Junge mit dem rundlichen Gesicht verstohlen unter dem Kragen seiner roten, schweren Kardinalsrobe kratzte. Er wirkte auf sie, als fühlte er sich gänzlich unwohl.

Sie strich langsam mit einer Hand über ihren Bauch, während der Gesang allmählich abebbte. Sie war Clarice dankbar dafür, dass sie ihr den Platz neben sich angeboten hatte, für ganz Florenz gut sichtbar im Kreis der Medici. Aber dennoch freute sie sich auf Careggi, darauf, an einem Ort zu sein, an dem sie weniger prüfenden und abwertenden Blicken begegnen würde.

Sie entdeckte Andrea del Verrocchio unter den Besuchern und sah sich nach Sandro und den Mitgliedern der Werkstatt um, konnte sie aber nicht finden. Vielleicht standen sie inmitten der Menge, oder Sandro hatte es wie so oft vorgezogen, die Messe in San Salvatore im *Ognissanti* zu hören. Fioretta hoffte, die *Bottega* noch einmal zu besuchen, bevor sie Florenz verließ. Sie wollte unbedingt sehen, wie weit *Primavera* gediehen war, für das sie Sandro Modell gestanden hatte, und in dem er natürlich auch Simonetta verewigt hatte.

Die Predigt schritt voran. Der Priester hatte eine schöne, klare Stimme, die die lateinischen Worte weit trug, aber die Anwesenheit so vieler Menschen im Dom ließ die Luft stickig werden, und Fiorettas geschwollene Füße rieben unangenehm in den Schuhen. Ihre Gedanken schweiften zu dem Festessen ab, das es später geben würde, und sie merkte, dass sie Hunger bekam, weil weder Giuliano noch sie gefrühstückt hatten.

Schließlich endete der Sermon, und eine einzelne, silberhelle Glocke forderte die Gläubigen dazu auf, sich für das Abendmahl zu erheben. Fioretta richtete sich mühsam auf. *Ich bin wirklich froh, wenn ich mich nicht mehr bewege wie eine alte Frau.*

Für einen Moment legte sich Stille über die Kathedrale und ihre Besucher. Dann ertönte erneut die Stimme des Priesters. *»Accepit panem in sanctas ac venerabiles manus sus«*, begann der Geistliche. *Er nahm das Brot in seine heiligen Hände.*

In diesem Moment erkannte Fioretta, dass etwas nicht stimmte.

Vielleicht war es ein Geräusch, ein Rascheln oder ein geflüstertes Wort, aber sie sah zu Giuliano hinüber, der hoch aufgerichtet in der vordersten Reihe der Gläubigen stand und sich eben umsah, als hätte jemand seinen Namen gerufen. Ihr Blick folgte dem seinen. Hinter Giuliano entdeckte sie Francesco de' Pazzi neben einem Mann, den sie nicht kannte. Francescos Hände schlossen sich eben um das Heft seiner Waffe, und auch der andere Mann hielt eine

Klinge in der Hand. Noch bevor Fioretta etwas tun, etwas sagen konnte, bevor sich auch nur ein Schrei von ihren Lippen löste, stieß der Fremde Giuliano sein Schwert in den Rücken.

Für einen Augenblick schien die Zeit stillzustehen. Ungläubig sah Fioretta, wie Blut an Giulianos Körper hinunterlief. Zu seinen Füßen färbte sich der schwarz-weiße Marmorboden rot.

Giuliano taumelte vorwärts und schrie im selben Moment wie Fioretta auf. Ihr Schrei wurde von vielen Kehlen aufgegriffen, als die Menschen in den ersten Reihen sahen, dass Giuliano zum Altar torkelte. Die Menge geriet in Bewegung, wie ein Meer aus Leibern, Angst und Verwirrung auf den Mienen. Fioretta aber stand stocksteif, den Blick auf die entsetzliche Szene vor sich gerichtet.

Francesco setzte Giuliano nach und griff ihn mit seinem Dolch an, traf seinen Oberkörper. Lorenzo brüllte auf, streckte die Arme aus, um Francesco aufzuhalten, konnte ihn aber nicht erreichen. Aus einer von Giulianos Wunden spritzte Blut, befleckte das Gesicht einer marmorbleichen Apostelstatue neben ihm, die unbeirrt gütig lächelte, während vor Fioretta die Welt in grausames Chaos versank.

Plötzlich trieb die Menge mit einem Ruck nach vorne, und Fioretta wurde fast von den Füßen gerissen. Giuliano und Francesco wurden von Menschen verdeckt, die in Panik gerieten, als sie begriffen, dass noch mehr Männer mit gezogenen Waffen in der Kathedrale waren.

Einer von ihnen, der ein schlichtes, schwarzes Priestergewand trug, drang auf Lorenzo ein und stieß ihm einen Dolch in den Hals. Rot zog sich die Klinge zurück, und neben Fioretta schrie Clarice den Namen ihres Mannes.

Die Menge schien vor Fiorettas Augen zu zerbersten. Einige strebten nach vorne, in den Altarraum, zu den bedrängten Medici, doch die meisten wandten sich dem Ausgang zu. Der Schrecken lag nun auf allen Gesichtern, die Zeuge der Bluttat wurden.

Ein kleines Kind begann zu schreien, seine Mutter weinte, und dann ertönten plötzlich aus vielen Kehlen Schreie, Verwünschungen, Hilferufe, Stoßgebete.

Fioretta, zuerst wie gelähmt, merkte, dass sich ihre Füße wie von selbst bewegten. Sie wollte zu Giuliano. Sie rief seinen Namen und versuchte, den Altar zu erreichen, aber ihre Stimme trug nicht über das Stimmengewirr der fliehenden Menge.

Überall sah Fioretta nun Waffen, Klingen, die im Licht der Kerzen aufblitzten. Die Gefahr schien von überall zu kommen, jeder mochte zu den Meuchlern gehören. Sie wusste nicht, wie ihr geschah, reagierte rein instinktiv, wie ein Tier, das die Hörner der Jagdgesellschaft hört.

Sie sah Lorenzo, der die linke Hand auf seinen blutenden Hals presste. Während er hastig zurückwich, riss er sich mit fahrigen Bewegungen mit der Rechten den Mantel ab, schlang ihn um seinen Arm und versuchte verzweifelt, damit den Angreifer abzuwehren, der noch immer auf ihn eindrang. Der Mann im Priestergewand verfolgte ihn gnadenlos. Er hatte offensichtlich Blut geleckt. *Wie kann ein Mann der Kirche dies im Haus des Herrn tun? Gott steh uns bei! Hilf uns doch! Hilf Giuliano!,* flehte Fioretta.

Angelo Poliziano, Lorenzos junger Hauslehrer, wurde ebenfalls von einem Mann in einer Priesterrobe angegriffen. Er wich zuerst zurück, griff dann aber nach seinem Schwert und wehrte den Dolch seines Gegners mit erstaunlicher Waffenfertigkeit ab, um dann sofort Lorenzo und dessen Gegner nachzusetzen.

Fioretta hörte Clarice neben sich keuchen. Sie erkannte erst jetzt, dass sie sich ihr angeschlossen hatte und ebenfalls auf Giuliano und Lorenzo und ihre Feinde zustrebte.

Endlich teilte sich die kreischende und schreiende Menge, strömten genug Menschen zum Ausgang, dass vor ihr eine Lücke entstand und Fioretta Giuliano entdeckte. Was sie sah, ließ ihr den Atem stocken. Die Vorderseite seines hellen Wamses war mit dunklem Blut bedeckt. Er hatte seine Waffe gezogen, um sich zu verteidigen, war aber auf die Knie gesunken und schaffte es kaum, die Klinge zu heben, während Francesco de' Pazzi mit seinem Dolch noch immer auf ihn einstach, wieder und wieder, obwohl er selbst bereits mit reichlich Blut besudelt war, ob seinem oder Giulianos, konnte sie nicht sagen. »Du elender Bastard!«, brüllte Francesco mit vor Hass verzerrtem Gesicht. »Verräterische Medicibrut! Stirb!«

»Giuliano«, schrie Fioretta aus vollem Hals, voller Verzweiflung. Francesco fuhr zu ihr herum, und Giuliano konnte einen kraftlosen Schlag gegen den Oberschenkel seines Gegners landen, bevor sich Francesco ihm wieder zuwandte.

Für den Bruchteil eines Augenblicks fing sie Giulianos Blick auf. Der Blick des Jungen aus dem Palazzo Medici, der allein gegen zwei Gegner gekämpft hatte, der auf der Via Volterrana nicht aufgegeben hatte, der Vater ihres Kindes, den sie immer geliebt hatte. Giuliano lächelte ein blutverschmiertes Lächeln und hob dann noch einmal die Waffe, wehrte einen Stich von Francesco ab. Die Klingen der beiden Gegner trafen mit einem wütenden Klirren aufeinander, dann stieß Giuliano Francescos Dolch zur Seite.

Lorenzo brüllte Francescos Namen, schlug blindwütig mit seinem Mantel nach seinem Angreifer, um zu Giuliano zu gelangen. Der zornige Ruf schien Francesco abzulenken, er wich zurück, und seine Augen suchten Lorenzo. Einen Moment, nur einen, schöpfte Fioretta Hoffnung. Doch dann griff Francesco erneut den Dolch und drang wieder auf Giuliano ein. Diesmal gelang es Giuliano nicht, den Schlag zu parieren, und ihm wurde die Waffe von dem rasenden Francesco aus der Hand geschlagen. Giuliano streckte die Rechte aus, aber die Verteidigung nutzte nichts mehr. Noch ein Stich traf ihn in die Brust, dann gaben seine Knie nach, und er fiel auf den Rücken.

Lorenzo stieß einen lang gezogenen Schrei aus, hieb blindwütig nach seinem Gegner und erreichte endlich Francesco de' Pazzi, als plötzlich eine Frauenstimme »Die Decke stürzt ein« brüllte. »Das Jüngste Gericht kommt über uns.«

Aller Augen, sogar die der Kämpfenden, blickten nach oben. Fioretta konnte keinen Riss sehen, aber dies musste die Apokalypse sein, oder? Das Ende der Welt, oder zumindest ihrer eigenen. Eine undenkbare Schandtat, die Hölle auf Erden, hier im Dom von Florenz.

Der Aufruhr, der vorher schon geherrscht hatte, wurde nun um ein Zehnfaches schlimmer. Menschen versuchten voller Schrecken, aus der Kirche zu entkommen. Kinder und Alte schrien ihre Angst und ihren Zorn heraus, Männer brüllten den Namen der Partei, zu der sie gehörten, um im Getümmel Freund von Feind unterscheiden zu können.

Fioretta versuchte, sich der Flut der Fliehenden entgegenzustellen, die mit aller Macht aus der Kirche hinauswollten. Sie musste zu Giuliano gelangen, sie musste. Sie merkte, dass Clarice ihre Hand ergriffen hatte und ebenfalls nach vorne strebte, aber der Sog war zu stark. Fioretta verlor den Halt und stürzte zu Boden. Um sie herum waren Beine und Arme, Kinder, Erwachsene. Sie schlang die Arme um ihren schwangeren Leib, um sich vor den Tritten der panischen Menge zu schützen. Clarice griff mit beiden Händen nach ihr und versuchte, sie wieder auf die Füße zu ziehen, stolperte aber und fiel selbst zu Boden. Fioretta ging auf alle viere, krabbelte in Richtung Altarraum. Schließlich fanden ihre Hände die hölzerne Absperrung vor dem Altar. Sie krallte ihre Finger hinein und zog sich hoch.

Giuliano lag nicht weit entfernt von ihr auf dem Boden, blutüberströmt, die Augen zur Kuppel gerichtet. Die Waffe war aus seinen Händen geglitten, und er regte sich nicht mehr. *Oh Gott. Giuliano. Nein. Nein. Nein. Nein.* Sie konnte, sie wollte nicht begreifen, was sie sah.

Francesco de' Pazzi hatte endlich von Giuliano abgelassen und drang nun auf einen Mann der Medici ein, der Giuliano offenbar zu Hilfe eilen wollte. Währenddessen kauerte der kleine Kardinal kaum zwei Armeslängen vor Giuliano unter dem Altar. Er hatte beide Hände um den Kopf gelegt, als könnte er die Gräuel der Welt so von sich fernhalten. *Du armseliger Feigling!*, dachte Fioretta. *Du hättest ihn erreichen, ihn retten können.*

»Zur Sakristei«, rief Angelo Poliziano plötzlich, und wie durch ein Wunder drang seine Stimme inmitten dieser Hölle zu Fioretta durch, und sie entdeckte ihn und Lorenzo.

Poliziano stemmte sich gegen die Flut der Fliehenden, kämpfte sich zwischen ihnen hindurch und versuchte offenkundig, Lorenzo zu erreichen.

Lorenzo selbst war vor seinem Gegner ein Stück zurückgewichen. Der Mantel an seinem Arm hing in Fetzen herab. Die Klinge des Priesters fuhr hoch, in seinem Antlitz standen Triumph und Mordlust. Dann war Poliziano heran, versetzte Lorenzos Angreifer einen Stoß, sodass dieser zurücktaumelte. »In die Sakristei!«, wiederholte er.

Mehr Männer der Medici und der Pazzi hatten nun ihre Waffen gezogen, und vor dem Altar entstand ein blutiges Handgemenge. Wütendes Gebrüll mischte sich mit Schmerzensschreien und den ängstlichen Rufen der Masse, die noch immer zum Ausgang strömte und ängstlich flehte, dass Gott sie verschonen möge.

»Komm!« Clarice zog Fioretta, die wie erstarrt war, in Richtung der schweren Bronzetüren, die zur Sakristei führten. Fiorettas Blick blieb auf den leblosen Giuliano gerichtet, als sie sich von Clarice führen ließ. Ein Parteigänger der Medici zog seine Waffe und verteidigte sie. Fioretta kannte ihn nicht, und doch warf er sich in den Weg zweier Meuchelmörder und fing ihre Dolche mit seinem Leib ab, bevor er zu Boden fiel.

Lorenzo kam mit Poliziano auf sie zu. Ein Kämpfer mit einem langen Schwert stellte sich ihnen in den Weg, doch auch zwei weitere Männer der Medici waren herangekommen. Der Ältere der beiden war Cecco Nori, der in der Bank arbeitete.

»Geht«, zischte Nori Poliziano und Lorenzo zu. Er hob seine Waffe, ein kurzes Schwert, und drang auf einen Angreifer ein. Er streckte ihn nieder, aber nicht, bevor er nicht noch einen Stich in den Bauch erhalten hatte. Er presste seinen freien Arm auf die Wunde, aber das Blut drang zwischen seinen Fingern hervor, ein grausamer roter Quell.

Der zweite Mann schützte Fioretta und Clarice, indem er sich wie ein Schild vor sie stellte. Noch immer in Clarice' Griff, taumelte Fioretta auf die Tür zu, die von Poliziano offen gehalten wurde.

»Giuliano«, rief sie wieder. Sie blieb stehen und drehte sich um, wider alle Vernunft. Aber als sie halb gedrängt, halb gezerrt durch den Eingang der Sakristei kam, sah sie mit ihrem letzten Blick nur noch, wie Giuliano noch immer reglos in seinem Blut am Boden lag. Um ihn herum herrschte die Verwüstung, die die Erbarmungslosigkeit des Angriffs angerichtet hatte. Zwischen zerschlagenem Mobiliar, umgestürzten Kerzen und einer zerborstenen Statue kroch Kardinal Raffaele Riario auf allen vieren umher.

Fioretta hörte einen Schrei, hoch und unmenschlich, einen Ausdruck reiner Qual. Erst als Clarice sie in den Arm nahm, erkannte sie, dass sie es selbst war, die schrie.

Als sich die schweren Flügeltüren schlossen, waren sie zu acht in der Sakristei. Zwei Männer legten den Riegel vor, dann begannen sie sofort damit, das spärliche Mobiliar des Raums vor der Tür zu stapeln.

Fioretta sank an der Wand entlang auf den Boden, von aller Kraft verlassen. Sie konnte ihren Leib nicht mehr spüren. »Oh Gott«, murmelte sie. »Oh Gott, oh Gott.«

Giuliano war noch dort draußen, leblos. Das Bild war in sie eingebrannt.

Cecco Nori, der Mann, der sie verteidigt hatte, ging auf die Knie, dann fiel er zur Seite auf den Boden. Sein Atem ging schwer, rasselnd. Seine Kleidung war feucht von Blut.

Clarice lief auf Lorenzo zu, der sich mit wilden Blicken im Raum umsah.

»Was ist passiert?«, brüllte er plötzlich. »Was ist gottverdammt noch mal dort draußen passiert?«

»Lorenzo ...«, begann Clarice. »Giuliano ... Francesco de' Pazzi hat ihn angegriffen. Er ist ... er lag ...« Sie sprach nicht weiter. Lorenzo starrte seine Frau an, und der Wahnsinn verließ seinen Blick, als er verstand, was ihre Worte bedeuteten. »Nein«, flüsterte er. »Das kann nicht sein.«

Fioretta sah, dass Poliziano vorsichtig Lorenzos Hand von der Wunde am Hals löste. Er hielt ein Stück Stoff in der Hand. »Wir müssen das verbinden«, sagte er, fast flehentlich. Lorenzo beachtete ihn gar nicht. Die Wunde blutete, aber nicht so stark, wie Fioretta vermutet hätte. Die Verletzung konnte nicht tief sein. Er hatte unfassbares Glück gehabt. Clarice wand den improvisierten Verband um Lorenzos Hals. Dieser ließ es teilnahmslos geschehen.

Dann setzte sich Clarice neben den verletzten Nori auf den Boden. Er sah zu ihr auf, hob seine mit dem eigenen Blut verschmierte Hand. Sie ergriff sie, ohne zu zögern. »Betet mit mir, Madonna«, bat Nori.

Sie nickte ihm mit einem Lächeln zu, beugte sich über sein Gesicht herab und flüsterte die beruhigenden Worte. Seine Lippen bewegten sich, aber kein Ton drang aus seinem Mund.

Die ganze Sakristei roch nach dem Blut, das aus Noris Eingeweiden sickerte, und Übelkeit stieg in Fioretta auf. Sie musste den Blick abwenden. Zu sehr erinnerte sie der Sterbende an ihren letzten Blick auf Giuliano. Ihr Geist wurde leer, unfähig, den Schrecken voll zu begreifen, den sie eben gesehen hatte.

Sie wusste nicht, wie viel Zeit vergangen war, als sich ihr Blick klärte und sie ihre Umgebung wieder wahrnahm.

»Es ist still geworden«, stellte Poliziano gerade fest. »Ich höre nichts mehr von da draußen.« Er stand auf, und Fioretta sah, dass die schlichte Kleidung des jungen Mannes zerrissen und zerschnitten war, er selbst schien aber unverletzt zu sein.

»Was kann das bedeuten?«, wollte Clarice wissen. »Sind endlich alle aus dem Dom geflohen?«

»Oder sie lauern uns auf«, erwiderte einer der Überlebenden düster.

»Wir müssen nach meinem Bruder sehen«, erklärte Lorenzo mit fester Stimme und richtete sich auf.

»Er ist tot«, sagte Fioretta leise. Ihr stiegen bei ihren eigenen Worten Tränen in die Augen. *Aber wie kann es anders sein? So viele Wunden, so viel Blut auf dem Boden vor dem Altar.*

»Nein«, brüllte Lorenzo. »Er ist nicht tot!«

Clarice stand auf. Auch sie sah aus wie einer düsteren Vision entstiegen. Ihre Kleidung war mit dem Blut des Getöteten und dem ihres Ehemanns bedeckt. Sie umarmte Lorenzo.

»Bitte, *mio caro*«, sagte sie leise.

»Er darf nicht tot sein«, stöhnte Lorenzo.

»Ich klettere zum Chor hinauf«, erklärte Poliziano. »Von dort sollte ich in den Innenraum blicken können.«

Fioretta sah, wie Angelo mit einigen geschickten Klimmzügen die Orgel erreichte. Sie wusste, was er sehen würde, und hoffte doch entgegen aller Hoffnung, dass er sagen würde, dass Giuliano nicht dort unten war, oder dass er ihn sehen konnte, zwar verletzt, aber lebendig.

»Es tut mir leid«, sagte Angelo schließlich heiser vom Chor herunter. »Euer Bruder liegt erschlagen vor dem Altar.«

»Seid Ihr sicher, Mann?«, fuhr Lorenzo ihn an.

Poliziano nickte. »Verzeiht mir. Aber niemand kann solche Wunden überleben, und er liegt ganz reglos da.«

In Fioretta starb bei diesen Worten noch der letzte Funke Hoffnung, den sie bis jetzt gehegt hatte – dass ein Wunder, ein gnädiger Fingerzeig Gottes, Giuliano gerettet haben mochte.

Sie spürte, dass ihr Tränen und Rotz über das Gesicht liefen, aber sie hatte keine Kraft, sie abzuwischen.

Niemand sagte ein Wort.

»Und die Kirche?«, fragte Clarice schließlich.

»Ist komplett leer.«

Fioretta blickte Lorenzo an, und er erwiderte ihren Blick.

»Wir müssen hier raus und in die Via Larga«, sagte er, seine Stimme flach und gebrochen. So hatte sie ihn noch nie erlebt. »Wo wir unsere Kräfte sammeln und uns verteidigen können. Und herausfinden, was in der Stadt vor sich geht.«

Seine Stimme begann zu zittern, als auch ihm Tränen über die Wangen liefen.

»Glaubst du, dass sie den Palazzo auch angegriffen haben?«,

fragte Clarice voller Schrecken. »Wir müssen wissen, ob es den Kindern gut geht!«

Schließlich stand Fioretta langsam auf und fuhr sich mit dem Ärmel über das Gesicht. »Ja«, sagte sie. »Lasst uns gehen. Francesco de' Pazzi kann nicht mit diesem feigen, entsetzlichen Mord davonkommen. Das schulden wir Giuliano.«

Lorenzo sah sie an und nickte.

»Wir nehmen Euch und Madonna Clarice in die Mitte«, schlug Poliziano vor. »Ihr könnt Euch auf uns verlassen.«

Die Männer begannen, die provisorischen Barrikaden beiseitezuschieben, und lösten schließlich den Riegel von der Tür. Lorenzo blieb einen Moment stehen, als müsste er erst Kraft sammeln, um hindurchzugehen. »Lasst uns heimgehen«, sagte er schließlich. Und als gäbe ihm dieser Gedanke Kraft, wurde seine Stimme mit jedem Wort lauter, wilder: »Und dann werde ich Rache an den Pazzi nehmen. Das schwöre ich euch bei jedem Gott, der bereit ist, mich anzuhören. Ich werde sie alle auslöschen, jeden Einzelnen von ihnen. Für Giuliano.«

Ein schrecklicher Schwur, der sie alle verstummen ließ. Und auch wenn die Macht der Worte ihr auf der Seele lastete, wollte Fioretta, dass sie wahr wurden.

KAPITEL 74

Florenz, am selben Tag

LEONARDO

»Was ist denn da draußen los?« Als Leonardo mit Sandro aus den Toren von San Salvatore trat, sah er, dass der Platz vor der Kirche voller Menschen war, die aufgeregt durcheinanderliefen. Vom Arno her kamen immer mehr hinzu.

»Etwas muss passiert sein«, erwiderte Sandro. »Werden wir angegriffen?«

Leonardo ließ seinen Blick über die aufgebrachte Menge schweifen. Er wollte schon den nächstbesten Vorbeilaufenden anhalten, als er plötzlich Andrea del Verrocchio entdeckte.

»Maestro!«, rief Sandro, um ihren alten Meister auf sich aufmerksam zu machen. »Hier drüben.«

Als Verrocchio sie erreichte, sah Leonardo, dass er völlig verstört aussah. Seine Sonntagskleidung war verschmutzt und an manchen Stellen eingerissen. Er hob anklagend die Arme nach oben. »Die Medici ... sind tot«, sagte er mit aufgewühlter Stimme. »Sie wurden im Dom angegriffen, während der Messe! Lorenzo und Giuliano wurden wohl erschlagen, von den Pazzi, oder von einem Priester, ich weiß es nicht. Jeder sagt etwas anderes. In Santa Maria war es, als wäre das Ende aller Tage gekommen, überall war Blut, alle versuchten gleichzeitig zu fliehen.« Er strich sich mit einer zitternden Hand über die Stirn.

Leonardo schüttelte ungläubig den Kopf. Er verstand Verrocchios Worte zwar, aber wie konnte er das glauben? Die Medici-Brüder sollten tot sein? Ermordet während der heiligen Messe? Das konnte doch unmöglich wahr sein?

Dann fiel ihm Lucas Brief wieder ein. Wenn das stimmte, was

Verrocchio sagte, hatte Lorenzo und Giuliano dasselbe Schicksal getroffen, das auch Herzog Sforza ereilt hatte. *Wie entsetzlich!*

»Die Pazzi?«, rief Sandro. Er raufte sich die Haare. »Das können sie nicht wirklich getan haben! Diese ehrlosen Kreaturen!«

Domenico Ghirlandaio, der mit Leonardo und Sandro Verrocchios Schüler gewesen war, drängte sich zu ihnen durch. Er sah ähnlich mitgenommen aus wie Verrocchio. »Es ist wahr, *Maestro*«, rief er schon von Weitem. »Giuliano liegt tot vor dem Altar. Ich traf einen Mann der Medici, der schwor, ihn gesehen zu haben. Niemand weiß, wo Lorenzo ist, oder ob er noch lebt. Die Pazzi wollen die Stadt übernehmen. Eine Armee, die sie unterstützt, marschiert eben auf Florenz.«

»Gott steh uns bei«, murmelte Leonardo. »Was können wir nur tun?«

»Niemals werde ich diesen elenden Mördern die Treue schwören«, versicherte Sandro, dessen breites Gesicht vor Zorn rot angelaufen war.

»Ich ebenso wenig«, erklärte Verrocchio. »Was glauben diese Hurensöhne, wer sie sind?«

Leonardo sah von einem zum anderen und versuchte noch immer zu begreifen. Seit er denken konnte, waren die Medici die einflussreichste Familie von Florenz gewesen, und die Stadt war unter ihrer Führung zu großem Wohlstand gelangt, das war das eine. Aber er kannte Giuliano und Lorenzo seit Jahren, und das ließ diesen Mord noch einmal viel entsetzlicher erscheinen. »Ich schulde den Pazzi nichts«, sagte er schließlich. »Aber den Medici alles.«

»Lasst uns zum Palazzo della Signoria gehen und schauen, was dort passiert«, schlug Verrocchio vor. »Gewiss sind wir nicht die Einzigen, die so denken und die den Pazzi gerne zeigen möchten, was wir von ihren Taten halten.«

Leonardo schüttelte den Kopf. »Ich würde lieber zum Palazzo Medici aufbrechen«, erklärte er. »Wenn es so ist, wie Ihr sagt,

Maestro, wird die Familie jede Unterstützung brauchen, die sie bekommen kann.«

»Wir müssen nach Fioretta sehen«, erklärte Sandro laut.

Oh Gott, dachte Leonardo. *War sie auch im Dom? Ich hoffe, ihr ist nichts geschehen.*

»Ich würde gerne zur Lukasgilde gehen«, sagte Domenico, »und herausfinden, was unsere Gildenbrüder denken. Wenn sie den Medici ebenfalls treu sind, dann bringe ich sie mit zur *Signoria*.«

»Dann lasst uns aufbrechen«, forderte Verrocchio sie auf. »Ihr geht zu den Medici, Domenico zur Gilde, und ich schaue, was bei den *Priori* geschieht.«

Je näher sie dem Dom kamen, desto größer wurde der Tumult. Überall schienen sich Menschen zusammenzurotten. Manche hatten Waffen in den Händen, andere trugen Fackeln. Die einzelnen Gruppen musterten sie misstrauisch – es gab keine Sicherheit mehr, ob ein Vorbeigehender Freund oder Feind war. Viele Menschen strömten in Richtung des Palazzo della Signoria, aber auch vor dem Haus der Medici hatte sich bereits eine Menschentraube gebildet.

Das Eingangstor war verschlossen, und vier bewaffnete Männer standen davor.

»Niemand hat Zutritt«, erklärte einer von ihnen und hielt seine Lanze abwehrend vor die Tür, als Leonardo auf die Pforte zuging.

»Wir sind Freunde der Familie«, erklärte Sandro. »Wir sind hier, um die Medici zu unterstützen.«

»Wir können niemanden hereinlassen, der nicht zur Familie gehört«, sagte ein Zweiter. »Egal, wer ihr seid.«

Leonardo sah an der Fassade hinauf. Das Haus lag still da, hinter den Bogenfenstern war nichts zu erkennen. *Was sollen wir jetzt machen? Auch zum Palazzo della Signoria gehen?*

Die Menschen in der Menge hier waren ebenso unruhig wie alle, die sie auf dem Weg getroffen hatten. Es herrschte eine fiebrige Stimmung, die leicht in einem Gewaltausbruch enden konnte.

»Ist es denn wahr, was gesagt wird?«, fragte er drängend. »Geht es Madonna Lucrezia gut? Und Fioretta Gorini?«, wollte er wissen.

Aber noch bevor die Wachen antworteten, ertönte ein Ruf hinter ihnen. »Lorenzo! Lorenzo de' Medici!«

Leonardo sah sich suchend um, konnte jedoch zunächst nichts erkennen. Dann teilte sich die Menge, und er sah Lorenzo und Clarice in einer Gruppe von Männern, die auf sie zukam.

Hinter ihnen ging Fioretta, auf Angelo Poliziano gestützt.

»Sie leben noch!«, flüsterte Sandro. Lorenzo sah beinahe wie ein Geist aus, mit wirrem Haar, bleichen Zügen und einem blutigen Verband am Hals.

»Fioretta!« Sandro lief auf die junge Frau zu und umarmte sie, aber sie ließ es teilnahmslos über sich ergehen. »Wo ist ...«, begann Sandro, aber Clarice schüttelte den Kopf.

Leonardos Hoffnung, dass auch Giuliano noch leben mochte, schwand.

Die Wachen öffneten eilig das Tor, und Lorenzo schickte sich schon an, mit seinen Begleitern hineinzugehen, als plötzlich ein lauter »Medici, Medici!«-Ruf ertönte. Er wurde von anderen Stimmen aufgenommen, erst einigen wenigen, dann immer mehr. »*Palle, palle*« und »*Magnifico*« schrien sie. *Als hätte Lorenzo ein Turnier gewonnen. Als stünde er nicht wie ein lebender Toter hier,* dachte Leonardo.

Lorenzo drehte sich dennoch zur Menge um, sah sich die Menschen an, die den Namen seiner Familie brüllten. »Ihr seht, ich lebe noch«, rief er. Seine Stimme klang gepresst und atemlos, aber die Rufe schwollen sofort wieder an, kaum dass er kurz schwieg. »Lasst mich meine Frau und meine Gefährten hier in Sicherheit bringen«, sagte er. »Dann werde ich mit euch zum Palazzo della Signoria gehen und Florenz zeigen, dass es den Pazzi nicht gelungen ist, uns alle zu ermorden!« Die Menge schrie lauter, mit aufgerissenen Mündern und Augen.

»Giuliano ...«, begann Lorenzo, aber dann versagte ihm die Stimme, und er drehte sich abrupt um.

»Können wir euch begleiten?«, fragte Sandro leise, und als Lorenzo nickte, gingen sie gemeinsam durch das Tor, das hinter ihnen sofort wieder geschlossen wurde. Im Inneren trafen sie auf noch mehr Gerüstete in den Farben des Hauses. Tariq Giuberti, der Hauptmann der Wache, kam auf sie zu. »Messere Lorenzo! Ihr lebt. Es ist gut, Euch zu sehen! Madonna Lucrezia hat jeden Mann unter Waffen setzen lassen, der eine Klinge tragen kann, sobald die ersten Nachrichten aus dem Dom eintrafen.«

»Das war weise von ihr«, gab Lorenzo zurück. »Wo ist meine Mutter?«

Lucrezia lief ihnen entgegen, kaum dass sie den Hof erreichten. Nannina war bei ihr, und Leonardo sah, dass die Gesichter beider Frauen verweint und abgehärmt waren. Lucrezia nahm Lorenzos Hände in die ihren und presste sie an ihr Gesicht. »Mein Sohn«, wisperte sie.

Lorenzo legte einen Arm um sie und zog sie an sich. »Giuliano ist tot«, flüsterte er. »Es tut mir so leid.«

»Möge Gott die Pazzi strafen«, schrie Nannina und schlug sich die Hände flach vor die Brust.

Fioretta, die bislang noch nichts gesagt hatte, begann plötzlich zu zittern. Sie ließ sich kraftlos zu Boden gleiten, als hätten ihre Beine ihr einfach den Dienst verweigert.

»Wir müssen sie ins Haus schaffen«, sagte Leonardo leise. »Sie muss völlig am Ende ihrer Kräfte sein.«

»Ich helfe ihr«, erklärte Clarice. »Und dann muss ich nach unseren Kindern sehen.« Sie wandte sich an Lorenzo, seine Mutter und seine Schwester, umarmte alle drei, und ergriff dann Fiorettas Arm. »Nur ein kleines Stück, dann kannst du dich hinlegen«, murmelte Clarice.

»Es geht schon«, sagte Fioretta. »Geh zu den Kindern, ich schaffe es allein.«

Sie ging unendlich langsam auf die große Treppe zu. *Wie schrecklich es sein muss, den Vater ihres Kindes zu verlieren*, dachte Leonardo. *Und wenn die Pazzi wirklich Florenz übernehmen, hat vielleicht bald keiner hier mehr ein Heim.*

»Was wollt Ihr tun, Lorenzo?«, fragte Sandro. »Wollt Ihr die Stadt verlassen?«

Lorenzo schüttelte den Kopf. »Niemals.«

»Viele wollen Euch unterstützen, dessen bin ich sicher«, sagte Leonardo. »Die Gilden werden Euch die Treue halten.«

»Vor der Tür sammeln sich immer mehr Menschen«, erklärte Poliziano, der zurückgeblieben war, jetzt aber wieder zu ihnen aufschloss. »Sie rufen noch immer Euren Namen.«

»Wir müssen noch eine Sache tun, danach werde ich mich ihnen anschließen und zur *Signoria* gehen«, erklärte Lorenzo.

»Lorenzo, nein!« Lucrezia schrie auf. »Bitte nicht! Sie werden dich auch erschlagen!«

»Das werden sie nicht. Nicht, wenn Florenz hinter mir steht. Aber dafür muss die Stadt wissen, dass ich noch lebe. Die Florentiner müssen mich sehen.«

Er küsste seine Mutter auf die Stirn und wandte sich dann dem Hauptmann zu. »Nehmt einige Männer und holt meinen Bruder aus dem Dom«, befahl er. »Wenn sich Euch jemand in den Weg stellt, zögert keinen Moment, die Verräter zu töten.«

»Ja, Messere«, erwiderte Tariq Giuberti. Er erteilte einige Anweisungen, dann machten sich sechs der Wachen auf den Weg.

Lorenzo ergriff den Arm seiner Mutter. »Sie bringen Giuliano nach Hause. Wirst du bei ihm die Totenwache halten?«

Lucrezia schluchzte erneut, aber schließlich nickte sie. »Ich werde in der Kapelle auf die Rückkehr meines Sohnes warten«, sagte sie. Nannina ergriff den Arm ihrer Mutter. Aber bevor sie Lucrezia ins Haus führte, drehte sie sich noch einmal um. »Was ist mit Bianca?«, fragte sie mit zitternder Stimme. »Was ist mit deiner Schwester?«

Bianca ist mit einem Pazzi verheiratet. Ob sie gewusst hat, was geschehen wird?, fragte sich Leonardo.

Lorenzo presste beide Hände gegen den Kopf, als ob er keinen klaren Gedanken fassen könnte. »Lass sie herholen«, sagte er schließlich. »Dann sehen wir weiter. Bianca ist zuerst eine Medici, keine Pazzi, das hat sie selbst gesagt.«

Nannina nickte, dann ging sie mit Lucrezia davon.

»Was können wir tun, Lorenzo?«, fragte Leonardo. »Wie können wir Euch helfen?« Das Bild des Jammers im Hof ließ in ihm einen Zorn aufsteigen, den er vorher nicht gekannt hatte. Lucrezia, Fioretta, Lorenzo – ihrer aller Leben war bedroht, weil der Machthunger einer anderen Familie so groß war, dass sie auch vor Mord nicht zurückschreckte. Er empfand Verachtung für die Pazzi und tiefstes Mitleid für die Medici.

»Sollen wir Euch zur *Signoria* begleiten?«, wollte Sandro wissen.

»Nein«, sagte Lorenzo. »Ich brauche euch hier. Spendet meiner Familie Trost, wenn ihr es könnt. Gebt auf meine Kinder acht. Und begleitet meine Mutter und Nannina in die Kapelle, wenn mein Bruder zurückkehrt. Ich möchte euch bitten, dass ihr ihm die Totenmaske abnehmt.«

KAPITEL 75

Florenz, am Abend desselben Tages

FIORETTA

Fioretta musste kurz in einen traumlosen Schlaf gefallen sein. Als sie erwachte, lag sie auf demselben Bett, in dem sie am Morgen mit Giuliano aufgewacht war. Für einen Moment hoffte sie, dass die Erkenntnis, dass Giuliano tot war, nur ein böser Traum war. Sie schlang beide Arme um den Leib, um ihr Kind, und lauschte in die Dunkelheit, die sie umgab.

Aber es gab keinen Ausweg, keine Rettung vor der Wahrheit. Giuliano war tot, ermordet von Francesco de' Pazzi.

Du hast gesagt, dass du ihm nicht vertraust. Oh Gott, warum haben wir nicht gemerkt, was unter unseren Augen geschah? Welchen Judas ihr in euer Haus gelassen habt?

Das Kind in ihrem Bauch bewegte sich. *Du hast keinen Vater,* dachte sie. *Man hat uns alles genommen.* Sie wusste, dass sie weinen sollte, aber ihre Augen blieben trocken. Was würde als Nächstes geschehen? Waren sie hier überhaupt in Sicherheit? Vielleicht wurde der Palazzo bereits belagert und sie wusste es nicht?

Mühsam stand sie von ihrem Bett auf. Sie trug noch immer die Kleider, die sie am Morgen für die Messe angelegt hatte. *Wie spät mochte es sein?*

Als sie die Tür öffnete, stellte sie fest, dass im Haus eine beinahe unnatürliche Ruhe herrschte. Sie musste Lorenzo finden, er würde wohl am besten wissen, wie es um die verbliebenen Medici stand.

Fioretta fand Lorenzo in seinem Zimmer. Die Tür war offen, und er war eben dabei, ein frisches schwarzes Wams anzuziehen. Er sah noch ebenso erschüttert aus wie in dem Moment, als sie die Kirche verlassen hatten. »Lorenzo?«

»Fioretta«, sagte er, dann stockte er. Anstatt weiterzusprechen, trat er auf sie zu und umarmte sie.

»Was ist nur passiert?«, wisperte sie. »Wie konnte das nur geschehen?«

»Ich weiß es nicht«, sagte Lorenzo tonlos. »Ich weiß es einfach nicht. Mein Bruder ist tot, weil ich es nicht geschafft habe, diese Familie zu beschützen. Weil ich zu blind und zu nachgiebig war und nicht gesehen habe, wozu diese elenden Verräter in der Lage sind. Ich werde mir das niemals vergeben.«

Fioretta schüttelte den Kopf. »Es ist nicht deine Schuld. Wir hätten es alle viel früher erkennen müssen.«

Sie zögerte kurz, dann fragte sie: »Was geschieht jetzt? Was werden die Pazzi tun?«

»Es heißt, dass Jacopo de' Pazzi mit ein paar Anhängern durch die Straßen zieht und ›Libertas urbi! Freiheit der Stadt! Freiheit den Bürgern!‹ brüllt, aber die meisten Florentiner verweigern ihm die Gefolgschaft. Erzbischof Salviati soll im Palazzo della Signoria sein, aber die Tore sind verschlossen. Ich kann nicht sagen, was dort drinnen vor sich geht und wie es um die *Priori* steht. Also werde ich jetzt dorthin gehen und, so mir Gott beistehe, die Verschwörer anklagen.«

»Was ist mit Francesco de' Pazzi?«, fragte Fioretta. Ihre Kehle brannte, sobald sie den Namen aussprach.

»Ich weiß nicht, wo er ist, aber wir werden ihn finden«, erwiderte Lorenzo. »Wenn wir den heutigen Tag überleben, wird von den Pazzi niemand mehr bleiben, der sich noch einmal gegen uns wenden kann.«

Fioretta sah Lorenzo an. Seine Miene drückte eine kalte Entschlossenheit aus, die keinen Zweifel ließ, dass er diese Worte ernst meinte.

Es klopfte an der Tür, und Moses ben Josef kam herein. »Ich müsste Euren Verband wechseln, Messere«, sagte der Arzt.

Lorenzo fuhr sich mit der Hand an den Hals. Fioretta konnte sehen, dass sich wieder erste rote Spuren auf dem Stoff abzeichneten.

»Nicht jetzt«, sagte er. »Das hat Zeit, bis ich zurück bin.«

Moses nickte. »Wie Ihr wünscht.« Er wandte sich zum Gehen.

»Wartet. Ist meine Mutter noch bei Giuliano?«, fragte Lorenzo.

»Ich glaube schon.«

Fioretta stockte der Atem. »Ist Giuliano ... hier?«

»Ja, wir haben ihn in der Kapelle aufgebahrt, bis wir ihn nach San Lorenzo bringen können«, sagte Lorenzo leise. Er schluckte hörbar.

»Ich will ihn sehen«, sagte Fioretta.

»Natürlich«, antwortete Lorenzo. »Aber bevor du zu ihm gehst, habe ich eine Bitte. Geh mit mir, geh mit uns zum Palazzo della Signoria«, bat er. »Zeig dich den Florentinern mit mir zusammen. Ich will die Stadt sehen lassen, was die Pazzi angerichtet haben, und wer, wenn nicht du, ist dafür das lebendige Zeugnis?«

»Warum sollten sie auf mich mehr hören als auf dich?« Fioretta fühlte sich so kraftlos, dass sie sich fragte, ob sie auch nur den Weg dorthin schaffen würde. »Ich bin nur seine Geliebte.«

Lorenzo legte ihr die Hände auf die Schultern und sah sie an. »Komm mit mir, und ich werde das tun, was Giuliano immer gewollt hat«, erwiderte er langsam. »Ich mache aus eurem Kind einen Medici. Und auch aus dir, wenn du das willst.«

Sie schloss für einen Moment die Augen. *Einen Medici.* »Damit dieses Kind auch einmal von Verschwörern ermordet werden kann?«, fragte sie.

»Hilf mir, diesen Verrat zu beenden und diesen Tag zu überstehen, Fioretta«, bat Lorenzo. »Dann wird euer Kind in Sicherheit aufwachsen, das schwöre ich dir.«

Nimm das Kind und lauf so weit weg, wie du kannst, sagte eine Stimme in ihrem Inneren. *Bei den Medici wird es niemals wirklich Frieden finden, so wenig wie sein Vater.*

Aber es stimmte, was Lorenzo sagte. Giuliano hatte gewollt, dass ihr Kind als Medici aufwuchs. Wenn sie ablehnte, was sollte aus ihnen werden? Ein Kind ohne Vater galt wenig in der Welt, und sie bezweifelte, dass das an einem anderen Ort als Florenz anders sein würde.

Die Trauer legte sich wie ein Schleier auf ihre Gedanken, drohte sie zu überwältigen. Bevor das geschah, musste sie eine Entscheidung treffen. »Ich begleite dich«, sagte sie schließlich. »Weil diese Familie für Giuliano immer das Wichtigste war, und weil das Kind zu ihr gehören wird. Aber danach will ich nie wieder Teil eurer Politik sein.«

»Einverstanden«, gab Lorenzo zurück. »Ich werde tun, was immer du möchtest. Das bin ich Giuliano schuldig.«

Sie wies auf die Tür. »Dann lass uns gehen.«

Sie brachen mit vier Dutzend Menschen auf, die Lorenzo vor dem Palazzo Medici erwartet hatten, aber auf der Straße schlossen sich ihnen schon bald noch viele weitere an, sobald sie den Namen *Medici* hörten, den ihre Begleiter wie einen Schlachtruf vor sich hertrugen.

Auch vor dem Palazzo della Signoria hatte sich bereits eine große Menschenmenge versammelt, größer, als Fioretta erwartet hatte. Der Platz wurde von zahlreichen Fackeln erleuchtet, und die Stimmung war aufgeladen. Der Zorn der Menge schien fast mit Händen zu greifen zu sein. Aber als Lorenzos Zug in ihrer Mitte auftauchte, stimmten viele Stimmen »*Palle, palle!*«-Rufe an, die immer weiter anschwollen, und sie gelangten unter dem jubelnden Gebrüll der Menge zum Eingang des Palazzos.

Die Türen öffneten sich für sie, kaum dass sie sie erreichten. »Ein gutes Zeichen«, sagte Lorenzo flüsternd zu Fioretta, die neben ihm herging. Er wandte sich an Poliziano und die Menge der Unterstützer, die sie begleitet hatten. »Bleibt hier«, bat er. »Wir sehen uns bald!«

Er ließ nur vier Bewaffnete mit ihnen zusammen eintreten, der Rest ihres Zuges blieb auf der Piazza stehen.

Auf der großen Treppe kamen ihnen bereits Männer in den Florentiner Farben entgegen, begleitet von einem Mann, der den Mantel des *Gonfaloniere di Giustizia* trug.

»Messere Petrucci!«, rief Lorenzo, sobald er den Mann sah.

»Ich danke Gott, Euch zu sehen!«, sagte Petrucci. »Wir haben für Euer Wohlergehen gebetet. Erzbischof Salviati kam vor wenigen Stunden hierher und behauptete, Ihr wärt tot, und der Papst habe ihn zum neuen *Gonfaloniere* bestimmt. Ich habe Salviati festsetzen lassen, als er versucht hat, mich meines Amtes zu entheben. Dann habe ich die *Priori* einberufen. Wir alle haben oben in der Ratskammer darauf gewartet, ein Lebenszeichen von Euch zu erhalten.«

Lorenzo stieß den Atem aus. »Das ist die erste gute Nachricht an diesem entsetzlichen Tag!«, sagte er leise. Dann lief er eilig die Stufen empor.

Fioretta folgte wesentlich langsamer. Sie war noch niemals in der Ratskammer gewesen, die von Kerzen und Laternen erleuchtet war. Die acht Stadträte, von denen Petrucci gesprochen hatte, erwarteten Lorenzo bereits und bestürmten ihn mit Fragen. Fast alle waren ältere Männer, und die Anspannung war ihnen anzusehen.

»Ich danke Euch für Eure Treue«, sagte Lorenzo laut. »Ich habe nie an Euch gezweifelt, und dennoch ehrt es mich, dass Ihr Euer Leben riskiert habt, um Euch diesen Usurpatoren in den Weg zu stellen.«

»Die Ehre, Messere, ist unsererseits«, sagte Petrucci. »Wir werden uns den Verrätern niemals unterwerfen.«

Fioretta verstand in diesem Augenblick, was Giuliano in seinem Bruder gesehen hatte. Lorenzo war ein Mann, dem andere folgten, weil sie an ihn glaubten. Sie standen treu zu ihm, so wie diese Kaufleute und Handwerker hier, die bereit waren, alles für ihn zu riskieren.

»Was sollen wir als Nächstes tun?«, fragte einer der *Priori*.

»Schließt die Stadttore«, ordnete Lorenzo an. »Falls wirklich eine Söldnerarmee auf dem Weg ist, um Florenz anzugreifen, wie es heißt.«

»Und was soll mit Salviati geschehen?«, wollte Petrucci wissen.

»Er wird seine gerechte Strafe erhalten, noch heute Nacht. Aber zuerst muss ich mit den Menschen sprechen, die sich dort draußen versammelt haben«, erklärte Lorenzo. »Sie müssen erfahren, was im Dom vor sich gegangen ist und was hier geschah.«

»Dann folgt mir, Messere Lorenzo«, sagte Petrucci.

Lorenzo streckte seinen Arm nach Fioretta aus. Sein Griff um ihre Finger war fest – aber es war fast ein Klammern, das Klammern eines Ertrinkenden. Sie ließ sich von ihm auf den Balkon hinausziehen, der auf die Piazza hinausging. Zwei Männer mit Fackeln rahmten sie ein. Als die Menge vor dem Palazzo Lorenzo erkannte, jubelte sie.

»Bürger von Florenz!«, begann er mit lauter Stimme. »Ich stehe hier vor euch als ein Gejagter, ein Verfolgter. Heute Morgen war ich noch einer von euch: ein Mann, der in Florenz seinen Geschäften nachging, der seine Freunde in der Messe traf und sich auf das Osterfestmahl mit seiner Familie freute.«

Die Menge war ganz ruhig geworden, als Lorenzo sprach. Seine Stimme war voll und tragend, trotz seiner Trauer. In seinem schwarzen schlichten Gewand und mit dem blutigen Verband um den Hals wirkte er überzeugender, als Fioretta ihn jemals zuvor gesehen hatte.

»Aber dann haben die Pazzi und ihre Verbündeten einen feigen Mordanschlag auf mich und meine Familie verübt. Sie attackierten uns im Dom, während der heiligen Messe!« Lorenzos Stimme wurde noch lauter, und in der Menge waren erste Verwünschungen zu hören.

»Sie haben mich angegriffen, sie haben uns angegriffen. Sie haben mich meines Bruders beraubt.« Lorenzo brach ab, und Fioretta sah, dass er Tränen in den Augen hatte.

Dann sprach er weiter. »Giuliano ist tot. Ermordet von Francesco de' Pazzi, von einem Mann, der meinen Bruder glauben ließ, er sei sein Freund. Die Pazzi haben sich dabei mit Rom verbündet; Erzbischof Salviati, ein Mann Gottes, war sich nicht zu schade, das Blutvergießen in der Heiligen Kathedrale gutzuheißen.«

Jetzt erklangen zornige Schreie vom Platz vor dem Palazzo. »Nieder mit ihnen! Nieder mit den Pazzi!«

»Ihr alle kanntet Giuliano«, fuhr Lorenzo fort. »Ihr wisst, wie er im Leben war, und ich weiß, ihr werdet ihn vermissen, so wie er mir fehlen wird. Mir wurde der Bruder genommen, unserer Mutter der Sohn.«

Wieder machte Lorenzo eine kurze Pause und griff nach Fiorettas Arm, um sie nach vorne zu schieben. »Hier steht Giulianos Witwe, die Frau, die er im Geheimen heiratete, um sie vor unseren Feinden zu verbergen, da er klüger war als ich. Ihr seht, sie trägt sein Kind unter dem Herzen, ein Kind, das seinen Vater nun niemals kennenlernen wird.«

Bei den letzten Sätzen Lorenzos wurde die Menge immer unruhiger. »Tod den Verrätern!«, »Tod den Pazzi!«, schallte es zu ihnen hoch. Die Rufe wurden von vielen Mündern aufgegriffen, und Fioretta sah in zornig aufgerissene Augen und wutverzerrte Gesichter. Der Blutdurst der Menge war beinahe spürbar.

Als Lorenzo gerade weitersprechen wollte, entstand neue Unruhe auf dem Platz. Unter dem Johlen der Menge wurde Francesco de' Pazzi herangebracht. Fioretta sah, dass er nackt war, sein Körper von Schmutz und Blut bedeckt. Offenbar hatte man ihn durch die ganze Stadt bis hierher getrieben. Er hielt sich die Hände vor die Scham und torkelte vorwärts, getrieben durch Stöße und Schläge. Lorenzo presste die Lippen zusammen und blickte auf den Mörder seines Bruders hinab.

Fioretta hätte Mitleid mit Francesco verspürt, aber vor ihrem inneren Auge sah sie nichts als das Bild, wie er den Dolch hob und auf den ahnungslosen Giuliano einstach, wieder und wieder und wieder. All das Blut auf dem Kathedralenboden. Giuliano musste so gelitten haben. Sie merkte, dass es ihr plötzlich schwerfiel zu atmen.

Schließlich erreichte der Trupp mit Francesco das Tor des Palazzos. »Holt ihn herein«, befahl Lorenzo den Wachen, die in der Ratskammer warteten.

Dann hob er, an die Menge gerichtet, beschwörend die Hände. »Wollt ihr meine Familie demselben Schicksal überlassen, wie es mein Bruder erlitten hat?«

Die Antwort war klar. Fioretta hatte keinen Zweifel, dass die Menschen auf dem Platz in diesem Moment alles getan hätten, um die Medici zu verteidigen. Einige Momente lang lauschte er den »*Palle, palle*«-Rufen, dann sprach Lorenzo weiter. »Dann sollten wir die Verschwörer ihrer gerechten Strafe zuführen.«

In der Menge gab es nun kein Halten mehr. Jubel brandete auf, mischte sich mit Zorn, und Fioretta hörte den Wunsch nach Vergeltung mit der Gier, Blut fließen zu sehen.

»Was habt Ihr vor, Lorenzo?«, wollte Petrucci wissen.

»Wir hängen sie auf. Gleich hier und jetzt«, sagte Lorenzo. Seine dunklen Augen zeigten keine Regung mehr.

»Den Erzbischof auch?«, fragte Petrucci, und Fioretta hörte das Zögern in seiner Stimme. »Was wird der Papst …?«

»Um den Papst kümmere ich mich später«, sagte Lorenzo kalt. »Holt Seile.«

Fioretta hörte hinter sich Befehle, ängstliches Stöhnen und Männer, die umherliefen, um Lorenzos Anweisungen zu folgen.

Schließlich schoben die Wachen den nackten Francesco und Erzbischof Salviati auf den Balkon. Ihre Hände waren auf den Rücken gefesselt, und um ihre Hälse waren Stricke geschlungen.

Die Lippen des Erzbischofs bewegten sich unablässig, als betete er, und er hatte die Augen geschlossen, aber Francescos Augen waren vor Entsetzen geweitet.

»Ihr hattet Zeit, eure Sünden zu bereuen«, sagte Lorenzo fast freundlich. »Eine Gunst, die ihr uns nicht zugestehen wolltet.«

Er wandte sich noch einmal an die wartende Menge. »Dies sind die ersten Verräter, die ihre gerechte Strafe erhalten. Alle anderen, die an der Verschwörung beteiligt waren, werden folgen. Die Pazzi sind nicht länger Bürger von Florenz, sie sind Geächtete. Ihre Geschäfte sind nichtig, ihr Besitz gehört nicht länger ihnen, und ihr Name ist ebenso ehr- wie wertlos.«

Dann nickte er den Wachen zu, die beide Gefangenen mit kräftigen Stößen über die Brüstung warfen. Die Seile ruckten und tanzten, als die Verurteilten zu strampeln begannen. Die Menge war nun wie entfesselt, tausend Stimmen johlten und schrien, während sie den Todeskampf von Salviati und Francesco de' Pazzi beobachteten.

»Wir sind fürs Erste hier fertig«, sagte Lorenzo zu Fioretta und drehte sich um.

Fioretta merkte, wie Übelkeit in ihr aufstieg. Die Trauer, die Angst, der Zorn und der Wunsch nach Rache, all diese Gefühle spülten über sie hinweg wie das Wasser des Arno, wenn der Fluss über die Ufer trat.

Sie fühlte sich in dem Chaos in ihrem Kopf wie eine Ertrinkende. Ihre Füße konnten sie nicht länger tragen, und vor ihren Augen wurde es schwarz.

KAPITEL 76

Florenz, April 1478

ALBIERA

„Sie haben Jacopos Leichnam ausgegraben und schleppen ihn durch die Straßen, Madonna. Er soll schrecklich verstümmelt sein«, berichtete Maria, die letzte Dienerin, die noch mit Albiera im Palazzo Pazzi ausharrte. Nachdem alle anderen geflohen waren, hatten sie gemeinsam die Türen und Fenster verrammelt, aber sie wussten beide, dass diese Barrikaden den Mob nicht für immer aufhalten würden.

Albiera drehte den verzierten Becher unschlüssig in ihrer Hand. Die Flüssigkeit darin wurde allmählich warm. Sie war unerkannt auf dem Platz vor dem Palazzo della Signoria gewesen und hatte Lorenzos Worte gehört. Sie hatte gesehen, wie Francesco, nackt und jeder letzten Würde beraubt, von der Brüstung gestoßen wurde, neben dem Erzbischof, der noch in sein geistliches Gewand gehüllt war, als er starb. Sie hatte Francescos letzte Zuckungen beobachtet, gesehen, wie seine Därme nachgaben und er sich beschmutzte. Es war ein entsetzlicher Anblick gewesen und dennoch: Ihr Ende war zumindest schnell gekommen.

Jacopo hingegen hatte am nächsten Tag eine wütende Meute auf der Flucht aufgegriffen, und ihm war keine Demütigung erspart geblieben, bis man ihn neben Francesco erhängt hatte. Und nun hatte man den Leichnam ihres Bruders also ausgegraben und trug ihn johlend durch die Straßen der Stadt. Sie schloss die Augen vor den grausamen Bildern.

Dieselben Menschen, die wir von der Tyrannei befreien wollten. Welche Ironie des Schicksals!

Sie hatte alles verloren. Jedes Ziel, jeden Plan, den sie je verfolgt hatte – sie war mit allem gescheitert, und es würde keine Vergebung für ihre Taten geben. Lorenzos Anordnung, dass ihr Besitz nichtig sei, hatte die Menge noch weiter angestachelt. Wer bei den Pazzi raubte und plünderte, musste nicht mit einer Strafe rechnen. Es war nur eine Frage der Zeit, bis die Meute den Palazzo erreichte.

Einzig, dass Vittoria mit ihrem Mann die Stadt verlassen hatte, war Albiera ein Trost. Sie hätte dafür beten sollen, dass ihrer Tochter die Flucht gelang, die Jacopo verwehrt geblieben war, aber sie hatte keine Worte mehr für einen kaltherzigen Gott.

Bevor Vittoria gegangen war, hatte Albiera sie schwören lassen, nie nach Florenz zurückzukehren und den Namen Pazzi nie wieder zu benutzen. *Mein Enkel, der einmal über Florenz hätte herrschen sollen, wird die Stadt nun nie betreten. Aber vielleicht wird er zumindest leben.*

Von der großen Tür her erklang Lärm. Rufe, denen ein dumpfes Klopfen folgte. »Soll ich nachsehen, was das ist, Madonna?«, fragte Maria.

Wir wissen, was das ist, dachte Albiera, aber sie nickte dennoch. Die ältere Frau stieg auf einen Stuhl und starrte durch die Ritzen in einem der vernagelten oberen Fenster.

Die Schläge am Tor wurden lauter.

»Es ist eine große Menge Menschen, Madonna«, sagte Maria, als sie von dem Stuhl wieder herunterstieg. Sie war kreidebleich, und ihre Stimme zitterte. »Und sie schlagen mit dem Kopf von Messere Jacopo gegen das Tor.«

Heilige Mutter Gottes!

Falls Albiera noch einen Zweifel gehabt hatte, was die Menge mit ihr machen würde, wenn sie hier hereinkamen, war dieser nun zerstreut.

So konnte sie die Welt nicht verlassen, von einem geifernden Mob bespuckt und zerrissen. Wieder sah sie auf den Becher in ihrer Hand.

»Geh«, sagte sie dann zu Maria. »Versteck dich oder flieh, wenn du kannst. Vielleicht kannst du sie davon überzeugen, dass du gegen deinen Willen hier warst, wenn sie dich finden.«

Maria nickte und lief in Richtung des Kellers davon. Von dort konnte sie mit Glück ins Freie gelangen.

Albiera schickte einen letzten Gedanken zu Vittoria, dann nahm sie einen tiefen Zug aus dem Becher. Das Gift schmeckte erstaunlich süß.

EPILOG

Mai, 1481

LEONARDO

Leonardo hatte in aller Frühe seine Habseligkeiten auf sein Pferd geladen und war schon zum Aufbruch bereit, als die Sonne gerade erst aufgegangen war. Nachdem er sich von Sandro verabschiedet hatte, führte ihn sein erster Weg in die Via Larga, bevor er die Via Cassia nach Mailand nehmen wollte.

»Ich habe Giulio etwas mitgebracht«, erklärte Leonardo, als er Fioretta und ihren Sohn im Garten des Palazzo Medici antraf. Er drückte dem kleinen Jungen den Löwen in die Hand, den er für ihn angefertigt hatte. Das Innere der Figur war hohl, und darin waren Rollen verborgen, sodass der Löwe die Tatzen bewegen konnte.

»Schau nur, *Mama!*« Giulio schob die Pfoten des Löwen nach oben, knurrte wie ein heiseres Kätzchen und lief dann mit dem glücklichen Lächeln eines Dreijährigen davon, um seine Beute den Cousins und Cousinen zu zeigen, die ebenfalls im Garten spielten.

»Heute ist also der große Tag? Du brichst nach Mailand auf?«, fragte Fioretta. Sie war nach wie vor Sandros engste Mitarbeiterin, lebte aber wegen ihres Sohnes im Haus der Medici.

Was man auch sieht, dachte Leonardo. *Ihr Kleid, das Netz, mit dem sie ihre Haare zusammenbindet, der Schmuck um ihren Hals ... Inzwischen ist Fioretta mehr eine Medici, als sie es vielleicht wahrhaben will.*

»Ja. Lorenzo hat mich Ludovico Sforza empfohlen, damit ich das Reiterstandbild des Ahnherrn der Familie anfertige. Er hofft, dass sich die Beziehungen zu den Sforza so wieder verbessern und er mit *il Moro* ein neues Bündnis eingehen kann.«

Ludovico Sforza, genannt *il Moro*, herrschte nun bereits seit einigen Jahren als Vormund seines Neffen über Mailand.

»Es wird von deinem Standbild abhängen, ob Florenz und Mailand Verbündete bleiben?«, fragte Fioretta erstaunt.

Leonardo seufzte. »Wenn du es so sagst, lastet ja gar kein Druck auf mir.«

Fioretta lachte. »Wie lange wirst du fort sein?«, fragte sie dann.

»Ich weiß es nicht«, sagte er ehrlich. »Wenn ich den Auftrag bekomme, wohl eine ganze Weile.«

»Dann vergiss zumindest nicht, Sandro und mir zu schreiben!«

»Das werde ich, versprochen! Aber Sandro sagt, dass ihr vielleicht bald selbst Florenz verlasst?«

Fioretta nickte. »Sandro hat einen großen Auftrag aus Rom erhalten. Der Papst will, dass wir seine neu gebaute Kapelle mit großen Wandgemälden ausstatten. Das ist auch ein Friedensangebot an Florenz und vor allem an Lorenzo. Der Auftrag ist so groß, dass dafür sogar Sandro die Reise auf sich nehmen will. Domenico wird auch mitkommen.«

»Bist du froh, Florenz zu verlassen?«

»Ich bin froh, für eine Weile den Erinnerungen zu entkommen«, sagte sie. »In der Werkstatt verfolgen sie mich noch immer.«

Leonardo dachte an die Porträts von Giuliano, die Sandros *Bottega* in den letzten Jahren immer wieder nach der Totenmaske des jungen Medici gefertigt hatte.

Fioretta musste seinen Blick richtig gedeutet haben. »Halb Florenz wollte ein Bild von ihm haben«, sagte sie mit einem wehmütigen Lächeln. »Um Lorenzo zu beweisen, wie treu sie zu ihm stehen. Aber jedes Bild sieht Giuliano ein bisschen weniger ähnlich als das davor.«

»Aber der Kleine ist Giuliano wie aus dem Gesicht geschnitten, nicht wahr?«, sagte Leonardo.

Fioretta lächelte. »Ja, und er wird jeden Tag mehr zu einem Medici. Aber auch, wenn ich Giulio in Rom sicher furchtbar vermissen werde, habe ich das Gefühl, dass ich gehen muss.«

Sie reckte sich ein wenig und küsste ihn auf die Wange. »Lebe wohl, Leonardo«, sagte sie.

Als er das Mailänder Stadttor erreichte, stieg er von seinem Pferd und sah für einen Moment zum *Castello Sforzesco* hinüber, das im hellen Licht der Sonne vor ihm lag. Dort wartete Ludovico Sforza auf ihn, ein großer Auftrag und vielleicht ein neues Leben. Aber bevor er dort vorstellig wurde, hatte Leonardo andere Pläne.

»Kannst du mir sagen, wo ich das *Ospedale Ca' Granda* finde?«, fragte er eine Frau, die mit einem Korb voller Früchte auf dem Rücken an ihm vorbeilief.

»Natürlich! Reite weiter nach Südwesten, bis du den Wassergraben erreichst. Dann kannst du es gar nicht verfehlen.«

Er folgte der Beschreibung, bis er den großen Bau vor sich sah. Das *Ospedale* lag am Stadtrand und war wirklich nicht zu übersehen. Francesco Sforza hatte es gestiftet, der Mann, dessen Reiterstatue er nun anfertigen sollte.

Leonardo stellte sein Pferd ab und ging einen Bogengang entlang, der um den Hof des *Ospedale* herumführte. Die Anlage war nicht nur groß, sondern sie schien Leonardo auch gut durchdacht zu sein. Eine ummauerte Wasserfläche im Hof spendete Kühle, und durch die Nähe zum Wassergraben konnten die Abwässer entsorgt werden.

Schließlich erreichte er einen großen, offenen Raum, in dem die Kranken versorgt wurden, und sein Blick blieb an einem Mann hängen, der sich über ein Bett beugte. Er trug das blonde Haar kurz geschoren, aber Leonardo erkannte die Züge mit der kreisförmigen Narbe auf der Wange sofort.

Er blieb im Eingang stehen. »Luca?«, sagte er leise.

Luca fuhr zu ihm herum. Einen Augenblick lang sah er aus, als könnte er nicht glauben, wer vor ihm stand. »Leonardo!«, rief er dann. »Du bist wirklich hergekommen! Haben die Medici dich doch noch gehen lassen?«

»Ja«, gab Leonardo zurück. »Ich werde in Mailand endlich eine eigene Werkstatt eröffnen.«

»Hast du denn bereits Auftraggeber?«

»Einen Auftraggeber und viele Pläne. Ich werde ein Reiterstandbild für die Sforza schaffen, eine Felsgrottenmadonna malen, und vor allem endlich ein Fluggerät bauen. Ich fühle mich frei und voller Tatendrang, und ich will hoch hinaus.«

Zuerst antwortete Luca ihm nicht, aber dann trat er auf Leonardo zu und lächelte. »Ich wusste immer, dass du unsterblich werden wirst.«

GESCHICHTLICHE HINTERGRÜNDE

Fast alle Personen, die in diesem Roman auftauchen, sind historische Figuren, aber es ist sehr unterschiedlich, wie viel Platz sie in den Geschichtsbüchern einnehmen.

Über die Familie Medici und insbesondere über Lorenzo den Prächtigen wurde und wird viel geschrieben. Bei mir füllen die Werke über ihn fast allein ein Regal. Oft wird Lorenzo dabei als der geniale, aber letztlich einsame Politiker beschrieben, der sich allen Widerständen zum Trotz für mehr als zwanzig Jahre an der Spitze von Florenz halten konnte, und die Stadt politisch und kulturell zu neuer Blüte führte. Seine Familie wird, je nachdem, welches Buch man liest, oft eher als Hemmschuh für seine großen Ambitionen dargestellt: Der unzuverlässige jüngere Bruder, die überstarke Mutter, die fromme Ehefrau sind gängige Klischees, die immer wieder genutzt wurden, um Giuliano, Lucrezia und Clarice zu beschreiben.

Mir erscheint diese Darstellung heute nicht mehr schlüssig. Wir wissen, dass Lorenzos Mutter Lucrezia in die Geschäfte der Bank stark eingebunden war, und zu ihrer Zeit überdies eine bekannte Dichterin; Lorenzos Ehefrau Clarice vertrat die Medici mehr als einmal in Rom, und Giuliano war als Lorenzos Botschafter in ganz Oberitalien unterwegs. Lorenzo hatte zu ihnen allen ein inniges Verhältnis, das belegen seine zahlreichen Briefe (auch wenn die Medici keinesfalls vor kleineren und größeren Familienstreitigkeiten gefeit waren!).

Ich habe mich also gefragt, ob es nicht eher die Zusammenarbeit des #TeamMedici war, das die Familie in der Renaissance so erfolgreich machte – und diese Annahme wurde meine Prämisse für die Darstellung der Medici in diesem Roman.

Die im Roman beschriebene Pazzi-Verschwörung hat historisch so stattgefunden. Ob allerdings Albiera de' Pazzi daran Anteil hatte, lässt sich nicht beantworten, da sie zwar im Stammbaum der Pazzi auftaucht, ansonsten aber von der Geschichte vergessen wurde. Vielleicht wird sich das eines Tages ändern – dass Federico da Montefeltro in die Verschwörung verwickelt war, wurde tatsächlich erst Anfang der 2000er entdeckt, als man in einem Archiv einen verschlüsselten Brief fand, der seinen Anteil daran bewies.

Der heute weltberühmte Leonardo da Vinci war homosexuell, das wird inzwischen von der Forschung als sicher angesehen. Trotzdem hat sich die Kunstgeschichte bis vor relativ kurzer Zeit gescheut, Leonardos Queerness anzuerkennen und sich damit auseinanderzusetzen, obwohl diese natürlich auch Einfluss auf seine Weltsicht, seine Modelle und seine Werke hatte.

Mir war es ein Anliegen, Leonardo im Roman nicht nur als den genialen Maler und Ingenieur zu zeigen, den heute die ganze Welt kennt, sondern auch als einen jungen Mann, der seinen Platz im Leben sucht – als Kind seiner Zeit, als Künstler und als Liebender.

Die im Roman vorkommende Anklage gegen Leonardo, Luca und zwei weitere Florentiner, sich der damals unter Strafe stehenden »Sodomie« schuldig gemacht zu haben, ist historisch belegt, ebenso wie der Prozess und der darauffolgende Freispruch.

Über die reale Fioretta Gorini ist relativ wenig bekannt, außer, dass sie ein Kind mit Giuliano de' Medici hatte. In Geschichtsbüchern wird sie oft nur mit diesem einen Satz erwähnt. Da wir so wenig über sie wissen, hatte ich die Freiheit, Fioretta zu einer ehrgeizigen jungen Frau zu machen, die in allem mehr erreichen will, als ihre Zeit eigentlich für sie vorgesehen hat: Sie träumt davon, ihre künstlerische Begabung zu nutzen und Malerin zu werden, und sie verliebt sich in einen Medici.

Fioretta steht dabei stellvertretend für die bedeutenden Künstlerinnen, die in der Renaissance und danach wirkten, deren Ruhm aber oft im Vergleich zu dem ihrer männlichen Kollegen vergessen wurde.

Gerne möchte ich Sie, liebe Leser*innen, deshalb einladen, sich mit dem Leben und Wirken von Sofisbona Anguissola, Lavinia Fontana und Artemisia Gentileschi zu beschäftigen, wenn Sie die Gelegenheit dazu haben!

Es ist nicht auszuschließen, dass Giuliano de' Medici, als er starb, noch weitere uneheliche Kinder hinterließ, es gibt aber keine Aufzeichnungen darüber. Dass Lorenzo Fiorettas Sohn Giulio sofort anerkannte und in seinen Haushalt aufnahm, spricht dafür, dass Lorenzo Fioretta kannte und keinen Zweifel an Giulianos Vaterschaft hegte.

Fioretta und Giuliano waren höchstwahrscheinlich nicht verheiratet, dennoch setzte Lorenzo später einiges daran, Giulio eine eheliche Geburt zu bescheinigen. Er ebnete seinem Neffen damit eine kirchliche Karriere, die 1523 darin gipfelte, dass Giulio als Clemens VII. den Papstthron bestieg.

Nach der Pazzi-Verschwörung wurde Florenz in einen Krieg mit dem Kirchenstaat verwickelt, den Lorenzo de' Medici nur durch geschickte Bündnispolitik beenden konnte. Danach war seine Stellung in der Stadt und in Oberitalien unangefochten, und der »Prächtige« brachte Florenz für fast zwei Jahrzehnte eine friedliche Zeit, in der der Handel und die Kunst aufblühten und Werke wie Michelangelos »David« und Sandro Botticellis »Geburt der Venus« entstanden, die die Zeit überdauert haben.

Leonardo da Vinci kam im Jahr 1500 nach Florenz zurück, wo er in den folgenden zehn Jahren lebte und arbeitete. In dieser Zeit entstand auch das Porträt, das heute wohl als das berühmteste Bild der Welt gilt, die *Mona Lisa*.

Mit allen Figuren in »Florentia« wollte ich einen neuen Blick auf eine bekannte Geschichte werfen, auf Menschen, die über sich hinausgewachsen sind und Großes geleistet haben, oder die daran gescheitert sind.

Was sie mit uns verbindet, sind dieselben Zweifel, Sorgen und Ängste und dieselben Träume und Hoffnungen, die uns auch heute noch antreiben.

NAMEN UND SPRACHE

Im Florenz der Renaissance waren nur ca. zwei Handvoll Namen gebräuchlich, die sich dazu noch häufig innerhalb einer Familie wiederholten. So hießen zum Beispiel sowohl Lorenzo de' Medicis Mutter, eine seiner Schwestern, eine seiner Töchter und seine Jugendliebe *Lucrezia*.

Oft wurden Spitznamen verwendet, um die Träger*innen des gleichen Namens voneinander abzugrenzen.

Im Roman habe ich auf diese Spitznamen zurückgegriffen, und an zwei Stellen bei historischen Figuren Namen geändert, um eine bessere Lesbarkeit zu gewährleisten: So wurde Leonardo Tornabuoni zu *Luca* Tornabuoni und Francesco Nori zu *Cecco*.

Sie finden im Roman an einigen wenigen Stellen italienische Ausdrücke, da ich der Ansicht bin, dass man in dieser Sprache zum Beispiel viel schöner fluchen kann als auf Deutsch.

Die Muttersprache der meisten Figuren der Geschichte ist Toskanisch, der Ursprung des noch heute gesprochenen Italienisch.

LISTE SENSIBLER INHALTE / CONTENT NOTES

- Erwähnung und explizite Darstellung von körperlicher und seelischer Gewalt, Folter und Krieg
- Erwähnung von sexualisierter Gewalt
- Erwähnung und Darstellung sexueller Handlungen
- Darstellung von Krankheit, Verletzungen und Tod
- Misogyne Sprache / sexualisierte Sprache

DANKSAGUNG

Am Ende dieser Reise in das Florenz der Renaissance bleibt mir nur noch, einige der großartigen Menschen aufzuführen, ohne die dieser Roman niemals entstanden wäre.

Ich danke
- Hannah Paxian, Steffen Haselbach und Johanna Bedenk vom Droemer Verlag für ihr Vertrauen, ihre Hilfe und ihre Geduld
- Caro Bambach, die das wunderbare Cover schuf
- meiner Lektorin Katharina Naumann, die einfach immer die richtigen Worte findet
- meinem Agenten Bastian Schlück für seine Unterstützung
- Christoph Lode, weil man von den Besten am meisten lernt
- Dr. Sebastian Meurer, der als Testleser einen unbestechlichen und äußerst hilfreichen Blick hat
- Dr. Oliver Plaschka für das Überprüfen der lateinischen Phrasen
- Michelle Gyo, für offene Ohren zur rechten Zeit und für ihre langjährige Freundschaft
- Liza Grimm, dafür, dass sie die Medici ins Social-Media-Zeitalter bringt, und für das Mitleiden und Mitlachen beim Bücherschreiben
- dem Medici Archive Project in Florenz, die Licht ins Dunkel so vieler historischer Hintergründe brachten
- Dunia Vecchini für einen faszinierenden Einblick in die Kleidergeschichte der Renaissance
- Lea vom Blog »Geschichte in Geschichten«, die nicht nur eine

sehr versierte Testleserin, sondern auch eine großartige Motivatorin ist

- Christian Handel für das themensensible Testlesen und den Zuspruch

- und Christoph Hardebusch, ohne den mein Florenz keine Schwalben hätte, und der erst alles, was ich schreibe, zum Fliegen bringt.

Noah Martin im Dezember 2022

*Die weibliche Antwort auf Homers Illias:
Die Töchter von Sparta schweigen nicht länger!*

CLAIRE HEYWOOD

WIR TÖCHTER VON SPARTA

Helena und Klytämnestra sind die Prinzessinnen von Sparta. Ihre Heiraten mit den Brüdern Agamemnon und Menelaos machten sie bald zu Königinnen. Und von denen wird zweierlei erwartet: ein Erbe und die sittsame Natur einer Frau. Als die Grausamkeit ihrer Ehemänner unerträglich wird, beginnen die Schwestern, gegen die Zwänge ihres Geschlechts aufzubegehren – um sich selbst ein Leben aufzubauen und damit die Geschichte für immer zu verändern.

*Die epische, außergewöhnliche und wechselhafte
Geschichte Chinas – opulent, farbenprächtig,
hochspannend und zutiefst menschlich*

EDWARD RUTHERFORD

DAS REICH DER MITTE

China, 1838: Das stolze Kaiserreich ist für Fremde meist unerreichbar. Abenteurer schmuggeln Opium ins Land, um es gegen Tee, die im Westen so begehrte Handelsware, zu tauschen. Die Versuche der Qing-Dynastie, der Droge Einhalt zu gebieten, führen schließlich zu den Opiumkriegen, die das uralte Kaiserreich für immer verändern sollten. Von den schicksalhaften, blutigen Konflikten des neunzehnten Jahrhunderts über Maos Kulturrevolution bis in die Gegenwart, von Shanghai über Peking und die Chinesische Mauer entspinnt sich eine große Geschichte über Glücksritter, Abenteurer, Gewinner und Verlierer, über den Aufstieg und Fall eines großen Kaiserreichs und den immerwährenden Konflikt zwischen Kulturen, Traditionen und Weltmächten.

Ein Bücherdieb, ein Junge ohne Erinnerung und die Magie des Lesens

KAI MEYER

DIE BÜCHER, DER JUNGE UND DIE NACHT

Dichter Nebel wogt durch die Gassen der Bücherstadt Leipzig, 1933, als das Böse die Macht ergreift. Hier entspinnt sich die tragische Liebe des Buchbinders Jakob Steinfeld zu einer rätselhaften jungen Frau. Juli hat ein Buch geschrieben, das sie einzig ihm anvertrauen will. Doch bald darauf verschwindet sie spurlos. Fast vierzig Jahre später ist auch Jakobs Sohn Robert den Büchern verfallen. Als die Bibliothekarin Marie ihn bittet, ihr bei einem Auftrag der geheimnisumwitterten Verlegerfamilie Pallandt zu helfen, stoßen sie auf das Mysterium eines Buches, dessen Geschichte eng mit Roberts eigener verknüpft ist – es ist der Schlüssel zum Schicksal seiner Eltern.